国家社科基金
后期资助项目

面向西方的书写：
近代中国人的
英文著述与民族主义

Writings towards the West:
The English-written Works by the Chinese and
Nationalism in Modern China

李 珊 著

社会科学文献出版社
SOCIAL SCIENCES ACADEMIC PRESS (CHINA)

国家社科基金后期资助项目
出版说明

  后期资助项目是国家社科基金设立的一类重要项目，旨在鼓励广大社科研究者潜心治学，支持基础研究多出优秀成果。它是经过严格评审，从接近完成的科研成果中遴选立项的。为扩大后期资助项目的影响，更好地推动学术发展，促进成果转化，全国哲学社会科学工作办公室按照"统一设计、统一标识、统一版式、形成系列"的总体要求，组织出版国家社科基金后期资助项目成果。

全国哲学社会科学工作办公室

序言　近代中国人英文著述的历史考察

黄兴涛[*]

鸦片战争以后的中国历史，从某种意义上说，已是一部全球互动史。要想深入研究好这段历史，不可缺少全球性眼光。即便从史料利用的角度来说，也无法仅限于中文。关于近代中国人的民族主义情感、思想与运动的认知，亦是如此。假如你较多阅读近代国人面向西方世界所书写的各种著作，特别是英文著述，就会发现，这肯定是把握近代中国民族主义动力机制、情感来源和思想内涵无法替代的重要途径与绝佳视角，因为这些书写本身，正是当时国人表达民族主义诉求、传扬民族主义情感和思想不可或缺的直接载体，而它们所通向的，又是中国民族主义所针对的主要对象——西方列强及其背后的整个西方世界。

30多年前，当我开始研究辜鸿铭和陈季同的时候，就强烈地感受到这一点。我同时也意识到这些以西文书写，为国家利益和民族尊严而呼号、抗议、争辩和诉说的文字的历史价值与文化意蕴所在。在那个时代，真正有能力掌握西文，又有热心和胆识面对西方世界进行此类书写的中国人，实在是凤毛麟角、难能可贵，他们无论如何都不该被中西关系史研究所忽略，更不该被中国近代史的研究者所遗忘！这就是我20多年前在主编"西方视野的中国形象"译丛的同时，热心把辜鸿铭的《中国人的精神》和陈季同的《中国人自画像》这类西文著作也一并翻译出版的原因之一。不过，随着相关知识的不断丰富，我越来越发现，仅仅是关注几个人、几本书，研究几个具体问题实在远远不够，这个领域所涉范围是如此的广阔，其历史文化内涵又是如此的丰厚，显然需要更多的学界同人去进行整体性的考察和系统性的研究。于是在自己的课堂上，我便时常鼓动那

---

[*] 黄兴涛，1965年生，中国人民大学清史研究所教授，博士生导师，兼任国务院学位委员会中国史学科评议组成员。

些有兴趣、有条件的青年学子,自觉投身到这一课题中来。

2005年,李珊推免进入中国人民大学清史所攻读硕士学位,随后又获得硕博连读资格,她英文基础好,又沉静向学,我便建议她以"近代华人的英文书写与民族主义"为题,系统开展这方面的研究。记得当年,我建议她选择此题时,曾给出以下理由:首先,近代华人的英文书写,乃中国历史上前所未有、近代才得以出现的新的文化现象,属于史家择题的首选类型;其次,近代中国从事英文书写的华人虽不少,但毕竟还是有限(当时了解实不多),若以民族主义为主题,选择其中各个时期的典型案例加以考察,应当具有可操作性;最后,这是一个拓展空间广阔、便于今后长期发展的课题。我同时还建议她,应当像邹振环教授写《晚清西方地理学在中国》一书那样,先将与主题有关的专题资料、著作一一阅读,撰写提要,日积月累、计日程功,然后逐步加以推进和深化。李珊采纳了我的建议。后来几年,她就一直沉浸在此课题之中,踏实钻研,最后完成了《面向西方的书写——近代华人的英文著述与民族主义(1880～1945)》的博士学位论文,并顺利通过了答辩。毕业后,她仍然潜心于这一课题的研究,不断修改和拓展相关内容,转眼又过去了十年,她终于完成了目前的这部书稿。现在,该著得到国家社科基金后期资助项目的资助,即将面世。作为导师的我,有了先睹为快的机会,欣慰之余,顺便写下一点读后感言,聊充序文。

在近代,由于英文的绝对强势地位,在那些面向西方世界进行直接书写的中国人的作品中,最为重要的当数英文著作。中国人究竟何时开始接触英文,目前已难考实,至少从英国东印度公司来华开始,即有了相遇机会。1748年前后,乾隆皇帝已命人编写过名为《嘆咭唎国译语》的中英文词汇集。1807年,新教传教士马礼逊来华后,中国的英语传播开始进入新阶段,但在很长一段时间里,英语仍被视为"红毛番话",没有得到真正重视,鸦片战争以后的中国虽有了一些懂英语的早期人才,但一时尚达不到用英文流利书写、公开发文的程度。作者在本书中,将最早有能力公开书写英文著作的中国人,大体圈定在19世纪40～60年代陆续赴欧美留学的容闳、黄胜、黄宽和颜永京等留学生范围,我以为是恰当的。她同时以《北华捷报》(*The North-China Herald*)这个当时中国最有影响力的英文报刊为中心,抓住那些中国"投书人"来考察和揭示"中国人英文书写之发轫",也别具眼光。据她发现,1860年至1863年,《北华捷报》上曾多次发表来自太平军的"中国通讯员"之"来鸿"。这些"来鸿",对于本课题的研究来说,重要性不言而喻。不过,它们究竟是中国人所写,还是请外国人操刀,抑或是中国通讯员先以中文报道,报社再加以英译,目前尚难以确定。相比之下,书中所提到的1871年"一个说英文的中国人"的英文来信,倒是可认定确属中国人"手笔"。1871年9月,《北华捷报》上一篇题为《教育中国人之法》的文章,引来这封"读者来信",来信中回应了有关中国人传播西学的能力问题,强调包括牧师颜永京和留学爱丁堡大学医学系的黄宽在内的最早一批赴欧留学的中国人,不仅有能力传播西学,而且正在为"造福国家"而多方工作。李珊根据多种信息判断,这个自称"一个说英文的中国人"的人,当是最早留欧的那几个中国人之一,且很有可能是曾被丁日昌延揽至江南制造总局广方言馆任教的黄胜。这一判断,我以为是靠得住的。由于关涉近代国人英文书写的肇始时间,这里,我想举出来信中所提到的黄宽其人公开发表英文作品的另一例子,来证实1871年这一时间节点可能的重要性。

黄宽是中国最早留学欧洲的现代医学先驱,他于1855年获得爱丁堡大学的医学博士学位后回国工作。在兼任粤海关医官期间,他曾精心调查广州地区的公共卫生状况、流行病及其有关治疗情形,并先后写过具有七篇开创性的英文调查报告,其中首篇就发表在1871年下半年出版的《海关医报》(*Medical Reports*)第2号上。① 后来,他又于1872、1873、1877、1878年陆续刊出续篇部分。最近,有探讨现代社会调查在中国兴起问题的学者指出,黄宽的这些流行病调查在中国率先实施,较为符合现代学术规范,具有开拓意义;一些西方学者甚至认为,它们对英国现代社会调查的发展也发挥了重要作用。② 可见黄宽的这一英文书写,不仅在中国近代城市公共卫生和防疫史上具有独特价值,在中外学术史上也具有值得一提的地位。若能将黄宽的这些英文作品同前述诸例一并讨论,或许可以增强上述有关"起点"问题的认知。

《面向西方的书写》一书最为重要的学术贡献,我以为乃是以民族主

---

① Dr. F. Wong, "Report on the Health of Canton for the Half Year Ended 30th September," *Medical Reports*, 1871, No. 2 of the Series.

② 参见李章鹏《现代社会调查在中国的兴起(1897~1937)》,西苑出版社,2021,第75~76页; Martin Bulmer, Kevin Bales, Kathryn Kish Sklar, eds., *The Social Survey in History Perspective*, 1880–1940, New York: Cambridge University Press, 1991, pp. 8–9。

义为线索，首次较为系统清晰地梳理、揭示了近代中国人英文著述的整体情形，对于清末、北洋军阀统治时期、国民政府统治初期，以及抗战时期等不同历史阶段中国人英文书写的主题、时代特点、代表作品等，予以有点有面的扎实探讨与细心揭示，并努力给出了较为理性客观、实事求是的历史分析和评价。长期以来，由于资料零散且相对难以获取，英文著述的作者们又多名不彰显，加之对于研究者外语水平也有较高要求，这一领域的整体研究一直付之阙如。李珊敢于迎难而上，多年默默耕耘于其间，终于勾勒出近代国人英文书写的主要线索与基本面貌，这一点是很值得称道的。

近代中国人的英文著述类型复杂、体裁不一、内容丰富，但其中绝大部分都暗合着民族主义这一时代主题。鸦片战争以后，随着中外不平等条约体系的建立，殖民势力在中国长期存在并持续产生影响，成为近代中国最为显著的时代特征。因此，中国人的英文书写就不可避免地要为祖国所遭受的侵略、歧视与不平等，发出抗议之声，以维护国家主权、利益和民族尊严，同时对中华民族的抗争行为，也进行过形式多样的辩护，以期赢得西方人民的同情、理解、尊重乃至支持。《面向西方的书写》一书正是通过发掘和介绍一个个英文书写"事件"，多方面地讲述中国民族主义的抗争故事，从而精心揭示了其多维面相，丰富和深化了今人对那个时代中国的民族主义及其所关联的中西关系之认识。如书中对林文庆针对"黄祸论"而提出的"白祸论"之评述，对邵苾棠区别"排外主义"与"反媚外主义"的讨论，对五四时期徐宝谦、刘廷芳等关于中国近代民族主义兴起的内涵及其与五四运动、新文化运动之间关系的即时性思想认知，等等，都是相当突出的例子。

对于笔者来说，本书关于北洋时期国人以中外关系为主题的系列英文著作曾为当时中国政府的废约实践提供学理基础的深入考察，也是非常新鲜的。我尤其赞赏书中关于国民政府的"英文外宣"和抗战时期国人"英文抗战"的丰富论述，其中许多都鲜为人知，提供了新的历史知识。正如书中所揭示的，九一八事变爆发后，英文书写成为中国人向国际社会揭露日本侵略行径的重要途径，一些国际问题专家、报人、留学海外的知识分子撰写大量英文论著，从事实和法理上强有力地回击了日本所宣传的战争舆论，如徐淑希、桂中枢、孟治等所撰写的有关九一八事变的英文著作，就针锋相对地逐条驳斥了日本的种种谎言，不仅在当时产生了重要的国际影响，今日读之也令人敬佩和难忘。七七事变以后，国民政府为了争取英美等国的同情与援助，更是编纂出版了大量的英文抗战宣传品，其中宋美龄撰写了若干英文著作，传扬中国军民的抗战精神；身居海外的林语堂等中国知识分子通过撰写英文小说、政论等途径，热情声援国内的抗战。实际上，这些中国人是战斗在抗日战争的另一战场上。本书记述和研究这些"英文抗战"史，某种程度上，正可以弥补以往学界抗战史书写之不足。

近代民族主义的核心内容，是建立独立、统一、民主、富强的近代民族国家。作为形塑现代世界格局的最为重要的思潮之一，它又往往被视为一把"双刃剑"，尤其是近几十年来，人们在讨论民族主义时，常常要从狭隘的民族主义概念出发，批评其偏执性、盲目性和排他性。但是，民族主义是一个历史范畴，对其实际功能需做具体的历史分析，"在帝国主义和封建主义势力的双重压迫和统治下，我们的国家和民族走到了亡国灭种的边缘。如果没有全民族的觉醒和奋起，那中国就只能'束手以待列强之烹割'，中华民族也就永无自立于世界民族之林之一日"。[①] 从近代中国历史发展进程看，民族主义所激发的民族认同感、凝聚力以及民众动员力，在中国谋求民族解放、国家富强的过程中，实发挥了重要的推动作用。

不过，近代中国的民族主义既有"抗议"的一面，又有"建设"的另面（罗志田语），是"抗议"与"建设"两面合构的统一体。考察近代中国人面向西方的英文书写，可见贯注其中的民族主义亦同样如此。本书论述北洋时期中国人的英文书写时，特别就其中的"一个新动向"——关于中国民主制度建设问题的论著进行专门介绍，就集中体现了这一点。书中对严鹤龄《中国宪政发展研究》一书的评述，对刁敏谦《中国新宪法及国际问题》和鲍明钤《中国民治主义》等论著的讨论，都表明了此种自觉。正如作者所指出的，尽管当时中国民主政治的实践举步维艰，但这些论著的书写者却并没有放弃希望，而是积极探寻中国实现民主政治的途径，并致力于去揭示清末民国时期中国在这方面已经取得的历史性进步，以及可能的前景。在近代中国，从事英文撰述的中国人，就主体而言大多是接受西方学术训练且具有一定自由、民主理念的新式知识分子，他们在英语著作中，往往以学理性的眼光考察中国从传统到现代的政治嬗变、社

[①] 李文海：《对"民族主义"要做具体的历史的分析》，《史学月刊》2006年第6期。

会经济的变革、文化的承继与开新、中外关系的冲突与调和等问题。这些著作，反映出他们将中国的历史、现实与西方新学科知识谱系相互勾连的自觉与努力，凝聚着一代学人对中国社会、文化变革的思考与探求，而促成他们去做这种思考与探寻的，又怎能离开那份内蕴其心的深沉的民族主义情感！

在近代中国人公开发表或出版的英文论著中，有相当一部分曾是英美留学生所撰写的关于中国论题的博士学位论文，这些论文在吸收西方现代学术思想和方法的基础上，有的反映出作者自觉整理中国传统学术文化、努力揭示其现代内涵和意义以促成其实现现代转换的积极意图，有的反映出作者自觉贯通中国的历史与现实、深刻把握中国国情、大胆实现学术开创和探索的创新精神，情况不一，价值和影响有别，但无不折射出其学习西方先进思想文化、寻求中国现代化发展之道的美好愿望。本书对这些博士学位论文十分重视，多有论述，并曾统计指出，仅在1912～1927年国人出版的与民族主义论题相关的40余种英文著作中，这些在博士学位论文基础上修改出版的论著，就占到约四分之一。如陈焕章的《孔门理财学》，朱友渔的《中国慈善事业的精神》，胡适的《先秦名学史》以及冯友兰的《一种人生观》等，就是其中的佼佼者。它们都在所在学科或领域里具有开创意义，有的还在西方的中国研究界乃至人文社科界产生过重要而持久的影响。今天的我们在追溯现代学科体系在中国的建立时，不能忽略这些著作在问题意识和思维模式上曾经起到过的引领作用。不过限于本书结构，书中对这些重要著作未能予以更全面的介绍。

阅读《面向西方的书写》这部书，我得着多方面的收获。如过去学界重视胡适在向西方介绍新文化运动时，曾使用"中国的文艺复兴"（Chinese Renaissance）的提法，亦有学者注意到任教于燕京大学的瑞士学者王克私（Philippe de Vargas）曾发表《中国文艺复兴的诸种成分》一文，并对胡、王二人的学术交往及共同使用的"文艺复兴"概念的异同多有解读。李珊此次则通过阅读胡适日记注意到，1921年6月，胡适从来华访学的美国加州大学教授Stratton处得知，美国报纸对中国的文学革命颇多关注，如《世纪杂志》（*The Century Magazine*）便在该年5月刊文介绍过中国的文学革命。根据这一线索，李珊找到该期杂志，发现杂志主编恰恰就是以《中国的一场文艺复兴》（A Renaissance in China）为题来介绍中国的文学革命之人。她由此认为，胡适、王克私、刘廷芳将新文化运动与西方的文艺复兴相提并论，很可能不是他们个人的看法，而是当时中美知识分子就新文化运动问题进行交流时所达成的一种共识。这一发现于认识新文化运动，无疑很有意义。再如，汤良礼的《中国革命内史》(*The Inner History of the Chinese Revolution*) 一书，过去也少有人提及，作为汪精卫的秘书，汤氏秉持国民党左派立场撰述此书，以英文记述国民党从兴中会到南京国民政府建立间的历史，曾披露过不少事件的历史细节，比如"中山舰事件"的有关内情。然此前国内的相关研究，似未曾见到对此记述有关注和利用。此外，通过对1914年李文彬撰写、商务印书馆出版的《英文中国历史》的评介，可知其堪称当时唯一一部从传说时代写到清朝覆灭的内容完整的新式中国通史力作，然以往的史学史著也几乎将其彻底遗忘。凡此种种，都可见近代中国人的英文著述，对于认知那个时代的历史来说，实为不可忽视的重要资料来源，而本书的研究在这方面，已然提供了不少有价值的线索。

整体研究近代中国人的英文著述，是一项难度不小的学术工程。为了驾驭这一课题，作者付出了多年的心力。仅围绕民族主义主题，她就从600余种英文著述中整理出200余种著述反复研读，并写下著述摘要，书后所附摘要只是其中的一小部分而已，相信有兴趣的读者会从中找到有用的信息。为了准确解读书中所讨论的英文著作，作者还查阅了大量的中英文报刊、日记、回忆录、外交档案等资料，做到了将这些英文书写放在当时具体的历史语境中加以深入考察，以保证评析到位。不仅如此，书中对于前人涉猎过的有关人物和著述的论述，还尽量做到详人之所略，略人之所详，并努力发掘新的资料，加以讨论。如关于辜鸿铭的研究，就给我留下较深印象。

当然，本书也还存在不完备之处。作者未能将近代中国人翻译中国文化典籍的活动一并纳入研究范围，在我看来，仍是一个遗憾。作为面向西方英文书写的另一种表现形式，中国人通过译作的方式传播中国文化，理应属于本书论述范围。书中对于林文庆翻译《离骚》、江亢虎与美国诗人合作翻译《唐诗三百首》、蔡廷干曾译有《唐诗英韵》、郑麐翻译《孙子兵法》和廖文奎译《韩非子》等，虽有提及，但仅仅一笔带过，未能从整体上对这一书写现象进行把握和考察。此外，像辜鸿铭、林语堂对儒家和道家经书的英译，沈仲涛对《易经》的英译，熊式一对《西厢记》的英译等，在西方都有过相当影响。沈仲涛不仅翻译《易经》，还以英文著

《易经的符号》等书，率先倡导《易经》的现代科学研究，揭示其现代科学意义等，可惜国人对他却知之甚少。如果本书能特设一章，专门横向讨论这一问题，并把蒋彝的《中国绘画》等影响较大的传播中国文化的著作也囊括进来，相信将能为本书的研究增添更多光彩。

另外，近代中国人的英文著述，内容实在太过丰富，以任何一个视角来加以整体把握，都难免存在自身的限度。民族主义的视角也不例外。诚然，近代中国人的英文书写，许多都难以摆脱深沉的民族情感的内在驱动，但它们的价值、意义和影响所在，又不能仅限于民族主义的框架里来加以认知，即便是那些关于中国传统文化、传统思想学术的自觉整理、阐释与转换的努力，其实际的影响与价值，亦同样不能囿于文化民族主义的视角及其相应标准来予以衡估。作为一种跨文化碰撞与交流的历史存在，它们更具有一种永恒的人类交往沟通价值和深远持久的学术文化意义，有待且值得今人与后人去持续不断地加以翻检、清理、感知与体味。对于历史研究者来说，这一工作实任重道远。在这点上，本书作者有着自己的清醒认识。这从书中的许多具体论述，可以得知。

今天的中国，已走上民族复兴之路，研读近代中国人面向西方书写的英文著述，揭示和认知那段中西之间的特殊历史，令人不无今昔之感。在自觉构建人类命运共同体的新时代，如何应对外部世界的误解和挑战，主动讲好中国故事，实施好文化走出去战略，已经成为新的时代课题。研究近代中国的这段"中西对话"的独特历史，其借鉴价值不仅显而易见，而且无法为其他研究所替代。这也是我阅读此书时所引发的一点联想。

以上所言，未必妥当，仅供作者进一步拓展研究和读者阅读此书时参考。

2022 年 5 月 4 日于北京

目 录

导 论 …………………………………………………………………… 1
  一 研究缘起 ………………………………………………………… 1
  二 学界前期成果 …………………………………………………… 5
  三 研究方法与基本结构 …………………………………………… 14

第一章 中国人英文书写之发轫
——以《北华捷报》为中心 ………………………… 21
第一节 作为在华英人"喉舌"的《北华捷报》 ……………………… 22
第二节 从读者到作者：中国人与《北华捷报》 ……………………… 24
  一 《北华捷报》的读者及消息源 …………………………………… 24
  二 太平军的《苏州来鸿》 …………………………………………… 25
  三 1870~1909 年中国人《北华捷报》发文统计 ………………… 26
  四 中国作者的身份辨识问题 ……………………………………… 29
第三节 《北华捷报》上三场中西人士的争论 ……………………… 30
  一 关于"如何教育中国人"的讨论 ………………………………… 31
  二 有关基督教在华传教问题的论争 ……………………………… 34
  三 "中国人治中国人"：辜鸿铭的不平之鸣 ……………………… 41
  四 在华西人舆论空间中的中国声音 ……………………………… 54
第四节 同西方汉学对话：辜鸿铭《北华捷报》上的两篇佚文 …… 55
  一 《中国人的家庭生活》 …………………………………………… 57
  二 《评翟理斯编译〈古文选珍〉》 ………………………………… 69

第二章　辩护与正名
　　——晚清时期国人的英文撰述 …………………………………… 74
　第一节　为祖国发声：早期中国人的英文著述 ………………… 75
　　一　几种代表性文本 ………………………………………… 75
　　二　早期英文撰述者的共同经历 …………………………… 81
　第二节　代表清廷的声音：驻外使节的英文书写 ……………… 83
　　一　面对西方的国家"自白"：曾纪泽撰
　　　　《中国先睡后醒论》 …………………………………… 84
　　二　庚子前后伍廷芳为中国辩护的英文撰述 …………… 90
　第三节　海外华人论中国时局：林文庆的《中国内部之危机》… 94
　　一　为维新派辩护 …………………………………………… 96
　　二　谴责顽固派 …………………………………………… 100
　　三　以"白祸"驳"黄祸" ……………………………… 104
　　四　林文庆、辜鸿铭辩驳"黄祸论"之异同 ……………… 107
　　五　《中国内部之危机》一书的反响 ……………………… 108

第三章　谋求国家平等
　　——北洋政府时期国人的英文写作 …………………………… 111
　第一节　北洋时期国人英文著述概况 ………………………… 111
　　一　留学生与英文著述的涌现 …………………………… 111
　　二　讨论民主制度：一个新动向 ………………………… 115
　　三　研究中外关系的著述大量出现 ……………………… 122
　第二节　从五四到五卅：基督教知识分子对中国社会思潮的
　　　　　观察 ……………………………………………………… 125
　　一　早于胡适的"中国的文艺复兴"之提法 ……………… 128
　　二　关于民族主义在中国兴起的绍述 …………………… 134
　第三节　知识专业化背景下的英文书写：条约问题研究 …… 137
　　一　废除不平等条约的诉求 ……………………………… 137
　　二　以中外关系为主题的英文著作的出现 ……………… 139
　　三　知其端绪：国人英文著述中对条约关系知识体系的
　　　　构建 ……………………………………………………… 143

四　有据可循：修约要求的提出 …………………………… 147
第四节　昔与今：国人英文著作对中国的历史"揭示" ………… 153
　　一　以英文书写中国通史的尝试：李文彬著
　　　　《英文中国历史》 …………………………………………… 153
　　二　国人关于英文年鉴的编纂：《1918年的中国》 ………… 161

第四章　民族自信力的显现
　　——南京国民政府时期国人的英文撰述 ……………………… 164
第一节　南京国民政府时期国人英文著述概览 ………………… 164
　　一　国民政府的对外宣传 ……………………………………… 164
　　二　中外关系研究的细化 ……………………………………… 166
　　三　西方"中国文化热"背景下的英文书写 ………………… 174
第二节　书写"革命"：国民党左派汤良礼的英文写作 ………… 180
　　一　生平与著述 ………………………………………………… 180
　　二　宏观视野中的"革命"：《反叛的中国》 ………………… 182
　　三　微观视野中的"革命史"：《中国革命史内幕》 ………… 192
　　四　从民族主义者到附逆汪伪 ………………………………… 197
第三节　为民众发声：邵蒂棠投书《字林西报》 ……………… 200
　　一　"排外主义"与"反媚外主义" ………………………… 202
　　二　声讨不平等条约 …………………………………………… 204
　　三　要求废除治外法权 ………………………………………… 206
　　四　谴责英国对华政策 ………………………………………… 209
　　五　批评基督教在华传播 ……………………………………… 211
　　六　邵蒂棠英文书写的意义 …………………………………… 211
第四节　走上西方讲坛：江亢虎的英文写作与文化传播 ……… 216
　　一　江亢虎生平 ………………………………………………… 216
　　二　在美开设中国文化课程 …………………………………… 218
　　三　任教加拿大，创办中国学系 ……………………………… 222
　　四　谁能代表中国：批评赛珍珠的《大地》 ………………… 227
　　五　中西互补论：江亢虎的文明观 …………………………… 229

第五章 民族危机下的呼号
—— 九一八事变后争取欧美支持的英文吁求 …………… 234

第一节 九一八事变后的英文撰述及其民族主义内涵 ………… 235
  一 《东北史纲》及其英译本 ………………………… 238
  二 李炳瑞《日中不宣而战一周年及列强的态度》……… 239
第二节 东北问题专家徐淑希在九一八事变前后的英文书写 …… 242
  一 徐淑希生平与学术背景 …………………………… 243
  二 太平洋国际学会双年会上有关东北问题的"证词" …… 245
  三 徐氏东北问题研究著作的特点 ……………………… 249
第三节 桂中枢《直言日本》：国内舆论界揭露日本侵华的
      英文名著 ……………………………………………… 254
  一 揭批日本侵略中国东三省的诡辩 …………………… 255
  二 对南京政府国联外交的关注与评论 ………………… 261
  三 驳斥中外报刊中颠倒是非的言说 …………………… 265
第四节 一场特殊的较量：孟治与河上清关于中日争端的
      论争 …………………………………………………… 270
  一 获得各自国家政府的许可 …………………………… 271
  二 两书的论辩内容 ……………………………………… 272
  三 第三方的评价：《纽约时报》书评 …………………… 275

第六章 争取西援
—— 七七事变后中国官方与民间的英文抗战宣传 ………… 281

第一节 为国民政府战时国际宣传服务的英文写作 …………… 281
  一 国民政府的战时宣传制度 …………………………… 281
  二 国家立场上的控诉：徐淑希记录日本侵华罪行的
      英文著作 ……………………………………………… 284
第二节 从争取西援到谋求平等：全面抗战时期宋美龄的
      英文写作 ……………………………………………… 289
  一 全面抗战期间宋美龄英文撰述概述 ………………… 289
  二 谴责西方列强的对日姑息政策 ……………………… 291
  三 宣扬中国的抗战民族精神以鼓舞盟国士气 ………… 295

四　提出废除不平等条约和战争善后问题的中国诉求……298
　第三节　中国知识分子在海外宣传抗战的英文写作……303
　　一　海外华人团体与留学生的抗日宣传……303
　　二　民族的重生：林语堂全面抗战时期的英文书写……304

结　语……311
　一　西方了解中国的全景式窗口……311
　二　现代民族国家的对外表达及其言说者……313
　三　近代中国人英文书写的民族主义内涵及特点……317

参考文献……323

附录　近代中国人英文著述提要（以民族主义主题为中心）……342

后　记……376

导 论

一 研究缘起

晚清民国时期，中国人用英文进行写作是中国历史上前所未有的文化现象。它的特殊性在于：其一，对于这些英文著述的作者而言，他们所使用的是非母语的语言；其二，这些著述的预期受众是与作者的文化背景相异的西方人；其三，晚清民国时期，中国人用英文所著作品内容之多、数量之大、著者之众，恐怕都超越今人对那个时代的基本印象。

同时，晚清民国时期中国人的英文著述，也是近代中西文化关系史上不应被忽略的面相。自鸦片战争以来，在西方强势入侵之下濒于倾颓的中国，不仅在国力上无法与西方列强抗衡，在中西方文化的交流与对话上也沦为劣势的一方，国家形象亦一落千丈。鸦片战争以后，传教士、商人和记者等来华西人在西方出版了大量有关中国的著述。然而，这些著作中所呈现的中国往往是愚昧的、落后的、停滞的。在如此国势陵夷的背景下，众多由受过良好的西方教育、对东西方文化之异同有着切身体会的中国人完成的英文著述，为西方世界逾越语言与文化的障碍，更为直接地、全面地了解中国提供了条件。

此外，晚清民国特殊的时代背景与中国人英文写作的特殊性，使近代中国人的英文写作与翻译具有更为深刻的民族主义内涵。中国人英文著译的产生与清末西方列强对中国的政治经济侵略有着密不可分的关系。鸦片战争以来，与西方相比悬殊的国力和腐朽的统治，使得清王朝处于被动挨打的地位，中国的领土主权和经济利权不断沦丧于西方列强之手。在这样的历史背景下，在海外生活、对西方有所了解的中国人，最先用英语发表文章、出版著作，为中国遭受的不公平待遇争辩。在晚清华洋教案、戊戌变法、义和团运动等重要事件上，都能看到中国人对中国政情的记述与议论。民国建立以后，随着近代中国民族主义思想的发展以及中西文化交流的加深，用英文完成著作的中国人越来越多，他们的作品形式多样、题材丰富，或记述中国的进步与发展，或探研近代中外条约关系，或介绍中国的历史文化，而背后往往蕴含着谋求国家平等、民族自由的民族主义思想，字里行间凝结着深刻的民族主义意识。事实上，众多中国人克服非母语写作的困难，用英文进行写作与翻译，并非易事。如果没有强烈的使西方世界了解中国的愿望，没有向西方人说明"外国在华存在"（foreign presence in China）这一事实给中国带来的影响的意图①，很难解释清末以来大量中国人英文著译出现的原因。②

要把握近代中国人英文书写的历史意义，还需要从近代以来英语在全世界的地位说起。英语成为一门世界性的语言，应当追溯至17世纪，其传播是伴随着英帝国在北美洲、大洋洲、非洲及亚洲建立多个殖民地而展开的。19世纪，英国在与其他欧洲列强争夺殖民地的竞争中占据上风，随着世界范围内英国殖民地的广泛建立，以及商业贸易的发展，英国成为空前强大的"日不落帝国"，英语也随之成为世界上影响力最大的一门语言。③ 自1840年鸦片战争用炮火轰开中国的国门以来，英国就成为百余年来对中国实施军事、经济侵略的主要西方资本主义国家之一。19世纪末20世纪初，随着美国自身经济实力的增强，其在西方资本主义列强对华政策方面的影响日益加强，成为继英国之后西方第二个对中国内政外交有重要影响的国家。可以说，作为使用英语的两个主要国家，英美两国在近代深刻地影响了中国的政治、经济、社会等各个领域。因此，以英美等国公众及其他使用英语的国家为对象，近代中国人英文书写无疑是中国面向西方表达自身意愿的最为重要、最为直接的方式之一。

此外，近代中国人对于英语这一交流媒介的使用，也是中国近代民族主义的一种深层次反映。后殖民主义研究者从语言学的角度出发，将语言媒介视为一种文化权力，其背后支撑的乃是国家的军事及政治力量。在这

---

① 罗志田指出："民初中国权势结构的一个特征，即外国在华存在（foreign presence in China）的实际和隐约的控制力量，在民初中国政治中起着重要而直接的作用，是时人不争的共识。"参见罗志田《乱世潜流：民族主义与民国政治》，"自序"，上海古籍出版社，2001。

② 需要指出的是，作为一种表达意见与主张的媒介，中国人英文书写中亦有主要面向中国国内而作的情况。例如，林语堂撰写的《中国新闻舆论史》（*A History of the Press and Public Opinion in China*, 1936）便可以被视为一部抨击国民党政权对新闻舆论的压制与干预，激励民众为新闻自由、公民权利而战的论著。正是为了躲避国民党严格的书刊审查制度，林语堂不得不用英语撰写此书。

③ 参见牛道生主编《英语与世界》，中国社会科学出版社，2008，第102页。

一点上，英语是个典型：在殖民征服的过程中，英语在某种程度上充当了帝国建立殖民统治的重要工具。研究者认为，在殖民统治的框架下，殖民者有关殖民地的英文书写主导着殖民地统治与征服的历史叙事。"尽管它们对于当地风景、习俗和语言的报道非常细致，但都不可避免地赋予（帝国——引者注）以中心特权，强调'本国'甚于'土著'，张扬'都会的'而贬抑'乡土的'和'殖民地的'。凡此种种。从某个更深的层面上来说，它们所宣称的客观性仅仅是为了隐藏生成它们的帝国话语。"① 这一论述在相当程度上适用于中国的情形：由于在政治军事上的强势地位，西方在晚清以降的中西交流中始终居于主导的一方，英文在两种文化交流中自然而然处于主导地位。正是由于英语及其所象征的西方话语在文化权力结构中的中心地位，西方人撰写的大量英文著作塑造了中国在世界上的形象。检视近代以来西方世界关于中国的书写，不难发现，其中往往充斥着带有异域风情的（exotic）笔调，以及大量失实的描写与叙述。可以说，这些作品充分地体现了西方人在撰写有关中国的游记及回忆录时带有猎奇心理与时隐时现的优越感。

萨义德在《东方学》中指出："东方学不是欧洲对东方的纯粹虚构或奇想，而是一套被认为创造出来的理论和实践体系，蕴含着几个时代沉积下来的物质层面的内涵。这一物质层面的积淀使作为与东方有关的知识体系的东方学成为一种得到普遍接受的过滤框架，东方即通过此框架进入西方的意识之中，正如同样的物质积淀使源自东方学的观念不断扩散到一般的文化之中并且不断从中生成新的观念一样。"他同时强调，赋予东方学以其一直在谈论的那种持久的耐力和力量的，正是文化霸权（hegemony）。②

英帝国拓殖运动推动了英语在殖民地、半殖民地的传播，而殖民地、半殖民地人群能用英语进行写作或翻译活动，则体现了这些地区的人对于英语的掌握与运用。对于殖民地、半殖民地的人而言，掌握殖民者的语言就意味着能够向他们发出自己的抗辩之声，甚至打破殖民者的话语霸权。晚清以来出现的中国人英文书写背后就反映了这样一种文化权力关系。

从鸦片战争到新中国成立，在内忧外患的影响下，争取民族独立与自

---

① Bill Ashcroft et al., eds., *The Empire Writes Back: Theory and Practice in Post-colonial Literatures*, New York: Routledge, 1989, p.5.

② 〔美〕爱德华·W. 萨义德：《东方学》，王宇根译，三联书店，2007，第9~10页。

强是贯穿中国百年社会变迁的重要主题。纵观近代中国的社会发展历程，无论是反抗帝国主义的侵略与压迫，还是建立民主平等的现代民族国家，都摆脱不了西方因素的影响。而近代中国人的英文著译又以西方作为主要的言说对象，这意味着中国与西方的关系成为这些作品无法回避的问题。

根据笔者的研究，自19世纪70年代起，便有中国人在英文报刊上与西方人就基督教在华传播问题进行论辩。1891年长江教案期间，辜鸿铭在《字林西报》上撰文，批评基督教传教士在华传教活动的虚伪性质，强烈要求传教士撤出中国。庚子之变后，辜鸿铭、林文庆、伍廷芳等人纷纷发表英文言论，为中国人民的排外情绪辩护，极力反驳西方人抛出的"黄祸论"（Yellow Peril）。这些言论表明，中国与西方遭遇之初，主动运用英语与西人沟通甚而论辩的努力，可以说是一种朴素的民族主义观念的体现。20世纪初，中国知识精英开始有"中华民族"的概念，并渐渐形成了以建立现代民族国家为核心的近代民族主义观念。① 中华民国建立后，为了废除不平等条约、收回利权，更多受过西方高等教育的中国人撰写了大量有关中外关系的英文著述，从史实上、法理上为中国的修约要求提供依据。这些现象表明，中国的声音开始出现在英语世界中，中国人开始以一种主动的姿态回应西方话语。可以说，中国人的英文写作打破了以往西方殖民者对中国的形象随意描述甚至诬蔑的格局。

近代中国民族主义不仅表现为在政治上抵御侵略、经济上发愤图强的努力，还表现为从文化上维护自己国家的利益，树立祖国的正面形象。近代中国人用英文写作及翻译表达自己的立场与主张，直接向西方权力话语发起挑战，可谓更为直接地反映了近代民族主义思想在中国的兴起与发展。当然，在类型众多的近代中国人英文著述中，民族主义这一时代主题的彰显形式也是复杂而多样的：无论是内蕴为深沉的中国情结与认同，还是张扬为民族国家意志的反复申说，抑或介绍有别于西方现代文明的中国传统文化特质，这些面向西方的书写都是近代中国人抒发民族主义情感，表达民族主义诉求的重要媒介。从这个意义上说，中国人英文书写是处于被压迫地位的中国直接面向西方侵略者发出的"民族之声"，是近代中国民族主义的重要内容和集中体现之一，而且是其中极有特色的组成部分。但长期以来，这一重要的历史面相却从整体上被忽略了。迄今为止，学界

---

① 耿云志：《中国近代思想简论——中国近代思想文库总序》，《史林》2013年第2期。

尚未将其作为一个近代历史现象自觉地给予整体性把握和研究，这是非常遗憾的。本书希图在这方面做一研究尝试。

二 学界前期成果

晚清民国时期中国人的英文著述，是中国人向外表达民族主义情感与思想的重要载体，而探究这些英文著作中展现的国人对国家民族命运的思考、文化传承与扬弃的抉择、富强与民主等议题的求索，很有可能会使我们对近代中国民族主义思想的内涵与维度有新的认识。黄兴涛教授在总结、反思十余年来学界关于近代中国民族主义的研究得失时提出，中国人英文著述应当是民族主义研究的新的增长点。他提出："至于中国人以西文著述，直接向西方抒发民族主义的情怀，进行民族主义辩护，阐发民族主义思想的这一重要民族主义载体，目前就其整体而言，基本上还处于被忽略的境地，而它对我们认知近代中国民族主义的特征本应是大有裨益的。"①

以往学术界对19世纪中后期以来西方人有关中国的描述关注较多，特别是当代中国经济迅猛发展，因应着中国与西方各国之间增进交流与加深了解的实际需要，研究者越来越注重探讨海通以来英语世界中有关中国的种种论述，试图追索东西方文明交流与碰撞的痕迹。然而，从中国人自己的视角出发，向西方世界介绍中国社会历史文化的著作却较少被研究者注意到。当我们阅读近代中国人的英文著作及译作时，分明可以体会作者纠正西方人对于中国的误解与偏见的意图。尽管国内外研究者从不同的学科对这些作家和作品做过个别的研究，或是在探讨某些问题时对于个别内容有所涉及，但是尚未出现关于近代中国人英文写作的整体性的研究。下面就对笔者所见的海内外相关研究成果进行简单的总结与评述，以期明确本书可开拓的空间。

就国内学术界而言，目前似乎还很少有学者注意到19世纪中后期以来出现的大量中国人用英语完成的作品，也没有将其作为一个富有深刻历史内涵的现象来对待。黄兴涛在他所主编的《中国文化通史·民国卷》中首次集中介绍了民国时期出现的大批用英文进行写作或翻译的知识分子。书中经分析认为，这批知识分子写作英文书籍、翻译传统经典，表现了近代中国知识精英在世界范围内为祖国争取政治、文化地位的强烈愿望和努

---

① 黄兴涛：《情感、思想与运动：近代中国民族主义研究》，《广东社会科学》2009年第3期。

力。同时，这些英文著译以及它们在国外舆论界引起的强烈反响也充分表明民国时期中国文化事业的发展。① 这一研究提示我们，在近代中西文明交会的视野下考察中国文化的对外传播，不应该仅仅将目光集中在西方人身上，还应当看到中国人通过英语著译的形式，向外传播中国文化的艰难努力。不仅如此，为了更全面地认识近代中国文化的外播史，更好地理解近代中西文化的交流与碰撞，有必要将中国人的英文著述作为一个整体进行研究。

当然，海外华人的英文写作也是国内学术界海外华人文学研究的题中应有之义，② 但海外华人文学研究的学术关怀和着眼点，与历史学研究者存在着明显的不同。其一，就研究对象而言，海外华人文学研究倾向于关注在西方各国及东南亚等地的华人、华侨的文学作品。这些作品大多围绕着移民海外的曲折经历展开，反映他们在接纳国（the adopted country）艰苦奋斗、寻求同化（assimilation）的历程。以美国华人英文文学为例，在华人所写作的英语文学作品中，早期移居美国的契约华工在美国艰苦卓绝的创业生活、中国传统文化和美国现代文化的矛盾、对美国种族歧视政策的批判，构成了华人英文文学的主要思想内容。③ 其二，就研究对象的时间跨度而言，海外华人文学研究较为关注的是现当代华人的英文作品，特别是20世纪七八十年代以来，许多欧美华裔作家的文学作品在世界文坛获得肯定，直接刺激了相关研究的兴起。同时，随着留学生等新移民群体及相关主题的文学创作的出现，部分海外华人文学的研究者提出"新华人文学"或"新移民文学"等概念，指出当今海外华人文学已经由以乡愁悲情、漂泊无奈为母题的"边缘文学"走向具有全球化和多元文化视野的主流世界文坛。④ 简言之，目前国内的海外华人文学研究集中在以域外华

---

① 黄兴涛主编《中国文化通史·民国卷》，中共中央党校出版社，2000，第175页。
② 近年来，国内的文学研究者对海外华人的英文写作的认识和重视不断增加，这是随着华文文学研究转向华人文学研究而形成的。以往的华文文学是以汉语写作为核心的概念，而现今的华人文学则是以创作主体的族裔身份来命名的，而这一学科趋向的转变，也表明海外华人文学研究由以往的文学研究向文化研究转变。参见胡贤林、朱文斌《华文文学与华人文学之辨——关于华文文学研究转向华人文学的反思》，《安徽大学学报》（哲学社会科学版）2007年第3期。
③ 赖伯疆：《美国华人英文文学的独特品格和客观效应》，《学术研究》2003年第2期。
④ 参见施建伟《"从边缘走向主流"——海外华人文学的现状和将来》，《华文文学》2003年第1期；饶芃子、吴奕锜等《海外华文文学研究前沿性问题探讨——"第二届世界华文文学高峰论坛"笔谈》，《暨南学报》（哲学社会科学版）2007年第4期。

人的生活奋斗经历为主要题材的文学作品上。相对地，对于那些曾经在海外学习或生活过的中国知识分子的作品，则关注较少。此外，文学界对海外华人文学的研究以对创作主体和文本本身的探讨为主，而历史学的研究更侧重于把握这一类作品所处的时代背景和历史脉络，这样的研究取向应当会使华人的英文著述呈现出不同的历史景深和厚重感。

在晚清民国时期众多用英文写作的国人中，对于辜鸿铭、林语堂等英文著作在海外享有盛名的人物，以往学者已经进行了较为深入细致的研究。在此对这些研究成果择要做一简单概括。黄兴涛等在其所译的《辜鸿铭文集》中，搜集整理了辜鸿铭从晚清到民国初年出版的一系列英文著作及对中国经典的翻译。[①] 黄兴涛还著有研究专著《文化怪杰辜鸿铭》，这部专著在发掘和整理大量辜鸿铭著述及译著的基础上，深入研究了辜鸿铭在东西方文化双重影响下的思想。该书结合辜鸿铭写作时的具体时代背景，把握其作品的写作意图和历史价值，质疑了以往简单地将辜鸿铭视为守旧、顽固、行为乖张的清末遗老的观点，揭示了辜鸿铭对于东西方不同文明体系先进与落后的价值判断与独特思考。[②] 在此之后，学术界出现了一批关于辜鸿铭思想文化的研究成果。有的学者以辜鸿铭特殊的思想体系为研究对象，探讨其东西文化观及思想底蕴。[③] 有的学者将研究聚焦于辜鸿铭的儒经英译活动，认为他的翻译打破了由西方传教士、汉学家垄断的中学西渐、制造中国形象的局面，他所翻译的《中庸》是后殖民翻译研究的重要范本。[④]

相较于辜鸿铭研究，学术界对林语堂的研究成果似乎更为丰富。从20世纪80年代的"林语堂热"开始，市面上便出现了一批有关林语堂的传记性著作，90年代中期以后则出现了一系列专题性的研究。例如，施建伟的《林语堂研究论集》及王兆胜的《林语堂的文化情怀》，对林语堂的著作中体现的东西文化抉择、人生哲学的形成等问题做了研究。不难看出，对于林语堂的研究主要集中在文学界，无论是关于林语堂的幽默观，

---

① 《辜鸿铭文集》，黄兴涛等译，海南出版社，1996。
② 黄兴涛：《文化怪杰辜鸿铭》，中华书局，1995。
③ 参见袁咏红《辜鸿铭对晚清历史的独特认识》，《史学月刊》2005年第4期；朱月白《在激流处转弯——对辜鸿铭现代化思想的研究》，《江汉论坛》2001年第2期；朱寿桐《辜鸿铭与新人文主义的关联》，《江汉论坛》2007年第3期。
④ 王辉：《后殖民视域下的辜鸿铭〈中庸〉译本》，《解放军外国语学院学报》2007年第1期。

还是他的文学创作的历程，或是对其小品文、小说的鉴赏分析，文学研究界都积累了相当的成果。① 然而，对于林语堂文学创作的定位，不同的学科从不同的角度切入，得出的结论不尽相同。譬如，文学界的研究者一般认为，林语堂的小品文成就在小说之上。可是，如果将林语堂在全面抗战期间完成的《京华烟云》《风声鹤唳》等小说放在当时的时代背景下分析，读者很容易领会林语堂创作这些小说，以弘扬中华民族精神，为中国抗战争取世界同情的写作意图。从这个意义上讲，这些小说显然具有超越文学的更深刻的历史内涵。钱锁桥的专著《林语堂传：中国文化重生之道》是近年来关于林语堂的最新研究。作者搜集了林语堂发表的大量英语文章，突破传统文学史的研究视野，将林语堂的中英文著作放在更为具体的历史语境中加以考察，揭示了以往林语堂研究中被忽略的面相，向读者展示了浸润于东西方文化的双重影响下，林语堂毕生致力于运用中英两种语言文字，自觉地寻求和阐释中国文化在现代社会的"重生之道"的努力。②

除辜鸿铭和林语堂外，学术界对于胡适的英文著述也有一些先行的研究成果。周质平当属最早关注胡适的英文作品的学者之一，在其著作《胡适与中国现代思潮》中，周质平专辟"胡适英文著作中的中国文化"一章，考察胡适英文著作的思想内涵。③ 他提出一个值得重视的问题，即与其中文著作对中国文化的否定和批判不同，胡适在英文著作中对中国文化多了一些同情和回护，并且在论及中西文化之时，倾向于寻求两者之同，有意地为科学、民主、自由等自晚清以来为进步知识分子所追求的西方价值观念寻找中国的根。④ 周质平认为，胡适的英文著作对中国文化的阐发可以概括为四个主题：对中国自先秦诸子到乾嘉学术的科学精神与方法的阐释，对中国思想文化中民主与自由等内涵的发现，澄清西方对中国妇女在传统社会中的地位的误解，论述中国在不断地进步。他在研究中揭示的胡适的中英文著作中所展现的对中国文化的不同态度，以及胡适在英文著作中常常采用将中西文化相互比附的方法等问题，对于捕捉和理解近代中国人英文书写的某些共通的特点，颇具启发性。

欧阳哲生的论文《中国的文艺复兴——胡适以中国文化为题材的英文

---

① 田宛清：《近年林语堂研究综述》，《福建论坛》（人文社会科学版）2002 年第 6 期。
② 钱锁桥：《林语堂传：中国文化重生之道》，广西师范大学出版社，2019。
③ 周质平：《胡适与中国现代思潮》，南京大学出版社，2002，第 250~286 页。
④ 周质平：《胡适与中国现代思潮》，第 250~253 页。

作品解析》，对胡适以中国文化为主题的英文作品进行了再次解析，认为其英文作品的核心主题是"中国的文艺复兴"，揭示了在这一观念下所体现的胡适的民族主义情怀，以及他对现代化的基本认识。值得注意的是，欧阳哲生考察了胡适撰写博士学位论文《先秦名学史》（The Development of the Logical Method in Ancient China）的现实动机。他指出，它与民国初年以康有为、陈焕章等人发起的孔教运动有密切关系。胡适在《先秦名学史》中大力肯定非儒学派的思想，以此贬抑儒学在中国古代思想中的地位，并批评儒学阻碍了科学在中国的发展。[①] 留学西方的新式知识分子用英语撰写的以中国为主题的博士学位论文，也是近代中国人英文著述的重要组成部分，而欧阳哲生的这一研究提示我们，在考察这些著作的选题动机时，作者学术背景之外的现实考量也是不能忽视的因素，而学术与现实间的关联与互动蕴含着更为丰富的研究价值。

就国外学术界而言，有关近代中国人英文著述的研究成果主要集中于海外华人研究的范畴。由于本书主要关注的是早年曾留学美国或旅居美国的作家，加之目前学力和视野的局限，笔者较为留心的是与本研究相关度更高的美国华人英文著述。20世纪下半叶以来，随着美国少数族裔维护自身权益的诉求高涨，以及美国主流社会对以往移民和种族政策的反思，对于少数族裔的研究越来越受到重视。在此背景下，各大学纷纷建立起亚裔美国人研究的专门机构，逐渐形成了聚焦亚裔美国人政治、历史和文化等课题的跨学科研究格局。而在这个新兴的学术谱系中，华裔美国文学也逐渐在美国少数族裔的文学中凸显出来，形成具有独特学术自觉的新兴学科。[②]

但是，与国内海外华人文学研究情况类似，美国华裔文学研究同样以现当代的作家和其作品为主。这种现象的出现，或多或少与研究者对美国华人英语写作的历史认知有关。王赓武曾在一篇文章中指出，在20世纪70年代以前的华裔英文写作中，少有富有创造性的作品。他还进一步指

[①] 欧阳哲生：《中国的文艺复兴——胡适以中国文化为题材的英文作品解析》，《近代史研究》2009年第4期。

[②] 由于美国对中国移民的政策直至1965年才正式松绑，因此，华裔美国文学长期处于被忽视的状态。直至1970年之后，美国东西海岸涌现出一批优秀的华裔文学家，学术界和文艺批评界才正式接纳华裔美国文学。早期的华裔美国文学在当时往往与菲律宾、日本、韩国等其他亚洲国家的移民文学归为一类，以此强调这些作品中相似的移民故事和情感关怀。参见 Jeffery Paul Chan, *The Big Aiiieeeee!*: *An Anthology of Chinese American and Japanese American Literature*, New York: Meridan, 1991。

出，这是与早期华人移民在美国受到的待遇和地位密切相关的。由于1882年《排华法案》的影响，在美国的华人人数一直保持在一个相对较低的水平，而在美国生活的华人出于谋生的考虑，倾向于选择从事技术性工作或经商。因此，早期华人文学中有代表性的作品比较少见，反而是20世纪七八十年代以来出现了一些优秀的追溯早期旅美华人和移民经历的传记性作品。① 王赓武在总结归纳早期华人文学的成就时，似乎无意将近代中国留美、旅美的知识分子的英文著作纳入考察范围。他在同一篇文章中还提出，探讨美籍华人作家的身份认同是华裔美国文学研究的重要课题，而留美学生的英文著作对于异域学习生活和个人境遇的记述，无疑应是考察这一问题的重要材料。

近年来，在华裔美国文学的研究中，已经有学者集中地关注早期华裔英语写作者中的知识分子群体。旅美学者尹晓煌教授的专著《1850年代以来的美国华裔文学》(*Chinese American Literature since the 1850s*) 就将用英语写作的中国知识分子作为一个独立的群体，纳入他对美国华裔文学史的整体考察中。这本著作是从文化史的角度，对从美国早期华工的英文诗作到当代华人作家的文学作品的贯通研究。② 值得一提的是，作者在研究中将华裔作家用汉语完成的作品也纳入研究范畴。在该书的第二章中，尹晓煌专门分析了近代留美知识分子的英语写作。作者把晚清民国时期，或随传教士出洋的，或依靠政府官费或自费赴美求学的中国留学生群体，与华人劳工群体区分开来，将他们统称为"有教养的中国人"(the cultivated Chinese)。他认为，与早期华人劳工的生活、境遇不同，晚清民国的留美学生过着相对舒适的生活，他们大都受过美国高等教育而具备较高的英语素养，懂得如何写作，如何向预想的读者群发表意见。因而，尽管不能将他们视为美国华裔移民的代表，但不可否认的是，他们的英文著作是美国华裔文学的重要组成部分。③

在这部分的研究中，尹晓煌从"有教养的中国人"的社会身份、个

---

① Wang Gungwu, "Within and Without: Chinese Writers Overseas," *Journal or Chinese Overseas*, Vol. 1, 2005.

② Xiao-huang Yin, *Chinese American Literature since the 1850s*, Urbana and Chicago: University of Illinois Press, 2000. 中译本为尹晓煌《美国华裔文学史》，徐颖果译，南开大学出版社，2006。

③ Xiao-huang Yin, *Chinese American Literature since the 1850s*, p. 54.

人经历、作品内容等方面,分析了他们的英文作品与早期华人劳工文学的区别。他指出,由于与华人劳工有着截然不同的生活经历,在大部分留美知识分子的英语作品中,很少见到对排华政策愤愤不平的情绪宣泄或对谋生、奋斗的艰辛的回忆。他们的英文著作以努力填补中国人和美国人之间的种族与文化的鸿沟为目的。作者选取了其中具有代表性的三本英语著作加以论证,它们分别是李恩富(Lee, Yan Phou)的《我在中国的童年故事》(*When I Was a Boy in China*, 1887)、伍廷芳的《一位东方外交官眼中的美国》(*American through the Spectacles of an Oriental Diplomat*, 1914)和容闳的《西学东渐记》(*My Life in China and America*, 1909)。他指出,李恩富的著作以对跨越东西方的人生经历的回顾,争取美国社会的认同;伍廷芳则试图通过对美国社会与文化的精当评断显示自身的见识与素养,以期得到美国主流舆论的肯定;而容闳的著作则集中反映了在美华人通过适应美国文化、宗教观念在美国社会获得一席之地的历程。

从研究的时间跨度和涉及层面来看,尹晓煌在研究中对晚清民国中国知识分子英文写作的强调,有别于美国华裔文学研究注重当代而轻近代的状况。然而,似乎由于全书结构和篇幅的限制,作者对这一部分的研究和论述不够深入,既没有交代这些英文作品潜在的读者和言说对象,也未能勾勒出近代中国知识精英英文书写的发展脉络。此外,作者在分析这些人的写作意图和作品意义时认为,他们的写作主要是受"情愿留在自由的美国"的愿望驱动,这似乎有过分强调寻求美国社会文化认同的嫌疑。[①] 这种解读忽略了处于新旧转型期的中国政治社会状况对中国人的影响。如果换一个思维角度,从中国的知识精英希望向国人介绍西方的先进制度与文化的视角加以考察,或许会得出与作者相反的结论。

此外,生长于海外的华人子弟构成晚清民国时期面向西方进行英文撰述的一个不容忽视的群体。他们一方面接受西式教育,熟习英语;另一方面受到家庭的熏陶与影响,对中国和传统文化具有较强的认同感。为了更准确地把握他们的英语写作活动所表现出的民族主义思想与情感,有必要对有关海外华人华侨民族主义的研究做一简要说明。

---

① Xiao-huang Yin, *Chinese American Literature since the 1850s*, p. 69.

王赓武对于近代东南亚华人历史的研究堪称具有开创性质。他曾撰文专门探讨过海外华人的民族主义问题，在文中他将海外华人民族主义的发展分为四个时期：第一时期为新概念的冲击时代，大概从19世纪90年代到20世纪20年代，即源自西方的"民族"观念逐渐在海外华人头脑中形成的时期，由孙中山领导的革命派在海外鼓噪的反清革命对此有很大影响；第二时期为爱国华侨时代，从20世纪20年代到50年代，这一时期受到中国国内政治的影响及国外兴起的民族排外思潮的威胁，海外华人的民族情感最强烈；第三时期是华人华裔入外国籍与否的选择期，从20世纪50年代到70年代；第四时期从20世纪70年代至今。① 王赓武根据百年来华侨的侨居地和中国本土的历史发展进程，强调东南亚、北美等地不同的社会发展状况及当地政府对华人的不同政策，对华侨华人在不同历史时期与中国民族主义的关联条分缕析，为我们准确地把握晚清以来海外华人的中国认同观念的变迁提供了参考。

澳大利亚华裔学者颜清湟的著作《星、马华人与辛亥革命》，主要研究的是清末新加坡、马来西亚华人对革命派的支持。作者探讨了新马华人对辛亥革命做出的贡献，揭示了当时新马华人的民族主义情感和历史实践。值得注意的是，颜清湟教授在该书中着重分析了辛亥革命前新马华侨社会中的维新派与革命派阵营的对垒及思想论战，充分展示了民族主义在新马华人中的复杂性。② 除此之外，颜清湟还撰有一篇题为《林文庆与东南亚早期的孔教复兴运动（1899～1911）》的论文，该文结合19世纪末新马华人社会的状况及英国殖民政府对新马华人的政策，探究林文庆尊孔思想的渊源，发掘他在新马华人中积极倡导的复兴孔教运动。③ 对于本书的研究而言，要准确地把握生长于南洋的林文庆、汤良礼等人的英文作品，必须对他们的政治主张和思想底蕴有所了解，而王赓武、颜清湟的研究在这方面对笔者很有启发。

除以上的研究成果外，美国学者孔飞力（Philip A. Kuhn）的著作《他者中的华人：中国近现代移民史》也对本书的研究具有借鉴意义。在该书中，孔飞力以宏大的视野，追溯了大航海时代以来中国人不断向海外迁徙的历史过程，揭示了清政府的移民政策、中国沿海市场经济的发展、中国

---

① 参见《海外华人的民族主义》，《王赓武自选集》，上海教育出版社，2002，第303～310页。
② 〔澳〕颜清湟：《星、马华人与辛亥革命》，李恩涵译，联经出版事业公司，1982。
③ 〔澳〕颜清湟：《东南亚华人之研究》，香港社会科学出版社有限公司，2008。

本土内部的移民动向以及西方殖民主义与奴隶贸易的变动等因素，对近代中国海外移民活动直接或间接的影响。① 其中，孔飞力教授对于海外华人的民族认同心理的分析很有意义。他提示我们注意海外华人的民族情感不仅取决于他们对乡土桑梓的天然的情感依恋，更与他们在海外生存的环境及所处的华人社群密切相关。他特别论述了东南亚华人中的第二、三代移民的民族认同问题，由于他们中的很多人都与当地的土著居民有着血缘关系，因此他们对中国的认同在主观上是有选择余地的。孔飞力以荷属东印度群岛的海峡殖民地的土生华人（Peranakans 或 Baba）② 为例，指出他们选择认同中国文化，努力让自己"重新中国化"（re‐Sinicizing），很大一部分原因是希望借助中国给他们带来的"文化自豪感"，为他们在殖民者与当地的土著居民之间寻求一定的地位。他认为，"就像殖民教育帮助 Peranakans 和 Baba 从职业上拉近自己与强大的欧洲人的距离一样，中国文化（不论他们是否懂得汉语）则提供给他们一个自我定义的模式，这种自我定义使他们区别于殖民地臣民中最下层的那些效忠者"。③ 在本书的研究中，无论是在把握民族主义与具体时空情境的关系上，还是涉及辜鸿铭、林文庆等出生于海峡殖民地的华人英文作家的个案分析，孔飞力对土生华人民族认同的研究都很有启发性。

从目前来看，尽管学术界对于个别用英文撰述的中国人已经有深入细致的研究，但是从整体上讲近代中国人英文著述与翻译问题还未引起国内外学术界的充分重视。并且，由于研究对象及学科范畴的限定，近代中国人英文著述的相关研究呈现出条块化的趋势。例如有关林语堂英文著译活动的研究，以文学研究为主；又如，在欧美学术界，海外华人的英文著述大多被放在少数族裔文学的脉络中加以考察。

除上述研究外，有关留学生与中国文化的海外传播等问题的研究，亦注意到近代中国人的英文撰述。例如，元青等著《留学生与中国文化的海外传播——以 20 世纪上半期为中心的考察》及《民国时期留美生的中国

---

① Philip A. Kuhn, *Chinese among Others: Emigration in Modern Times*, Lanham, Maryland: Rowman & Littlefield Publishers, 2008. 该书有中译本：孔飞力：《他者中的华人：中国近现代移民史》，李明欢译，江苏人民出版社，2016。

② Peranakan 多用来指印尼群岛或马来半岛的中国移民与当地女子通婚的后代，即土生华人；Baba（峇峇）则是马来半岛的土生华人（特别是男子）的自称，这个群体中的女子则称为娘惹。

③ Philip A. Kuhn, *Chinese among Others: Emigration in Modern Times*, p. 254.

问题研究——以留美生博士论文为中心的考察》，① 在不同程度上对留学生的英文撰述有所涉及。近年来学者们越来越多地注意到英语作为近代中国舆论宣传的重要媒介所发挥的作用。例如，魏舒歌的著作《战场之外：租界英文报刊与中国的国际宣传（1928~1941）》以上海公共租界发行的英文报刊为研究对象，探讨南京国民政府建立后对租界英文报刊的管控与介入，并考察了南京国民政府有意识地运用英文报业进行针对日本帝国主义的舆论宣传的历史。该书提示我们关注民国时期中外资本、外国来华记者、接受美式职业教育的中国记者、国民政府外宣力量所构成的错综复杂的舆论网络。② 由于研究侧重点不同，该书对于中国人依托在华英文报刊这一舆论平台撰写文章，向国际社会发声的具体实践，似乎着墨不多。

应当说，目前学术界对于近代中国人的英文著述，尚缺乏整体性的研究。究其原因，主要在于以下几个方面：一是语言问题，研究中国人英文书写需要阅读大量英文材料，这对研究者的英语水平提出了较高的要求；二是材料不易搜集，近代中国人英文著述中的很大一部分在海外出版，而在国内出版的著作往往发行数量不多，这些因素都加大了获取材料的难度；三是近代中国人英文著述本身的限制，相关著述数量巨大，所涉内容庞杂，不同著述的写作背景各异，所涉事件繁多，而且这些著述的作者又往往是相对陌生的历史人物，这些都在客观上增加了研究的难度。这些问题同时也是笔者在研究中遇到的实际困难。

三 研究方法与基本结构

1. 研究方法

笔者运用各类书目多方搜集整理得出，19世纪80年代至1949年，在国内或国外出版的中国人所撰写的英文著作有600余种，其体裁包括学术研究、政论杂文、小说传记等，另外也不乏政府出版的官方宣传资料。应当说，近代中国人的英文著作内涵相当丰富，不仅为我们研究近代中国民

---

① 元青等：《留学生与中国文化的海外传播——以20世纪上半期为中心的考察》，南开大学出版社，2014；元青等：《民国时期留学生的中国问题研究——以留美生博士论文为中心的考察》，南开大学出版社，2017。

② 魏舒歌：《战场之外：租界英文报刊与中国的国际宣传（1928~1941）》，魏舒歌、李松蕾、龙伟译，社会科学文献出版社，2020。该书中文版系在其英文著作 *News under Fire: China's Propaganda against Japan in the English - Language Press, 1928 - 1941*（Hong Kong: Hong Kong Unviversity Press, 2017）的基础上翻译及修订而成的。

族主义提供了全新的视野，也为我们透视近代中外交流的广度和深度提供了更多的参照，甚至可以让我们重拾一些湮没已久的历史记忆。为了准确把握近代中国人英文书写的历史定位与特点，本书拟选取民族主义这个与英文著述的撰述动机与内容联结最为紧密的主题展开研究。从笔者目前掌握的资料看来，著述主题与近代中国民族主义相关的中国人英文著作与翻译作品有230余种。

本研究力图坚持实证原则，以近代中国历史演进为基本的时间线索，从整体上追溯近代中国人英文著述的发展脉络。笔者在整理近代中国不同历史时期中国人英文著述书目的前提下，探究不同历史时期集中出现的不同写作主题，以期呈现清末以来中国人用英文进行写作这一特殊的历史文化现象之大略面貌，并且结合不同历史时期的时代特点、作家本人的身份及写作的具体语境，对不同时期具有代表性的英语著作文本进行个案分析，把握其中所包含的民族主义思想及其呈现形式，由此探讨这些作品在中西文化交流史上的价值，发现其间所折射的近代民族主义思想的幽微曲折之处。为了准确地把握中国人英文写作的全貌及阶段性特点，本研究计划在广泛搜求史料、爬梳文献的基础之上，用制作书目提要的方式整理所见到的近代中国人英文著述。由于时间与精力有限，对于数量巨大的近代中国人英文著述，笔者尚无法完全涉猎，但仍拟在力所能及的范围内，对进行过较为细致的研读的英文著述做一内容提要。此外，为了给予近代中国人英文著述以准确的历史定位，笔者注意研究中国人英文著述在西方读者中引起的反响。具体方法是利用图书馆、数据库等资源，尽量搜集西文报刊中关于这些英文著述的书评、广告，同时旁及有关英文撰述者的英文报道。

2. 几个问题的说明

（1）由于本书着重在中国近现代史的视野内探讨近代中国人英文写作与民族主义之间的关系，因此主要关注的是具有中国血统、具有强烈的中国认同感和民族情感的中国人所作的以中国为主题的英文著译，亦涉及部分海外华人直接以中国作为主题的英文作品及翻译。至于那些定居海外的华人所创作的以域外生活经历为主题的英文著作，则不在本书的考察范围之内。更确切地说，本书所考察的用英文写作的作品，相当一部分是有海外生活经历的中国人所撰写的，这部分中国人可称为"旅居者"（sojourners）。其中，大部分人都属于曾在欧美受过高等教育的留学生群体。此外，自幼生长于海外，在英美等国接受教育，而后回到祖国，参与近代中国历史进程的华侨，也是本书涉及的对象。①

（2）关于英文书写的界定，本研究所指的是公开出版的、用英语完成的书或文章。需要说明的是，从广义上讲，清末以来中国人面向西方的英文书写形式多样，不仅包括公开出版的英文著作，还包括不同时期中国政府向其他国家及国际组织发表的英语外交函告，以及中国人在报章杂志上发表的英语文章和在公开场合所做的英文讲演，乃至中国人写给外国友人的英文信件，等等。在这方面，胡适的例子最为突出，他公开出版的英文专著只有两部，分别是《先秦名学史》（*The Development of the Logical Method in Ancient China*，1922）及《中国的文艺复兴》（*The Chinese Renaissance：The Haskell Lectures*，1934），但据统计，散见于各种书刊中的胡适所作的论文、杂文、书评、序言，他在各种场合发表的讲演、报告，以及他撰写的各种小册子，共有207种之多。② 由于学力所限，加上散见于报章杂志上的文章搜寻起来有一定的难度，笔者目前的研究主要集中在晚清民国时期公开面世的中国人的英文著作，它们往往是最为集中、充实地体现作者的思想与观念的载体。不过，为了更好地追溯中国人的英文书写在近代的兴起过程，笔者在第一章中以近代中国存在时间最长、影响最大的英文报刊《北华捷报》（*The North-China Herald*）为对象，考察其中由中国人撰写的文章。总之，笔者力图以上述材料为主要依据，把握近代中国人英文写作的发展脉络，探究面向西方的书写与近代民族主义思想发展的关系。

在近代中国人的英文著述这一范畴中，还包括近代中国留美留欧学生所完成的学位论文及学术性专著。晚清民国时期，中国曾有大批留学生在欧美各国取得硕士、博士学位，他们的学位论文虽然是用英文写作的，但考虑到某些论文专业性甚强，为了不偏离近代中国民族主义这一主线，这

---

① 需要说明的是，这种界定并不意味着常年生活在海外的中国人的英文著作中缺乏强烈的对中华民族的认同感与强烈的民族主义情感，但是相对而言，他们在侨居国发表的文章著作可能更多地着眼于在异国他乡为华侨群体争取正当权益，其英文著述往往是基于侨居地的经验。例如，19世纪末旅居海外的中国人就开始有意识地通过创办刊物或投稿于英文报刊的方法，反对美国排华法案。参见陈英程、曾建雄《从独立报人到外交家——旅美华侨伍盘照办报实践及"侨民外交"活动评述》，《新闻与传播研究》2014年第2期。
② 参见胡适著，欧阳哲生、刘红中编《中国的文艺复兴》，附录"胡适英文著作目录"，外语教学与研究出版社，2000。按照席云舒的统计，除两部英文专著外，胡适撰写的英语文章应有257篇。参见席云舒《胡适考论》，商务印书馆，2021，第249页。

些著作拟不列入本书的考察范围之内。需要特别指出的是，在为数众多的博士学位论文中，有一部分与中国社会文化与政治密切相关，当时即以英文形式出版，本研究将对此类著作中的相关部分予以关注。从民族情感的角度来看，这些著作蕴含着留美知识分子向西方介绍中国历史文化的良苦用心；从学术研究的角度来看，这些著述则体现他们从学理上重新认识、理解传统学术文化的努力。除此以外，晚清民国时期的英美留学生中，学习政治学、国际法专业的人不在少数。他们的学位论文往往涉及近代中国的政治与对外关系，而其撰述动机也带有相当鲜明的学以致用色彩。例如，以顾维钧为代表的留学生纷纷将中国的不平等条约作为研究对象，而他们此后又在外交事务中就废除不平等条约展开交涉。可以说，这些著作是在国势阽危之际，留学生们有意识地将维护国家主权和利益的诉求与学理性研究相结合的产物，因而本书将此类著作纳入考察范围之内。

（3）关于研究时段的界定。本研究将上限设定在19世纪60年代，下限设定在抗日战争结束时期。之所以将研究的上限设定在19世纪60年代，是由于据笔者所见，最早以中国人的名义公开发表的英语文章当数1863年太平军投于《北华捷报》的《苏州来鸿》。前文所提的李恩富《我在中国的童年故事》则是在1887年出版于波士顿，据笔者目前目力所及，该书应当是中国人在美国出版的第一部著作，恐怕也是最早出版的中国人用英文撰写的书籍。将本书下限设在1945年，则是出于将抗战时期涌现的富有代表性的中国人英文著作囊括在研究范围之内的考虑。抗日战争时期是整个近代历史上中华民族凝聚力最强的时期之一，众多中国人此间用英文完成的作品对内坚定了全体人民抗击日本侵略的决心，鼓舞了士气，对外展示了中国人民艰苦抗战的英雄风貌，争取国际支持，无疑充分体现了中国人英文写作的民族主义主题。而重庆国民政府在此期间发表的大量有关抗战的对外宣传书刊，作为表达中国人民反抗侵略、维护国家独立的强烈意愿的传声筒，无疑又是民族主义的一个特殊的表现方式，值得深入探讨。

3. 基本结构

在中国近代史上的不同时期，中国民族主义面临的具体问题是不同的，中国人英文写作的着眼点与落脚点也有所不同。本书共分为六章，核心内容是以民族主义为认知主线，整体把握晚清民国时期中国人英文著述活动的历史面貌，揭示不同历史时期英文写作主题与主体的异同，分析其中近代中国民族主义的不同呈现形式与丰富内涵。本书的基本内容主要包括以下几个部分。

第一、二章主要考察晚清时期中国人英文著作的出现。第一章主要关注在近代中国存在时间最长、影响最大的英文报纸——《北华捷报》上，中国人所发表的文章。《北华捷报》被上海外侨视为在华英人的"喉舌"，也是在华西人发表对中国及中国人观感与意见的重要舆论平台。值得注意的是，自19世纪60年代始，在这份报纸上就出现了中国人的声音。晚清时期中国人在《北华捷报》上发表的文章几乎都与中西关系有关，其中既有对诸如中法战争、长江教案这些中外政治外交争端的议论，亦有像揭发外国人对国人的无礼举动、呼吁扩大租界内华人权益等与个体利益较为相关的议题。中国人在《北华捷报》上发表的文章，往往能引起西方读者的关注与回应，有时甚至形成持续数回合的中西论争。从这个意义上说，中国人投书《北华捷报》的行为，是中国人向西方表达自身意志的有效形式，《北华捷报》通过刊登这些文章成为中西人士沟通的平台。

本书的第二章主要是对晚清时期中国人撰写的英文著作的考察。鸦片战争以后，在西方资本主义国家的攻势之下，国家领土与主权大量丧失。为了批评西方列强的侵略政策，维护民族尊严，较早掌握英文的海外华人华侨在民族情感与国家利益的驱动下，开始撰写英语文章、书籍，与西方列强争辩。这一时期中国人英文书写的主要内容包括批评西方汉学研究、谴责西方在华传教活动、揭露西方对中国主权的侵犯、驳斥所谓中国"排外"的舆论、阐明中国改良革新的意愿。此外，早期留学美国的中国人撰写的英文自传也成为向西方展示中国文明与进步的重要途径。

第三章关注的是北洋政府时期的英文写作及其中体现的争取国家平等地位的民族主义诉求。这一时期，中国人英文著作数量明显增加，大批留学英美的新式知识分子加入英文写作的队伍。随着民族国家的基本政治框架确立，加之英文撰述者现代学术知识水平的提高，这一时期中国人英文著述的主题有所拓宽，其焦点主要投射于宪政建设、中外条约、新文化运动等问题上。这些著作着力强调中国实现民主政治的潜力，提出收回国家主权的要求，展示新文化运动的成就，反映出现代意义上的民族意识的全面觉醒。这些撰述活动表明了中国以一个新兴的民族国家的姿态加入现代国际社会的意愿。

第四章考察南京国民政府时期中国人的英文写作。这一时期中国人的英文著述反映了民族自信力的提高。南京国民政府成立后，运用英文著作进行国际宣传受到重视，出现了大量集中宣扬中国政治新局面的英文著作，试图向西方表明中国人有治理好自己国家的能力。随着国民政府修约外交的推进，英文著述对中外关系的研究更加细致，专门讨论治外法权[①]、租界等问题的著作逐渐增多，集中体现了中国人民要求废除不平等条约的坚定决心。20世纪30年代介绍中国历史文化的英文书籍大量出现，改变西方对中国文明的误解、提升中国文化在世界上的地位是撰述者的主要写作意图。

来自近邻日本的威胁是影响近代中国民族主义的一个重要因素，也是近代中国人英文书写始终关注的主题之一。本书第五、六章集中探究了九一八事变后及全面抗战两个历史时期的中国人英文写作。东北沦陷后，众多知识分子在强烈的民族危机意识下撰写英文著作，揭露日本侵略行径，驳斥日本战争借口。这一时期研究中日矛盾的英文著作则体现了中国人英文写作中涵泳于学术研究中的民族主义关怀。相比九一八事变后发表的英文著作，七七事变之后中国人英文写作的第一个显著特点是官方宣传的凸显：蒋介石夫人宋美龄在抗战时期发表大量英文著作；作为国民政府对外宣传的喉舌，中央宣传部编撰出版大量抗战宣传材料。第二个特点是，作为中国人英文撰述的预设对象的西方，由书中的"论敌"变成极力争取的"盟友"。而身居海外的文化界人士通过各种体裁的英文撰述支援抗战，则

[①] 在近代国际法领域，"治外法权"概念实际上包含外交豁免权（exterritoriality 或 extraterritoriality）和领事裁判权（consular jurisdiction）两个部分。随着西方资本主义国家向外扩张，"治外法权"这一国际法原则被西方列强有意识地加以利用，其含义由国家元首、外交人员或外交团体不受驻在国法律管辖的司法权力，扩大为西方国家公民在侨居国不受侨居国法律的约束和司法机构的裁判。简单说来，在近代西方与东方不平等的权力结构中，列强所享有的并对东方国家的主权造成侵害的是"领事裁判权"。但是，由于各种原因，在具体的使用过程中，"治外法权"和"领事裁判权"的区分并不十分明晰，二者往往混淆使用。关于这一情形，学术界已有不少研究，参见赵晓耕《试论治外法权与领事裁判权》，《郑州大学学报》（哲学社会科学版）2005年第5期；李洋《治外法权，还是领事裁判权？——从民国以来学者论争的焦点切入》，《历史教学问题》2013年第6期；李洋《从词义到语境："治外法权"误读、误用及误会》，《社会科学》2015年第2期。值得注意的是，作为"领事裁判权"的被动承受方，中、日两国的法政官员与知识分子亦会根据自身的处境与需要，对"治外法权"和"领事裁判权"的概念加以选择使用。对于近代中国而言，"治外法权"这一概念的运用及以其为代表的不平等条约知识的传播，在清末即被用于唤起危亡意识、鼓吹维新改良，民国时期则成了反帝爱国斗争的重要话语武器。相关研究参见黄兴涛《强者的特权与弱者的话语："治外法权"概念在近代中国的传播与运用》，《近代史研究》2019年第6期。本书对于上述两个概念的使用，如无特别说明，均沿用具体语境中的用法。

充分体现了近代中国民族主义"反抗"表达的多样性。

4. 创新点与遗憾之处

本书创新之处主要体现在三个方面。第一，晚清民国时期中国人用英文撰写著作的现象尚未被史学界同行充分重视，系统性的研究也付之阙如。本书发掘整理了大量近代中国人英文著作，通过整体把握与个案研究的方法，揭示了近代中国人英文著述的历史面貌。第二，本书通过分析不同时期近代中国人英文书写的主题与具体内涵，丰富了我们对于近代中国民族主义的认识。近代中国民族主义不仅体现在民族主义运动等层面上，也体现在中国人面向西方的英文撰述活动中，具体表现可能是民族情感的抒发、民族利益的伸张、民族意志的表达，也可能是英文学术著作中作者隐而不发的现实关怀。第三，本书发掘了若干有关废除不平等条约、解决中外争端的中国人英文著作，撰述者的写作动机在于解决近代中国外交实践中的诸多具体问题。这些文献的发掘应当能为近代中外关系史研究提供一些新的材料。

遗憾之处主要在于：由于时间与精力的限制，未能更多地涉猎近代中国人的英文著述，因而对近代中国人英文书写的整体面貌的呈现还有不足；另外，在本书的研究过程中，笔者关注了近代中国人英译中文典籍的活动并搜集了部分相关材料。这个问题既是考察近代中国人面向西方的书写的维度之一，又为深入探析文化民族主义历史特点提供了新的可能。可惜由于篇幅与精力的限制，本书未能对相关问题展开研究，这也是今后的研究中需要弥补的一大遗憾。

第一章　中国人英文书写之发轫

——以《北华捷报》为中心

近代中国人英文书写最早出现在晚清时期在中国创办的英文报刊上。晚清在华英文报刊是西力东渐的产物，其创办首先是为了给来华西人的商贸、旅行、传教等活动提供各种信息，同时也是为了满足来华西人了解母国时事动态的需要。① 就其内容而言，既有船期、货价等实用信息，也有西方的政治经济要闻，更为重要的是，这些报刊上往往载有来华西人对于中国的观察，以及从自身利益出发对中外关系的看法。因此，晚清在华英文报刊称得上是来华西人群体重要的舆论平台，他们依托这些报纸发表自己的意见及主张。创刊于1850年的《北华捷报》作为在中国发行时间最长、影响最大的英文报纸，便是其中的代表，大批传教士、新闻记者、驻华外交官员在其上发表他们对于中国的观感。但是，检视晚清时期的《北华捷报》，笔者发现，中国人并非只是沉默的、被动的观察对象，还是发出了真切的声音的一个特殊的作者群体。晚清时期，中国人自己创办的英文刊物还比较少见，因而《北华捷报》无疑是中国人面向西方发表言论、与西人对话的重要平台。而中国人投书《北华捷报》，就中西之间某些存在分歧的重要问题与西方人进行争辩，则更是有的放矢之举。根据笔者的研究，早在19世纪60年代，《北华捷报》上便出现了中国人的言论，而这恐怕也是最早的中国人面向西方读者的英文书写。本章试图对晚清时期中国人在《北华捷报》上发表文章的现象做一初步考察，并围绕该报"读者来信"（Correspondence）栏目中几次中国人与西方人的争论，探究

---

① 中国出现的第一份英文刊物可以追溯至1827年创刊于广州的《广州纪录报》（The Canton Register）（郭卫东主编《近代外国在华文化机构综录》，上海人民出版社，1993，第38页）。鸦片战争之前，在华英文报刊主要集中在广州、香港，鉴于五口通商前中西人士的接触以商贸往来为主，在生活和居住空间上亦少有交集，笔者暂未对这一时期在香港发行的英文报刊进行爬梳。

中国人在《北华捷报》这个平台上发出的声音及获得的回响，以此探究晚清时期出现的中国人的英文书写。

第一节　作为在华英人"喉舌"的《北华捷报》

《北华捷报》是上海开埠后出现的第一份近代报刊，1850年8月3日由英商奚安门（Henry Shearman）创刊，最初为每周六出版。随着上海国际商贸的日益繁荣，该报馆于1856年增出日刊《每日航运新闻》（*Daily Shipping News*），以满足外侨往来上海的需要。1862年，这份日刊改名为《每日航运和商业新闻》（*Daily Shipping and Commercial News*），1864年7月1日①又扩充为独立出版的日报，名为《字林西报》（*The North - China Daily News*）。至此，《北华捷报》转为《字林西报》的星期附刊继续刊行。② 不过，笔者查阅《北华捷报》发现，直至1901年10月23日，《北华捷报》的报头下方才首次出现"《字林西报》周刊版"（the weekly edition of the *North - China Daily News*）的字样。③

《北华捷报》的创办初衷是为上海的外侨社群服务，并使其"母国"英国及其他西方国家注意上海乃至中国广袤的内陆。该报创刊号的《告公众书》呼吁道：

> 我们最真诚的目标是忠于我们自己，为这个口岸谋求最大的利益——我们指的是对那些影响这个社群福祉的人和事尽责地、认真地、无畏地评论，而且最重要的是，我们大部分奋发的外来者应当习惯于站在我们所处的国门之上，唤起国内与这个庞大帝国建立更广泛的商贸往来、更密切的政治联系的热情。如果可能，使大不列颠以及整个文明世界，对这个庞大帝国潜在而令人震惊的资源的重要性，形成一个彻底的、根深蒂固的信念，而不是公众意识中的一个短暂

---

① 一说为1864年6月1日，参见马光仁主编《上海新闻史（1850~1949）》（修订版），复旦大学出版社，2014，第20页。
② 方汉奇主编《中国新闻事业通史》第1卷，中国人民大学出版社，1992，第308页。
③ 作为同一家报社的周刊和日刊，《北华捷报》和《字林西报》经常出现相互转载新闻和读者来信的情况。中国人往往将《字林西报》的编辑作为投书对象，而这些信件经由《北华捷报》转载，引发了更多的讨论。因此，本书亦会涉及部分《字林西报》上发表的言论。

的、转瞬即逝的、间歇性的兴趣。①

鸦片战争前至五口通商初期，英国在中国的商贸利益主要集中在珠江流域下游，上海则是五个通商口岸中最北端的一个。"北华"（North China），即"北中国"，而"Herald"（英文有"先驱"之意）则意味着《北华捷报》希望以上海为基地，将其作为英国开拓广袤的中国内地市场的先驱。②

《北华捷报》与上海租界当局关系密切，并得到英国驻沪领事馆的支持。1859年6月13日、1861年7月20日，英国驻沪及驻东京（旧称江户）领署及商务监督公署分别发布通告，授权《北华捷报》发布其各项文告。此后又陆续得到发布英国驻中国与日本最高法院以及英国公使馆公告的授权。1867年4月8日，《北华捷报》更名为《北华捷报和市场消息报》（The North-China Herald and Market Report）。③ 1869年，《字林西报》的主要竞争对手——怡和洋行发行的日报《祺祥英字新报》（The Shanghai Recorder）倒闭，字林洋行立即收购了该报旗下的《最高法庭与领事公报》（The Supreme Court and Consular Gazette）的产权并将其继续出版。④ 1870年1月4日，这份报纸与《北华捷报和市场消息报》合并，并更名为《北华捷报及最高法庭与领事馆公报》（The North-China Herald and Supreme Court & Consular Gazette）（书中简称《北华捷报》）。⑤ 这样一来，《北华捷报》便成为晚清时期最具权威性的在华英文报刊。在上海外侨中，它往往被视为上海公共租界"工部局之喉舌""英人在东方之

---

① "Addressing to the Public," *The North-China Herald*, Vol. Ⅰ, No. 1, Aug. 3, 1850, p. 2.
② 马光仁主编《上海新闻史（1850~1949）》（修订版），第13、14页。
③ *The North-China Herald and Market Report*, Vol. Ⅰ, No. 1, Apr. 8, 1867.
④ 马光仁主编《上海新闻史（1850~1949）》（修订版），第22页。
⑤ "北华捷报及最高法庭与领事公报"的字样首次出现是1870年7月1日，报头下方则有"第四卷第140期"的字样（"Masthead," *The North-China Herald and Supreme Court & Consular Gazette*, Vol. Ⅳ, No. 140, Jan. 4, 1870）。以1867年4月8日的《北华捷报和市场消息报》为第1卷第1期推算，这个卷期数是以《北华捷报和市场消息报》为基准的。这也可从汪英宾著，王海、王明亮译《中国本土报刊的兴起》（暨南大学出版社，2013，第12页）记载的"《北华捷报》第140期就以'北华捷报及最高法庭与领事公报'的新报名出版"得到证明。值得一提的是，该书是汪英宾在哥伦比亚大学新闻学院学习时撰写的硕士学位论文，比戈公振的《中国报学史》早出版三年有余。（见该书"译后记"）

唯一言论机关"。①

《北华捷报》具有明显的西洋属性。不仅报纸的形式完全效法英国本土报纸，其中涵盖的信息也完全围绕着西方人。翻开《北华捷报》，其中所载的船期、货价、西人的婚丧嫁娶，乃至英人所酷爱的板球运动等讯息，涵盖在华西人生活的方方面面。对于涉华事务，作为"喉舌"的《北华捷报》通常是站在英国利益一边。1862年英国对太平天国的态度由"中立"转为"助剿"，为了表示与"母国"立场一致，《北华捷报》及时地提出"公正而不中立"（Impartial, Not Neutral）的口号，此后该口号被字林洋行的各种出版物奉为圭臬，《北华捷报》和《字林西报》还将这个口号印在报纸言论版上方。②

第二节　从读者到作者：中国人与《北华捷报》

尽管《北华捷报》是一份由外国人创办的旨在服务外侨的英文报纸，但这并不意味着其触角与影响仅限于在华外国人社会。对于《北华捷报》而言，中国人既是其读者，又是其获取中国本土新闻、讯息的来源，有时甚至是活跃于该报"读者来信"栏目中的投书人。

一　《北华捷报》的读者及消息源

第二期《北华捷报》刊载了一份上海官府发布的告示，内称近日来自闽粤等地的流氓敲诈勒索钱财之事时有发生，因此训令来自闽粤的有正式职业者去相关衙门登记注册。③ 这份告示出自官府，训令对象也并非外国人。尽管无法确定《北华捷报》刊登这份告示是出于自愿还是官府的要求，但至少可以判断，在创刊之初，《北华捷报》的读者中应当有掌握英文的中国人。

中国人也会充当《北华捷报》的消息来源。1860年9月29日的《北华捷报》上就出现了一篇题为《来自一位中国的通讯员》（From a Chinese Correspondent）的报道，其中讲述了英法联军占领下的天津的一些情况。④ 1861年

---

① 戈公振：《中国报学史》，中国传媒大学出版社，2016，第78页。
② 马光仁主编《上海新闻史（1850~1949）》（修订版），第19页。
③ "Chinese Special Proclamation: Prohibiting Extortion under False Pretences," The North-China Herald, Vol. I, No. 2, Aug. 10, 1850, p. 7.
④ "From a Chinese Correspondent," The North-China Herald, Vol. XL, No. 531, Sep. 29, 1860, p. 154.

的《北华捷报》中有若干篇署名为"我们的中国通讯员"（Our Chinese Correspondent）的报道，内容主要是上海地方政府的动向，以及从北京传来的有关清廷的消息。19世纪80年代，署名"中国通讯员"（A Chinese Correspondent）新闻有所增加，报道内容主要是各埠新闻，这表明《北华捷报》开始有意识地雇佣中国人充当通讯员。

更为重要的是，《北华捷报》和《字林西报》也是中国人了解西方列强官方决策及民间舆论的一个窗口，"故注意外事之华人多阅之"。①

二 太平军的《苏州来鸿》

最早在《北华捷报》上发出自己声音的中国人当数太平军。1863年，太平军第二次进攻上海后不久，有人数次投书于《北华捷报》，该报以《来自苏州的声音》（A Voice from Soo-chow）②为题将这些信件刊登出来。这些信件的作者自称是"天王最早的信徒之一"，"而且同他一样，也曾有机会受过传教士的教育"。③他投书的主要动机在于表达太平军与条约口岸的外国人和平共处的态度，并希望说服英国改变帮助清政府镇压太平军的政策。

在前三次投书中，他大力宣传李秀成率领的太平军在太仓、嘉定等地分别战胜"常胜军"和"常捷军"的神勇表现。他向"助剿"的外国武装表态："在外国人面前，我们已经后撤，因为我们知道他们的力量；我们撤到他们所画出的那条线外，且不会侵犯它。至于我军占据的乡村地区，我们必须加以保持，并且将所有前来犯我的顽劣恶魔打得四散。"④他指责英国的"助剿"政策有违正义。"自然，当一个国家的人民起来反抗他们的压迫者，并且表明他们有能力制服压迫者的时候，正是这样的人

---

① 戈公振：《中国报学史》，第78页。
② 上海社会科学院历史研究所编译的《太平军在上海——〈北华捷报〉选译》（上海人民出版社，1983）将其译为《苏州来鸿》。该书译录了太平军的四次投书，以及《北华捷报》随第三次投书一同刊出的评论。值得注意的是，该书漏掉了1863年7月11日和8月22日在《北华捷报》上登载的两封《苏州来鸿》。（本书所引前四次太平军投书的译文以《太平军在上海——〈北华捷报〉选译》一书为主，部分译文与原文有出入之处，则自行译出。）
③ 《太平军在上海——〈北华捷报〉选译》，第28页。
④ "A Voice from Soo-chow," *The North-China Herald*, Vol. XIV, No. 656, Feb. 21, 1863, p. 30. 其中，"打得四散"为意译，原文为"scatter to the four winds of heaven"，"the four winds of heaven"出自《圣经·但以理书》（8：8），指"天的四方"。

民而不是他们的暴君，应该得到人们的支持。"而他将英法联合起来帮助清政府剿灭太平军的原因归结为他们对于太平军的错误印象。这正是促使他投书《北华捷报》的主要原因。他希望号称"公正而不中立"的《北华捷报》能够转载他的来信，以此来树立太平军的正面形象。①

尽管刊发了太平军的三次投书，但非常支持干预政策的《北华捷报》在配发的评论中坚持认为，英法帮助清廷肃清太平军的做法是正确的，即使这意味着需要越出原先与太平军划定的上海方圆50公里非战区的界限。当时，李泰国（Horatio NelsonLay）和阿思本（Sherard Osborn）领衔筹建英中联合舰队（Anglo – Chinese Flotilla）一事，正在英国国会引起争议。②《北华捷报》则认为英国应当派遣军队镇压太平军，并信心满满地表示："只要有几团锡克兵和俾路支兵，加上一种优良的炮车，然后在得用的地方又有炮舰的支持，我军便可横行全国……"③他们毫不讳言，英国的军事行动将有利于确立英国对清政府的支配地位。

1863年3月以后，左宗棠率领的湘军在法国"常捷军"的协助下攻克富阳，又在太平军内部出现分歧的情况下，攻占杭州，形势对两线作战的太平军越发不利。④太平军又在1863年7月11日和8月22日两次投书《北华捷报》。在7月11日的信中，作者表示："我们胜利的时日已经一去不返了，我的声音一定充满哀痛，我们的阵营里有叛徒，天王为儿女们的弱点而伤心。"⑤在8月22日的信中，他阐述了自己关于太平军应该放弃从苏州北上的主张，并希望不久前归降太平军的前"常胜军"统帅白齐文（Burgevine）也能做出这样的进军决策。⑥

三 1870~1909年中国人《北华捷报》发文统计

如果说，《苏州来鸿》是太平军通过《北华捷报》向"洋兄弟"所做的一次不算成功的政治宣传，那么从19世纪70年代开始，《北华捷报》

---

① 《太平军在上海——〈北华捷报〉选译》，第28页。
② 〔美〕裴士锋：《天国之秋》，黄中宪译，社会科学文献出版社，2014，第326~329页。
③ 《太平军在上海——〈北华捷报〉选译》，第34页。
④ 茅家琦：《太平天国与列强》，广西人民出版社，1992，第300、301页。
⑤ "A Voice from Soo – chow," The North – China Herald, Vol. XIV, No. 676, Jul. 11, 1863, p. 110.
⑥ "A Voice from Soo – chow," The North – China Herald, Vol. XIV, No. 682, Aug. 22, 1863, p. 135.

上来自中国人的声音则逐渐增加,而其所关涉的内容也反映出中西交往的更多面相。这些由中国人撰写的文章大多刊登在《北华捷报》的"读者来信"栏目,也有少数是以专题文章的形式出现的。为了更好地反映晚清时期中国人在《北华捷报》上发表文章的情况,本书特制作表1-1。

表1-1 1870~1909年中国人在《北华捷报》上发表文章的基本情况

年代	篇数(≥)	涉及的主题
1870~1879	6篇	西学中传的途径;基督教在华传教;日本侵台;有关中国税收的介绍
1880~1889	16篇	中法战争;租界的华人巡捕;一般社会见闻;华洋诉讼的具体案件;排华问题;山东饥荒;评点西方汉学研究;中国家庭;租界市政;外国人在华恶行
1890~1899	14篇	排华问题;中外通婚;长江教案;中国的"道";白莲教;租界向华人增税问题;鸦片问题;基督教在华传教;会审公廨
1900~1909	17篇	庚子事变后的中国;中国的学校;华人在公共租界内的权益;中国人的仇洋情绪;海关人事权

注:由于报纸是具有时效性的媒介,中国人投书《北华捷报》的动机往往是出于某个具体的事件,因此这些文章所涉的主题也显得较为零散。这里有关文章主题的统计,主要有以下几个考量:其一,中外关系中较为关注的主题;其二,在《北华捷报》上引发若干文章讨论或涉及某个讨论的主题;其三,既具有代表性,又能够反映中国人在《北华捷报》上发表文章丰富性的主题。

由于《北华捷报》卷帙浩繁、信息量巨大,这个统计主要是依靠关键词检索兼及逐一爬梳的方式进行的,难免挂一漏万,但本书仍希望最大限度地搜罗《北华捷报》上中国人所作的文章,以期更为直观地了解《北华捷报》上中国人撰述的数量及所涉主题。

在涉及晚清政治外交的大事发生时,往往能看到中国人在《北华捷报》上发表的文章。例如,早在1874年日本侵台事件发生之时,便有一位署名W. K. T. 的中国人在《北华捷报》上撰文驳斥日本人"诚"(Makoto)发表在该报上的观点。[1] 中法战争之际,一个署名"一个来自南京的翰林"(A Graduate of Nanking)的人致信《北华捷报》,言辞激烈地批评

---

[1] W. K. T., "A Chinese Reply to 'Makoto' on the Formosan Question," *The North-China Herald*, Vol. XIII, No. 375, Jul. 11, 1874, p. 37.

法军在越南北圻的行径。文章假托黑旗军将领刘永福之名致信法国将领孤拔，回应了法军进攻中国的威胁，表现了中国人取得胜利的勇气和信心。①

此外，对于那些精通英语且与来华西人群体接触较多的中国人而言，《北华捷报》的功能似乎更为多元。他们根据自己的需要有意识地发布讯息，甚至可以为自己的不快遭遇而投书表达不满。例如，1872年12月19日，《北华捷报》刊登了美国康涅狄格州教育总监诺斯拉普（B. G. Northrop）鼓励当地学校接收中国留美幼童使团的公开信，留美幼童使团的回信亦随之刊出。在这封由陈兰彬、郑衡生、容闳等人署名的信件中，留美幼童使团就诺斯拉普等美国公众对使团的热烈欢迎和帮助表示感谢。② 又如，1885年10月16日，颜永京③致信《字林西报》（转载于10月21日的《北华捷报》），控诉一个外国人在一场音乐会的观众席上数次用脚踢他的儿子并揪其辫子的行为。④ 此外，租界中的中国人也利用《北华捷报》表达自己对租界管理等问题的意见。例如，1883年8月10日，《北华捷报》的"读者来信"栏目就登载了一个自称生活在租界的中国人对界内水厂建设的看法。⑤ 1886年12月31日的《北华捷报》上刊登了一封来自"一个中国居民"（A Chinese Resident）的信，信中对工部局将对界内华人增税的消息表示不满。⑥

---

① A Graduate of Nanking, "Patriotic Letter Purporting to Be Written by Liu Jung – Fu, Chief of the Black Flags, to Admiral Courbet, Commander – in – Chief of the French Forces in Tonquin," *The North – China Herald*, Vol. XXXI, No. 860, Dec. 26, 1883, p. 737.

② "The Chinese Educational Mission," *The North – China Herald*, Vol. IX, No. 294, Dec. 19, 1872, p. 534.

③ 颜永京（1838~1898），1854年赴美留学，1857年升入俄亥俄州甘比尔镇建阳学院（Kenyon College），1861年毕业。美国圣公会最早的华籍牧师之一，圣约翰书院（St. John's College）的创办人之一。他曾将斯宾塞（Herbert Spencer）的《教育论》（*Education: Intellectual, Moral and Physical*）中的第一篇文章《什么知识最有价值?》（What Knowledge Is of Most Worth?）以《肄业要览》之名译介到中国。参见阎书昌《颜永京对西方心理学引入及其汉语心理学术语创制》，《南京师范大学学报》（社会科学版）2012年第4期。

④ Yen, Y. K., "Misconduct at the Late Concert," *The North – China Herald*, Vol. XXXV, No. 953, Oct. 21, 1885, p. 472.

⑤ A Chinese, "The Waterworks," *The North – China Herald*, Vol. XXXI, No. 841, Aug. 10, 1883, p. 185.

⑥ A Chinese Resident, "The Tribulations of a Chinaman," *The North – China Herald*, Vol. LVII, No. 1535, Dec. 31, 1896, p. 1142.

四 中国作者的身份辨识问题

需要特别指出的是,要辨析这些以中国人的名义在《北华捷报》上发表文章的作者的身份,甚至要弄清楚他们究竟是否是中国人,都并非易事。

首先,在早期报刊上发表的文章中,匿名现象非常普遍,许多文章都没有署名。《北华捷报》的情形也是如此。而有的文章,尽管有署名,却是比较宽泛的称谓。自19世纪70年代起,《北华捷报》上出现的以中国人的名义发表的文章,常常署名为"一个中国人"(A Chinese)或"一个中国佬"(A Chinaman)①、"另一个中国人"(Another Chinese)、"一个中国居民"(A Chinese Resident)、"一个中国的爱国者"(A Chinese Patriot)等。例如,辜鸿铭便曾以"一个穿长袍的中国佬"(A Long-gowned Chinaman)的名义在《北华捷报》上发表文章。

其次,在英语世界中还存在西方人谎称为中国人发表言论的情况,这多半是由于作者试图以他者的身份表达对西方的某种批判意见。例如,英国著名作家G. L. 狄更生(Goldsworthy Lowes Dickinson)就曾以中国人的名义出版过《一个中国佬的来信》(*Letters from John Chinaman*, 1901)、《一个中国官员的来信:东方人对西方文明的看法》(*Letters from a Chinese Official: Being an Eastern View of Western Civilization*, 1903)。庄士敦(Reginald Fleming Johnston)也曾以林少阳(音译)之名撰写《一个中国人就基督教传教向基督国家发出的呼声》(*A Chinese Appeal to Christendom concerning Christian Missions*)。② 可见,即便文章的署名看上去是中文名字,作者的真实身份也不一定是中国人。因此,要确认作者究竟是哪国人,需要依据文章的内容进行辨析。

例如,1872年,一位署名Kin Ming的人曾在《北华捷报》的"读者来信"栏目上发表文章,讨论驻外公使觐见中国皇帝的问题。③ 在文中,

---

① "Chinaman"这个词通常被认为是旧时西方人对中国人的蔑称。据韦伯斯特字典的释义,Chinaman意为"A native of China",往往带有无礼、冒犯的意味。这个词多译作"中国佬"。但在《北华捷报》中也有自称"Chinaman"的情况,造成这一现象的原因大概有作者故意沿用西方人的话语,以达到讽刺的效果。

② Lin Shao-yang [pseud.], *A Chinese Appeal to Christendom concerning Christian Missions*, London: Watts & Co., 1911.

③ Kin Ming, "Correspondent: The Audience Question," *The North-China Herald*, Vol. Ⅷ, No. 256, Mar. 28, 1872, p. 250.

他向读者介绍道,由于同治帝尚未成年,清廷实施太后垂帘听政制度,而在中国礼俗中妇女是不能会见陌生人的,因此他建议外国公使不要贸然觐见。① 这位叫 Kin Ming 的人在 1874 年又发表了一篇题为《台湾难题之解决》(The Settlement of the Formosan Difficulty)的文章。② 此文是针对1874年日本侵台事件中清廷与日方交涉的结果发表的议论,其中较大篇幅是对英国关于中日交涉的政策的分析。从他对英国对华外交决策的了解程度来看,笔者初步推断他是英国人。

最后,英文署名也是令作者身份难以辨识的一个重要原因。目前所知的在《北华捷报》上发表文章的中国人,由于用英语署名,难以辨别其真实身份的情况亦不少见。即便是一些在历史上较为有名的人物,如果不加以留意,也往往无法将他们的名字与这些文章联系到一起。例如,伍廷芳早在1885年就曾致信《北华捷报》,澄清自己并未参与一起华洋诉讼,但其署名是 Ng Choy(应为其原名伍才的音译)。③

第三节 《北华捷报》上三场中西人士的争论

随着《北华捷报》内容不断丰富,影响力不断扩大,其新闻报道及言论越发受到中外人士的关注。自19世纪70年代开始,《北华捷报》上以中国人的名义发表的文章大量出现。这些文章往往是为了回应《北华捷

---

① 同治十一年(1872),清廷仍在实施"两宫垂帘,亲王议政"的制度,但是 Kin Ming 在文中提到太后(the Empress Dowager)时用的都是单数形式,从可以推断,他对于清朝当时的政治状况的了解程度虽在一般外国人之上,但应该不是中国人。觐见问题被列强视为修正清政府与欧洲国家进行外交活动时的礼仪的关键一步,认为能够把各国元首的国书和信件交到清朝皇帝手中,是实现条约中所规定"完全平等"的表现。但由于1861年至1872年,同治帝未亲政,西方外交官一直无法实现这个目标。参见〔英〕何伟亚《英国的课业:19世纪中国的帝国主义教程》,刘天路、邓红风译,社会科学文献出版社,2007,第159、160页。
② Kin Ming, "The Settlement of the Formosan Difficulty," *The North - China Herald*, Vol. XIII, No. 394, Nov. 26, 1874, p. 520. 值得注意的是这封信的落款中显示该信寄自北京。
③ Ng Choy, "The Sassoon Case," *The North - China Herald*, Vol. XXXIV, No. 931. May 15, 1885, p. 563. 事实上,伍廷芳的名字在《北华捷报》上出现的时间还要更早,1877年《北华捷报》在报道外埠新闻时,便在"香港新闻"一栏中转引《德臣西报》(*The China Mail*)报道的伍廷芳被李鸿章延聘为法律顾问一事("Hong Kong," *The North - China Herald*, Vol. XIX, No. 549, Nov. 22, 1877, p. 476)。直至1896年,《北华捷报》中才采用"Wu Ting - fang"这一译名,并在括号中注明"Ng Choy"二字("Chinese Diplomatic Notes," *The North - China Herald*, Vol. LVII, No. 1533, Dec. 18, 1896, p. 1073)。

报》或《字林西报》上西方人某个涉及中西关系的观点所发的议论。它们常常以"读者来信"的名义被刊载在《北华捷报》上，引起该报西方读者的重视。下文拟对三次较有代表性的争论做一考察。

一 关于"如何教育中国人"的讨论

1871年9、10月间，《北华捷报》上出现了关于如何教育中国人并向中国人普及西方知识的讨论，一个自称"一个说英文的中国人"（An English-speaking Chinese）的人也参与其中。

1871年9月1日的《北华捷报》上刊登了一篇题为《教育中国人之法》（Methods of Educating the Chinese）的文章。这篇文章的主旨在于讨论在华传播西方文化应当采用何种语言作为媒介这个问题。文章认为，在中国传播西方知识十分重要，"因为，只有驱散'居中之王国'（the Middle Kingdom）智识上的黑暗，这个国家才有些许展开大规模对外交往的可能性"。① 作者指出，就通过何种媒介学习西学而言，在华西人中存在着两种方案：一是中国人放弃自己的语言去学习西方的口头语言和书面语言；二是少数有能力的西人先学习中国的语言和文学。

作者从教会学校和留学西方的中国人两方面，分析了第一种方案的不足之处。他认为，教会学校的中国人只是学到了英语和科学知识的皮毛，而由于中文教育的忽略，那些被送到西方留学的中国人传授西学知识的能力远不及精通汉语的外国人。② 他认为尽管以中文来传授西学知识这项工作刚刚开始，但已经取得了令人满意的结果。他说道："士大夫们将中译的西书抢购一空；中国学者很容易地便理解并认同了他们所使用的术语，这些书的闻名程度和在智识阶层中获得的赞赏，使译者们的辛劳得到了回报。"③ 他还认为，江南制造总局译书局的设立，显示了清政府高层官员了解西方富强和繁荣的迫切希望。

此外，作者对西方传教士在中国的传教活动颇有微词，并劝诫西方传

---

① "Methods of Educating the Chinese," *The North-China Herald*, Vol. Ⅶ, No. 227, Sep. 8, 1871, p. 679. 从编者的按语中可知，这篇文章最早登于1871年9月1日的《北华捷报》上，由于此文引发了读者的回应，故该报再次刊载了这篇文章。

② "Methods of Educating the Chinese," *The North-China Herald*, Vol. Ⅶ, No. 227, Sep. 8, 1871, p. 679.

③ "Methods of Educating the Chinese," *The North-China Herald*, Vol. Ⅶ, No. 227, Sep. 8, 1871, p. 679.

教士说："如果传教团体能让他们的代理人停止从卑贱、贪婪的阶层中劝诱，用廉价收买如此之多的靠不住的信徒，它们的情况将好起来。他们应当将大部分的注意力放在建立语言学堂以及翻译用于这些学堂之中的常识性教科书上。基督教义在这些学校中的地位，应当类似于它在欧洲各国大部分学校里的地位，我们认为这样，传教士所发挥的实际作用将远远大于迄今为止他们所做到的。"①

这篇文章发表后，立即引起了部分读者的不满。一个自称 E. W. S. 的人对其中的观点提出了批评。针对前文希望来华传教士建立语言学堂、翻译常识性的西学教科书的观点，文章指出，传教士是"宗教老师"（religious teacher），如果他们成为"世俗教员"（secular instructor），便是偏离了上帝选择他们的目的。同时，对于那篇文章中关于受英文教育的中国人只会充当商人、买办赚钱牟利的指责，E. W. S. 则表示这显得过于苛刻，因为一个学习过那些知识的外国人也可能成为商人。E. W. S. 对于西学在中国的传播深具信心，同时认为以不同的方式推动西学的人可以和而不同。作者还说道："我代表所有的新教传教士表示，通过首先献身于促进中国人心灵上（与此同时）智识上的发展，我们自认为我们正在以最有效的方式配合着物质—财富的传授者。"② 从这句话中可以看出，这位 E. W. S. 应该是一位新教传教士。

究竟怎样传播西学，是关心西学传播的在华西人讨论较多的一个问题。然而，在这个讨论中，作为客体的中国人，似乎很少发出自己的声音。在那篇《教育中国人之法》的文章首次刊发后数周，《北华捷报》的"读者来信"栏目又刊出了一篇以《用英语教学的学堂》（English - teaching Schools）为名的文章，而这封信件的作者自称是"一个说英文的中国人"。他表示，自己认同《教育中国人之法》一文的观点，认为汉语更适合作为在中国传播西学的媒介，但自己对该文作者的一些论据持有异议。

首先，与 E. W. S. 一样，对于《教育中国人之法》一文中对教会传播西学不力的指责，"一个说英文的中国人"也为来华传教士们叫屈。他写道："如果我没有弄错的话，他们被选派的目的，是培养基督的善男信女，为设立教堂奠定基础，延揽受过训练的老师、传教士及牧师。"至于教会

---

① "Methods of Educating the Chinese," *The North - China Herald*, Vol. Ⅶ, No. 227, Sep. 8, 1871, p. 679.

② E. W. S., "Correspondence: Methods of Educating the Chinese," *The North - China Herald*, Vol. Ⅶ, No. 227, Sep. 8, 1871, p. 684.

学校，他则认为："这些学校的正当性问题，在于他们推动传教事业的相对优势，而与科学无关。"①

其次，针对《教育中国人之法》一文对受过西式教育的中国年轻人的批评，"一个说英文的中国人"介绍了自己所了解的情况："据我所知，在传教士赞助下出国的迄今只有七个人。他们中的两人从大学毕业，还有一个从爱丁堡的医学大学毕业；其余的人在一到三年后回国，这么短的时间仅仅够他们掌握语言，两人为教会服务，两人在做了几年类似的工作后，从事了世俗职业。……如果说他们没有在你所强调的那些部门造福国家的话，他们在其他职业中，迄今为止还没有使他们的资助人感到失望。"②

"一个说英文的中国人"所提到的在传教士赞助之下留洋的学生，应当包括容闳、黄胜、黄宽、颜永京等人。其中，前三人是澳门马礼逊学堂（后迁至香港）的学生，1847年初他们三人得到西人资助，由校长布朗先生带往美国留学。③ 其中，黄宽在1850年从纽约孟松学校毕业后，远赴苏格兰，进入爱丁堡大学医学系，是中国留学欧洲学习医科的第一人。④ 从对这些早期留洋学生学业及职业状况的了解程度看来，"一个说英文的中国人"很有可能是这几位留美学生中的一人，至少应当是熟悉他们的人。颜永京则是在1854年由美国教师带往美国学习深造的，他在美国的学习得到纽约升天教堂（Ascension Church）的牧师白特尔（Bedell）的资助。1861年颜氏毕业于俄亥俄州甘比尔镇的建阳学院。⑤

不难看出，"一个说英文的中国人"的观点与那位很可能是新教传教士的E. W. S.十分接近。不同的是，对于《教育中国人之法》中关于留学西方的中国人在西学中传中没有发挥应有作用的评价，"一个说英文的中国人"显得难以接受，花了较大篇幅来进行回应。在信中，针对有关这些留洋学生的汉语水平的质疑，他还辩解道："他们的中文教育，的确与他

---

① An English Speaking Chinese, "Correspondence: English-teaching Schools," *The North-China Herald*, Vol. Ⅶ, No. 231, Oct. 4. 1871, p. 760.
② An English Speaking Chinese, "Correspondence: English-teaching Schools," *The North-China Herald*, Vol. Ⅶ, No. 231, Oct. 4. 1871, p. 760.
③ 容闳：《西学东渐记》，徐凤石、恽铁憔原译，张叔芳补译，钟叔河主编《走向世界丛书》，湖南人民出版社，1981，第9~11页。
④ 梁碧莹：《简论黄宽、黄胜对西学的传播》，《广东社会科学》1997年第4期。
⑤ 曹舒丽安：《我的外祖父颜永京牧师》，《颜惠庆自传》，姚崧龄译，台北：传记文学出版社，1973，第292页；徐以骅：《颜永京与圣公会》，上海中山学社编《近代中国》第10辑，上海社会科学院出版社，2000，第194、195页。

们的学历不相称,但这并不可鄙;而且,在学者们的帮助下(外国汉学家也借助于此),他们的能力并非无法胜任作出科学准确的翻译的任务,这不像原创性的作品那样需要本事。"至于留洋学生无法从事译介西学著作工作的原因,他则认为"其他的任务使他们无暇他顾,并且他们的处境使他们无法自由地追求文学"。他举例说,"丁抚台决定建立江南制造总局翻译馆后,曾命负责的冯姓官员延请他们中的一位,但后者因为薪水太少不得不拒绝了邀请——给他的说法是,作为中国人,巡抚无法允许他所领的薪水高于其他中国人"。① 换句话说,他认为,早期留洋学生回国后没有从事传播西学的工作,实非不愿,而是有现实因素的制约。

"一个说英文的中国人"究竟是谁,目前无从得知,但我们可以从文章透露的某些信息上做些大胆的推测。笔者根据上文推测,此人可能是黄胜。② 理由有二:其一,前引文中有关留学生可以在学者的帮助下翻译书籍,与黄胜翻译《西洋火器略说》并由王韬修改润色的情形颇类似;其二,江苏巡抚丁日昌曾邀请黄胜前去襄助他办理洋务,而其所说的冯姓官员当指该局总办之一冯焌光。③ "一个说英文的中国人"对丁日昌延请黄胜一事的细节如此清楚,让人不由得怀疑他便是黄胜本人。

二 有关基督教在华传教问题的论争

1874年4月15日,一个名叫Ch'ih Tao Ten④的中国人投书《字林西报》,提出解决来华传教士与中国人冲突的方案,结果引来一场不小的争论。4月27日,《字林西报》以《中国人眼中的传教问题》(The Missionary Question from a Chinese Point of View)为题发表了这篇文章。

---

① An English Speaking Chinese, "Correspondence: English – teaching Schools," *The North – China Herald*, Vol. Ⅶ, No. 231, Oct. 4, 1871, p. 760.
② 黄胜(1825~1902),名达叔,字平甫,广东香山人。早年入澳门马礼逊学堂,1847年与容闳、黄宽一同赴美留学,入孟松学校,一年后因病辍学返港,受雇于英华书院印刷所,协助理雅各出版《遐迩贯珍》,并进行其他翻译工作。1860年与伍廷芳创办香港第一家中文报纸《中外新报》,1871年又与王韬等人集资创办《循环日报》。1862年,丁日昌在香港采买火器时结识黄胜,并对他翻译的《西洋火器略说》留下深刻印象。1864年,苏松太道丁日昌曾将黄胜聘至江南制造总局附设的广方言馆任英文教习。关于黄胜生平,参见邹振环《疏通知译史——中国近代的翻译出版》,上海人民出版社,2012,第233~247页。
③ 贾熟村:《冯焌光与江南制造局》,《学术研究》2000年第8期。
④ 笔者尚未能查知Ch'ih Tao Ten究竟是谁,为准确起见,书中提及沿用"Ch'ih Tao Ten"指代。

Ch'ih Tao Ten 在信中指出，自 1860 年以来，中国对西人的了解日增，但一个窒碍中西亲睦、招致中国人疑忌的因素仍然存在，这就是受到本国庇护的传教士。"使他们成为我们的百姓疑心和憎恨的对象的，并非他们在中国的存在，而是他们声称享有的本国政府的保护。"因此，他主张在与列强修约时，"明确规定传教士不会也不能将其影响力用于任何外国的政治利益；列强不再向中国施压，用世俗手段确保传教事业的成功；确保传教士只用精神武器战斗，依靠他们的神灵的帮助而不是外国的强大武器，一旦如此，对传教士的敌视将很快消失。外国应放弃迄今为止他们给予本国传教士的特殊庇护；如是，我们的政府将给予他们传道和进入中国的最大限度的自由"。①

Ch'ih Tao Ten 还建议，外国公使可以和总理衙门会商，订立一个一年至二年的试验期，以检验中国政府能否保证对传教士公平以待。

5 月 9 日，《北华捷报》登载了一封署名 X. Y. Z. 的读者来信，信中逐条驳斥了 Ch'ih Tao Ten 的主张。由此，一场关于基督教在华传教的争论在《北华捷报》的"读者来信"栏目中展开，论辩双方是 Ch'ih Tao Ten 与 X. Y. Z.，而两位分别自称为"自由主义者"（Liberal）和"你陌生的朋友"（Your Unknown Friend）的读者亦参与其中。

1874 年 5 月至 8 月，Ch'ih Tao Ten 与 X. Y. Z. 之间"你来我往"、数度交锋，大致情况见表 1-2。

从表 1-2 可知，二人的争论主要围绕着传教士享有本国庇护的正当性、清政府实施宗教宽容政策的可能性、中西之间谁应率先改进自己等问题展开。在这些争论背后，二人最根本的分歧在于对于基督教传教士在华传教的不同认知，而他们的看法在各自的阵营中又颇有代表性。X. Y. Z. 在第一封信中将传教士喻为"文明的先锋"（pioneers of civilization）。他认为那些有智识的中国人有义务向他们的同胞澄清那些关于传教士的愚蠢谬误。② 然而，作为 X. Y. Z. 所说的有智识的中国人，Ch'ih Tao Ten 眼中的传教士却并非如此。他直截了当地指出传教活动威胁了中国人固有的信仰及仪式。他写道："我乐意反击针对你们传教士的无端猜疑，

---

① Ch'ih Tao Ten, "The Missionary Question from a Chinese Point of View," *The North-China Daily News*, Apr. 27, 1874, p. 3.
② X. Y. Z., "A Chinese View of the Missionary Question," *The North-China Herald*, Vol. XII, No. 366, May 9, 1874, p. 414.

表1-2 X.Y.Z. 与 Ch'ih Tao Ten 关于基督教在华传教问题的争论

焦点	X.Y.Z. (5月9日)	Ch'ih Tao Ten (5月30日)	X.Y.Z. (6月20日)	Ch'ih Tao Ten (8月15日)	X.Y.Z. (8月22日)
传教士受到本国政府的庇护	与外国商人所受庇护设有不同	商人的人身安全和贸易受到庇护，且多在开放口岸	传教士必须得到本国政府的庇护的依据：一是清政府严厉禁止早期来华传教士传教的政策；二是清政府落后的司法制度、行贿成风，应用酷刑		
	若干迫害中国教民和暴力反对传教的教案并未寻求本国干预	传教士常常包庇行为不端的信徒，这才是招致官员和百姓仇恨的原因			
中国政府给予传教自由（前提：传教士放弃条约赋予的传教特权）	这个消息来源于何处？是否属实？	重申自己关于设置一年至二年的试验期的建议，并提出对条约口岸区别对待，以此验证取消宗教特别庇护后，中国实施宗教宽容的意愿	不看好开放口岸设置一年至二年的试验期的建议，认为这只会加剧官员的愤怒和疑虑	宁波地方官禁止道教集会一事，表明即便作为本土的宗教信仰，"也常常受到反复无常的、忠实的、儒家的清朝地方官的压制和迫害"，再次质疑Ch'ih氏代表清政府所承诺的宗教宽容	复述自己在5月30日那篇文章中关于将开放口岸作为试验区的建议。他强调自己的原话是"这样一个试验将证明我们的政府给予传教活动以真诚的宽容的意愿"，而X.Y.Z.将其改成是"中国政府的承诺"，无疑是一种有意的歪曲
	所有头脑的人都知道中国对基督教的拒斥和禁止政策				

续表

焦点	X. Y. Z.（5月9日）	Ch'ih Tao Ten（5月30日）	X. Y. Z.（6月20日）	X. Y. Z.（8月15日）	Ch'ih Tao Ten（8月22日）
传教士的影响力为列强的政治利益服务	这种说法是对外国政府的诬蔑，而Ch'ih Tao Ten还自称对外国态度友好	再次强调自己写信的动机是避免因传教问题而威胁中外友好关系	—		
改革应该由谁迈出第一步	希望清政府向基督教、商业和西方文明开放以启民智，地方官员带头对传教士和外国公民消除疑忌	质问："难道不是你们来到我的国家，造成了现在的这些麻烦吗？"		—	

资料来源：X. Y. Z., "A Chinese View of the Missionary Question," *The North-China Herald*, Vol. XII, No. 366, May 9, 1874, p. 414（5月9日一列内容均根据此文概括而成，其余四列类此，以下不再说明）；Ch'ih Tao Ten, "The Missionary Question from a Chinese Point of View," *The North-China Herald*, Vol. XII, No. 369, May 30, 1874, p. 482；X. Y. Z., "The Missionary Question from a Chinese Point of View," *The North-China Herald*, Vol. XII, No. 372, Jun. 20, 1874, p. 562；X. Y. Z., "Chinese Religious Toleration," *The North-China Herald*, Vol. XIII, No. 380, Aug. 15, 1874, p. 169（Ch'ih Tao Ten没有立即对X. Y. Z. 的第二封来信作出回应。他在回应"你陌生的朋友"的信后，向《北华捷报》的编辑及读者说明："我没有回应X. Y. Z. 写给我的第二封信，因为我害怕让您的读者感到厌烦，而且我亦认为，对于所有公平所判者来说，这些信件本身已经充分回答了它。"参见Ch'ih Tao Ten, "The Missionary Question from a Chinese Point of View," *The North-China Herald*, Vol. XIII, No. 378, Aug. 8, 1874, p. 143）；Ch'ih Tao Ten, "Christian Missions in China, and Their Defender 'X. Y. Z.'," *The North-China Herald*, Vol. XIII, No. 381, Aug. 22, 1874, p. 196。

但是记住有许多有切实根据的怀疑和反感。你们不远万里向我们鼓吹你们的宗教;你们明显认为我们愚昧而低人一等;你们致力于使我们放弃我们钟爱和尊敬的(事物)!"①

Ch'ih Tao Ten 和 X. Y. Z. 的真实身份无从得知,但可以肯定,他们来自截然不同的两个阵营。《中国人眼中的传教问题》正文前署名"译者"(Translator)的按语表明,Ch'ih Tao Ten 并不精通英语。② 而在8月22日 Ch'ih Tao Ten 所发表的《基督教在华传教团体及他们的捍卫者"X. Y. Z."》(Christian Missions in China, and Their Defender 'X. Y. Z.')中,"译者"又进一步透露,Ch'ih 氏是一位中国学者,而读者可以把他视为 Ch'ih 氏的合作者(collaborateur)。③ X. Y. Z. 则在5月9日发表的第一篇文章中坦陈自己是一位新教传教士。④

中国人在办给外国人看的报纸上著文大谈取消传教士特权,这对西方读者来说多少有些刺眼。7月25日,一个自称"你陌生的朋友"的人致信《北华捷报》,称许 Ch'ih Tao Ten 在一份外国人的报纸上发表反对意见的勇气。⑤ 不过,他对传教问题的看法却与 X. Y. Z. 如出一辙。他以1873年传教士郭显德(Hunter Corbett, 1835-1920)教案⑥中地方官的处置为例,提出两个疑问:(1)怎么能让传教士向自认无力负担的政府寻求保护呢?(2)官员出尔反尔,让传教士如何指望呢?他认为,中国政府无法保护传教士的生命和财产安全,因而他们不得不寻求外国领事的保护,而外

---

① Ch'ih Tao Ten, "The Missionary Question from a Chinese Point of View," *The North - China Herald*, Vol. XII, No. 369, May 30, 1874, p. 482.
② 按语中写道:"一位中国朋友请求我将以下的信翻译出来并转寄给你,以期发表,这封信如实地表达了他希望外国公众引起重视的那些观点。"
③ Ch'ih Tao Ten, "Christian Missions in China, and Their Defender 'X. Y. Z.'," *The North - China Herald*, Vol. XIII, No. 381, Aug. 22, 1874, p. 196.
④ X. Y. Z., "A Chinese View of the Missionary Question," *The North - China Herald*, Vol. XII, No. 366, May 9, 1874, p. 414.
⑤ Your Unknown Friend, "The Missionary Question from A Chinese Point of View," *The North - China Herald*, Vol. XIII, No. 377, Jul. 25, 1874, p. 87.
⑥ 郭显德,美国长老会传教士。1873年秋,郭显德在山东即墨传教时遭到当地乡民投石殴击,他随后逃往即墨县衙向县官麦瑞芳告状,又通报美国驻天津兼烟台总领事施佩德,后者立即照会清政府官员。该案于1874年6月3日由美国领事和道台会审,美国炮舰"沙科"号舰长及舰上其他官员数人亦同往道台衙门。参见廉立之、王守中编《即墨教案·郭显德教案》,《义和团资料丛编——山东教案史料》,齐鲁书社,1980,第108~118页。

国领事保护他们并非因为他们的传教士身份，而是因为他们是己国公民。此外，他还就 Ch'ih Tao Ten 文中提到的基督教教义对于中国人来说很奇怪并且难以理解，冷嘲热讽了一番，指出："现在，要么你已经钻研过这些教义，要么你没有，所以用你自己的话来说，你'陷入'以下两种情况：（1）承认就智力来说你远逊于你不懂得文理（ven-li）的同胞；（2）承认你未了解情况就对一件事情作了狭隘的判断。"①

8月8日，《北华捷报》刊出 Ch'ih Tao Ten 对此文的反驳：首先，"你陌生的朋友"有意无意地忽视了传教士庇护教徒的问题；其次，"你陌生的朋友"所举清朝地方官员无力保护外国传教士的问题确实存在，而正因为这样，他认为传教士那方面应该作出改变；最后，西方负有盛名的哲人、懂科学的人声称在仔细阅读后仍然无法理解基督教的大有人在。②"你陌生的朋友"也并未就此作罢，不久后，他又撰文批评 Ch'ih 氏逻辑不够严谨、措辞不够得体，并对他所说的西方负有盛名之人中不懂基督教的大有人在表示怀疑。③尽管以 Ch'ih Tao Ten 的朋友自居，并且标榜自己的论辩"公平而直率"，但在"你陌生的朋友"的文章中似乎还是能读出一丝鄙夷和不屑。④

Ch'ih Tao Ten 和 X.Y.Z. 所处的不同立场，决定了他们的分歧几乎无法调和。自8月15日 X.Y.Z. 以宁波地方官禁止道教集会一事质疑 Ch'ih 氏开始，两人开始纠缠于文字层面的分歧。Ch'ih Tao Ten 坚称关于中国政府有条件地实施宗教宽容政策，是自己的建议而不是所谓清政府的承诺。他同时表示，自己无意于这些相互指斥。他认为以 X.Y.Z. 为代表的传教士并未接纳他的建议，而他们的固执对于解决中西之间在传教问题上的分歧是毫

---

① Your Unknown Friend, "The Missionary Question from a Chinese Point of View," *The North-China Herald*, Vol. XIII, No. 377, Jul. 25, 1874, p. 87.
② Ch'ih Tao Ten, "The Missionary Question from a Chinese Point of View," *The North-China Herald*, Vol. XIII, No. 378, Aug. 8, 1874, p. 143.
③ Lacon, "The Anglo-Chinese View of the Missionary Question," *The North-China Herald*, Vol. XIII, No. 382, Aug. 29, 1874, p. 222. "Lacon" 系作者所署名字，此文落款为 "Your Unknown Friend, Lacon"。
④ 除此之外，一个自称"自由主义者"的读者亦从汉口寄来信件，回应这个有关传教问题的讨论。他在其中并未直接表达自己的观点，而是引用了致力于融合基督教神学和印度教的印度哲学家盖舒布·钱德拉·森（Keshub Chunder Sen）的演讲以及一位牧师的告解。Liberal, "A Chinese View of the Mission Question," *The North-Chian Herald*, Vol. XIII, No. 380, Aug. 15, 1874, p. 168.

无益处的,这让他只好劝诫自己的同胞不要入教,以此避免发生教案。

回顾目前的讨论,算上《德臣西报》(China Mail)上一位佛山的传教士所发表的观点,以及我在《香港华字日报》(Hongkong Chinese Mail)上通过一封中文信件所做的回应,我非常遗憾地看到,你们传教士看起来不愿意改变你们现在的行事方式,我认为这是对你们和所有外国人极为有害的。不要说你们没有被警告过。鉴于我对你们所说的话都是徒劳,我现在要转向我的同胞。正如我曾说过的,我会反对所有针对你们的毫无根据的怀疑,我将你们神圣的书籍中所包含的美丽的道德教育告诉我的读者们,它们跟我们自己的圣人所说的那些非常相似。但是我也会告诉我的同胞,为什么他们不能"入教";为什么不能加入这么一个有组织的团体,将自己置于偏狭的传教士和布道者的直接而持续的影响之下;为什么他们不应该相信你们会教给他们的那些"奇怪而费解的"的教义。①

一周之后,X.Y.Z.再次在《北华捷报》上回应了 Ch'ih Tao Ten。他坚持自己的立场,并重申自己的观点:(1)质疑 Ch'ih 氏所说的宽容政策的真诚;(2)中国没有"正义"可言。他提出一连串的质问:"Ch'ih 先生能为中国在不久的将来制订一部新的'司法法案'(Judicature Bill)提供一点儿指望吗?什么时候荒谬的贿赂体系可以不再玷污中国的法庭?什么时候野蛮的拷问制度可以不再辱没中国的诉讼程序?……"②

至此,《北华捷报》也对两人之间的笔墨官司失去兴趣。在 X.Y.Z. 的信之后,编辑附言道:"Ch'ih 先生的立场及反对意见现在都已得到了充分的表达;而鉴于我们疑心我们的读者是否愿意关注进一步的讨论,我们最好告知我们的通信者:我们希望以 Ch'ih 先生对目前的通信的反驳终结这场讨论,我们希望他不会在他的回复中开辟新的战场。"③ 至此,这场中西之间有关基督教传教士在华传教的系列讨论画上句号。

---

① Ch'ih Tao Ten, "Christian Missions in China, and Their Defender 'X.Y.Z.'," *The North-China Herald*, Vol. XIII, No. 381, Aug. 22, 1874, p. 196.
② X.Y.Z., "In re Mr. Ch'ih and X.Y.Z.," *The North-China Herald*, Vol. XIII, No. 382, Aug. 29, 1874, p. 222.
③ The Editor, "In re Mr. Ch'ih and X.Y.Z.," *The North-China Herald*, Vol. XIII, No. 382, Aug. 29, 1874, p. 222.

晚清以来，基督教传教士传教活动往往是中西爆发冲突的导火索。国人甚至将基督教与鸦片相提并论，因二者都是以外洋武力为后盾的祸患，既干涉了地方的正常行政，又破坏了秩序。① 1870年天津教案后，朝野上下关于修订传教特权的条约的呼声越来越多。奕䜣等人曾拟定传教节略和传教章程与各国商办，结果不但未被接受反而招致外国舆论的批评。传教章程的核心便是钤束传教士特权，将传教行为置于中国法律的管束之下。② Ch'ih Tao Ten 的主张对于在华西人而言应当并不陌生，不同的是，这些主张直接发表在一份办给外国人看的报刊之上，其所造成的冲击力和引起的回响都是不可忽视的。

三 "中国人治中国人"：辜鸿铭的不平之鸣

清朝的最后二三十年，《北华捷报》上由中国人撰写的文章有所增加，其中维护中国国家利益及个人权益的文章也越来越多。1906年，《北华捷报》上出现了一场由一份地方海关报告引发的中外辩论。辩论的焦点在于中国人是否有治理好自己国家的能力，而这场辩论中强有力的中国一方的声音，便出自辜鸿铭。

在辜鸿铭的英文著作《中国牛津运动故事》(*The Story of a Chinese Oxford Movement*) 中，有一篇题为《雅各宾主义的中国》的文章开篇写道："大约五年以前，我以'一个穿长袍的中国佬'的名义给《字林西报》写过一篇文章。文中我说：'就我所见，目前中国改革运动的狂热，将注定导致一场灾难。'"③ 笔者在爬梳史料时发现，发表于1906年7月27日的《北华捷报》上的《在华外国人》一文倒数第二段恰巧有这句话。④《中国牛津运动故事》首版于1910年，也就是说，这篇刊载于1906年的文章恰恰符合辜氏所说的"五年前"。从文字内容和发表时间上判断，《在华外国人》

---

① [美] 马士：《中华帝国对外关系史》第2卷，张汇文等译，上海书店出版社，2000，第233页。
② 李育民：《中国废约史》，中华书局，2005，第171~174页。
③ 《中国牛津运动故事》，《辜鸿铭文集》(上)，黄兴涛等译，海南出版社，1996，第284页。这条线索来源于黄兴涛《文化怪杰辜鸿铭》第16页，注释1。
④ 原文为："As far as I can see, the fever and insanity of the present reform movement in China, on the Chinese side, will surely bring on a catastrophe." 从字面上看，这句话和辜氏在《雅各宾主义的中国》中的那句话，差别只在于"on the Chinese side"（就中国方面而言），这应当是辜鸿铭的回忆不够精确造成的。而《北华捷报》是《字林西报》的周刊，将二者混为一谈的情况则十分常见。

应为辜氏在《雅各宾主义的中国》一文中所提到的文章无疑。

（一）引发争议的海关报告

事实上，《在华外国人》是《北华捷报》为 1906 年 7 月所刊载的若干篇文章统一冠上的题目。这些来信都围绕着该报转载的一份海关报告展开。此即时任福建三都澳常关代理税务司的英国人甘福履（Frederic William Carey）提交给海关总税务司的报告。1906 年 7 月 20 日，《北华捷报》以《外国控制下的常关：来自三都澳的一份有趣的报告》（Foreign Control of Native Customs: An Interesting Report from Santuao）为题转载了这份报告。

甘福履的报告主要介绍了福建三都澳常关被海关接管之前的混乱情形，以及接管后采取的一系列改革措施及成效。在报告中，他以较大的篇幅力陈中国人管理下的三都澳海关的种种弊病："贿赂和贪污就算不是公开的也是被默许的；税额的评定也不正确；换算制度非常复杂；有的货物享受优惠税率；'担'始终是个可以任意变动的数量；货物的查验只是口头说说；对于规则的理解随着能从商人们那里勒索的钱数而变化。……制定于一个多世纪以前的陈旧的关税制度，许多贸易原则都付之阙如，所以成为引入某些收费的充分借口。"[①] 与之形成鲜明对比的，是甘福履的报告所述的自 1901 年 11 月海关接管三都澳后推行的改革措施，他还指出，通过精减人员、禁止压榨商人、严格缉私、修订及合并税费等措施，关税收入大幅增加，商人们对于官员的信任感也有所提升。

自海关建立后不久，赫德便力图兼并常关权力，力图在中国建立一个完全由英国势力控制的统一征税系统。庚子之乱给赫德提供了契机，他借调停之机，将常关税列为清政府巨额赔款的担保品，并提出将常关交由海关兼管。[②]《辛丑条约》第六款（戊）所定承担保票之财源之二规定："所有常关各进款，在各通商口岸之常关，均归新关管理。"[③] 自 1901 年海关兼管常关开始，赫德通令各税务司对所辖常关进行了诸如整理税则、规范征税、减除税费、整顿人事等一系列的改革，客观上促进了常关管理上的

[①] "Foreign Control of Native Customs: An Interesting Report from Santuao," *The North - China Herald*, Vol. LXXX, No. 2032, Jul. 20, 1906, p. 171.

[②] 参见戴一峰《论清末海关兼管常关》，《历史研究》1989 年第 6 期。

[③] 王铁崖编《中外旧约章汇编》第 1 册，三联书店，1957，第 1006 页。

第一章　中国人英文书写之发轫

近代化，使常关税收入有所增益。①

（二）《北华捷报》配发的评论

在转载这份报告的同时，《北华捷报》发表了以《在华外国人》为题的文章，提示读者们注意这份报告。文章写道：

> 其中提供的有关本土管理方式的描述在任何时候读起来都是十分有趣且有价值的，但是很少有外国人意识到，在现在这个节骨眼儿上，在中国被普遍称为民族运动（national movement）的发展过程中，它来得格外是时候。我们真诚地向需要处理现存特定困境的外交和领事机构推荐甘先生的报告，希望他们可以认真地关注它；同时我们也向商会、中国协会和各种以维护外人在这个国家的政治和商贸权利为己任的地方团体推荐这份报告。②

不难看出，《北华捷报》的用意并不是向读者介绍区区三都澳常关的今昔对比，而是借着这个报告对时局发表议论。联系甘福履的报告及《在华外国人》全文的内容，文中的"这个节骨眼儿上"极有可能是指向清政府设立督办税务大臣一事。

1906年5月9日，清政府外务部向海关总税务司发布札文，宣布上谕："户部尚书铁良着派充督办税务大臣，外务部右侍郎唐绍仪着派充会办大臣，所有海关所用华洋人员统归节制。"③ 这意味着原先由总理衙门（外务部）统辖的海关，改由税务大臣管辖。④ 清廷任命税务大臣的上谕，与此前中英之间在海关总税务司继任人选问题上的纷争叠加，引发海关外籍税务司制度将有重大改变的猜想，这引起英国政府的强烈反应。⑤《北华捷报》自始便对此事极为关切，5月11日该报便刊登题为《总税务司》（The Inspectorate General）的文章。文章一面对清政府将干涉总税务司继

---

① 戴一峰：《论清末海关兼管常关》，《历史研究》1989年第6期。
② "The Foreigner in China," *The North-China Herald*, Vol. LXXX, No. 2032, Jul. 20, 1906, p. 121. 该文亦刊载于1906年7月21日的《字林西报》言论版上（"The Foreigner in China," *The North-China Daily News*, Jul. 21, 1906, p. 6）。
③ 陈诗启：《中国近代海关史》，人民出版社，2002，第377页。
④ 陈诗启：《清末税务处的设立和海关隶属关系的改变》，《历史研究》1987年第3期。
⑤ 苑琛：《海关总税务司继任人选之争与中英交涉》，硕士学位论文，复旦大学，2009，第28页。

任人选的猜测表示怀疑，一面呼吁列强一同应付这个变化。文中写道："我们希望看到，当任何动摇现在值得称道的海关和邮政管理的尝试出现时，在列强的所有妒忌和竞争之外，能够有一个联合阵线，因为任何国籍的外国人要在这个帝国内顺利办事都要极大地依赖这两个机构。"① 上谕发布后的一个月，中英双方经过一个月的交涉，以英国接受清廷简派税务大臣、清廷承诺不干涉总税务司权限告终。尽管如此，中外舆论对海关管理权问题的关注并未止息。②

《在华外国人》还提到该报最近转载自天津的一份中文报纸上的一篇文章，其中介绍了"中国的少壮派"（the Young China Party）③ 关于由受过西式教育的中国人掌管海关的主张。文章评论道："作者在列出受雇征缴中国税收的洋人的数目和薪资的细节后，幼稚地将总税务司和总督或巡抚的薪水作比较，并表示将中国人排除出海关是没有道理的，并且只要受过教育就能让成百上千的人胜任这些位置"。④《北华捷报》认为，尽管这在理论上是不可否认的，但他们忽略了一个关键的问题，即廉政（administrative honesty）。这篇评论试图以三都澳常关的例子告诉读者，中国官员

---

① "The Inspectorate General," *The North-China Herald*, Vol. LXXIX, No. 2022, May 11, 1906, p. 333.
② 苑琛：《海关总税务司继任人选之争与中英交涉》，硕士学位论文，复旦大学，2009，第39~42页。
③ 关于"the Young China Party"的所指需要略作说明。孙中山在《伦敦被难记》中曾记述："予在澳门，始知有一种政治运动，其宗旨在改造中国，故可名之为少年中国党（按即兴中会）。"（尚明轩主编《孙中山全集》第2卷，人民出版社，2015，第216页）英文原文为："It was in Macao that I first learned of the existence of a political movement which I might best describe as the formation of a 'Young China' party."（尚明轩主编《孙中山全集》第14卷，第8页）冯自由认为，"'少年中国'之一名词，实为我国维新党之通称，且在民前十七八年以前我国稍具政治性质之团体，尚无革命立宪、排满保皇及激烈和平之分"［参见冯自由《革命逸史》（中），新星出版社，2009，第420页］。张玉法则认为，它所指的很可能是杨衢云、谢缵泰等人创立的"辅仁文社"（参见张玉法《清季的革命团体》，北京大学出版社，2015，第107页）。从《在华外国人》的语境来看，这里的"the Young China Party"显然另有所指。
④ "The Foreigner in China," *The North-China Herald*, Vol. LXXX, No. 2032, July 20, 1906, p. 121. 文中提到的应指同日的《北华捷报》上题为《海关里的外国人》（Foreigner in the Customs Service）的文章，其中所开列的1901年和1906年海关不同国籍的洋员人数及海关高级官员的薪水以及引述的内容，与此相符。从中可以看到，这篇文章原载于天津的《津报》上（"Foreigner in the Customs Service," *The North-China Herald*, Vol. LXXX, No. 2032, July 20, 1906, p. 151）。这篇文章中并未出现"Young China Party"的字眼，不过这不是要点，《北华捷报》援引这篇文章只是为自己的议论找一个"靶子"。

贪腐成风，因此中国人自己无法管理好自己的国家：

> 甘福履先生的报告结论性地证实了中国官僚阶层的腐败没有任何缓解的迹象，这个事实是大多数同情民族运动的人都无法否认的。中国官员一向牺牲他们声称效忠的国家而自肥，我们可以更进一步用事实说，西式教育非但没有减轻反而助长了这种倾向。因此，任何忽视这一核心事实的有关中国主权问题的讨论，一定会将中国带入更深的困境，阻碍维持中央政府权威和信誉的理性期望。①

"中国的少壮派"是当时西方人对清政府内部某些官员的称呼。他们认为这些人与总理衙门时代的清政府官员不同：他们受过西方教育，更懂得利用规则与西方打交道，在对外交涉中表现积极，其代表人物便是袁世凯、唐绍仪，而他们在海关人事权问题上的坚决态度则被视为清廷于1906年5月9日颁布谕旨的直接原因。② 早在1905年，赫德便对"中国的少壮派"有所观察："'中国人治中国'是正在壮大的'少年中国'运动的呼声；我想他们很快就会染指关税和邮政的馅饼！"③ 值得注意的是，清廷设立税务大臣的上谕发布后，唐绍仪在与英国驻华使馆代办康乃吉（Lancelot Carnegie）谈话时，确曾对海关内班关员中有葡萄牙、西班牙、日本雇员而唯独没有中国雇员的情况表示愤慨。④ 可以想见，清廷设立税务大臣的背后，与对于英人把持中国海关人事权的不满不无关联。

除海关人事权之外，《北华捷报》还将矛头对准清政府颁行新政、试图收回部分利权的努力。文章暗示，中国当时兴起的民族运动背后的推动力正是官僚阶级："合格的观察者在当前的运动中看到：一方面，官僚阶级对于那些爱国本能的吸引力，这无疑是被西方著作和本土传媒的能力组织起来的；另一方面，他们还看到一个同样明显的意图，即利用这次运动

---

① "The Foreigner in China," *The North-China Herald*, Vol. LXXX, No. 2032, July 20, 1906, p. 121.
② Stanley F. Wright, *Hart and the Chinese Customs*, Belfast: W. Mullan, published for the Queen's University, 1950, pp. 818–819.
③ "Hart to Campbell," Dec. 17, 1905, *Archives on China's Imperial Maritime Customs: Confidential Correspondence between Robert Hart and James Duncan Campbell 1874–1907*, Vol. III, Chen Xiafei and Han Rongfang, eds., Peking: Foreign Languages Press, 1992, p. 931.
④ "Mr. Carnegie to Sir Edward Grey," (May 19, 1906) *Confidential British Foreign Office Correspondence, China*, Series 1, 1906–1908, Vol. 181, p. 145.

的结果来为官僚和他们背后的煽动者的利益服务。"而《北华捷报》则威胁道:"这些政策的支持者都预备看到帝国海关和外国租界的状况退回到类似于甘福履先生生动地描绘的1901年前三都澳常关的情况。"① 文章还对中国人自办铁路的尝试"泼冷水",并以广州到三水的铁路为例,指出铁路只会成为官员滋生腐败的温床。

  20世纪最初的十年,中国出现了一场由绅商、新兴工商业者、立宪派及革命派等各种社会力量广泛参与的收回利权运动,清政府的部分机构及官员亦在其中起到一定的促进作用。② 部分在华英国人对这一系列的变化非常敏感。1906年2月,由英商中华社会(The Chine Association)衍生出的中国联盟(The China League,暂译)③ 在给英国外务大臣格雷(Edward Grey)提交的报告中称,"一个蓄意的、有组织的、抵制所有外国影响的运动正在中国兴起。其口号是'中国人治中国'(China for the Chinese),其目的是驱逐外国人"。他们提醒母国政府注意:"无须回忆义和团那一年的事件,任何对中国人有基本认知的人都对煽动者发动民族主义运动之易如反掌印象深刻,无论以此为目的的行动或暴行有多么残忍,对于镇压这些运动甚至是控制其规模之困难也深有体会。"报告认为,种种迹象表明,这场"中国人治中国"的运动是中国上下新一轮的排外情绪的结果。"中央政府对条约义务的态度,中央和地方官员对已经授予的铁路和开矿特权及对外关系的态度,学生阶层中逐渐滋长的不安,不怀好意的、曾引发暴动的排外书籍的传播,报界和其他地方对废除治外法权和抵制外国侵略、维护中国主权的煽

---

① "The Foreigner in China," *The North - China Herald*, Vol. LXXX, No. 2032, Jul. 20, 1906, p. 121.
② 朱英:《晚清收回利权运动新论》,《史学集刊》2013年第3期。
③ 英商中华社会正式成立于1889年,主要代表与中国和日本等地进行商贸往来的英国公司的利益。该团体的成员有太古洋行(Swire and Sons)、怡和洋行(Jardine, Matheson & Co.)等工商企业,以及议员、学者及具有远东地区任职经历的外交人员。该会旨在为在华英商谋求利益,积极在议会外进行游说,并注重与英国外交部的沟通与合作。1900年,英商中华社会委员会(the General Committee)和上海分会的部分人认为当时的英国政府未能积极巩固和扩充英国在华商业利益,出于对俄、法、日等国在华积极扩张势力的担忧,他们主张改变该会的方针并改组为"联盟"。此项动议虽在该会内部未获通过,但其支持者仍发起成立了"中国联盟"。与英商中华社会相比,该组织的政治立场似乎更加鲜明。它大力鼓吹中国对英国的商贸和政治利益的重要性,希望通过在议会中支持一个强有力的党派来贯彻其对华主张,倾向于与其他列强合作以支持中国政府的渐进改革和稳定统治,以免远东局势出现动荡进而影响英帝国利益。参见 G. Jamieson, A. R. Burkill, "The China League," *The North - China Herald*, Vol. LXV, No. 1734, Oct. 31, 1900, p. 945.

动,在在都是明证。"他们建议:"如果旨在保护(对华——引者注)通商列强的共同利益的一致行动可行,应当立即行动;如果无法实现,为了捍卫英国利益及英国国民的生命,英国政府应当迅即而坚定地主动行动。"①

由此可见,《北华捷报》在《在华外国人》一文中所说的"在中国被普遍称为民族运动",所指正是当时中国以收回利权为目标的一系列对外关系的强硬举措。因此,可以说,《在华外国人》一文是《北华捷报》主笔对当时中国民族意识的觉醒所做的整体回应。

(三)"一个穿长袍的中国佬"发声

《北华捷报》的这篇评论见报后,作为该报读者的辜鸿铭对其中流露出的"高人一等"的优越感十分不满。他在7月24日以"一个穿长袍的中国佬"的名义致信《字林西报》的编辑,驳斥其中的观点。《北华捷报》将这封信仍旧以《在华外国人》的题目刊载于1906年7月27日的《北华捷报》上。辜鸿铭开篇即对《在华外国人》字里行间流露出的高高在上之感表示厌恶。他写道:"这篇文章读起来就像是'哦,感谢上帝,我们不是他们'的祷告。对于在中国的洋人而言,知道他们不用为被镇压的恐惧而不安焦虑,无疑是令人满足的。但是,我认为,在中国的洋人也不应该当着中国人的面炫耀他们的优越感,他们生活在中国人中间,并且在其中谋生。"②

辜鸿铭首先指出《在华外国人》的作者犯了以偏概全的逻辑错误,指出区区的三都澳海关的吏治状况无法代表中国。他质问道:"你单单凭借甘福履先生所描述的三都澳的情形,便如此果决地抓住你的结论不放,这是否公平?如果一个中国人在读了,比如说,最近被揭露出的南非丑闻或者是现下美国肉制品的丑闻后,就下结论说盎格鲁-撒克逊人种没有诚实的品质,你会作何感想?"③

辜鸿铭接着表明自己的立场:海关人事问题是中国的内政,不容《北华捷报》这样一份外国人办的报纸置喙。他甚至说:"中国人要求掌握他

---

① "China League to Sir Edward Grey," Feb. 13, 1906, *Confidential British Foreign Office Correspondence*, China, Series 1, 1906-1908, Vol. 11, p. 502.

② A Long-gowned Chinaman, "The Foreigner in China," *The North-China Herald*, Vol. LXXX, No. 2033, Jul. 27, 1906, p. 232.

③ A Long-gowned Chinaman, "The Foreigner in China," *The North-China Herald*, Vol. LXXX, No. 2033, Jul. 27, 1906, p. 232.

们自己的海关，中国官员的腐败并不影响这一要求的正当性。中国官员在职责上向中国皇帝和中国百姓负责，而不是对外国人负责。如果中国皇帝和中国百姓喜欢让不正直的中国官员来管理他们的海关和铁路，而不是正直的外国官员，这是他们自己的事，在我看来外国人无权干涉。"①

《马关条约》签订后的三次大借款大多以海关税作为抵押，并且借款合同规定借款未付清时海关总税务司须由英国人充任。因此，清廷简派税务大臣的谕旨颁布后，英国驻华代办康乃吉及美国公使柔克义（William Woodville Rockhill）立即以此谕旨破坏了1896年《英德借款详细章程》和1898年《英德续借款合同》为由，向清政府提出抗议。② 对此，辜鸿铭愤愤不平地说道："至于中国海关已经成为（偿还）外国债务的抵押物的观点，需要指出的是中国抵押的是其海关的收入，而不是海关的控制权。根据抵押物的条款，只有当中国拖欠赔款和无法偿还债务时，其债权人才能攫取中国海关。"③ 辜鸿铭所言自然是从法理上讲，因为自中国近代海关成立以后，海关管理权就落入外籍税务司手中，并且随着西方列强的入侵，海关权力越来越大。

如前所述，《北华捷报》发表《在华外国人》一文的主要目的是驳斥"中国的少壮派"要求中国人管理海关的要求。在辜鸿铭看来，"中国的少壮派"提出这个诉求具有相当的正当性。他写道：

> 作为一个上年纪的人，我并不属于中国的少年党，并且，我强烈反对现在中国人治中国（claiming China for Chinese）运动的自以为是和飘忽不定的走向。但同时我必须说，我认为，在华西人对于你们所谓的中国的少壮派的运动并未以公平的精神和开阔的视野视之，而这将是最终解决中国问题的和平方案。因为你们所谓的中国的少壮派的活动，也许在很多方面显得飘忽不定，但其根源在于中国人的强烈感受，即外国人没有公平地合理地对待中国人，或者用戈登的话说，中国人受控于外国人。这个为中国人夺回中国运动的真正目的是，在公

---

① A Long-gowned Chinaman, "The Foreigner in China," *The North-China Herald*, Vol. LXXX, No. 2033, Jul. 27, 1906, p. 232.
② 陈诗启：《清末税务处的设立和海关隶属关系的改变》，《历史研究》1987年第3期。
③ A Long-gowned Chinaman, "The Foreigner in China," *The North-China Herald*, Vol. LXXX, No. 2033, July 27, 1906, p. 232.

平和合理的基础上重新调整我们和外国人的关系。①

这里，辜鸿铭所说的"中国人治中国"的运动，即"中国由中国人来管"，是当时在华西人对中国上下收回利权运动的称呼。②

辜鸿铭指出，这个运动不仅是"中国的少壮派"或某个政治派别的抱负，而且是具有广泛的社会基础的所有中国人的吁求。正因为这样，包括《北华捷报》在内的西方人需要正视他们的要求。他警告说："像那些外国外交官员所做的那样，把这场运动、把中国人对于正义的渴望当作对条约神圣权利的破坏，是没有用的。因为，包括正在大烟馆里过着腐朽生活的人、正公开洗劫米店的人在内的三亿多中国人，有一天会站起来，并且可能会来到上海，质问是谁用这些条约交换了神圣的权利？"③ 辜鸿铭认为，《北华捷报》作为在华西人"非官方领域的喉舌"，却以"中国人是个不诚实的种族"为由，否定中国人渴望公正对待的要求，是霸道和片面的。他将其称为"俄国官僚主义寡头政治"的做法，并提醒道："这正在那个倒霉的国家产生令人惊讶的后果（的原因）。"④

清末十年，内外交困下的清政府出于自救的目的颁行各项新政，辜鸿铭则认为需要改革的并非中国。"中国百姓心目中对于改革这件事真正看重的目标，并非铁路，并非新学，并非欧洲式的奢侈，在中国百姓心中真正想要的是在华外国人改变他们对待中国人的方式。"⑤

至于西方人应当如何改革，辜鸿铭认为，首要的问题是尊重中国人的意志，而不是驱策他们进行急骤的改革，那样只会引起中国人强烈的抵制。他引用戈登的话："但是，如果我们引导他们，就会发现他们在一定程度上情愿被管理，也很容易管理。他们喜欢有选择的余地，憎恶突兀地

---

① A Long-gowned Chinaman, "The Foreigner in China," *The North-China Herald*, Vol. LXXX, No. 2033, July 27, 1906, p. 232.

② 《赫德致金登干电》（1906年5月20日），陈霞飞主编《中国海关密档》第7卷，中华书局，1995，第952页。

③ A Long-gowned Chinaman, "The Foreigner in China," *The North-China Herald*, Vol. LXXX, No. 2033, Jul. 27, 1906, p. 232.

④ A Long-gowned Chinaman, "The Foreigner in China," *The North-China Herald*, Vol. LXXX, No. 2033, Jul. 27, 1906, p. 232.

⑤ A Long-gowned Chinaman, "The Foreigner in China," *The North-China Herald*, Vol. LXXX, No. 2033, Jul. 27, 1906, p. 232.

抛出一条路径让他们走,好像他们没有丝毫的发言权。"①

在辜鸿铭看来,在西方人在中国推行门户开放政策、划分势力范围、兴建铁路并控制路权、把持海关的种种行径中,中国从未被给予选择的权利。他写道:

> 中国人并不反对洋人来中国经商、谋生,甚至如果他们有能力发大财也无妨。但是他们强烈反对他们整个的政府机构、他们的生活方式和整个民族的生命和存在都被夺走,并用来促进和增益英国和其他国家的贸易。一句话,中国百姓希望在华洋人通过摆脱这样的观念来改革,即上帝在中国创造了三亿多中国人,是为了与英国和其他国家通商,并让在华洋人以此谋生。用丁尼生(Tennyson)的话说,"我们为其他事情而生"。这是中国人治中国这项运动的基本观念。实际上,中国人要夺回的并不是中国(地理概念上的"中国"——引者注),而是那些有中国性的东西(not China for the Chinese, but the Chinese for the Chinese),也就是说在这个上帝创造的宇宙中,中国人的国家生活(the national life of the Chinese nation)不应该仅仅是为了增进英国和其他国家的贸易,并使其获益,就像我睿智的英国朋友对我说的那样,为了使在中国的洋人享受其中。②

这番话道出了海通以来中西之间冲突不断的根源,即文明的差异带来的碰撞。要避免冲突的发生,便需要西方人尊重中国人的意愿,而不是像西方列强所做的那样,为了满足自身的物质利益而迫使中国接受其自私的要求。辜鸿铭认为需要改革的并非单个的西方人,而是中西交涉的体制。他写道:"我发现作为个体的外国人对中国人怀有如此多的善意,即使在上海也是这样,以至于我非常想在他们面前摆出事实,即便有些不愉快,并且我斗胆向他们呼吁从外国人那一面在中国开始一场改革。"③ 事实上,

---

① A Long-gowned Chinaman, "The Foreigner in China," *The North-China Herald*, Vol. LXXX, No. 2033, Jul. 27, 1906, p. 232.

② A Long-gowned Chinaman, "The Foreigner in China," *The North-China Herald*, Vol. LXXX, No. 2033, Jul. 27, 1906, p. 232. 阿尔弗雷德·丁尼生(Alfred Tennyson),英国维多利亚女王时期的桂冠诗人。

③ A Long-gowned Chinaman, "The Foreigner in China," *The North-China Herald*, Vol. LXXX, No. 2033, Jul. 27, 1906, p. 232.

辜鸿铭这段话的底蕴正是其中西文明观。在他心目中，西方文明是务外逐物的"物质实利主义文明"，中国文明则是真正的道德文明。维系西方社会秩序的从根本上说是一种物质力，而维系中国社会的则是良心、廉耻及道德责任感。从这个意义上讲，中国文明是成熟的文明，西方文明则还处于"毛坯"阶段。①

换言之，辜鸿铭对《北华捷报》的驳斥最终落脚于对于中西文明异同的认识方面，而"一个穿长袍的中国佬"这个笔名的背后也有此深意。衣冠服制在中国文化中有着重要的象征意味。《论语·宪问》曰："微管仲，吾其被发左衽矣。"这说明衣服形制代表了不同族群的分野。服膺儒家文化、喜欢在其英语作品中征引中国经典的辜鸿铭，使用这样一个称谓正是为了突出这种中西之别。

此外，文中谈及新政时语多不满，恐怕也是辜鸿铭隐藏自己真实身份的原因。他批评"北京和地方的官员的怯懦和不可救药的、游移不定的无助状况，导致了这个国家公共机关的失序"。对于如火如荼地展开的新政他也并不看好，正如前文所引，他预言中国这场狂热的改革运动将带来一场大灾难，并说道："我认为减轻和停止这种狂热的唯一办法，是从两头开始在中国改革，既从外国人那方面改，也从中国人这方面改。我认为一旦外国人那方面开始改革，中国人这方面的狂热程度就会降低，之后我们所有人都能幸免于一场巨大的灾难。"② 辜鸿铭的这些观点，恐怕与其幕主张之洞在立宪之际与枢垣中奕劻、袁世凯等人的复杂关系有关。

（四）《北华捷报》和"一个穿长袍的外国人"反驳辜鸿铭

《北华捷报》在刊载这篇文章的同时，又以同样的标题撰文作了回应。文章认为，"一个穿长袍的中国佬"的观点与报方有许多共通之处，二者都对当下改革运动的狂热感到担忧。《北华捷报》称："在不可抗的情势推动下，不管是有意识的还是无意识的，中国管理她自己的事务必须是外国人和中国人都矢志的目标。前者（即外国人——译者注）急于避免的是中国对那些事务的管理不当；但是中国的少壮派秘密提倡的、给我们写信

---

① 黄兴涛：《文化怪杰辜鸿铭》，第158~161页。
② A Long-gowned Chinaman, "The Foreigner in China," *The North-China Herald*, Vol. LXXX, No. 2033, Jul. 27, 1906, p. 232.

的人现在公开提出的则是管理失当的权利。"① 在这里,《北华捷报》有偷换概念的嫌疑,"中国的少壮派"和辜鸿铭呼吁的是中国人管理自己国家的权利,而《北华捷报》则断言他们要求的是"管理失当的权利"。

在《北华捷报》看来,通商是国家间的正常交往行为,而列强干涉中国的内政,是在中外通商的情况下,出于保护本国公民利益的需要而采取的措施。"现代政府确保他们海外公民的公平待遇及他们的生命和财产安全的决心,必须正视。在'不正直的、低效率的'管理盛行的国家,这些基本原则受到侵犯。只要执政者坚持执行我们的人所厌恶的那种'不可救药的、游移不定的'政策,在华外国人的'干涉'和它逐步的扩张便随之而来。外国人有受到伤害的风险,而他们在其他国家不大可能遭遇这些,当外国人在任何时候都没有这些风险时,这种干涉也就没有了存在的理由。"②

更有甚者,《北华捷报》不仅将英国插手中国事务视为维护自身利益的需要,还表示这是在为中国的"良治"作出示范。"中国的少壮派被认为希望他们的国家由自己的人民进行明智而有效率的管理。这种抱负使人很难不报以同情;而没有比在他们中间作出明智而有效率的管理的有力示范,更能表达这种同情的了。这正是今天外国人所给予中国的。就管理工作而言,较广阔的领域有帝国海关,较小的领域有租界的市政部门。作为'爱国的'中国人,改良的真心愿望本该促使他们说:'我们的管理部门将以这些示例为典范。'最近的事件却全然没有此态度!"③

1906年8月3日,《北华捷报》再次以《在华外国人》之名刊登了一篇署名为"一个穿长袍的外国人"(A Long-gowned Foreigner)的文章,回应辜鸿铭。正如从"一个穿长袍的外国人"这个名字所透露出的几分善意,这篇文章的作者似乎比《北华捷报》显得友好。

他承认,作为中国的"不速之客",外国人对中国人的态度是"高高在上的、专横的,并且大多数时候是很傲慢的"。他也不同意西方人那种只能用武力(force majeure)对付中国人的论调,认为应该通过说理的方

---

① "The Foreigner in China," *The North-China Herald*, Vol. LXXX, No. 2033, Jul. 27, 1906, p. 228.
② "The Foreigner in China," *The North-China Herald*, Vol. LXXX, No. 2033, Jul. 27, 1906, p. 228.
③ "The Foreigner in China," *The North-China Herald*, Vol. LXXX, No. 2033, Jul. 27, 1906, p. 228.

式说服那些开明的中国人,因为他们很可能会憎恶残酷的胁迫和粗俗的侮辱。他赞同辜鸿铭要求西方人自身进行改革的主张。他主张:"我们这些不请自来的客人必须使自己变得更合群,不,我们应该成为对于我们可爱的、务实的主人们而言,大有用处的无价之宝,而不是将这个国家的合法主人视为可以忽略不计的对象。"①

"一个穿长袍的外国人"对于中国民族主义运动的看法也趋于正面。他将这种变化视为中国这个古老文明的觉醒。他写道:"我们无意于笑话、嘲讽、奚落,我们赞同并为新秩序高兴欢呼,事实上我们自认为幸福的前景部分得益于我们。近来中国所有的改革难道不是受外国影响、与外国接触以及外国示范的产物吗?"② 不过,与辜鸿铭和《北华捷报》不同,"一个穿长袍的外国人"对"中国的少壮派"也充满期待,他认为他们处于对西方观念"一知半解"的尴尬阶段,但相信他们将会走出这个阶段,并且会建立一个新的和平的秩序。最后,他呼吁中国人和外国人都尽力改革。

不过,"一个穿长袍的外国人"对辜鸿铭的很多观点也存有异议。

首先,他认为慢慢渗透的、傲慢的、绝大多数品行不端的外国人,实际上充当了赢弱的、优柔寡断的清政府的替罪羊。其次,他指出,中国人也从与英国和其他国家的通商贸易中获得不少利益,而并非西方国家在利用中国。最后,他批评辜鸿铭拒斥西洋物质文明的态度。他说道:"我确信,你们这位有学识的通信者通晓西方文学和历史,一定也知道铁路给西方带来的翻天覆地的变化,有理由预期这种变化也会在中国发生。并且,在华外国人看起来急于指导铁路和其他有用的发明,并不总是单纯地受到自私或贪婪动机的驱使,而往往是出于推动一个资源丰富、充满良机的国家发展的诚挚愿望。"③

辜鸿铭与在华西人之间的争论至此告一段落。可以说,这场争论的核心是"中国人是否有治理自己国家的权利"。尽管辜鸿铭的论述仍带有文化保守主义的色彩,但他捍卫中国人治理自己国家的权利的主张仍然是掷地有声的。他以中西文明之间不同的价值观为基础,呼吁西方国家尊重中国的

---

① A Long-gowned Foreigner, "The Foreigner in China," *The North-China Herald*, Vol. LXXX, No. 2034, Aug. 3, 1906, p. 289.
② A Long-gowned Foreigner, "The Foreigner in China," *The North-China Herald*, Vol. LXXX, No. 2034, Aug. 3, 1906, p. 289.
③ A Long-gowned Foreigner, "The Foreigner in China," *The North-China Herald*, Vol. LXXX, No. 2034, Aug. 3, 1906, p. 289.

意志，改变其对待中国的态度；而《北华捷报》却以中国吏治腐败、管理不善为由，试图压制这一"中国人治中国"的要求，并将西方国家对中国政治的干涉看作对"良治"的示范。在近代以来的中西交涉中，这种话语并不少见。西方国家通过战争和条约所获得的租界和租借地、治外法权、路权等种种特权，皆以中国的治理不善作为说辞。而在辜鸿铭与《北华捷报》主笔之间，"一个穿长袍的外国人"的言论则具有折中调和的意义。

四 在华西人舆论空间中的中国声音

以往学界多认为《北华捷报》只是替在华西人利益说话的舆论工具，乃至西方侵略中国的"鼓吹手"。从某种程度上讲，这种认知掩盖了《北华捷报》作为近代中国历时最长的英文报纸的重要史料价值。而曾经有许多中国人在这份报纸上发表言论这一史实，更是很少有人注意到。以上有关晚清时期《北华捷报》上中国人所发文章的研究，则给人另一种印象，《北华捷报》并非仅仅是在华西人独霸话语权的舆论空间。换句话说，这份具有鲜明西洋属性的报纸，并非中国人言论的真空。在其中，中国人亦能通过用英文撰写或请西人翻译的形式，发出自己的声音。不过，从另一方面看，《北华捷报》尽管将"读者来信"开放给有话要说的中国人，但从其编辑对中国人的回应与部分按语看来，它自身仍然坚持着较为保守的立场，其言论并未越出其母国的对华政策。

更为重要的是，考察晚清时期中国人在《北华捷报》上发表的文章，不难发现：这些撰述始终围绕着华洋关系展开。尤其在那些近代以来中西之间经常爆发争论与冲突的领域，诸如租界内华人权益、外国人的恶行、会审公廨和华洋诉讼等问题，都是引发中国人投书《北华捷报》的重要话题。而从上文所述的《北华捷报》上三场中西人士的辩论来看，西学中传、基督教在华传播、中国能否治理好自己的国家等无疑是涉及近代中外关系的重大问题。在这些问题上，中国人不但具有与西方人分庭抗礼的论辩自觉，其立论与驳论往往能切中问题的要害，据理力争。与此同时，一方面，由于《北华捷报》是一份主要办给外国人看的报纸，中国人的言论在其中总是能引起或多或少的反响；另一方面，中国人的观点本身也具有冲击力。因此，在《北华捷报》上发表的文章，往往能引发在华西人的回应，有时甚至能形成数个回合的辩论。

随着中西交往的加深，以及英语在华传播的深入，民国时期中国人在

《北华捷报》上发表文章的情况更加普遍。甚至有人将《北华捷报》的"读者来信"栏目当作批判西方的舆论阵地,不断就租界、治外法权等问题发表充满民族主义情感及色彩的文章。

第四节 同西方汉学对话:辜鸿铭《北华捷报》上的两篇佚文

在清末民国时期能熟练用英文进行写作的中国人中,辜鸿铭是不得不提的人物。辜鸿铭1857年出生于马来西亚槟榔屿,其曾祖辈即从福建远赴南洋谋生。父亲辜紫云以经营垦殖为业,母亲是一位葡萄牙女子。辜鸿铭自幼受英语教育,11岁时跟随其义父、苏格兰人布朗到爱丁堡留学,获得爱丁堡大学文学硕士学位。而后,辜鸿铭先在德国进修,又到法国、意大利等地游学。1880年,24岁的辜鸿铭回到槟榔屿,后在新加坡殖民政府任职。1881年,辜鸿铭遇到途经新加坡的马建忠,二人进行了三天的长谈。这次谈话激发了辜鸿铭对于祖国文化的好奇与向往,他很快辞去新加坡的公职,前往香港学习、居住。1885年,辜鸿铭受张之洞的幕僚杨汝树和赵凤昌的推荐,进入张之洞的幕府任洋文案。

在辜鸿铭平生的撰述活动中,英文著作占有很大的比重。他的汉文著作有《张文襄幕府纪闻》和《读易草堂文集》两本,另辑有《蒙养弦歌》和中英合璧的汉译英诗《痴汉骑马歌》。他的英文著作有《尊王篇》《中国牛津运动故事》《中国人的精神》等,还出版了英译本《论语》《中庸》。此外,辜鸿铭还曾在中外的英文报刊上发表多篇英文文章。[①] 需要说明的是,由于国内所藏晚清民国外文报纸不易获取,给相关资料的搜集带来了很大的困难,因此辜鸿铭发表在报章杂志上的英文文章还有待进一步发掘。

黄兴涛在《文化怪杰辜鸿铭》中对辜鸿铭1883年发表在《北华捷报》上的文章《中国学》(Chinese Scholarship)进行了发掘与分析。该文分为"上论"和"下论"两部分,先后在1883年10月31日和11月7日发表。[②] 其时,辜鸿铭正寓居香港,学习汉语和研习经史子集。该文是他所写的第一篇有影响的英文作品。辜鸿铭在文中首先概述了西方汉学的发展情况,

---

① 黄兴涛:《文化怪杰辜鸿铭》,中华书局,1995,第13~16页。
② 这两篇文章在发表时并未署名,但收录于辜鸿铭1915年出版的《中国人的精神》(中文名为《春秋大义》)中。

继而尖锐地批评了西方汉学家对于中国学问的误解与践踏。辜氏在文中逐条批判了西方汉学家治学时态度傲慢、方法不当、动机不纯等问题,指出西方汉学家对中华民族文化的整体了解不足,仅以西方民族特有的优越感对中国的古老学问妄加评断。①

《中国学》一文是中国人对于西方汉学的第一次正面回应,辜鸿铭在其中以对近代以来西方汉学发展状况的全面而细致的了解为基础,深入地分析了汉学家的研究心态、方法与动机。他的批评条条切中要害,极为有力地批判了西方汉学研究对中国文化的自以为是的评判态度以及狭隘孤立的研究视角。在这篇文章中,可以明显地体会到辜鸿铭作为一个中国人维护"自家文化"的神圣责任感与良苦用心。

晚清时期,辜鸿铭在《北华捷报》上发表了若干文章。除《中国学》是其第一篇较有影响的英文文章外,② 还有如下几种:以 Hong Beng Kaw③ 之名发表的《中国人的家庭生活》(Chinese Domestic Life,1884年1月2日、7日)及《评翟理斯〈古文选珍〉》(Gems of Chinese Literature,1884年6月6日),以及前述以"一个穿长袍的中国佬"(A Long - gowned Chinaman)的名义发表的《在华外国人》④(The Foreigner in China,1906年7月27日)等。

如果说,1906年辜鸿铭以"一个穿长袍的中国佬"的名义发表的文

---

① 参见黄兴涛《文化怪杰辜鸿铭》,第40~51页。
② 李帅的研究指出,辜鸿铭公开发表的第一篇文章应为1879年发表在香港《孖剌西报》(Hong Kong Daily Press)上的诗作《乌石山事件》(The Wu Shih - Shan Affair)(李帅:《辜鸿铭与在华外文报刊的关系研究(1883~1928)》,硕士学位论文,山东大学,2014,第13、14页)。这首诗创作的背景是,福州乌石山因居民反对传教士兴建教堂而引发教案,辜鸿铭在这首诗中批判传教士以武力威胁逼迫当地官民的行为。需要指出的是,文中所引《乌石山事件》译自1920年2月8日的《华北正报》(The North China Standard),而非《孖剌西报》。
③ Hong Beng Kaw 为辜鸿铭早年名字的译法,这既是他在槟榔屿广为人知的名字,也是爱丁堡大学所藏辜鸿铭相关档案资料中显示的名字。参见黄兴涛《文化怪杰辜鸿铭》,第2页。
④ 这并非"一个穿长袍的中国佬"在《北华捷报》上发表的唯一一篇文章。1906年3月9日,该报的"读者来信"栏目刊登了一篇署名相同的文章(A Long - gowned Chinaman,"Letter to the Editor 10,"The North - China Herald, Vol. LXXVIII, No. 2013, Mar. 9, 1906, p. 558)。此文为驳斥牧师达尔温特(Rev. C. E. Darwent)的文章而作。事情的起因是1905年大闹会审公廨事件发生后,上海绅商力争在工部局设立华董,并为此组织华商公议会。此举遭到包括达尔温特在内的在沪西人极力反对,"一个穿长袍的中国佬"特撰文批判西方人的这种态度,并发表自己对于在华西人与中国人冲突根源的看法。这篇文章犀利又略带调侃的文风很像出自辜鸿铭之手,但目前还未能找到更多的证据证实此文确为辜鸿铭所作,故此处暂不列入。

章,是围绕着中西关系而作的时评,那么早在1883、1884年发表的《中国学》《中国人的家庭生活》及《评翟理斯〈古文选珍〉》则是其早年学习中国传统文化期间,围绕着中国文化对西方汉学研究所作的回应。由于诸多原因,学术界尚无人注意到《中国人的家庭生活》及《评翟理斯〈古文选珍〉》两篇文章,本节试图对这两篇文章作一简单的介绍,以期给辜鸿铭早期思想研究作一些补充。

一 《中国人的家庭生活》

1884年初,辜鸿铭在《北华捷报》上发表《中国学》后不久,又在该报上发表了《中国人的家庭生活》一文。在这篇文章中,辜鸿铭介绍了中国人古往今来的家庭生活,并为中国社会的一夫多妻制和纳妾制辩护。提到辜鸿铭,人们必然联想到他维护中国传统文化的顽固与保守,尤其是他对被称为中华"国渣"的"八股、小脚、太监、姨太太、五世同居的大家庭、贞节牌坊、地狱活现的监狱、廷杖板子夹棍的法庭"等文化糟粕,都曾予以过不同程度的辩护。① 初看之下,《中国人的家庭生活》一文中的立论似乎也给人以类似的印象,但仔细阅读之后,不难看出这篇文章是辜鸿铭对中国家庭制度内涵及沿革的观察,在一定程度上有助于澄清西方人对于中国社会认知的某些误解。

与《中国学》一样,《中国人的家庭生活》也分为两部分,分别发表于1884年1月2日和1月7日的《北华捷报》上。不同的是,《中国学》一文并未署名,而《中国人的家庭生活》则署名 Hong Beng Kaw, M. A.(即辜鸿铭,硕士)。笔者推测,辜鸿铭之所以在这篇文章中署以真名,恐怕是因为,与《中国学》是一篇尖锐地批判西方汉学家的评论不同,《中国人的家庭生活》是对中国社会风俗的介绍,不至于像《中国学》那般"得罪人"。

在一篇挑战西方汉学研究的檄文之后,辜鸿铭选择"中国人的家庭生活"这样一个看似简单浅显的主题,是有其深刻用意的。他在文章开篇说道:据说,科学已经向所有人表明,造成种族(race)差异的最重要、最富有意义的因素就是世界上各个种族在社会制度和家庭生活上的不同,而这种不同也最为显著。② 换句话说,世界上不同种族之间的差别很大程度上在于

---

① 黄兴涛:《文化怪杰辜鸿铭》,第8页。
② Hong Beng Kaw, "Chinese Domestic Life," *The North - China Herald*, Vol. XXIII, No. 861, Jan. 2, 1884, p. 7.

不同的社会制度和家庭生活。而进一步说，要认识一个种族及其文化，了解其社会制度和家庭生活的特质自然是不容忽视的内容。辜鸿铭撰写此文，目的正是以中国人的家庭生活作为切入点，使西方人得以更深入地了解中国文化。在人类社会中，家庭生活无疑是最普通不过的日常，但日常背后则是丰富的文化内涵，辜鸿铭选择这样一个主题细加分析与论述，体现了他独特的视角。

（一） 中国家庭制度的起源

在文章中，辜鸿铭并未对中国人的家庭生活作过多的描写，而是首先将家庭定位为一项社会制度，将其放到人类社会发展的历程中加以讨论。他表示："没有比我们在早期的制度中所追踪到的家庭内部成员及不同家庭之间的相似之处，更能显示人类本质上的同一性的了。"① 无论现代黄皮肤、穿长袍的中国人与蓝色眼睛、红色头发的欧洲人有多大的不同，他们都经历过茹毛饮血、没有任何社会和道德约束的野人阶段，而社会组织和制度的出现则是在工具和私有制产生之后。辜鸿铭引用柳宗元《封建论》中有关人类社会组织产生的推论来说明这个问题："彼其初与万物皆生，草木榛榛，鹿豕狉狉，人不能搏噬，而且无毛羽，莫克自奉自卫，荀卿有言：必将假物以为用者也。夫假物者必争，争而不已，必就其能断曲直者而听命焉。其智而明者，所伏必众，告之以直而不改，必痛之而后畏；由是君长刑政生焉。"② 辜鸿铭认为，在不同地域、不同人种中，社会组织的产生和社会制度的创立都经历了相似的过程，中国人最早的祖先亦是如此，洪荒时代，他们在首领的带领下过着游牧生活。"最后，出现了一个伟大的首领，即中国人所说的'伏羲'，他最终带领他的人民定居于中国的西部，选择了据说是现今河南某个市镇的地方作为他的都城。而后，伏羲被奉为中国社会和政治制度的创建者。继他之后的是神农和黄帝或轩辕，他们被称为伏羲所开创的教化人民的伟大工作的继承者。直至他们，婚姻的神圣礼仪创立，至此，我们可以开始关于中国人家庭生活的文章。"③ 在

---

① Hong Beng Kaw, "Chinese Domestic Life," *The North - China Herald*, Vol. XXXII, No. 861, Jan. 2, 1884, p. 7.
② Hong Beng Kaw, "Chinese Domestic Life," *The North - China Herald*, Vol. XXXII, No. 861, Jan. 2, 1884, p. 7.
③ Hong Beng Kaw, "Chinese Domestic Life," *The North - China Herald*, Vol. XXXII, No. 861, Jan. 2, 1884, p. 7.

辜鸿铭看来，就起源而言，家庭在中国的产生与世界上其他种族没有太大的差别。

(二) 为一夫多妻和纳妾制辩护

在《中国人的家庭生活》中，辜鸿铭的主要写作动机是试图澄清欧洲人的一个错误看法，即除了雅利安人和印欧语系的民族外，妇女的地位低贱，而一夫多妻和纳妾的制度仅在属于亚洲的民族中存在，中国则自然包括在其中。辜鸿铭认为它们并非亚洲独有，并对纳妾制的起源提出了自己的看法："在每个民族的早期历史中，都有那么一个时期，人仅仅以其武力及强权而统治着他的同胞。在这样的时代，奴隶制以及奴隶制的副产品——一夫多妻或纳妾都必然存在。在战俘当中，男人被当作做低贱苦工的奴隶，而女人们，除非她们又老又丑——我认为欧洲当今最大的社会问题就是如何对待那些又老又丑的女人——则被当作女仆或妾，供俘获他们的强人消遣娱乐。我认为，就像奴隶制一样，这是一夫多妻和纳妾制的起源。"[①] 这里，辜鸿铭还顺带调侃了欧洲所谓"尊重妇女的虚伪"，这倒是很符合辜氏一向犀利乖张的文风。并且，辜鸿铭还写道："尽管我在这里将'一夫多妻制'和'纳妾制'作为同义词，但恐怕很少有欧洲读者知道，自皇帝而下，尽管中国男人想要有多少姬妾或婢女都可以，但每个人都只能有一位合法妻子。"[②]

辜鸿铭指出，人们不应当因为一国的礼俗或道德观与我们自小所受的教育不同便加以谴责。他拿英国社会不断变动的道德观念作为例子，指出："指摘一个国家的观念以及被谓为道德的实践，一向是件危险的事情。例如，纯洁而道德的英格兰人民，曾经肯定地认为一个男人娶其亡妻的姐妹是一桩严重而邪恶的罪行。但是，近年来很大一部分公众突然转变观念，现在很多体面的英国人都认为一个未婚的女人在她的姐妹死后，在她的姐夫和她自己两相情愿的情况下，有合法权利照顾她姐妹的孩子。"[③] 他接着调侃道："这就是关于何为道德的公众意见。我常对人们说英格兰的公众观念

---

① Hong Beng Kaw, "Chinese Domestic Life," *The North-China Herald*, Vol. XXXII, No. 861, Jan. 2, 1884, p. 7.
② Hong Beng Kaw, "Chinese Domestic Life," *The North-China Herald*, Vol. XXXII, No. 861, Jan. 2, 1884, p. 7.
③ Hong Beng Kaw, "Chinese Domestic Life," *The North-China Herald*, Vol. XXXII, No. 861, Jan. 2, 1884, p. 7.

可以一天一个样，并为此而感到震惊，那为什么不会再变一次呢？——也许一个人在其妻子还在世的时候迎娶其妻妹也会被认为是合法的。"①

在辜鸿铭看来，那些急于对某个个人或某个民族作道德判断的人，往往忽略了人类思想中存在理智与情感两方面的因素（即中国人所谓的"理"与"情"）。他指出："事实上，在欧洲有关道德哲学的著作中，关于究竟是我们的理智或我们的判断，还是我们的感觉或我们的情感，让我们认为这个行为是正确的而那个行为是错误的，这是高贵的而那是卑鄙拙劣的，始终存在着争议。现在，我们并不学究式地陷入深奥的哲学问题，大体说来，就两性关系而言，构成我们判断的一大部分是我们的感觉或情感。但是这个感觉或情感处于不断变化之中——就像我上文引用的法国作家所说的那样，它受到不同的地理位置、时代变迁和不同时代需要，甚至可能是气温变化的影响。"②

辜鸿铭指出，纳妾制在中国的上古时代即被许可，尧就将自己的两个女儿娥皇、女英嫁给了舜，同样可以肯定的是三代时的君王和贵族们除了一个合法妻子（consort）外，还有很多婢女和妾。但是，他认为，从《诗经》看来，妇女的地位并不低贱，尽管由于纳妾制的存在很容易作此揣测。他引用《孟子·梁惠王下》中齐宣王问庄暴"寡人好色"的典故来说明这一点。"诗云：'古公亶甫，来朝走马，率西水浒，至于岐下。爰及姜女，聿来胥宇。'当是时也，内无怨女，外无旷夫。"他认为，即便在中国被士大夫奉为理想的三代时期，圣贤也有姬妾相伴，而当时的社会却呈现出"内无怨女，外无旷夫"的和谐景象。

辜鸿铭还提醒读者注意，尽管现代文明反对一夫多妻制和纳妾制，但在不同的历史环境中，人们对这两项制度的看法是不同的。"的确，一个能够忍受她的老爷有侍女或妾的女人被认为是贤惠的。但是，那时公众心目中的道德论调——用现代报纸的用词来说——是纯洁和健康的。在公众心目中葆有某种高贵的原则和情感，这使得纳妾制本身'也因去除了它全部的鄙俗而使其罪恶减半'。因为，只有在自知、意识到自己的鄙俗之后，才是作恶。这就是一位英国作家在比较英格兰的查理二世和亨利八世时所

---

① Hong Beng Kaw, "Chinese Domestic Life," *The North-China Herald*, Vol. XXXII, No. 861, Jan. 2, 1884, p. 7.
② Hong Beng Kaw, "Chinese Domestic Life," *The North-China Herald*, Vol. XXXII, No. 861, Jan. 2, 1884, p. 7.

说的,'斯图亚特养的是情妇;都铎王朝娶的是妻子'。"① 辜鸿铭认为,上古时代,由于人们有着较高的道德水准,一夫多妻制和纳妾制并没有什么罪恶和可鄙之处。

不过辜鸿铭承认,作为中国人的社会及家庭行为准则及道德标准,因为默许一夫多妻制和纳妾,孔子及其弟子的学说经常为人所诟病及责难。对此,他有不同的看法:"现在,比起为一夫多妻制或纳妾的做法辩护,也许对我来说更好的做法是说明儒家学说与这个所谓的不道德的制度的关系。在孟子和当时的一个王的对话中,王坦白地承认,他因为爱美女,而自觉无法治理好自己的百姓,孟子答道:'王如好色,与百姓同之,于王何有?'因此,(儒家)明确规定,爱女色并非不道德的,而自私地、强人所难地(unnaturally)爱女色则是。一夫多妻制和纳妾也是一样的,使这个制度可耻和邪恶的不是有很多妻妾;其恶在于自私地、反常地、不道德地占有女子。"② 他举例,在现在的中国,实际的家庭生活中,如果一个60多岁的老叟娶了一个十五六岁的妾,一定会引起人的反感和一致谴责。

(三) 中国人的家庭关系及其历史变迁

在《中国人的家庭生活》一文中,辜鸿铭对历代中国人的家庭生活作了梳理。他指出,婚姻制度在中国的建立始自周公,周公之后,婚礼才成为一个严肃而具有宗教意味的仪式。"基督教时代开始之前的12个世纪,在伟大的周代之始,一个伟大的中国立法者出现了,他编成了有关中国人

---

① Hong Beng Kaw, "Chinese Domestic Life," *The North - China Herald*, Vol. XXXII, No. 861, Jan. 2, 1884, p. 7. "纳妾制本身'也因去除了它全部的鄙俗而使其罪恶减半'",其中,"也因去除了它全部的鄙俗而使其罪恶减半"似出自英国保守主义政治家、思想家埃德蒙·柏克(Edmund Burke)的《法国革命论》。原文为:"但是骑士的时代已经过去了。继之而来的是诡辩家、经济家和计算家的时代;欧洲的光荣是永远消失了。我们永远、永远再也看不到那种对上级和对女性的慷慨的效忠、那种骄傲的驯服、那种庄严的服从、那种衷心的部曲关系——它们哪怕是在卑顺本身之中,也活生生地保持着一种崇高的自由精神。那种买不到的生命的优美、那种不计代价的保卫国家、那种对英勇的情操和英雄事业的培育,都已经消逝了。那种对原则的敏感、那种对荣誉的纯洁感——它感到任何一种玷污都是一种创伤,它激励着人们的英勇却平息了残暴;它把它所触及的一切东西都高贵化了,而且邪恶本身在它之下也由于失去了其全部的粗暴而失去了其自身的一半罪过——这一切都成为过去了。"参见〔英〕柏克《法国革命论》,何兆武等译,商务印书馆,1998,第101页。

② Hong Beng Kaw, "Chinese Domestic Life (2)," *The North - China Herald*, Vol. XXXII, No. 862, Jan. 9, 1884, p. 36.

的社会和家庭关系的法典，并使它们成为定例。……直到今天，我们中国人都将周公作为婚姻礼法的创立者。无论在此前的时代是什么情形，婚礼自此成为一个严肃而有宗教意义的仪式。"①

辜鸿铭接着介绍道，自周平王末年开始，中国进入礼崩乐坏的春秋战国时代，以致孔子嗟叹道："吾未见好德如好色者也。""正因为看到这种情况，孔子和他的弟子们才会强调家庭关系的重要性，在儒家典籍中反复指出，好的政府建立于得宜的家庭管理上。"②

辜鸿铭引用《诗经·棠棣》来描述中国人理想的家庭关系："妻子好合，如鼓琴瑟，兄弟既翕，和乐且湛。宜尔家室，乐尔妻帑。"同时，他也指出"但是，与圣人之教不符，那个时代的道德和礼俗并未改善"。③

在辜鸿铭看来，古代典籍中有关圣贤的家庭生活的记述，是了解中国人家庭关系的重要途径。他认为孔子在自己的家庭生活中并不快乐。理由有二：其一，"《礼记》——由孔子后世的弟子们编纂的有关家庭规则或礼仪细节的纲要——告诉我们，在古代简朴而健康的习俗中，男子宜在三十岁娶亲，女子宜在二十岁之后嫁人。然而，孔子自己却早在十九岁即成亲，并且后来还由于某种原因不得不送走妻子或者说和妻子离婚"；④ 其二，孔子还曾对如何对待女眷和仆从感到苦恼，抱怨"唯女子与小人难养也，近之则不逊，远之则怨"（《论语·阳货》）。

此外，辜鸿铭对于中国人的父子关系有着与众不同的观察。他根据《论语·季氏》中"又闻君子之远其子也"一句，认为孔子和他的儿子关系并不亲密。他接着引用《孟子·离娄上》中"古者易子而教之"一句，并说这也与《论语》中所反映的父子关系相合。辜鸿铭认为，直到现在，中国父子之间仍有些矜持，中国人常常用"严父"来形容父亲。尽管如此，却不能认为中国的家庭关系没有嬉闹和情感的自然增进的空间。这里，辜鸿铭对经典的理解显然有附会的嫌疑。所谓"又闻君子之远其子也"，原

---

① Hong Beng Kaw, "Chinese Domestic Life (2)," *The North-China Herald*, Vol. XXXII, No. 862, Jan. 9, 1884, p. 36.
② Hong Beng Kaw, "Chinese Domestic Life (2)," *The North-China Herald*, Vol. XXXII, No. 862, Jan. 9, 1884, p. 36.
③ Hong Beng Kaw, "Chinese Domestic Life (2)," *The North-China Herald*, Vol. XXXII, No. 862, Jan. 9, 1884, p. 36.
④ Hong Beng Kaw, "Chinese Domestic Life (2)," *The North-China Herald*, Vol. XXXII, No. 862, Jan. 9, 1884, p. 36.

意是指孔子在教学上并没有独厚其子。"古者易子而教之",则是指古人相互交换儿子教育,父子之间就不会求全责备,以致父子感情疏远了。

深谙西方文明发展历程的辜鸿铭对于春秋战国时代的礼崩乐坏有着独到的见解。他认为:"这种社会和家庭生活上道德废弛的原因——或者说结果——是那时的时代风气。事实上,在那个转折的时代,人文精神的一股很重要的力量开始作用,影响着人们无法抗拒地回归自然并观察事物的本质,这就是英国作家所称的'希腊化'。尽管它总是能创造辉煌的成就,但其副作用是产生道德的弱点和松懈。"①

辜鸿铭对于三代以后中国家庭关系遭到破坏的原因有着不同的看法。一般学者多将春秋战国时期道德沦丧、人情淡漠,归咎于以商鞅、韩非子的学说为代表的法家思想,而辜氏则认为道家思想才是人与人关系疏远、家庭离析的原因。他引用苏轼《韩非论》中的段落:"后世之学者,知申、韩之罪,而不知老聃、庄周之使然。何者?仁义之道,起于夫妇、父子、兄弟相爱之间;而礼法刑政之原,出于君臣上下相忌之际。相爱则有所不忍,相忌则有所不敢。夫不敢与不忍之心合,而后圣人之道得存乎其中。今老聃、庄周论君臣、父子之间,泛泛乎若萍浮于江湖而适相值也。"因为夫妇、父子、兄弟之情是仁义之心的来源,而老庄认为君臣、父子关系好似浮萍一样飘忽不定,使得人与人之间丧失信任与爱,而这正是君臣父子相忌的原因。他还以庄子妻亡而鼓盆而歌的故事来证明道家思想在家庭关系上的淡漠。他接着指出:"但是,当时新兴的异端邪说的两大代表人物,对于使人摆脱所有社会的和家庭的关系影响最大的,是杨子和墨子。如孟子所说,杨朱否定了人在社会生活中的道德义务,而墨子则否定了人在家庭生活中的道德义务。"② 在这里,辜鸿铭借用了《孟子·滕文公下》中对杨朱和墨子的评价:"杨氏为我,是无君也;墨氏兼爱,是无父也。"

对孟子有关家庭关系的论说,辜鸿铭十分推崇。他认为孟子最能够正确而全面地认识家庭关系的重要性,因为孟子成为亚圣,很大程度上得益

---

① Hong Beng Kaw, "Chinese Domestic Life (2)," *The North-China Herald*, Vol. XXXII, No. 862, Jan. 9, 1884, p. 36. 希腊化时代(Hellenistic period),指亚历山大大帝东征(公元前334年)至罗马征服埃及(公元前30年)这一历史时期。一般认为这一时期古希腊文明主宰东地中海、西亚和北非。亚历山大去世后,帝国分崩离析,各个国家在文化上本着亚历山大的世界政策,传播希腊文明,融合东方文明;政治上则动荡不定,危机四伏。

② Hong Beng Kaw, "Chinese Domestic Life (2)," *The North-China Herald*, Vol. XXXII, No. 862, Jan. 9, 1884, p. 36.

于其母亲早年对他的影响与教育。孟子不赞成独身,他认为男子不娶是最可恶的罪过。"不孝有三,无后为大。"此外,有着对人心的完美认识的孟子并不是那些严苛的道学家中的一员,后者高高在上地对人说教并且完全摒弃人类的激情。他写道:"有着对人心的完美认识的孟子并不是那些严苛的道学家中的一员,他们贬损并且完全摒弃人类的激情、爱情的激情。孟子说'人少,则慕父母;知好色,则慕少艾;有妻子,则慕妻子'。现在,谈到中国的家庭生活,有关子女对父母的责任谈得非常多,而对于父母对子女的责任则一概不谈。但是孟子明确地指出,当孩子到了适宜婚嫁的年龄,父母为女孩聘夫、为男孩娶妻,是一项神圣的职责。这个习俗解决了甚至在今天的中国仍非常重要的社会问题之一。而在欧洲,父母与子女之间的义务和责任,据说似乎只是偶然存在的。"①

在文章中,辜鸿铭还向读者概述了自秦代到清代,中国人的家庭生活和其中所反映的人们的道德状况。他认为,在秦代,人们社会的和家庭的道德和行为方式,恐怕并不比衰败的周室的最后几年强。持续的攻伐使那个时代的世风发生了某种有益的变化。尽管战争使人们的行为方式变得残忍,但是不断的战争使人们能够吃苦耐劳,并使当时不太可能成为一个骄奢淫逸的时代。他还认为,汉代男女之间的交往较为自由,在中国历史上只有三代早期如此。他以司马相如与卓文君为例,并引用了卓文君在得知司马相如在长安欲纳妾后,为挽回其心意而作的《白头吟》中的句子:"凄凄复凄凄,嫁娶不须啼,愿得一心人,白头不相离。"此外,辜鸿铭还从有关历朝历代的宫廷生活的正史逸闻中捕捉一时代之道德风尚。他用"脏唐臭汉"这个形容东汉和唐代皇家的俗语来概括东汉和唐代的道德水准,又认为赵宋王朝在私德方面是最为正派得体的。

对于几年前才开始系统学习中国语言和文化,而尚未真正在中国本土的乡里生活过的辜鸿铭而言,要准确地把握贴近现实的中国人的家庭生活和时代风气,无疑是有难度的。因此,他仅仅通过传统典籍和人们口耳相传的俗语来概括历朝历代的家庭生活和社会风尚,不免显得笼统而片面。同时,辜鸿铭以历朝历代皇室关系来概括中国古代家庭关系的变迁,而未注意到民间社会生活的角度,这似乎也未跳出梁启超批评传统史学时所言

---

① Hong Beng Kaw, "Chinese Domestic Life (2)," *The North-China Herald*, Vol. XXXII, No. 862, Jan. 9, 1884, p. 36.

的"知有朝廷而不知有国家"①的窠臼。

尽管如此，他仍然准确地道出了中国与西方在婚恋观念方面的差异。他认为："现在，中国婚姻不是基于一种男女之间互相爱慕的情感，它仅仅以责任感为基础。因此在中国人的婚姻中，很少有浪漫，至少在婚礼前如此。"② 这是因为，中国人的嫁娶是通过媒人牵线搭桥的方式进行的。他还指出，在读书人的家庭中男子早婚的情况并不多见，因为他们一般都寄望于在求取功名后，娶富贵人家的女子为妻。

辜鸿铭还描述了中国人的家庭结构，即父母兄弟同住一个屋檐下，父亲死后长兄为一家之主。他认为这样的大家庭有两个弊端：其一，儿子们永远无法独立，他们的父母终其一生都是他们依赖的对象；其二，这会导致兄弟、妯娌、姑嫂、婆媳的关系复杂，容易滋生矛盾。

不过，辜鸿铭也看到大家族聚居的优点："正如我所说的，由于女子往往嫁人的年龄较早，还不能接受重要而辛劳的管理家务的任务。……在大家庭中她需要学习如何成为一个贤妻和合作人，而同时她需要做的就是严格而含蓄地遵从，她还不需要去发号施令。"③ 大家庭的生活有利于毫无经验的年轻妇人学习如何治家。"渐渐地，家中的一部分事情分配给了她。她可以行使一点儿权威，但仍然处于大家长的审视之下，还得听命于人。在富贵的大家庭中，每个女儿被专门安排负责一件事。"④

（四）中国妇女的地位

由于中国存在一夫多妻制和纳妾制，西方人普遍认为，中国妇女地位低下。在《中国人的家庭生活》中，辜鸿铭则指出：早期的希腊和罗马，妇女的地位并不比现今的东方女性好多少，从男爵们享有的依附民的初夜权（*jus primae noetis*）这点看，中世纪时妇女的处境恐怕更恶劣。不同的是，"随着基督教的传入，一股巨大的精神力量开始发生作用，这股精神力

---

① 梁启超：《新史学》，《饮冰室文集点校》第3集，吴松等点校，云南教育出版社，2001，第1629页。
② Hong Beng Kaw, "Chinese Domestic Life (2)," *The North-China Herald*, Vol. XXIII, No. 862, Jan. 9, 1884, p. 36.
③ Hong Beng Kaw, "Chinese Domestic Life (2)," *The North-China Herald*, Vol. XXIII, No. 862, Jan. 9, 1884, p. 36.
④ Hong Beng Kaw, "Chinese Domestic Life (2)," *The North-China Herald*, Vol. XXIII, No. 862, Jan. 9, 1884, p. 36.

量提供了理想的女性形象,发明了骑士精神,最终欧洲各国废除了一夫多妻制和纳妾制。"①

辜鸿铭借用自己所推崇的歌德的小说《威廉·迈斯特》(*Wilhelm Meister*)②,进一步阐述这种精神的力量是如何发挥作用的:"早先,人们只崇拜那些比他们强大的人。因此在他们的关系中,他们只向那些仅仅凭借英勇和武力就使他们屈服的人低头。这是所有早期野蛮人的共同状态。当他们开始意识到与自己平等的人的权利时,他们的第二个发展阶段到来了。由此而出现只可能在武力停止掌握霸权的时候,才可能存在的民间的和社会的组织。在他们的最后发展阶段,这种精神力量不但使他们认识到在自己之上的人和与自己同等地位的人的权利,还认识到那些弱势、悲惨的人的权利。基督教——爱的宗教,将这最后一种影响带到欧洲;佛教——仁慈的宗教,将它带入中国。"③

辜鸿铭认为,无论是基督教还是佛教,都塑造了理想的女性形象。尽管佛教在中国人的精神领域的影响力,从未像基督教之于欧洲那样占据主流地位,但在晚近的中国文学和家庭生活中,它对中国人心目中的理想女性的塑造,影响不可谓不大。"正如欧洲的基督徒有他们的最高贵纯洁的女性——圣母玛利亚一样,每个中国家庭中的男孩和女孩都在很小的时候就崇拜观音,她是大慈大悲的菩萨,聆听可怜人的祈祷。在中国,几乎所有女孩的闺房中,都挂着一幅这位女菩萨的画像——我十分苦恼于找不到别的词来称呼她——以便女孩眼前始终能看到一位纯洁完美的女性。很多家庭还要教女孩每天早晨和夜晚在这幅画像前背诵佛经,以便澄净心灵。"④

---

① Hong Beng Kaw, "Chinese Domestic Life (2)," *The North-China Herald*, Vol. XXXII, No. 862, Jan. 9, 1884, p. 36.
② 小说原名《威廉·迈斯特的学习时代》(*Wilhelm Meister's Apprenticeship*),该书是歌德创作的第二部小说,正式出版于1796年。小说讲述了生于富商家庭的主人公威廉·迈斯特自幼热爱戏剧、文学,厌恶庸俗肤浅的生活。他为了逃避子承父业、成为一个中产商人的命运,随剧团四处流浪,途中遇见开明贵族,他们怀有高尚的人生追求,以社会改良为己任,威廉·迈斯特由此找到了自己的志向。与《浮士德》一样,歌德在这部小说中探讨了个人成长与人生价值的自我实现。
③ Hong Beng Kaw, "Chinese Domestic Life," *The North-China Herald*, Vol. XXXII, No. 861, Jan. 2, 1884, p. 7.
④ Hong Beng Kaw, "Chinese Domestic Life," *The North-China Herald*, Vol. XXXII, No. 861, Jan. 2, 1884, p. 7.

此外，辜鸿铭还对中国女子在家庭中的分工和责任有着不同的观察与思考："我得知，在大多数我所认识的富裕的家庭中，年轻的小姐们在家里的日常消遣便是梳妆打扮、睡觉和玩牌。只有一家的女孩识字，但据我所知，读的书也只是用白话写成的最粗俗无用的小说。其他诸如绘画和音乐的技艺则更是少见了。"① 他接着说道："事实上，我认为中国女人从没有英国女孩那样的健康的身体和肤色的原因之一，便是她实在是没有什么明智的、健康的消磨时间的方式。"② 辜鸿铭认为，中国的女人们在家中的生活过于无聊，即便是分派了一些工作，也只是装装样子而已。"仍然，为了保持家族的传统，更是为了防止年轻女人们钩心斗角，必须得给她们找点儿事做，所以她们各自接到指令。"③

不难看出，在辜鸿铭眼中，中国妇女并不是具备智识和理性的群体，她们懒惰、肤浅，整天无所事事。这一方面透露出辜鸿铭男尊女卑的思想，另一方面也反映了在"女子无才便是德"的观念之下中国妇女受教育水平低下的普遍情况。这里再次体现了回到祖国不久的辜鸿铭，与中国生活的某种隔阂。明清时期，随着社会经济生活的发展，江南地区即已出现女性较为普遍地接受良好教育的情况，甚至凭借学问和才华成为巡游的女性私塾教师、女文人的情形也并不鲜见，对于美好女性的评价也存在着从"三从四德"转向"才、德、美"的迹象。④ 出身较为优渥家庭的女性往往接受了一定程度的教育，粗通诗文、知书达礼，具有良好的教养。《浮生六记》中与丈夫讨论诗词，视"李太白是知己，白乐天是启蒙师"的芸娘即是一例。

同时，辜鸿铭也注意到年轻妇女在家庭中的弱势地位是相对而言的。尽管年轻的妇人在大家庭中必须绝对地服从大家长，"但是我们跟着这些年轻的妇人走进分给她的专属房间里。在那里她们是主人。她只需要听命

---

① Hong Beng Kaw, "Chinese Domestic Life (2)," *The North-China Herald*, Vol. XXIII, No. 862, Jan. 9, 1884, p. 36.
② Hong Beng Kaw, "Chinese Domestic Life (2)," *The North-China Herald*, Vol. XXIII, No. 862, Jan. 9, 1884, p. 36.
③ Hong Beng Kaw, "Chinese Domestic Life (2)," *The North-China Herald*, Vol. XXIII, No. 862, Jan. 9, 1884, p. 36.
④ 有关明清之际，江南地区女性在家庭内外身份形象的变化及社会对女性评判标准的改变，可参见〔美〕高彦颐《闺塾师：明末清初江南的才女文化》，李志生译，江苏人民出版社，2004。

于自己的丈夫,而事实往往是丈夫对她言听计从"。①

值得注意的是,辜鸿铭还对一些通常被认作妇女美德的品质抱有不同的看法。"孔子说'俭则固'。这一定会导致不整洁。而节俭是中国妇女的恶习之一。每个男孩、女孩,尤其是女孩,从他们小时候开始,不被教育要正直善良,或是永远讲真话,却总被教育要节俭。"② 在辜鸿铭看来,这是中国人所居住的家见不得人的原因之一。③ 他十分厌恶节俭的习惯,他说道:"尽管我是一个中国人,而且与生俱来就懂得这个规矩,我并不认为我的节俭的恶习过于严重。但是,如果我有孩子,无论男女,我都要将节俭的习惯从他们身上抽离出来。事实上,正是节俭导致了另一个孔子所说的恶习,即'虚伪',这也是西方人对中国人贬斥最多的一点。"④

以上便是辜鸿铭1884年1月在《北华捷报》上发表的《中国人的家庭生活》一文的主要内容。辜鸿铭虽浸淫于西方文化多年,却终生服膺儒家文化,坚守儒家文明故道,而这篇作于辜鸿铭早年的文章亦体现了这样的思想倾向。

这篇《中国人的家庭生活》与辜鸿铭发表于1915年的代表作《中国人的精神》中《中国妇女》一文在内容和观点上有很多相似之处。例如,在《中国人的家庭生活》中,辜鸿铭开篇写道:"有人说,科学已经向所有人指明了造成种族差异的最大的、最富有意义的那些因素,其中再没有什么比世界上各个种族的社会制度和家庭生活之间的显著差异更为鲜明的了。'谁会相信,'一位英国作家说,'谁会相信,当他真正地考虑这个问题的时候,就要说到女性特质和理想的女性以及我们与她们的关系了,创造了缪斯、骑士精神和圣母玛利亚的精致、聪颖的印欧种族的天才们,将会在这样一个民族的制度中找到具有权威性的说法,这个民族的最睿智的

---

① Hong Beng Kaw, "Chinese Domestic Life (2)," *The North-China Herald*, Vol. XXXII, No. 862, Jan. 9, 1884, p. 36.

② Hong Beng Kaw, "Chinese Domestic Life (2)," *The North-China Herald*, Vol. XXXII, No. 862, Jan. 9, 1884, p. 36. 这里,辜鸿铭所用典故为《论语·述而》:"奢则不孙,俭则固,与其不孙也,宁固。"这句话的意思是,奢侈了就会越礼,节俭了就会显得寒酸。与其越礼,宁可让人感到寒酸。不难看出,辜鸿铭的理解似乎有失偏颇。

③ 辜鸿铭认为另一个原因是家中仆人太多了。

④ Hong Beng Kaw, "Chinese Domestic Life (2)," *The North-China Herald*, Vol. XXXII, No. 862, Jan. 9, 1884, p. 36.

国王有七百个妻子和三百个姬妾?'"① 这句话与《中国妇女》一文中的第一个段落几乎完全一致,不同的是后者点明这位英国作家就是辜氏常常引用其作品的马太·阿诺德。② 此外,从观点上看,《中国妇女》一文中有关理想的中国妇女的形象以及中国夫妻的情感及纳妾等问题的论述,与《中国人的家庭生活》也有很多相通之处。

不同的是,《中国人的家庭生活》中除为中国的纳妾和一夫多妻制辩护外,还着重向西方读者介绍中国家庭制度的起源及变迁,以及中国家庭成员间的关系;《中国妇女》则在"三从四德"、婚礼习俗等方面着墨更多。此外,在《中国人的家庭生活》中,辜鸿铭较多地描摹了中国妇女懒惰、愚昧、钩心斗角、过于节俭等劣习,在《中国妇女》中,他对中国女性的评价则要正面得多。他认为,"真正的中国人"之"温良"性质,在"真正的中国妇女"或"理想妇女"身上得到更为完满、充分的体现。③ 换句话说,辜鸿铭将"理想的妇女"视为中国文明"温良"特质的化身。可以说,辜鸿铭在《中国人的家庭生活》和《中国妇女》中对于中国女性的书写,恰恰构成他对中国妇女认知和评价的正反两面。将《中国人的家庭生活》和《中国妇女》合而观之,我们对辜鸿铭关于中国传统家庭伦理及中国女性的认知会有一个较为全面的了解。

二 《评翟理斯编译〈古文选珍〉》

1884 年 6 月 6 日,辜鸿铭在《北华捷报》上发表了一篇关于英国汉学家翟理斯《古文选珍》一书的书评。从辜鸿铭对翟理斯《古文选珍》一书的评价中,可以看出辜鸿铭对中国文学的褒扬与对西方汉学研究的不满。

1883 年,翟理斯(Herbert Allen Giles, 1845 – 1935)④ 自费印刷了一

---

① Hong Beng Kaw, "Chinese Domestic Life," *The North - China Herald*, Vol. XXXIII, No. 861, Jan. 2, 1884, p. 7.
② 《中国人的精神》,《辜鸿铭文集》(下),第 70 页。
③ 黄兴涛:《文化怪杰辜鸿铭》,第 184 页。
④ 翟理斯,英国领事、汉学家。1867 年来华,为使馆翻译学生,历任中国各英领事馆翻译、副领事、领事。1897 年任剑桥大学汉文教授,1932 年退休。著有《中国概要》(*Chinese Skecthes*, 1876)、《历史上的中国及其他概述》(*Historic China, and Other Skecthes*, 1882),编有《汉语无师自通》(*Chinese without a Teacher*, 1872)、《华英字典》(*A Chinese - English Dictionary*, 1892)、《古今姓氏族谱》(*A Chinese Biographical Dictionary*, 1898),译有《论语》《庄子》等。

本《古文选珍》（*Gems of Chinese Literature*）。在这本书中，翟理斯翻译了不同时期中国著名散文家的散文片段，以期让西方读者领略中国古代文学。所有内容均为首次翻译。1923年，《古文选珍》第二版在修订、增补第一版的《古文选珍》和《古今诗选》的基础上出版，新版的《古文选珍》分为两卷：散文卷和诗歌卷。①

在这篇书评中，辜鸿铭并没有立刻对翟理斯的编译工作作出评价，而是指出当时对中国文学的认知和评价所存在的问题。"中国文学至今仍被认为是一个未知的、待发掘的世界。如同月亮的表面一样，它可能全是火山熔岩燃烧后剩下的枯燥无味的（dreary）残渣，抑或，如同诗人们所说，一个无法想象的充满声与光的神话般的世界。然而，中国文学的水平是被所有对这个问题略有所知的人都认可的。但是那些称赞中国文学价值的人所给出的赞扬是徒劳的，他们所欣赏的并不真的是文学内在的优点。另一方面，对于所有中国的东西的随意嘲弄和讥笑也丝毫不能影响这个民族的文学。"他接着说道："现在，不论对于中国文学的价值最终所形成的意见是什么，中国人是一个从很早的古代开始，就拥有博大精深的文学、高度重视读书的民族。"②

辜鸿铭指出，翻译中国文学是有很大难度的。"我们说，比起用欧洲任何一门语言创作，汉语的创作是一个复杂得多的过程。另一方面，不辞辛苦地将外国文学翻译成汉语的人们很少顾及，也的确很少理解修辞意义上的写作艺术，事实上这使得中国本土的学者们相信，在欧洲的语言中没有区别于常用的口头的、既书面又富有诗意的写作风格。"③

概括而言，辜鸿铭对翟理斯的翻译水平是持肯定意见的。他认为，翟理斯在《古文选珍》中的翻译，能够使不了解中国文学的读者领略到它的风采。他说道："我们能给予翟理斯先生的最高评价是，任何通读此书的人都会真正地体会到中国高雅文学的韵味。我们敢说，中国高雅文学的内在精神，而不仅是没有意义的词汇，第一次以英文的形式出

---

① 王绍祥：《西方汉学界的"公敌"——英国汉学家翟理斯（1845~1935）研究》，博士学位论文，福建师范大学，2004，第225~227页。
② Hong Beng Kaw, "Gems of Chinese Literature," *The North-China Herald*, Vol. XXXII, No. 883, Jun. 6, 1884, p. 642.
③ Hong Beng Kaw, "Gems of Chinese Literature," *The North-China Herald*, Vol. XXXII, No. 883, Jun. 6, 1884, p. 642.

现。前面我们曾说,在我们看来,外国学者中只有翟理斯能将古典的汉语翻译成地道的英语。我们再怎么强调他对文学的直觉——我们可以这么说——都不为过。"①

然而,辜鸿铭对翟理斯的翻译水平亦有批评。他用有些调侃的语气指出翟理斯翻译不准确的问题:"的确,翟理斯先生的文学感受力或者说是本能是如此恰到好处,以至于就算是他明显误解了中文意思的地方,他也能使整个段落读起来意义连贯清晰。"②他指出《古文选珍》中的两处翻译,翟理斯对原文的理解有误。但他同时指出,尽管翟理斯的译文不尽正确,但它表达的意思甚至比原文更为清晰。辜鸿铭认为,这是翟理斯汉文英译时的一个技巧。"事实是,翟理斯先生掌握了一个翻译中的小秘密,这是评论家们所不知道的。事实上,翟理斯先生懂得,词语只是自然的事物和形象的标志而已,而它们又只是精神和思想状态的符号。"尽管上文指出翟理斯的翻译有违背原文之处,但辜鸿铭似乎并未对此作更多的批评,而是笔锋一转,对翟理斯的翻译技巧加以肯定。"因此,一个像翟理斯先生这样具有真正的文学直觉的译者,明白他的唯一目的是将他所翻译的原文带给他自己的感觉传达给他的读者;如果达到这一点,使用什么标志或符号,仅仅是词语还是自然的事实或图像,都不那么重要了。事实上,这正是翟理斯翻译的成功之处。"③

辜鸿铭对于翟理斯在《古文选珍》中对翻译篇目的选择较为认可。"总之,翟理斯先生对他所翻译的篇章的拣选均是值得赞赏的。在整本书中,每一个篇目都有其价值,不同的只是程度的高低。不过,若是翟理斯先生翻译了以下两个著名的篇目就更好了,它们显示了中国文学伦理(Chinese literary ethics)的精确性与严谨性:一篇的作者是东汉的扬雄,另一篇则是韩文公所作,两篇文章都是关于文人学士的目标、追求及训练的。当然,作为第一次这样的尝试,有所遗漏是意料之中的。"至于翟理斯译文的文字表达,辜鸿铭则认为,"翟理斯先生在全书中所用的语言媲

---

① Hong Beng Kaw, "Gems of Chinese Literature," *The North-China Herald*, Vol. XXIII, No. 883, Jun. 6, 1884, p. 642.
② Hong Beng Kaw, "Gems of Chinese Literature," *The North-China Herald*, Vol. XXIII, No. 883, Jun. 6, 1884, p. 642.
③ Hong Beng Kaw, "Gems of Chinese Literature," *The North-China Herald*, Vol. XXIII, No. 883, Jun. 6, 1884, p. 642.

美英文散文中所能达到的最高尚的程度。事实上,有些地方文风一致地过于华丽,以致没有了原文的简洁与直接。"①

可以说,辜鸿铭对于翟理斯编译的《古文选珍》基本是持肯定态度的。"最后,我们想说的是,翟理斯先生的这部作品不仅能带给英语读者们有关中国人所从事的文学艺术的清晰的认识,还能在很大程度上消除欧洲人认为中国人是一个没有思想的民族的偏见。"② 如果说,17世纪的欧洲还沉浸在对于中国的玫瑰色想象之中,那么18、19世纪以来,西方视野中的中国形象随着中国国势的衰落而逐渐走低。中国是一个停滞的、落后的国家,而中国人是愚昧的、懒惰的,这样的说法层出不穷。因此,辜鸿铭认为翟理斯编译的《古文选珍》有利于西方人认识真正的中国。

有这样的看法的并非辜鸿铭一个人,《新中国评论》(The New China Review)上的一篇书评中这样说道:"翟理斯的作品从来不会让人感到乏味;我们承认,我们喜欢阅读他的《华英字典》,我们可以爱不释手地读上半个小时。但是我们可以从《古文选珍》中获得的乐趣远远超过了翟理斯教授的其他作品。他可以让困顿的商人、疲惫的学生在忙碌一天之后,重新容光焕发,更重要的是,它消除我们对中国的错误看法。我们曾经以为中国仅仅是一个商人的国度,是一个没有宗教、没有艺术的国度,但我们错了。"③

不过,辜鸿铭撰写此文,目的不仅是评论翟理斯的《古文选珍》,更是借此批评西方汉学家对中国的偏见。"对于那些将贬低任何中国的东西作为自己的研究的人,我们反对的不是他们所谓的这个民族的许多实在的行为是应该受谴责和指摘的。我们倾向于抗议的是,他们或直接或间接表达出来的有关中国人从来没有真、善、美的断言。"对此,辜鸿铭愤愤不平:"简言之,中国也许在机械运用上有许多要向外国人学习的地方,但是在诚实与公正或者所有关于人文精神的意识和情感的问题上,需要外国

---

① Hong Beng Kaw, "Gems of Chinese Literature," *The North - China Herald*, Vol. XXXII, No. 883, Jun. 6, 1884, p. 642. 扬雄,应为西汉人,辜鸿铭误作东汉。韩文公,即韩愈。
② Hong Beng Kaw, "Gems of Chinese Literature," *The North - China Herald*, Vol. XXXII, No. 883, Jun. 6, 1884, p. 642.
③ 转引自王绍祥《西方汉学界的"公敌"——英国汉学家翟理斯(1845~1935)研究》,博士学位论文,福建师范大学,2004,第228页。

传教士教的东西则是少之甚少。"①

翟理斯是辜鸿铭批评最多与最激烈的人。一个原因是他没有把中国文学作为一个有机整体来理解,另一个原因则是他故意做出对中国了如指掌、知识十分渊博的样子。② 而有研究则揭示出了辜鸿铭与翟理斯之间非同寻常的、持久的友谊。时任福州附近的罗星塔（The Pagoda Island）副领事的翟理斯是辜鸿铭返回中国之后结交的第一个朋友。这段友谊因两人对慈禧太后的评价不一而中断了16年之久。③ 从辜鸿铭对翟理斯所编译的《古文选珍》的书评来看,此时的辜鸿铭对翟理斯汉学研究水平的评价并不算低。

如果说《中国学》一文是中国人对于西方汉学研究所做的第一次正面回应,那么这篇对于翟理斯《古文选珍》的书评则是专门针对某位汉学家的学问所做的点评。从这些篇章中能够明显地体会到辜鸿铭作为一个中国人维护"自家文化"的自觉。

---

① Hong Beng Kaw, "Gems of Chinese Literature," *The North-China Herald*, Vol. XXXII, No. 883, Jun. 6, 1884, p. 642.
② 黄兴涛:《文化怪杰辜鸿铭》,第54~55页。
③ 〔澳〕骆惠敏:《辜鸿铭:回家之路》(*Ku Hung Ming: Homecoming*)第二部分,转引自王绍祥《西方汉学界的"公敌"——英国汉学家翟理斯（1845~1935）研究》,博士学位论文,福建师范大学,2004,第3页。

第二章 辩护与正名

——晚清时期国人的英文撰述

一国之国民、一个民族之成员使用异国的、非本民族的语言或文字，是以国家或民族之间的接触与交往为前提的。中国人英文写作是近代以来东西方文明接触与碰撞的产物。作为一种历史文化现象的中国人英文书写，是在晚清西力东渐的背景下集中出现的，与鸦片战争以来中国与西方之间的政治格局有着密不可分的关系。在西方列强对中国的侵略与掠夺不断加剧的背景之下，国家被动挨打的地位是摆在尝试用英语表达观点的中国人面前不可避免的问题。在中国特定的语境中，一个来自异域的英文作者往往自然而然地被目为其民族与国家的代言人。正因为如此，晚清时期中国人的英文书写成为中国人维护祖国形象、捍卫民族利益的一块阵地。尽管早期的英文撰述者身份背景不同、立场各异，但是对于民族的认同却是相通的。

鸦片战争之后，西方列强凭借强大的国力大举侵入中国，在一轮轮的侵略战争与求和谈判之下，没有丝毫准备的中国完全落入任人宰割的境地。列强不仅攫取了大量政治经济特权，还在文化上丑化与贬低中国，为其侵略行径寻找借口。同时，由于19世纪后半期远赴欧美等国的华人劳工数量增加、经济实力增强，加上西方人固有的种族主义意识作祟，美国、澳大利亚等地形成大规模的排华运动。1900年以后，西方舆论对义和团运动大加渲染，建立在极端欧洲中心主义和种族歧视基础上的"黄祸论"在世界范围内迅速蔓延。在排华浪潮和"黄祸论"的双重作用之下，通俗小说家塑造出的傅满楚这个恶魔形象，则成为西方文学里中国人形象的典型之一。[1] 在晚

---

[1] 傅满楚（Fu Manchu）是英国通俗小说作家萨克斯·罗默（Sax Rohmer）塑造的狡诈的恶魔式中国人的典型，他创作的傅满楚系列小说在欧美世界妇孺皆知。根据葛桂录的研究，罗默将东方所有"邪恶"的智慧集中在傅满楚这个形象上，同时又给他塑造了一副中西合璧的狰狞面孔。这种既带有欧洲本土特征，又具有异国情调的形象，是"黄祸"观念具体化的表现，迎合了19世纪末和20世纪最初20年西方盛行的排华之风。参见葛桂录《他者的眼光：中英文学关系论稿》，宁夏人民教育出版社，2003，第65页。

清国势陵夷的背景下，落后挨打的局面一时无法扭转，早期的英文撰述者将主要的写作精力放在辩驳那些关于中国的歪曲说法上，他们试图使西方了解一个真实的中国，努力为中国的利益与尊严辩护。

第一节 为祖国发声：早期中国人的英文著述

一般来说，不同文明从相互隔绝到出现实质性的接触，再到在思想文化层面发生交流与碰撞，是需要一定的时间的。对于处于被动地位的文明而言，需要经历语言的学习、文化的译介、思想观念的沟通等复杂过程，才能在文化层面上对外来文明的冲击作出自己的回应。因而，尽管 19 世纪前半期西方列强的经济、政治势力已经进入中国，基督教传教士在传教过程中亦将西方知识带给中国人，但是中国人利用英文这个交流媒介回应西方的介入，却是在鸦片战争几十年后才集中出现在人们视野中的。

一 几种代表性文本

除本书第一章中考察的刊载在《北华捷报》上的文章外，晚清时期中国人发表的具有代表性的英文著述还有以下几种。

（一） 曾纪泽：《中国先睡后醒论》

如果说辜鸿铭的《中国学》代表了最早站出来维护中国文化的英文写作，那么曾纪泽的《中国先睡后醒论》（China: the Sleep and the Awakening）则是最早的维护中国政治利益的英文书写。光绪十二年（1886）秋，曾纪泽在交卸使英、使俄任务之后，游历欧洲即将回国之前，专门撰写了一篇分析中外关系现状与前景的英文文章，作为对英、法、德等国政府的告别。这便是 1887 年 1 月在伦敦《亚洲季刊》（Asiatic Quarterly Review）上发表的《中国先睡后醒论》。文章面世后，引起西方世界相当大的兴趣。《曼彻斯特卫报》（The Manchester Guardian）发表社论指出："最新一期的《亚洲季刊》上曾侯的文章，虽然没有公开表明是一份官方文件，但事实上即是如此，并且备受关注。"[①]《北华捷报》也于 1887 年 2 月 16 日转载

---

① "Editorial Article," The Manchester Guardian, Dec. 30, 1886, p. 5.

了这篇文章。① 同年4月,《教务杂志》(*The Chinese Recorder and Missionary Journal*) 也予以转载,并特地说明,重刊该文是为了方便读者收藏该文。这篇文章在当时的受重视程度由此可见一斑。② 从前人研究可知,这篇文章经世界范围内的若干英文报刊多次转载,在当时的西方世界广为流传。不论对曾纪泽文中观点接受与否,关注对华政策的各国政要都不能忽视这篇文章的存在。③ 这篇文章的内容及其特定的历史价值,将在下一节作进一步分析。

(二) 李恩富:《我在中国的童年故事》

李恩富的自传《我在中国的童年故事》被认为是华人乃至整个亚裔族群在美国公开出版的第一部英文著作。④ 这本书1887年由波士顿的D.洛斯罗普(D. Lothrop)出版社出版。李恩富是第二批留美幼童之一,1861年生于广东香山,1873年6月赴美求学。他先是进入马萨诸塞州斯普林菲尔德和纽黑文的私立语言学校,1880年以优异的成绩考入耶鲁大学。1881年清廷撤回留美幼童,李恩富也不得不回到中国,进入海军学校。1884年在传教士帮助下,李恩富再度到美国,在耶鲁大学继续学业,1887年毕业取得法学学士学位。⑤

作为19世纪末美国社会中极少数受过高等教育的中国人,李恩富敢于在美国民众中间表达自己的主张,维护中国人的利益。1887年他在耶鲁大学的毕业典礼上致辞时,就曾适时地发表题为《中国问题的另一面》

---

① Marquis Tseng, "China: The Sleep and the Awaknening," *The North - China Herald*, Vol. XXXVIII, No. 1021, Feb. 16, 1887, p. 181.
② Marquis Tseng, "China, the Sleep and the Awakening," *The Chinese Recorder and Missionary Journal*, Vol. 18, No. 4, Apr., 1887. 这段说明出现在文章第一页的编者注中。
③ 李恩涵的研究对于《中国先睡后醒论》发表后的各方反应进行了较为全面的考察。参见李恩涵《外交家曾纪泽(1839~1890)》,东方出版社,2014,第273~281页;〔澳〕费约翰《唤醒中国:国民革命中的政治、文化与阶级》,李恭忠、李里峰等译,三联书店,2004,中文版"序"。
④ Xiao - huang Yin, *Chinese American Literature since the 1850s*, p. 61;钱钢、胡劲草:《留美幼童:中国最早的官派留学生》,文化出版社,2004,第241页。
⑤ 参见易舟舟《若为信念故,一切皆可抛——留美幼童李恩富及其新闻名作〈中国人必须留下〉初探》,《国际新闻界》2005年第1期。该文对李恩富在美国求学、工作以及生活的经历作了较为详尽的介绍。值得注意的是,作者指出,李恩富早在1880年就撰写了介绍中国私塾教育的文章,至迟于1884年在一份名为《清醒》(*Wild Awake*)的杂志上发表了一组题为《我在中国的童年故事》的文章,认为李恩富的书应该就是在这组共计12篇的文章的基础上整理出来的。

的演讲。① 他撰写的文章《中国人必须留下》（The Chinese Must Stay）批评1882年《排华法案》，该文1889年4月发表于《北美评论》（*The North A-merican Review*）。这个题目便是对19世纪末的排华浪潮中那些高叫着"中国佬必须滚回去"（the Chinese must go）的美国人的直接回应。他首先强调排华有违美国自由平等的社会理念，然后分析了中国人与美国人的纠纷产生的原因，而后驳斥了在美国社会中流行的各种排挤、丑化中国人的说辞。②

不过，李恩富并不总是以一种激烈而坚决的中国人权益辩护士的姿态出现。在《我在中国的童年故事》中，他以平和的笔触回顾了赴美之前在中国的经历，甚至带有一种游子怀乡的情怀。在书中，他以自己幼时的所见所闻作为主线，将传统中国家庭生活、社会风俗娓娓向读者道来。他对很多中国日常生活的细节作了详细的描述，其中一些描述即使今天读来也别有生趣。譬如，他回忆自己儿时的游戏时，认为美国的风筝制作工艺应该像中国学习，还煞有介事地画出风筝的图样，解说其构造原理。尹晓煌分析了李恩富的写作风格，认为在《我在中国的童年故事》中，李氏的语言颇为幽默、生动，叙述的基调也十分"西方"。他指出，这种文风鲜明地体现了西方文化对作者的深刻影响。③

此外，李恩富还介绍了一些中西方观念的差异。撰写此书时已在美国生活了十余年的李恩富，深知自己呈现的中国社会生活形态与西方人头脑中固有的中国观念有很大差别。"我不断地发现，在美国，人们对中国的风俗、礼节与制度仍然存在着错误的认识。……比起男性来说，关于中国人中的'女性'更是有许多不实的说法，因为人们了解得太少了。"④ 例如，李恩富注意到，西方常常将中国的年轻女子描述为整日枯坐于闺房中以泪洗面。他指出，"诚然，她们没有像被宠溺的美国女孩那样享有过度的自由。她们拥有我们认为得体的自由。她们可以探亲访友，去看戏，去赏风景，去看赛龙舟，参加很多有乐趣的社交活动。"唯一的限制便是不得随意与青年男子往来，"你可能认为她们的存在很可悲。她们却觉得美

---

① 这则信息来源于纽约的美国华人博物馆（Museum of Chinese in America）展出的关于名人历史的内容，有待证实。
② 易舟舟：《若为信念故，一切皆可抛——留美幼童李恩富及其新闻名作〈中国人必须留下〉初探》，《国际新闻界》2005年第1期。
③ Xiao-huang Yin, *Chinese American Literature since the 1850s*, p. 58.
④ Lee, Yan Phou, *When I Was a Boy in China*, Boston: D. Lothrop Company, 1887, p. 41.

国女孩的生活方式有失体统"。① 不难看出，也许是由于认知的局限性，抑或是出于对于本国传统的回护心理，李恩富在书中似乎自觉或不自觉地为中国传统社会的价值观作了辩护。

尹晓煌认为，尽管李恩富的这本自传对中国文化的呈现存在局限与刻意粉饰的成分，但是他颠覆了以往西方作品中对中国人的丑化描写，而他富有幽默感的叙述和内容丰富的议论受到了西方读者的欢迎，以致许多主流的出版社在此后出版了多部亚裔作者的自传式作品。② 其中，较为今人所熟知的，当数容闳撰写的英文自传《西学东渐记》，该书于1909年在纽约出版。李恩富作为第二批留美幼童之一，当算作作为留美学生监督的容闳的学生辈。李恩富和容闳的这两本英文自传，无疑是今人了解留美幼童这段历史的重要材料。《我在中国的童年故事》的出版为李恩富带来了名声，他娶了一位美国太太，但是由于他对美国反华情绪的强烈批评无法被美国人接受，妻子与他离婚。李恩富后来在美国从事各种临时性的工作，一度经营一个家禽市场。③

需要说明的是，中国最早用西方文字写作并在海外产生巨大反响的作家，并不是上述英文撰述者，而是用法文写作的晚清才子陈季同（1851～1907）。陈季同早年肄业于福建船政学堂，1875年随洋员日意格游历欧洲，后历任德、法、比、奥等国参赞，在欧洲生活十余年之久。早在1884年陈季同就出版了法文著作《中国人自画像》，仅在同一年中就再版5次以上，次年即被译为英文在伦敦等地出版，后来在美国也引起一定反响。④ 陈季同的法文著述及汉译法文著作颇丰，19世纪80年代他在法国出版了一系列介绍中国的作品，如《中国戏剧》（1886）、《中国故事》（1889）、《中国人的快乐》（1890）。陈季同冲破语言障碍在法国出版自己的著作，可谓开创了中国人主动向西方介绍中国文化的先河。晚清时期辜鸿铭等人用英文撰述向西方介绍中国，或多或少应当都受到陈季同宣传中国文化的自觉意识的鼓舞与影响。

（三）最早的中国人自办中英双语报纸

1876年，热心洋务的上海道台冯焌光出面创办《新报》，有意识地将

---

① Lee, Yan Phou, *When I Was a Boy in China*, p. 49.
② Xiao-huang Yin, *Chinese American Literature since the 1850s*, p. 61.
③ 〔美〕利尔·莱博维茨、马修·米勒：《幸运儿》，李志毓译，商务印书馆，2013，第281页。
④ 黄兴涛：《近代中西文化交流史上不应被遗忘的人物——陈季同其人其书》，《中国文化研究》2000年夏之卷。

报纸用作宣传工具。梁元生将这份报纸视为中国政府发行的第一份有近代风格的报纸。① 笔者认为，《新报》更具历史价值之处在于，它当是第一份由中国人创办的兼具中英文两种语言的报纸。

冯焌光（1830～1878），字辉祖，亦作竹儒，广东南海人。咸丰三年（1853）举人，以会试留京师。因其父冯玉衡遭人诬告下狱，冯焌光至刑部号哭呼冤，未果。此后，冯氏"乃发愤为经济之学，详究中外地理、算学、制炮之法"。② 咸丰九年，经举荐入曾国藩幕府学习军务。咸丰十年被曾国藩派往广东购买洋炮，捐内阁中书，积功保举为海防同知。同治元年（1862）9月，冯焌光接信得知其父冯玉衡在伊犁戍所病故，遂赴新疆奔丧，行至古城子（今新疆奇台）时由于回乱遇阻，痛哭而返。冯焌光南返后至上海，李鸿章派其会办铁厂（即江南制造总局的前身），自此主持江南制造总局达十年之久。③ 同治十三年任上海道，加二品顶戴。光绪三年（1877）冯焌光赴西北迎接其父灵柩，沿途辛劳悲戚，南返至江苏龙江关病笃，光绪四年卒于上海，终年49岁。

冯焌光先后入曾国藩、李鸿章幕府，④ 随二人兴办洋务，对于经世之学及西学，特别是军事及工业方面的知识颇为留心。在任江南制造局会办期间，还曾延揽傅兰雅（John Fryer, 1839－1928）等西人入江南制造局翻译馆。⑤ 1870年4月3日，作为江南制造总局总办的冯焌光与会办郑藻如等请示开馆办学，并附呈《拟开办学馆事章程十六条》，其中提出"录新报以知情伪"。1873年4月，江南制造总局编译辑录西报的事业正式开始。1875年1月，在已出任上海道台的冯焌光的支持下，《西国近事汇编》正式定期出版。该报内容取自各种西文报纸，每日或数日择要译出，印送官绅阅读，并刊印成册出版发行。⑥

冯焌光创办《新报》的一个重要动因，源自中英有关吴淞铁路的交涉。起先，英国驻上海领事麦华佗（Sir Walter Henry Medhurst, 1823－

---

① 梁元生：《上海道台研究——转变社会中之联系人物，1843～1890》，陈同译，上海古籍出版社，2003，第92页。
② 《皇清诰授资政大夫二品顶戴江苏苏松太兵备道冯君神道碑》，谭棣华等编《广东碑刻集》，广东高等教育出版社，2001，第29页。
③ 参见贾熟村《冯焌光和江南制造局》，《学术研究》2000年第8期。
④ 欧阳跃峰：《李鸿章幕府的形成及其主要特色》，《安徽史学》2011年第5期。
⑤ 张美平：《傅兰雅入职江南制造局翻译馆的动因分析》，《中国科技翻译》2017年第4期。
⑥ 马光仁主编《上海新闻史（1850～1949）》（修订版），第71～73页。

1885）代表英商出面，假借修筑马路的名义，向上海地方政府购买上海、吴淞间的地皮。其后，英方又冒称"供车辆之用"，将修筑铁路的器材免税运进上海。1875年底，英商开始在所购地皮上铺筑轨道，1876年吴淞铁路正式通车。英方这种无视中国主权、蓄意欺瞒上海地方政府的做法，招致中方不满，冯焌光作为上海道台出面与英方交涉。① 交涉过程中，包括《申报》在内的上海由外商出资兴办的报刊，无一不为英商说话。冯焌光因而受到刺激，决议筹办一份为官方发声的报纸。该报假托各省商帮，实则经费来自上海道库。②

1896年11月23日，《新报》第1号出刊。报馆开设于上海法租界巡捕房后宁兴街（Rue Wei - Kwei，今宁海东路），每日早晨出刊，星期日休刊。冯焌光创办该报具有鲜明的代表地方官方面对在沪西人进行宣传的意图，因此该报一度以中英两种文字刊登新闻。这份报纸既报道中外新闻，又载有上海本埠的商业信息，论说则以鼓吹洋务思想为主。

在第一页的《本馆告白》中，该报编者指出随着商贸日繁，报纸的信息传播作用日益凸显，"或时事，或异闻，皆为仕商之切要，而经营之所不可少也"。因此，各通商口岸纷纷有开设报馆之议，但有的报纸充斥着攻讦议论，新闻价值不高。该报自称"本馆衹于京省各报则求速而且详，于西字诸报则求译而无误，时事则查访的实，货价则探听确真，凡诸闾阎琐闻，无不随时逐一备登，令阅者不出户庭披览明如指掌。并于报中时事，每日译成西国文字数则，系于华文之后，既以便西士之省览，亦以便我中国博学多识之士，日渐观摩，以期中外一家，同轨同文之盛"。③ 可见，《新报》不仅致力于在转载官方消息和转译西文报纸时做到周详及时，还试图在揭载时事新闻时确保准确性。更为重要的是，该报还将报纸上的时事新闻择要翻译为英语，在方便西方人士阅读的同时，也便利了中国读书人学习英文。这表明《新报》的创办者借助该报沟通中西的意图。

当时国人称这份报纸为"官场新报"，而上海的外侨则称之为"道台

---

① 马长林、周利敏：《吴淞铁路的拆除及其影响》，《档案与史学》2002年第3期。
② 马光仁主编《上海新闻史（1850~1949）》（修订版），第79~80页。
③ 《本馆告白》，《新报》1876年11月23日，第1页。在同页中亦有一篇《特别说明》（Particulars），内容与《本馆告白》大致相同。其中，有关刊载英文内容这一点，原文为"The articles (of special interest) will also be translated into English, in order that foreigner may be able to read them and well educated Chinese see for themselves the similarity between the two languages"。

的嘴巴"。① 但是,《新报》这种以中英文双语刊载新闻的形式并未持续很长时间。光绪二年十二月,两江总督沈葆桢、江苏巡抚吴元炳会奏"苏松太道冯焌光因伊父冯玉衡病故伊犁戍所,禀请开缺前往迎柩",上谕"冯焌光着加恩免其开缺,赏假一年"。② 冯焌光因迎接亡父灵柩辞任上海道台后,《新报》很快便停止登载英文内容,1882年受到《申报》发生的《论院试提复》事件③的影响,新任上海道台邵友濂将《新报》停刊。④

二 早期英文撰述者的共同经历

在早期中国人英文写作中一个值得注意的现象是,撰写英文著作的人大多有在英国殖民统治下成长或生活的经历。尽管清中叶以来现代英语已经在中国有所传播,但是在鸦片战争后的几十年中,英语在中国的传习范围仍然较为有限。⑤ 因而,晚清时期,能够熟练地用英文写作的中国人可以说是凤毛麟角。早期许多英文撰述者都是生长于海外的华人,他们自幼即在西人开办的学校中接受教育,继而又远赴欧洲求学,英语几成他们的"母语"。出生于马来西亚槟榔屿华侨家庭的辜鸿铭即是其中的典型,此外,比辜氏小十余岁的新加坡华人林文庆亦属此类。辜林二人都属于海峡

---

① 王敏:《上海报人社会生活(1872~1949)》,上海辞书出版社,2008,第111页。
② 《大清德宗景皇帝实录》卷45,光绪二年十二月下,第22页。
③ 光绪七年十二月,江苏学政黄某考试文童,未按惯例在正场出图之后即进行复试,而是在正场之后先行悬牌提复,于正额外溢取若干名,俟提复之后,再行出图。《申报》著论讥之。黄某阅报后大怒,特发告示,令会审公廨张贴至《申报》馆前,要求读者禁阅《申报》。《申报》将此告示原文照登,黄某遂通过御史陈启泰上奏朝廷,称《申报》"捏造事端,眩惑视听,蔑视纪纲"。参见戈公振《中国报学史》,第97页。
④ 马光仁主编《上海新闻史(1850~1949)》(修订版),第81页。
⑤ 大体说来,早期英语在华传播的历史与清代中外贸易往来密切相关,最早接触到英语的主要是与洋商打交道的中国商人。在外国人与中国人的实际交往过程中,还逐渐形成了变种英语。18世纪初到19世纪中叶,在广州口岸的中西交往过程中,形成了糅合汉语、广州方言和澳门葡语的"广州英语"。而后,随着中国海上贸易的中心由广州转移至上海,19世纪60年代以后又逐渐发展为受到沪语影响的洋泾浜英语。参见吴义雄《"广州英语"与19世纪中叶以前的中西交往》,《近代史研究》2001年第3期;邱志红《洋泾浜英语小述》,《清史研究》2005年第5期。此外,我们应当注意到,早在清代中叶,统治者即对英语产生了兴趣,并出现了英语在华传播史上具有典型意义的字典编纂活动。黄兴涛发掘了现今藏于故宫的《暎咭唎国译语》的历史价值,对它的编纂背景、内容特点、编纂者进行了研究,指出它是乾隆统治时期清王朝编纂的最早一部中英词汇对译文典,为研究广东英语以及清皇室对于英语与西洋的认知提供了新的视角。参见黄兴涛《〈暎咭唎国译语〉的编撰与"西洋馆"问题》,《江海学刊》2010年第1期。

土生华人（Straits – born Chinese）①，并且二人都曾在英国爱丁堡大学求学。伍廷芳的少年与青年时代亦主要在殖民统治下度过，1842年他出生于新加坡，4岁时随父返回广州，1856年进入香港圣保罗书院。其后，除赴英攻读法律的几年外，伍廷芳几乎都在香港生活，直至1882年受聘于李鸿章幕府后离港北上。

19世纪下半叶，英国为了巩固统治地位推行"归化政策"，具有良好的英语水平与一定职业技能的华人知识分子是其刻意笼络的对象，在教育机会和政治权利上得到优待。1880年24岁的辜鸿铭被派往新加坡海峡殖民地政府任职。② 作为第一个获得英国大律师资格的中国人，伍廷芳也在1878年被委派为香港的第一个华籍太平绅士，1880年又成为香港立法局的第一位华籍非官守议员。③ 林文庆习医回新后是海峡殖民地总督府的常客，1895年，年仅26岁的林文庆被推选为"海峡殖民地立法议会"的华裔议员，并数度连任。④

然而，毕竟身居华洋杂处、西人主宰的社会之中，较之处于清政府统治下的士大夫阶层，这些华人知识分子更能直接地体会到本民族面临的危机。在英国殖民统治下界限严格的社会格局之中，辜鸿铭、林文庆们对华人低人一等的社会地位十分敏感。他们可以说是民族意识最先觉醒的群体，而强烈的身份认同感使其成为华人社群权益的守护者。伍廷芳作为第一个接近港英统治上层机构的中国人，在维护华人利益、改善华人处境、改善社会条件等方面发挥了积极的作用。林文庆是海峡殖民地中享有较高地位与声望的华人知识分子。在任职议员的15年间，林文庆为维护当地华人的利益做了诸多努力。尽管殖民地政府或港英当局任命他为非官守议员多是出于"以华治华"的策略，但是在实际的政治活动中他常常站

---

① 新加坡在1819年开埠后，主要存在两个华人移民社群。一是海峡华人社群，其祖辈从中国华南迁移至马来半岛，经过几代人的发展，自成一个族群，俗称baba（峇峇），又称为"土生华人"。他们第一代与土著妇女通婚，后裔吸收马来语言和生活习惯，并以一种夹杂闽南方言和马来语的BaBa Malay作为母语和口头语。英国人东来后，他们又接受英文教育，对西方文化和英殖民政府有着较多的认同。二是直接从华南闽粤地区南来拓荒的中国移民，主要是在鸦片战争之后来到当地的。参见曾玲《越洋再建家园——新加坡华人社会文化研究》，江西高校出版社，2003，第5页。
② 黄兴涛：《文化怪杰辜鸿铭》，第3页。
③ 丁贤俊、喻作凤：《伍廷芳评传》，人民出版社，2005，第82页。
④ 李元瑾：《林文庆的思想——中西文化的汇流与矛盾》，新加坡亚洲研究会，1991，第36~37页。

在殖民地政府或港英当局的对立面，竭力从政策层面为华人争取平等待遇。伍廷芳率领香港的华人上书港督轩尼诗（John Pope Hennessy）与英女皇，要求废除带有种族歧视意味的笞刑；① 林文庆致书海峡殖民地总督瑞天咸（Frank A. Swettenham），要求废除殖民当局带有侮华性质的"扭辫"游行。②

除了自身所处的社会之外，海外华人知识分子的另一个关注重点便是自己的祖国。孔飞力对海外华人的心理状态作了精辟的概括："在世界范围内，两个问题驱使着中国移民更多地参与政治：对于中国未来的担忧与期望，尤其是他们的家乡省份，对于生存环境中居少数的中国族裔的福祉的关注。对于移民社群而言，一个进步的中国似乎意味着更光明的未来，而移民社群又能够帮助中国和他们自己的侨乡的强盛与进步。"③ 对于身在异乡的海外游子而言，祖国的富强与他们在海外的生存环境密切相关。海外华人知识分子既对西方文明有较深的体会，又通过乡谊、地缘关系对中国有所了解，因而他们对强权政治下中国岌岌可危的地位有着更为深切的忧虑。为了维护祖国的利益，他们运用英文撰述的形式向西方介绍中国，努力消除西方对中国的歧见，这恰恰体现了海外华人对祖国与民族的系念之情。

第二节　代表清廷的声音：驻外使节的英文书写

第二次鸦片战争至甲午战争之间，在开明士大夫思想观念变化与英法列强对清政府施加压力的双重作用下，总理衙门于1861年建立。④ 1868年，中英《天津条约》届满十年，根据条约第27条的规定，中英修约谈判临近。1867年底，在总理衙门的建议下，清廷就外国使节觐见皇帝、向外国派遣使团等问题，征求将军、督抚及在朝大臣的意见。尽管朝野上下多数意见赞成遣使出国，却面临没有合适人选可资派遣的问题。在总理衙门的主导下，最终由辞任美国公使的蒲安臣（Anson Burlingame）代表中

---

① 丁贤俊、喻作凤：《伍廷芳评传》，第83~84页。
② 严春宝：《一生真伪有谁知：大学校长林文庆》，福建教育出版社，2004，第45~46页。所谓"扭辫"是指殖民当局缉拿华人嫌犯后，通常将他们的发辫扭绑在一起，让他们在闹市中鱼贯而行的做法。
③ Philip A. Kuhn, *Chinese among Others: Emigration in Modern Times*, p. 244.
④ 焦少玲：《论总理衙门产生的必然性与合理性》，《清史研究》1992年第4期。

国出使有约各国。尽管这只是权宜之计，但从蒲安臣使团递交给美国的国书可以看出，清朝皇帝不再以对待夷狄的俯视姿态对待外国，而是以平等的身份和口气与对方交流。蒲安臣使团的派出，意味着中国的传统的"天下观"开始松动，象征着中国主动向世界迈出脚步。① 1875 年，云南马嘉理事件发生，英国驻华公使威妥玛（Thomas F. Wade）向清政府提出包括派遣使团赴英道歉等一系列要求。1876 年 9 月，中英双方签订《烟台条约》，根据条约规定，中国需向外国派出常驻使节，于是赴英道歉的郭嵩焘成为中国首位驻外公使，他还受邀参加了 1878 年召开的"国际法改革和法典编纂协会"第六次会议。随后，清政府向一系列国家派遣常驻使团。②

在近代的外交关系中，出使外国的公使代表着国家的权威形象，他们的言论、行动显示着国家的意志。在 19 世纪最后一二十年中，某些清廷驻外公使开始有意识地撰写英语文章，发表英文演讲，以此表达中国的意志，维护中国的形象，这些英文撰作活动因为他们的公使身份成为十分重要的官方宣传。

一　面对西方的国家"自白"：曾纪泽撰《中国先睡后醒论》

1887 年 1 月，曾纪泽发表在《亚洲季刊》上的《中国先睡后醒论》亦是英语世界中较早出现的中国人的声音。同时，这篇文章也是中国官方的声音第一次如此直接地出现在西方舆论中。

该文是曾纪泽在出使欧洲 8 年即将返国之际向欧洲人所做的一次剖白。终其仕宦生涯，曾纪泽多半在与外国人打交道，自光绪四年（1878）始，他历使英、法、俄诸国，前后旅居欧洲八年，奉召返国后又受命担任总理衙门大臣。他最辉煌的外交成就当数光绪七年从沙俄的"虎口"中收回伊犁等大片领土，挽回了崇厚擅订《里瓦几亚条约》带来的损失。其间的交涉过程相当波折，曾纪泽"终与俄使辩论，凡数十万言，而议始订"。③ 收回伊犁等大面积领土后，曾纪泽继续在欧洲持节多年，这使得他

---

① 徐国琦：《中国人与美国人：一部共有的历史》，尤卫群译，四川人民出版社，2019，第 48~49 页。
② 〔美〕徐中约：《中国进入国际大家庭：1858~1880 年间的外交》，屈文生译，商务印书馆，2018，第 311~315 页。
③ 邵镜人：《同光风云录》，沈云龙主编《近代中国史料丛刊续辑》第 95 辑，文海出版社，1983，第 50 页。

对西方国家对中国的认识较为了解。他非常希望欧洲人能够了解中国的现状与前景，改变西方对中国的蔑视以及蛮横的态度。

根据驻英公使馆英国参赞马格里（Sir Samuel Hallidy Macartney, 1833 – 1906）[①]的回忆，《中国先睡后醒论》是在他的建议下完成的。"在侯爵离开伦敦之前，我向他建议，他应该以一篇有关他的祖国的未来的文章，作为对英国的告别，很荣幸他采纳了我的建议。"[②]自光绪三年中国驻伦敦公使馆建立以来，随首任公使郭嵩焘一同赴英的马格里便有意识地帮助中国公使馆在英国公众中树立正面形象，同时马格里本人在中国的经历及其对汉语、中国文化和制度的熟稔，也使他成为伦敦新闻界关注的对象。可以说，他是使馆与英国新闻界沟通的重要渠道。1878 年，曾纪泽继郭嵩焘之后出任驻英公使，与曾纪泽本有交谊的马格里继续为使馆服务。[③]与郭嵩焘任驻英公使期间，马格里将大量精力用于向伦敦报界澄清外界对于中国公使馆和郭嵩焘的误解和偏见不同，这一时期马格里与媒体打交道的重点已经变为争取中国的外交利益，宣传中国正在逐步走向世界的正面形象。曾纪泽使英期间，与马格里几乎每天都会见面，有时甚至一天碰面数次。从中国公使馆提供给英国报界的新闻稿可以看出，曾纪泽与马格里致力于塑造新的中国形象。区别于西方对于中国的普遍印象，即中国是一个"停滞的"国家，充斥着无知和自满冷漠的做派，曾纪泽和马格里试图展现给西方的，则是中国在国际准则之下理性地行事，希望并期待着获得世界的认可。[④]

需要指出的是，《中国先睡后醒论》应当不是曾氏用汉语撰写、马格里以英语移译而成，而是曾纪泽直接用英文书写的。据美国公理会传教士何天爵（Chester Holcombe）回忆，曾纪泽在为其父曾国藩守孝期间，曾

---

① 马格里，英国人，生于苏格兰，爱丁堡大学医科毕业。1858 年作为军医随英国侵略军来华，不久后辞职任"常胜军"司令白齐文的秘书，后助李鸿章镇压太平军，办理金陵机器局等事务。1875 年因所造水雷失败，被李鸿章撤职，旋即受总理衙门指派随郭嵩焘赴英，筹设中国使馆，随后在中国驻英使馆任职 30 年。
② Demertrius C. Boulger, *The Life of Sir Halliday Macartney K. C. M. G.*, London: John Lane the Bodley Head, 1908, p. 431.
③ 同治五年（1866）曾国藩返回两江总督任所时，曾纪泽随侍其左右，当时他便已与办理金陵机器局事务的马格里相识，二人交往颇多，马格里还曾用西药治愈曾纪泽母亲的病。参见黄小用《曾纪泽的外交活动与思想研究》，湖南大学出版社，2013，第 7 页。
④ Daniel McMahon, "China in European Dress: The Qing Legation, Halliday Macartney, and Representation of China in the British Press, 1877 – 1896,"《辅仁历史学报》（台湾）第 31 期，（2013 年 9 月）。

借助一本《圣经》、一本《韦氏大词典》、一本华兹（Watts）的作品、一本《赞美诗选》（Select Hymns）和一些习字本，花费几乎三年时间努力学习英语。曾纪泽还曾送给何天爵一把团扇，扇面上有其用中英文两种语言题写的诗句。在何天爵看来，曾纪泽的英语学习取得了很大的成功。① 在光绪四年，曾纪泽还曾与李鸿章就其子李经方学习英语的方法做过讨论。他自言："余能西音，然在湘苦无师友，取英人字典钻研逾年，事倍功半，又年齿渐长，自憾难记而健忘，一知半解，无可进矣。"② 这里恐怕多少有自谦的成分。

19世纪欧洲人普遍认为拥有古老文明的中国就像一具老朽的躯体一样正在衰落并走向灭亡。曾纪泽在文章开篇即向这种观点发起挑战，他表明中国只是在沉睡而不是即将死去，并且中国已然醒觉。"在那曾给皇帝们带来自豪与愉悦之情的宫殿烧起的熊熊火光中，她开始发觉当她处于睡梦中时全世界却在清醒并忙碌着，也才意识到她正酣睡于空洞的风暴旋涡中心，而周遭却是围绕她疯狂旋转的各种力量。"③

然而，曾纪泽并不希望欧洲人因为中国的醒来而恐慌，紧接着他谨慎地安抚他们道："中国从来都不是一个有侵略性的种族（race）。历史显示他们一直以来都是爱好和平的人（people），而且在未来这一点也没有任何理由发生变化。中国没有丝毫其他某些国家具有的那种渴望国土的特性——渴求他们不会也不能利用的国土，并且，与欧洲普遍的看法相反，她没有必要寻求别的国土以便为过剩的人口寻找出路。"④ 他表明当时清廷外交主要着眼于三端：保护寓居外国的国民、明确中国与属国的宗藩关系，以及修改和约使之更符合中国亚洲大国的地位。近代以来，对于东方尤其是中国的忧惧一直存在于西方人头脑中。作为当时尚属少见的中国人写给西方人看的文章，《中国先睡后醒论》消除西方对于东方文明惯有的敌意与恐惧，也是合乎情理的。此外，曾纪泽以清廷公使身份，阐述政府的外交主张，也是这篇文章的主旨所在。从文章被广泛关注和不断被转载的实际情

---

① 〔美〕何天爵：《真正的中国佬》，鞠方安译，中华书局，2006，第42~43页。
② 刘志惠整理《曾纪泽日记》第2册，光绪四年九月十七日（1878年10月12日），中华书局，2013，第833页。
③ Marquis Tseng, "China, the Sleep and the Awakening," *The Chinese Recorder and Missionary*, Vol. 18, No. 4, Apr., 1887, p. 148.
④ Marquis Tseng, "China, the Sleep and the Awakening," *The Chinese Recorder and Missionary*, Vol. 18, No. 4, Apr., 1887, p. 148.

况看，文中透露的平和态度也的确受到西方舆论的欢迎。

与西方人关注的问题有所不同，这篇文章在当时最触动国人神经的则是曾纪泽开篇所做的中国从沉睡中觉醒的论断。如果说《中国先睡后醒论》对于西方而言是一颗"定心丸"，那么它对于正饱受内外交煎的痛苦的中国就是一针"强心剂"，使人们对国家的前途重燃希望。19世纪最后十年间，曾纪泽关于"中国先睡后醒"的断语，与西方将中国视为弗兰肯斯坦（Frankenstein）的比喻叠加在一起，发展出以"睡狮"为符号的晚清中国的形象。① 至1902年前后，"睡狮/醒狮"的意象已成为中国士人普遍接受的说法，它不仅寄托着国人对国家强盛的企盼之情，更是唤醒民族意识、振奋民族精神的"图腾"。② 1924年10月，中国青年党创办《醒狮》周报作为宣传其国家主义思想的机关报并发起醒狮运动。青年党领导人曾琦在发刊词中指出：尽管曾纪泽的"醒狮论"一度在西方引起重视并使西人在瓜分中国之时有所顾忌，但此说问世后半世纪内中国衰弱如故，不但西方人对中国"睡而未醒"之说感到怀疑，国人亦渐失信心。是故，创办此刊"不外乎唤起国民之自觉心，恢复国民之自信心，于此安内攘外，定国兴邦，使西人咸知睡狮已醒，而不可复侮，因以戢其侵略心，而共保国际之和平耳"。③ 由此可见，"醒狮"意象此时已明确地作为一个政治民族主义的符号出现在公众面前。直至20世纪30年代，"睡狮"这一鼓舞人心的符号仍然不断地被中国的民族主义者使用。

当我们重读《中国先睡后醒论》英文原文时，似乎看不到带有强烈的民族主义情感的语句。的确，作为清廷的外交使节，在马格里的辅助下，曾纪泽在《中国先睡后醒论》中尽力以一种圆融而审慎的外交辞令表述清

---

① 关于晚清中国"睡狮"形象的来源问题，日本学者石川祯浩在其发表的文章中作了新的探索。他的基本观点是所谓"睡狮"，乃是梁启超将其在戊戌变法期间得到的英人吴士礼（Wolseley）将中国喻为怪物"佛兰金仙"（Frankenstein）的知识，与其读过的曾纪泽《中国先睡后醒论》结合起来，发挥自己的想象力，在1899年创造出来的。值得注意的是，石川祯浩先生在文中考证出，早在1887年6月，上海的《申报》就刊载了《中国先睡后醒论》的汉译本。并且，他进一步引用材料证明，将此文译为汉语以备传阅正是曾纪泽本人的意愿。在考辨"睡狮"形象源流的同时，这篇文章也为我们了解《中国先睡后醒论》在中国的传播路径提供了新的材料。参见〔日〕石川祯浩《晚清"睡狮"形象探源》，《中山大学学报》（社会科学版）2009年第5期。
② 单正平：《晚清民族主义与文学转型》，人民出版社，2006，第118～121页。
③ 曾琦：《曾慕韩（琦）先生遗著》，沈云龙主编《近代中国史料丛刊》第68辑，文海出版社，1971，第17页。

政府的立场，这无疑符合通过外交途径在国际上寻求理解、避免冲突的基本原则。不过，从文中反复出现的国家（nation）、民族（race）等词语可知，曾纪泽对近代勃兴于西方的民族国家观念应当有所认知。并且，当阐述清廷在两次鸦片战争后着手于富国强兵的运动时，曾纪泽说道："她不会像土耳其一样犯下这样的错误，以为当她拥有了一些军舰和训练有素的士兵，她就已经具备了使之在国家的竞赛中拥有一席之地的条件了。"① 从"国家的竞赛"（the race of nations）一语中可以看出，曾纪泽已不再固守传统的"天下观"，而是将中国视为世界若干民族国家之一加以衡量，并意识到中国在这场国力的"赛跑"中已远远落于人后。这种由"天下"到"一国"的世界观的改变在某种程度上更促使了晚清士人民族认同意识的强化与民族情感的沉淀，这恐怕也是曾纪泽在离欧返国之前亟欲发表此文、为中国发声的一个深层原因。徐中约指出，及至1880年，中国在大多数主要的西方国家和日本设立了公使馆，成为国际法协会的成员国，并开始学习和运用国际法，这些迹象表明中国找到了自己在国际大家庭中的位置。② 在这个意义上说，《中国先睡后醒论》的发表也可视为中国进入国际大家庭的一份自我辩白。

另一方面，曾纪泽的《中国先睡后醒论》自然并非一味向西方乞和，在事关国家利益的问题上曾氏没有丝毫的暧昧。他在文中提及清政府因为不平等条约而丧失的主权应当予以收回，"在出让条约口岸上为外国人所占据的租界之主权领土的问题上，以及在其他的一些方面，中国感到条约的施加使她陷入如此一种境况，即为了避免这些条约给其他国家带来的恶果，中国不得不在当前的十年约满之际废止这些条约。中国并非不知晓这么做将会给她带来的困难，但她已决心直面它们，而不是招致有朝一日势必须对付的更大的麻烦"。③ 此处曾纪泽使用的"主权领土"（sovereign dominion）一词值得注意。显然，他在此郑重地向西方读者强调了清政府收回不平等条约中丧失的国家主权的决心。王尔敏先生曾指出主权乃是近代民族主义的一大特质，也是近代中国民族主义中的重要

---

① Marquis Tseng, "China, the Sleep and the Awakening," *The Chinese Recorder and Missionary Journal*, Vol. 18, No. 4, Apr., 1887, p. 151.
② 〔美〕徐中约：《中国进入国际大家庭：1858～1880年间的外交》，第313页。
③ Marquis Tseng, "China, the Sleep and the Awakening," *The Chinese Recorder and Missionary Journal*, Vol. 18, No. 4, Apr., 1887, p. 153.

观念。① 从这个意义上讲，比起著名的"中国先睡后醒"的论断，曾纪泽在这篇文章中对国家主权的申述似乎更能体现近代中国民族主义的内涵。

通读《中国先睡后醒论》原文，曾纪泽那种沉稳、平和的口吻确使人印象深刻，甚至很难把它与我们所熟知的"睡狮"形象勾连在一起。如前所述，这与这篇文章的性质和发表的场合有关。客观地说，相较于那种激昂的抗辩，作为大清国的公使，曾纪泽在这篇在西方主流社会引起强烈反响的文章中摆出的是一种不卑不亢的态度。除此之外，这篇《中国先睡后醒论》更提示我们，近代中国人英文书写的语境与面向本民族内部的写作是有所不同的。换句话说，由于是写给西方人看的英文撰述，作者必须考虑读者的文化心理与接受程度。作为代表中国的声音，中国作者很可能与西方读者站在相对的立场上，而为了使其观点被舆论接纳，他们必须敛气平息地陈述自己的观点。不仅如此，他们有时可能还不得不刻意模糊自己的立场，先以一种公平理性的仲裁者的姿态出现，再以摆事实、讲道理的策略说服西方人。因此，与甲午战争前后，国中士人面对激变的时局发出的惊呼形成鲜明对比，国人面向西方的书写似乎显得较为平静，甚至有些隐忍的意味，这恰恰反映了近代中国民族主义向外抒发的一个特点。

不过，曾纪泽维护清廷的言论也遭到改良阵营的反驳，在香港的中国人中颇具威望的何启曾以"中国人"（Sinesis——拉丁语"中国人"）之名在香港的英文报纸《德臣西报》上刊文回应曾文。② 何启质疑，且不说清政府的对外政策是否真的如曾纪泽所言是抱有善意的，即便清政府确有此意并据此行事，就能认为中国完全觉醒并清醒自知了吗？在他看来："没有公平的规则和正义的政府，中国便永远不会成为许多心怀美好愿望

---

① 王尔敏：《中国近代思想史论》，社会科学文献出版社，2003，第179页。文中亦特别提出曾纪泽是清季主权观念发轫的先驱之一，从其论述可知，曾纪泽的主权观念形成于其处理中外交涉事宜的过程中。

② 值得注意的是，和何启所撰大部分文章相同，这篇文章也是由胡礼垣译为中文的，后者对何文"绅译之，阐发之，间亦添以己意"（参见何启、胡礼垣《曾论书后》，《新政真诠：何启、胡礼垣集》，辽宁人民出版社，1994，第70页）。曾纪泽的《中国先睡后醒论》的中译也存在类似的情况，1887年6月14日、15日《申报》刊发的《中国先睡后醒论》的中译文系由颜永京口述、袁竹一笔录的，而该译文有许多漏译、误译、增译，甚至全面误读原文的情况。参见龚缨晏、王盼《曾纪泽〈中国先睡后醒论〉的误译与误读》，《宁波大学学报》（人文科学版）2019年第1期。这种前人在翻译中国人英文著作的过程中形成的有意或无意的错误，当为我们重视，特别是译者将原本面向西方的话语译介回本国时依据己意增删语句的背后，可能恰恰反映了译者面向国内受众试图表达的意志。

的人所期望的样子,除非她摒除所有对于子民的不公正待遇,学习以公正之心执法,不再默许官员各种形式的腐败,通过公平开明的政策保障人们的幸福和团结。"① 应当说,曾纪泽与何启分别代表了两个群体,前者是清政府统治集团内部的开明士大夫,后者则代表了接受西学教育、具有一定西方民主意识的口岸知识分子。此外,二人写作的动机及心中的受众也不尽相同,前者旨在向欧洲列强阐明中国的外交政策,后者则意在阐扬改良主张,呼吁清廷任用贤能。

二 庚子前后伍廷芳为中国辩护的英文撰述

在曾纪泽之后,伍廷芳是另一位运用英文表达中国意志的清廷驻外公使。二人是晚清外交不同时期的代表性人物,曾氏是从总理衙门建立至甲午战争爆发这一时期的外交能臣,而伍廷芳则是甲午战争后至清朝覆亡这段时间内清廷的主要外交官员之一。② 较之曾纪泽办外交的时代,伍廷芳作为清政府任命的驻外公使和外务部右侍郎,其活跃于外交舞台上的清末最后十余年更是危机四伏。自甲午一役之后,列强对中国的侵略由原先的单独行动变为一哄而上、蚕食鲸吞。庚子之变后,亡国之患加剧。伍廷芳本人对于国事蜩螗、见欺于人的民族危机有着切身的体会。甲午战败后,1895年1月他随同张荫桓、邵友濂赴日求和,遭到拒绝,备受侮辱。③ 作为驻美公使,伍廷芳对于美国的排华政策给在美华人造成的伤害更是有切肤之痛。使美期间,伍廷芳不但经常收到来自美国各地的华人控诉受到歧视的报告,初抵纽约的他也曾三次遭到美国人的攻击。他乘坐马车外出时,一些暴徒向他投掷石块和垃圾,而警察则袖手旁观。④

伍廷芳于1897年至1902年、1907年至1910年两度出任驻美全权公使,在此期间他曾多次在美国的刊物上发表文章或面向美国公众发表演讲,介绍中国的文化与社会状况,批评西方对华政策。在这两个时期内,伍廷芳发表的相关文章及演说共计有10篇左右,其中尤以庚子、辛丑两

---

① Sinesis, "China: The Sleep and the Awakening," *The China Mail*, Feb. 16, 1887, p. 2.
② 参见李恩涵《曾纪泽的外交》,"前言"。按,伍廷芳首次直接参与对外交涉,应是1895年随张荫桓、邵友濂赴日求和,后随李鸿章参与《马关条约》的谈判。1896年伍氏奉旨出任清朝驻美国、西班牙、秘鲁等国公使。
③ 丁贤俊、喻作凤:《伍廷芳评传》,第17页。
④ Linda Pomerantz‐Zhang, *Wu Tingfang (1842~1922): Reform and Modernization in Modern Chinese History*, Hong Kong: Hong Kong University Press, 1992, pp. 111–112.

年最为集中。其间，伍廷芳先后发表《中美互惠互利》《中国与美国》《论美国与东方交际事宜》几篇文章，又与罗丰禄、杨儒等驻外公使发表名为《呼吁公正对待》的联名通电。此外，在庚子之变稍微平息后，伍廷芳便在美国政治与社会科学学院发表题为《外国人在中国不受欢迎的原因》的演说，而后又先后于1900年12月和1901年1月发表《孔子的学说》及《孔子与孟子》两篇演说。这与义和团运动有密切关系。1900年6月，清兵和义和团民包围使馆之后，伍廷芳等驻外使臣完全失去了所在国的信任，西方舆论甚至谴责说"所有中国政府高级官员都是最邪恶的说谎者"。[①] 为了应付错综复杂的局面，伍廷芳一面急于向美国政府和民众澄清有关义和团运动的不实消息，一面要为中国强烈的排外运动进行辩护。

伍廷芳首度担任驻美公使之时，正值列强掀起瓜分中国的高潮与义和团运动爆发之际，作为清廷派出的外交使节，伍廷芳积极地用英文撰述或演讲的形式进行宣传，其论说的着眼点主要有两端：一是维护海外华人的利益；二是推动美国人对中国的认识与理解，以便在对外交涉中为中国争取公道。具体而言，伍廷芳的英文撰述主要包括以下几个内容。

第一，批评美国的排华政策，要求给予华人公平对待。伍廷芳出使美国的首要任务即是保护华工，1898年伍廷芳刚到任美国公使后不久，便向美国政府提出照会，抗议美国的排华行径。[②] 反对美国的排华主义是伍廷芳英文写作的一个重要内容。例如，在1898年7月号的《北美评论》上发表的《中美互惠互利》一文中，伍廷芳便引用《论语·卫灵公》中的"己所不欲，勿施于人"呼吁美国友善地对待中国。他对1882年《排华法案》提出质疑：其一，这种针对中国人的法律在根本上是违背美国宪法的；其二，排华法案目的是排斥劳工，而在实际施行中却常常将拥有合法入境资格的商人拒之门外；其三，美国社会普遍认为，中国将向美洲大陆输出过多的人口，这种观念根本不符合中国人安土重迁的传统。[③]

第二，解释中国人仇视洋人的深层原因，努力消除义和团事件的负面影响。1900年8月中旬，八国联军占领北京后，伍廷芳等6位驻外公使为避免亡国之祸，第一时间在美国的《世纪杂志》（*The Century Magazine*）

---

① 丁贤俊、喻作凤：《伍廷芳评传》，第172页。
② 丁贤俊、喻作凤：《伍廷芳评传》，第141页。
③ 丁贤俊、喻作凤编《伍廷芳集》上册，中华书局，1993，第89~90页。

上发表题为《呼吁公正对待》的联名信。这封信对义和团运动的起因、事件的激化作出解释,澄清了有关使馆之围的各种传闻,还特别批判了西方新闻界与少数寓华多年的西方人不负责任的不实报道。信中呼吁:"只有以东方的观点,才能看清中国难局真正的大小和意义。"①

接着,11月20日伍廷芳又在美国政治与社会科学学院发表演讲,题为《外国人在中国不受欢迎的原因》。他站在中国人的立场上,逐条解析了义和团民仇外情绪的成因。(1)来华西人多是为牟利而至,他们的道德水平良莠不齐,因而容易酿成误解与矛盾。"他们不尊重我们的习俗和礼节。一旦发了财马上离开中国一去不返"。②(2)传教士为了尽可能多地吸收信徒而疏于考察人选,"通常央求进入教会的中国人只是为了获得洋人的庇护"。③(3)"洋人凭借本国人士无法享有的特权与优势形成了一个特权阶层,他们不受地方管辖,自认是上等人——更像是这个国家的主人而不是异乡中的陌生人"。④(4)外国在华报刊的偏激色彩也是问题所在,"它的基本论调刻意把整个中华民族与外国人和所有外国事物对立起来"。⑤除分析中国人仇外情绪的成因外,伍廷芳在义和团运动后不久两次发表演说介绍孔孟之学,其目的在于,通过介绍中国传统文化,使美国人了解中国人注重道德、讲求秩序的传统,以期反驳大量有关义和团运动的通俗读物对中国的丑化与歪曲。

第三,强调中国在不断地进步,驳斥中国停滞论。西力东渐以来,为了配合殖民扩张政策,西方中心主义话语刻意把中国形容为一个停滞、落后的国度。1899年伍廷芳在美国发表题为《中国和西方的关系》的讲演时便反驳了这种错误的观念。他借用社会达尔文主义的理论指出,中国没有像埃及、波斯、希腊、罗马等国家一样消失解体,说明中国符合"适者生存"的逻辑,中国文明并未衰朽。伍廷芳还依据力学中"同一时期,同

---

① 丁贤俊、喻作凤编《伍廷芳集》上册,第98页。
② Wu, Tingfang(伍廷芳), "The Causes of the Unpopularity of the Foreigner in China," *Annals of the American Academy of Political and Social Science*, Vol. 17, Jan., 1901, p. 3.
③ Wu, Tingfang, "The Causes of the Unpopularity of the Foreigner in China," *Annals of the American Academy of Political and Social Science*, Vol. 17, Jan., 1901, p. 4.
④ Wu, Tingfang, "The Causes of the Unpopularity of the Foreigner in China," *Annals of the American Academy of Political and Social Science*, Vol. 17, Jan., 1901, p. 8.
⑤ Wu, Tingfang, "The Causes of the Unpopularity of the Foreigner in China," *Annals of the American Academy of Political and Social Science*, Vol. 17, Jan., 1901, p. 9.

一力作用于不同质量的物体,其速度与质量成反比"的原理指出,由于中国人口数量巨大,因此外力的作用产生的效果相对较弱,根本性的变化必须要在相当长的时间内才能实现。[①]

同曾纪泽一样,伍廷芳希望西方人士能够了解到,中国并不是一个衰老而停滞的国家。曾纪泽以"沉睡"到"觉醒"的譬喻说明中国开始应对外界的刺激,伍廷芳则煞费苦心地利用物理学原理,具体地解说西力东渐之下中国的进步与发展为何如此缓慢,试图为中国"落后于人"的事实辩解。

值得注意的是,1910年伍廷芳卸任驻美全权公使前夕,发表了一个名为《中国觉醒的意义》的演说。在这个演说中,伍廷芳再一次强调中国进步发展的趋势,并介绍了中国废除科举制度和加强武备的举措。与曾纪泽一样,伍廷芳也特别强调日后强盛的中国不具有侵略性,也不会成为所谓的"黄祸"。伍廷芳表达了中国与美国及世界其他国家在平等基础上睦邻友好、通商往来的意愿。他还谈到东西文明的差异问题,他承认西方在自然科学成就方面超过东方,但也认为东方有值得西方借鉴之长处。他指出:"我们道德拱门的拱顶石是孝道。……我们的另一种道德品质是正直与诚实。"[②] 最后,伍廷芳锲而不舍地重申了废除排华法案的诉求:"我们所要求的只是在这方面得到公正的对待——实际上,如果不是与对待欧洲人同样的态度,至少也要像对待日本人和其他亚洲人那样。所有无偏见的人都承认,这是合理的和公正的要求。"[③]

通过以上的分析,不难发现,作为清季两代外交家的代表,曾纪泽的《中国先睡后醒论》与伍廷芳在庚子前后用英语发表的文章与演讲,有着相似的关怀。他们既希望使西方人了解到中国并没有陷入停滞状态,而是在外力作用下正在不断进步,又要向西方显示中国的发展不会对其他国家构成威胁。这种国人对中国文明的自我界定,在此后中国人的英文撰述中还时常出现,乃至在今天的国家形象宣传中这种说法仍然在沿用。不过,与曾纪泽相比,早年留学英国的伍廷芳对于西方与东方的遭遇似乎抱有更为开放与务实的心态。伍廷芳出使美国期间非常推崇国际通商贸易,他还在《中国互惠互利》一文中分析了世界各地的经济人文状况,断言中国与

---

① 丁贤俊、喻作凤编《伍廷芳集》上册,第 67~68 页。
② 丁贤俊、喻作凤编《伍廷芳集》上册,第 364 页。
③ 丁贤俊、喻作凤编《伍廷芳集》上册,第 365 页。

美国的资源与资金可以实现互补,进而呼吁美国在公平互惠的基础上与中国发展贸易。这种主张显然不同于传统士大夫重义轻利的思想观念。此外,伍廷芳使美期间的英文撰述的另一个鲜明特点是,通过向西方介绍中国传统思想文化来实现宣传目的。义和团运动之后,伍廷芳在美国宣讲孔孟之道,他大谈儒家性善论,以及"民贵君轻""舍生取义"等思想,将儒学与美国民主政治和基督教进行对比,意在抨击帝国主义的文化优越感,揭露西方列强打着宗教幌子的侵略行为。① 作为清政府派出的全权公使,伍廷芳以介绍儒家文化的形式,间接批评欧美列强对中国的侵略及其背后的价值理念,这无疑要比公开评说美国的对华政策更加高明、得体。

第三节 海外华人论中国时局:林文庆的《中国内部之危机》

19世纪与20世纪之交,中国政治上酝酿着剧变的因子,文化上亦处于中西文明激烈碰撞的时期。对国内而言,译介西学书籍的数量大大增加,而几乎与之同时,大量关于中国的书写出现在西方。从基督教来华传教士到西方的中国观察家、新闻记者纷纷撰写有关中国的作品,体裁则从小说、回忆录到时评政论,令人眼花缭乱。义和团运动在这些英文书写中频繁出现,而由此引发的"黄祸"想象更一度成为英文世界中与中国直接关联的意象。值得注意的是,这一时期华人亦在西方世界中发出了自己的声音,他们用英文介绍中国时局,针锋相对地回应西方的批评。其中,最为人所熟知的,恐怕要数辜鸿铭的《尊王篇》(*Papers from A Viceroy's Yamen*)。该书是义和团运动以来辜氏发表的英文政论文章的合集,1901年出版后在西方引起了较大的反响。不过,很少有人知道,1901年尚有另一本华人写就的英文著作出现在英语世界中,这就是新加坡华人林文庆所著的《中国内部之危机》(*The Chinese Crisis from Within*)。尽管辜林二人之书同年出版,但是林氏的立场与效忠清廷的辜鸿铭截然不同,可以说他代表了世纪之交海内外要求进步与改良的华人的声音。

林文庆(Lim Boon Keng, 1869 – 1957),字梦琴,祖籍福建海澄,早

---

① 丁贤俊、喻作凤:《伍廷芳评传》,第192~194页。

年留学英国。作为新马华人社会的杰出代表,林文庆的社会角色是多样的:他早年留学英国,后成为新加坡的一代名医;他是一个颇有作为的实业家,是开拓新加坡橡胶业和金融业的领军人物;同时,他又是一个深具中华民族情怀的海外游子,毕生致力于提高华人的地位,极力推动海外华人事务,倡导新加坡华人社会改革,兴办教育,弘扬儒家文化,力图革除新马华人社会的积习旧弊,并因此在新加坡享有极高的声望,被称作"新加坡圣人"。[1] 林文庆虽然生长在英属海峡殖民地,却始终心系中国,他热切地关注中国政治社会发展,曾响应康梁的改良思想。辛亥革命以后,结束了为期9个月的旅欧行程后,林文庆回到中国,襄助孙中山。[2] 1921年,应陈嘉庚之请,林文庆出任厦门大学校长。

林文庆著述颇丰,[3]《中国内部之危机》是其出版的第一部英文著作。该书由林文庆发表于海峡殖民地第二大英文报纸《新加坡自由西报》(The Singapore Free Press)上的一系列文章结集而成,署名 Wen Ching,1901年出版于伦敦。[4] 该书主要分为三个部分,分别以"中国的改良运动""太

---

[1] 除以儒家思想为依凭推动新马华人社会的改革外,林文庆还撰写了大量有关儒学思想的中英文著作。有关林文庆的儒家思想,可参见严春宝《他乡的圣人:林文庆的儒学思想》,广西师范大学出版社,2017。

[2] "Dr. Lim Boon Keng," *The Singapore Free Press and Mercantile Advertiser* (Weekly), Feb. 21, 1912, p. 14.

[3] 林文庆的英文著作包括 (1) *The Chinese Crisis from Within*(《中国内部之危机》),1901年出版于英国伦敦。(2) *Duty to the British Empire: Being an Elementary Guide for Straits Chinese during Great War*(《效忠大英帝国:大战期间海峡华人基本指南》),这是一本号召海峡华人在一战期间为英国服务的战时手册,共二十一篇,执笔者五位,其中十篇出自林文庆手笔,1915年出版于新加坡。(3) *The Great War from the Confician Point of View*(《从儒家观念论大战》),1927年出版于新加坡。(4) *The Tragedies of Eastern Life: An Introduction to the Problem of Social Psychology*(《东方生活的悲剧:社会心理学问题介绍》),1927年出版于新加坡。(5) *The Li Sao: An Elegy on Encountering Sorrows*,即《离骚》的英译,1929年出版于上海。这部译作得到了好评,英国著名汉学家翟理斯认为,该书是外国人研究汉学的佳作,印度著名诗人泰戈尔(R. Tagore)曾为之作序推荐。(6) *The Quitessence of Chinese Culture*(《中国文化之精髓》),1931年在厦门大学出版。(7) *Amoy or the Island That Remembers the Mings*(《厦门:思明岛》),1936年在厦门大学出版。

[4] 林文庆用笔名 Wen Ching 发表文章,也是出于人身安全的考虑。正如《新加坡自由西报》主编圣·克莱尔(W. G. St. Clair)在序言中所说:"出于显而易见的政治和个人原因,我将不公开作者的真实身份。满人的利刃无所不至,众所周知,太后的密使前不久才奉命到新加坡搜查康有为,以图将其谋杀。这些文章有力地控诉了北京的满人朝廷和其中的各个要人,慎重起见,这些文章应以作者指定的假名'文庆'(Wen Ching——引者注)署名面市。"见 "Introductory Note," Wen Ching(林文庆), *The Chinese Crisis from Within*, London: Grant Richards, 1901, p. xiii.

后、她的顾问、走狗和受害者""欧洲与中国面对面：一个华人的时局观"为题，内容主要涉及戊戌运动、庚子之乱，以及林氏对中外关系的看法。

一　为维新派辩护

百日维新失败后，中外对这场为时仅仅百日的改革给予了不同的评价。在张之洞幕府担任洋文案的辜鸿铭指责康党"少年浮躁好事之辈，徒慕西人奢靡，不知其政治之原"，并称他们只是利用朝廷意欲改革的时机，"冀缘捷径以荣利"。① 国内的顽固派固然要对悖乱祖宗家法的维新党人口诛笔伐，而西方人对戊戌变法的了解也很有限。传教士明恩溥（Arthur H. Smith）的观察可算是一个典型，"的确，许多外国人都漠视或谴责维新运动，仅仅将其视为一小撮没有头脑的狂热分子搅起的泡沫，他们的热情超出了知识——只是一群空想家，而不是务实之人"。② 仅有少数在华西人对维新派给予了积极评价，其中主要是与维新派有交谊的传教士，如李提摩太等。大体说来，列强从自身的实际利益出发，认定变法对其远东政策影响不大，故态度冷淡。譬如，当英国政府查明，戊戌政变并非由其在远东的竞争对手俄国在幕后操纵时，英国驻华公使窦纳乐（Claude M. MacDonald）只是随意地以"旗人闹家务"概括此事。③

鉴于西方舆论对维新运动的认知与事实大相径庭，林文庆在《中国内部之危机》中对戊戌变法作了详细介绍，极力为维新派正名。林文庆此举与其思想主张密不可分。他在英国求学时就受到当时盛行的达尔文主义、功利主义的影响，决心改变新马华人社会的颓靡现状；回到新加坡之后，他积极倡导改良华人社会的文化风俗。其时，康梁的维新思想在新加坡华人社会中影响甚大，林文庆也很快便从中找到共鸣。④

戊戌政变后，林文庆借诗言志。这首名为《广东的哀号声》（A Voice Heard in Canton）的诗登载于 1900 年 3 月的《海峡华人杂志》（Straits

---

① 黄兴涛：《文化怪杰辜鸿铭》，第 118 页。
② Arthur H. Smith, *China in Convulsion*, Vol. 1, New York, Chicago, [etc.]: Fleming H. Revell Company, 1901, p. 136.
③ 王树槐：《外人与戊戌变法》，台湾商务印书馆，1965，第 207 页。
④ 林文庆的改良思想亦受到其亲友的影响，其友邱菽园在 1895 年赴京会试时就与康有为等人结交，走上维新之路，而其岳父黄乃裳则是福建著名的维新派人物，曾在林文庆创办的《日新报》（1899~1901）担任主笔，经常撰论主张中国变法改革，表达对清廷的不满。参见李元瑾《林文庆的思想——中西文化的汇流与矛盾》，第 28~30 页。

Chinese Magazine) 上，其中写道：

> 野蛮的游牧部落，用粗暴的双手，
> 毁坏你祖先的坟墓和庙宇，
> 掠夺你的家园和收成。
> 留下你的火光熊熊，冒着烟的村庄。
> ……
> 光绪，康熙的不幸子孙！
> 完美和真诚，你所有百姓最爱的人。
> 一个变动来到将带给你自由，
> 而赐那专横的泼妇死刑前的一刻。①

从诗中对镇压维新运动的满族统治者和慈禧的诅咒即可看出，林文庆对维新运动失败的痛惜之情。

在《中国内部之危机》中，林文庆回顾了从洋务运动到戊戌政变中国人对西方先进文化的引进与吸收，展示了汉族知识分子寻求革新的历程。林氏认为，士大夫阶层自古都是"中国的脊梁"。② 他介绍了鸦片战争后士大夫中的有识之士为抵御外侮而掀起的学习西学的浪潮。他承认洋务派官员在兴办近代教育、传播西方科学文化方面所起的开创作用。曾国藩是林文庆颇为赞赏的人物，因为"他看到这个国家急需的是更多的启发和知识，而并非设立军工厂和建造炮舰"。③ 林文庆还历数了容闳、黄遵宪、马建忠、严复、郭嵩焘等人倡导西学东渐的努力。他把黄遵宪的《日本国志》对中国的作用，与伏尔泰的历史著作对法国的影响相提并论，并论述严复引介的进化论在知识界产生了振聋发聩的反响。林文庆将这些具有进步意识的士大夫称为"改良之先驱"。

鸦片战争以来士人们奋发图强的种种努力并未实现中国的富强。究其原因，林文庆认为：一则，从动机上讲，办洋务之人功利色彩太重，"那些高官无意成为专家，他们非常固执己见。人们从未领会技术学习的真谛，而学生们往往很快就得到晋升，最终使他们没有机会透彻地掌握所学

---

① 转引自李元瑾《林文庆的思想——中西文化的汇流与矛盾》，第80页及附录三。
② Wen Ching, *The Chinese Crisis from Within*, p. 8.
③ Wen Ching, *The Chinese Crisis from Within*, pp. 19–20.

科目"。二则，从操作层面讲，语言不通构成极大障碍，"大多数人无法学到各自专业的令人满意的知识，主要是由于对欧洲的语言掌握不佳"。① 不过，在他看来，各种努力收效甚微的根本原因在于，改革的内容仅仅触及皮毛。正如他评价洋务运动时所说的那样，"他们仅仅试图将知识的新枝干嫁接在已经腐朽不堪的老树上，并且已经由此得到了应有的报偿。时代在召唤一个新的改革派，由他们实施大胆而措施全面的全国性改革，其目的不在于细枝末节的修修补补，而在于真正斧斫于这棵老树的根基之上"。② 可见，林文庆已经意识到对制度进行变革的必要性。

在林文庆眼中，维新党人正是"时代所召唤的"改革派，因为他们的主张才是"真正斧斫于这棵老树的根基之上"。他指出，近代以来输入中国的西学长期未能被有效地吸收。他将西学比作一桌丰盛佳肴，人们要么是不敢轻易取来品尝，要么是遭受食后消化不良的折磨。③ 有感于此，他对康有为整合中西文化并使其为己所用的做法十分赞同，认为他从儒家经典中为变法找到了理论依据。林文庆向往康有为的政治蓝图描绘的君主立宪制政府，"康有为文章的价值在于，它展示了在君主之下建立一个纯粹的政府的可行性，这个政府自由地实行民主政治，而君主的权力受到宪法制约，他既不得滥用权力，又由于善用其权威而得到自由的人民的支持"。④ 林文庆在书中详细地介绍了康有为及其思想，这无疑是针对西方世界对康有为和维新派几无所知的情况所做的。《新加坡自由西报》的主编圣·克莱尔对此评论："其中介绍康有为的事业的一章——'广东的圣人'，使英国公众第一次认识这个伟大的思想家的视野、性格和影响，他的出现标志着中国一个伟大的时代，从那时起现今的中国已经开始自发地向着西方文化和思维方式发展。"⑤

在介绍维新派领袖康有为的政治思想之后，林文庆还详细地记述了维新运动从公车上书到戊戌政变的整个过程，逐一列举变法的主要措施。为了让西方读者更好地了解维新派，林文庆将他们与由狄德罗和达朗贝尔等领导的法国百科全书派相类比，因为在他看来，维新派和百科全书派一

---

① Wen Ching, *The Chinese Crisis from Within*, pp. 28–29.
② Wen Ching, *The Chinese Crisis from Within*, p. 30.
③ Wen Ching, *The Chinese Crisis from Within*, p. 32.
④ Wen Ching, *The Chinese Crisis from Within*, p. 39.
⑤ Wen Ching, "Introductory Note," *The Chinese Crisis from Within*, p. xiv.

样，敢于否定旧制度的权威，摆脱思想束缚，宣传新知。他还向读者展示了当时维新派在中国士人中间的广泛影响："在上海和澳门，康的追随者发行的报纸和书籍充斥着每个学堂和学会，它们把整个士大夫群体带向所预期的目标。士人们第一次睁开双眼，透过这些不寻常的小册子，看到一个全新世界里的奇景。"①

戊戌变法的失败，让支持改革的林文庆非常愤慨。在书中，他尖锐地将矛头指向满洲贵族的统治。他指出，尽管政变表面的诱因是新政使"保守的高级官员无所任用，而他们的下属颇受皇帝器重"，②但根本原因是保守的满洲贵族惧怕新政的实施会使民众觉醒，吸收西方先进思想文化之后变得难以驾驭。"他们（满族统治者——引者注）的愿望之一是使汉族民众像他们一样因循守旧，并使这些不快的以百万计的民众作为他们和入侵的洋人之间的缓冲器。他们不惜一切代价也要让中国人仇视洋人，抵制西方文化的入侵。"③林文庆的上述分析，无异于告诉西人，顽固派对变法的阻挠背后是保守的满洲贵族压制进步的汉族的企图，而所谓"旗人闹家务"的观点则是对整个戊戌变法的误读。

1900年《字林西报》登载了1898年光绪颁布的变法诏书，并将它们合成一个小册子出版发行。④明恩溥在庚子之变后出版的专著《动乱中的中国》中，亦对戊戌变法有较为详细的介绍。对维新派抱有同情的他如是评价变法："一个复兴开始了。就像在每一个口岸一样，在几乎每一个州府，启蒙士大夫的积极努力处处可见，并影响着整个帝国的智识。"⑤然而，《字林西报》刊载的仅仅是政令，而明恩溥的著作则是外国人站在旁观者的角度作出的观察。因此，在当时的英语世界中，像《中国内部之危机》这样从中国人的视角详细地交代戊戌变法来龙去脉的作品实属少见。更为重要的是，此书亦表达了作者本人希望中国走上改良进步之路的热切愿望，多少还能体会出他将维新派引为同道的情感。他赞扬维新运动说："一个组织的建立，不是为了推翻某个王朝，而是为了人民的政治权利，

---

① Wen Ching, *The Chinese Crisis from Within*, p. 44.
② Wen Ching, *The Chinese Crisis from Within*, p. 57.
③ Wen Ching, *The Chinese Crisis from Within*, pp. 50 – 51.
④ *The Emperor Kuang Hsu's Reform Decrees*, 1898, reprinted from *The North – China Daily News*, 1900, printed and published at the "North – China Herald Office", 1900.
⑤ Arthur H. Smith, *China in Convulsion*, Vol. 1, p. 136.

这在中国古往今来的历史上还是头一次。以往所有的革命，目标无非擒拿统治者、推翻皇室、攫取国家的税收机关。维新运动是一个民族性的觉醒，维新党人为争取人民的自由、思想的解放和人类与生俱来的权利而大声疾呼。"①

二　谴责顽固派

在林文庆看来，戊戌变法和庚子之乱，两个看似独立的事件，自有其内在联系。慈禧临朝训政后，一方面大力剪除朝野内外的维新党人及其支持者，另一方面以其亲信刚毅、荣禄、启秀等充入军机，并由荣禄节制北洋各军。② 这是戊戌政变的一个直接后果。汉族官僚遭到贬抑，满族官僚势力扩大，打破了清朝一直以来满汉势力的均衡。"政变彻底地颠覆了那个进步的政党，而满族人以极大的努力完全断绝汉族人关于进步的错觉。最偏执而保守的满族官员得到晋升，而任何被怀疑对南方的伟大复兴怀有好感的人都遭到严厉的训斥和警告。"③ 他指出，以荣禄、刚毅和庆亲王为首的三人统治集团重掌了枢府大权。作为满洲贵族守旧势力的代表，为了使国家恢复原来的统治秩序，他们不惜采取保守而极端的措施。"满族人开始完善他们的组织，希图倚重它们消灭或威慑那些追随康有为的人，并且报复那些无耻地要求满洲领土的外国人。"④ 在林文庆看来，政变后顽固派掌权，给中国带来了深刻的危机，这正是庚子国变发生的深层原因。

这并不是林文庆一个人的看法。庚子事变之后西方人在论及义和团运动爆发的原因时，亦有其与戊戌政变有关联的判断。英国的中国观察家亚历克西斯·克劳斯（Alexis Krausse）在他的专著《衰退的中国：一个正在消亡的帝国的故事》中，便提醒英国读者，"为了解现下的骚乱的原因，我们有必要回到1898年9月那场令人难忘的政变"。⑤ 明恩溥则强调，当废立光绪的计划遭到列强反对时，慈禧便已开始她的复仇计划。"她看起

---

① Wen Ching, *The Chinese Crisis from Within*, p. 62.
② 李剑农：《中国近百年政治史（1840～1926）》，复旦大学出版社，2002，第177页。
③ Wen Ching, *The Chinese Crisis from Within*, p. 128.
④ Wen Ching, *The Chinese Crisis from Within*, pp. 129-130.
⑤ Alexis Krausse, *China in Decay: The Story of a Disappearing Empire*, 3rd Edition, London: George and Bell & Sons, 1900, p. 358.

来下定决心,要使那个尝试大胆之举的时代不留任何痕迹。渐渐地,她开始着迷于给下层民众添加迷信的因子,直到她自己成为义和团运动的女首领,而这个运动则要赶走每个洋人,把中国还给中国人。"① 在义和团运动的爆发原因上,当时西方人士的看法与林文庆有相似之处,他们都将戊戌政变后清廷政局的转变视为义和团运动的起点。不同的是,西人只是笼统地从清廷的排外情绪上寻找原因,而林文庆则是将矛头直指以慈禧为首的统治中枢的每个成员。

庚子之变后,张之洞、刘坤一等人在与外国人往来的信件中,每每为慈禧太后支持义和团的仇洋行动开脱。同时,辜鸿铭也在《尊王篇》中大力为慈禧辩诬,声言她"不仇视西人,不固执旧法"。西方世界对慈禧太后的了解亦十分有限,例如美国驻华公使田贝(Charles Denby)等人就认为同治中兴得益于慈禧的统治。林文庆对于慈禧阻挠维新运动之举耿耿于怀,在他看来,庚子之乱也是慈禧一手造成的。他向西方读者指出,"任何关于满洲人不理智举动的说明都不断提及中国的这位皇太后。描述太后的举动,实际上就是书写近四十年来中国的历史"。②

林文庆认为要对慈禧复杂善变的性格作一个公正的评价,必须全面分析有关她或毁或誉的各种信息。林文庆首先从慈禧所处的环境入手,他认为慈禧的善妒和阴险与东方宫廷中姬妾争宠有关,而他总结慈禧的性格特点有如下几点:"一个意志坚定的女人""一个敏锐的学生""一个十分谨慎的阴谋家""她机敏而无畏"等。同时,林文庆还将慈禧同古今中外著名的女皇或皇后相类比,他认为慈禧与法国凯瑟琳·美第奇(Catharine de Medici)皇后有相似之处,并将慈禧太后在排外运动中对传教士的复杂态度与凯瑟琳皇后对胡格诺派的屠杀相提并论。③ 鉴于慈禧所犯下的罪行,他预见她在庚子之变后的命运:"她犯了和小阿格里皮娜一样的劣行和罪恶,却逃脱了那个邪恶的太后覆灭的命运,这已经是很幸运的了。但是,她的报应之日已经到来。她逃脱了联军的抓捕,但是她因此也将不再是中

---

① Arthur H. Smith, *China in Convulsion*, Vol.1, pp.149-150.
② Wen Ching, *The Chinese Crisis from Within*, p.71.
③ 凯瑟琳·美第奇是法国瓦卢瓦王朝国王亨利二世的妻子,是三位法国国王的母亲,并两度摄政,以狡猾、冷酷著称。当时欧洲处于宗教改革的旋涡中,信奉天主教的凯瑟琳为铲除新教领导集团,发动阴谋行动大肆残杀新教徒,因而被称为"血腥皇后"。

国的噩梦和当权者,并且即使她还有一些寿数,她的权势也不复当年。"①

不过,在林文庆看来,除了慈禧,对庚子之乱负有更大责任的乃是荣禄、刚毅和庆亲王三人统治集团。他提醒读者,"切勿以为,所有在她(慈禧——引者注)的名义下做的事责任仅在她一个人;她已经成为刚毅、荣禄和庆亲王手中理想的工具了"。② 在他看来,义和团运动愈演愈烈终酿庚子之祸时,局面似乎已非慈禧所能控制,实际的统治权力已落入刚毅等人手中。

在《中国内部之危机》中,林文庆对刚毅、荣禄及端王载漪分别作了介绍,尤其着重剖析他们对外国人的态度。林文庆指出,刚毅保守排外的心态在满洲贵族中极具代表性,"在落后的满族人的头脑中,他们顽固地认为,汉人有凭借着他们的西方知识而变得过于强大的危险。必须不惜一切代价来遏制汉人的进步,但这仅可能是一个权宜之计。必须激起汉人对洋人的仇恨,因为只有排外情绪强烈的时候,隔绝西方知识的自杀性政策才有取得成效的些许可能"。③ 论及荣禄,林氏表示,尽管从表面上看荣禄不像刚毅那么保守,但实质上他坚决地反对变法,而其对中西实力之考量亦反映了满人虚骄自大的心理。在1899年拒绝意大利索要三门湾的要求之后,荣禄错误地以为欧洲列强会慑于清廷的武力威胁而让步。④ 至于端王载漪,林氏则认为,戊戌政变后慈禧等人谋划废光绪、立端王之子溥儁之议,最终迫于列强和维新派的压力未能达成,这使得端王既对洋人怀恨在心,又不满于慈禧、荣禄等人的妥协。"在这种想法下,他将希望转向义和团的首领,而他马上找到了盟友——鲁莽的将军董福祥。"⑤ 林文庆如此详细的叙述和分析,不仅将荣禄等人利用民众的排外情绪驱逐列强在华势力的意图表露无遗,还揭露了清廷内部权力斗争与其对外政策之间的微妙关系。他对荣禄等人在庚子之乱中所犯的罪状言之凿凿,这对于西方读者而言无疑是很有说服力的。

---

① Wen Ching, *The Chinese Crisis from Within*, p. 141. 小阿格里皮娜,全名尤利亚·维普桑尼亚·阿格里皮娜(Julia Vipsania Agrippina),罗马皇后,暴君尼禄的母亲。她先后毒死自己的两任丈夫,其中包括她的第三任丈夫罗马皇帝喀劳狄一世。她被后世视为残酷无情、野心勃勃的女人的典型。
② Wen Ching, *The Chinese Crisis from Within*, p. 127.
③ Wen Ching, *The Chinese Crisis from Within*, pp. 164 - 165.
④ Wen Ching, *The Chinese Crisis from Within*, pp. 174 - 179.
⑤ Wen Ching, *The Chinese Crisis from Within*, pp. 197 - 198.

庚子之变后,列强对善后问题并未立即达成一致,当时主要有三种方案:瓜分中国、扶植新的王朝、维持清廷统治。眼见中国有亡国的危险,林文庆在书中以"列强的当务之急"为题,提出了自己的看法。他强调列强应迫使慈禧归政,惩罚顽固派,拥戴光绪复位并支持其重新推行新政。他建议由慈禧颁布敕令,将以下几点昭告天下:首先,"承认她犯下的罪行,以及她误信刚毅、荣禄和端王等人导致了当前局面";其次,"承认清政府战败,北京被联军攻占";最后,"在敕令中正式将政权交还给光绪"。①

在林文庆看来,只要列强能使光绪复位,维新党人就能继续变法事业,中国就能走向进步和富强。他提醒列强,正是戊戌政变时列强未对光绪和维新党人施以援手,才会导致现今的局面,"他们决心与反动的满人共命运,而现在他们就在自食其果"。② 他甚至发出警告,正在海外积极活动的改良派已做好起事的准备,"如果光绪没有复位,这些改良组织将变为革命团体,用不了多久一场大革命将席卷中国,这并不令人吃惊,而革命将给这个国家带来难以言喻的苦难,给世界带来无法估量的经济损失"。③ 林文庆此言非虚,早在清廷废立之议传出后,康梁等人就在东南亚等地策划勤王,林氏不但与二人过从甚密,还亲自捐出巨款支持保皇党的活动。④

不难看出,在对待义和团运动的问题上,林文庆主要是站在改良派的立场上,谴责以慈禧为首的顽固派。值得注意的是,林文庆的言辞或多或少带有"反满"的色彩。他厌恶清朝贵族的保守统治,曾直白地批判道:"一次又一次地,一个伟大的复兴看似触手可及,但每次改弦更张都以回到老路上告终。原因始终是一样的——像棺罩一样悬在这个庞大民族之上的满族恶魔。"⑤ 可以说,林文庆的种族革命思想此时已经显露,但是大体说来其思想还是倾向于温和改良。这种政治观念的复杂性,在19世纪与20世纪之交的海峡殖民地并不少见,这与当地各种政治思潮的汇流有关:一方面维新派在华侨中大力宣传改良,号召推翻顽固派统治,建立立宪政府;另一方面,以孙中山为首的革命派亦在新马等地频繁活动,宣传"反清"思想。较之内地,新马等地去国遥远,皇权影响较弱,故而林文庆这样的

---

① Wen Ching, *The Chinese Crisis from Within*, pp. 280 – 281.
② Wen Ching, *The Chinese Crisis from Within*, p. 244.
③ Wen Ching, *The Chinese Crisis from Within*, p. 282.
④ 参见桑兵《庚子勤王与晚清政局》,北京大学出版社,2004,第238~249页。
⑤ Wen Ching, *The Chinese Crisis from Within*, p. 16.

处于殖民统治之下的知识分子少一些忠君思想，多一些务实之举，实不难理解。

三 以"白祸"驳"黄祸"

庚子年间，随着义和团包围北京外国使团的消息传至欧美，针对中国的"黄祸论"在世界范围内甚嚣尘上，德皇威廉二世那幅著名的《黄祸图》也被大量刊印。① 中国人在西方人眼中成为"野蛮""邪恶"的代名词，亲历庚子之变的赫德在《双周评论》上发表文章，更是将"黄祸论"与义和团运动直接联系在一起。他将义和团运动所折射出的中国人的爱国精神视为潜在的"黄祸"，预言道"义和团运动无疑是官方煽动的结果，但是这个运动已经吸纳了群众的想象力，将会像野火一样燃遍全国每个角落"。② 其时，赫德已在中国海关工作40余年，与中国官民和清廷要人都有长时间且深入的接触，因而西方世界颇为相信他在义和团问题上的看法。于是，赫德的言论与列强的"逞凶论"相呼应，西方舆论纷纷叫嚣"报复中国"。③

正是在这样的背景下，林文庆在《中国内部之危机》末尾着重探讨中外关系，揭示在不平等条约体系下，西方势力的入侵给中国带来的危害，由此分析义和团运动中的排外情绪的深层原因。林文庆认为，西方人首先应该抛开"黄祸论"对中国的丑化和曲解，了解西力东渐以来中外关系的真相，而所谓"黄祸论"只是西方人站在自己的立场上发表观点，单单从西方人的观念和利益出发，并非对中国的公正评价。林文庆还提出，若承接这种逻辑，从中国的立场出发，西方之于中国不啻"白祸"。紧接着，

---

① 画中象征日耳曼民族的天使手执闪光宝剑，告诫欧洲列强的保护神"黄祸"的降临。德皇在接下来给沙皇的信中解释道："这幅草图表现了俄国和德国在东方传播真理与光明的福音而充当黄海上的哨兵的象征性形象。"参见吕浦、张振鹍等编译《"黄祸论"历史资料选辑》，中国社会科学出版社，1979，第115页。
② 吕浦、张振鹍等编译《"黄祸论"历史资料选辑》，第33页。
③ 需要说明的是，赫德表达这一看法的本意，恐怕不在于用"黄祸论"激起西方世界对中国的敌对与反感。庚子事变之后，作为中国海关总税务司的赫德，成为中外沟通的桥梁，在清廷与列强议和的过程中扮演着重要角色。赫德在《双周评论》上的言论，很可能是希望列强在庚子之变善后问题上考虑不容忽视的中国民众的力量。已有最新的研究指出，赫德在庚子议和中主张尽早议和，并在主观上希望中国少赔款，少受损害，但是由于议和问题相当复杂，各方诉求难于调和，赫德所能发挥的作用较为有限。参见张志勇《赫德与晚清外交》，中华书局，2021，第297~307页。

林文庆分别从国家和官员的立场、大众的立场两个层面阐发了他的"白祸论"(White Peril)。

从国家和官员的立场出发,林文庆指出,鸦片战争以来的中西关系本来就建立在不平等条约体系之上,因此从根本上讲,中外交涉中中国就处于不利的一方。他以"最惠国待遇"为例,认为它不但不能成为平衡各国在华利益的杠杆,反而"它就像一个定时炸弹一样,因为惊惧的中国人担心所有'最惠国'会蜂拥而来以图攫取每一寸土地,而不敢试图作任何努力"。① 关税也能反映这种不平等。关税权的丧失也就意味着中国独立自主的国家主权被破坏,而中国以外的欧洲人似乎对此并不知情。林文庆指出,欧洲的葡萄酒、烈酒、香烟等奢侈品未被列强列入征税的范围内,但是在上海、广东或中国其他地方的外国人进口这些东西并不是为了自己的消费,而是进行买卖,赚取高额利润。但是,中国政府却无法控制外国人的这种买卖,而如果在欧洲大陆,一个微不足道的人就可以全权控制这种行为。林文庆还不无讽刺地说:"这就可以解释最近在暴乱最严峻的时候,北京使团里的供酒未受影响是怎么回事了。"②

林文庆又指出,在不平等条约体系之下,清廷官员在办理中外交涉事件的过程中也处于被动位置。尤其对于地方官吏而言,在治外法权和中外官员会签的制度之下,他们对于辖境内的洋人与民众的纠纷没有任何实际的处置权力。"一方面外国政府通过总理衙门对那些郁郁不乐的地方官员施以最严厉的惩罚,指斥他们对当地人疏于管理;另一方面,又制造一套机制使得中国官员的行政和审判失去实际效力。"③ 林文庆据此认为,不平等条约体系不但让中国落入任人宰割的境地,还破坏了中国的正常秩序,甚至成为加剧华洋矛盾的导火索。

从大众的立场出发,林文庆认为西方列强的入侵对中国民众造成的侵害更加严重。因为,民众利益不单受到外国势力的破坏,还遭到本国政府的无情压制。"中国人对洋人的反感有很大一部分来源于条约的制订者完全不考虑中国真正的主人——民众的利益。他们大肆出卖古老的公共权利、家族和个人的权利,而不为他们保证丝毫的公平或合理的补偿,政府

---

① Wen Ching, *The Chinese Crisis from Within*, p. 293.
② Wen Ching, *The Chinese Crisis from Within*, p. 294.
③ Wen Ching, *The Chinese Crisis from Within*, p. 301.

残忍的专制独裁由此可见一斑。"①

林文庆分别从三个方面说明中国民众的利益受到的损害。

第一,关税权的丧失给中国本土商人利益带来了极其恶劣的影响。林文庆阐述道:"关税阻碍了本国商人,却为外国人提供了特权和好处。这个好处增加了中国人的负担;它并非之前的税额的替代,而是强加在本国商人身上的额外钱捐。"② 由于关税已为外人攫取,为了维持国家的行政运作,满足皇室奢靡的生活需求,在各个口岸、集镇设立专门机构征收的厘金就成为清政府财政收入的新来源。对于普通的商人而言,影响其商业利润的最直接因素是清政府征收的厘金。这样一来,无疑使国内本来已经脆弱的生产和贸易受到雪上加霜式的打击。林文庆以茶叶贸易为例,指出厘金的设置使得茶叶贸易的成本上升,利润下降,加上锡兰茶叶逐渐为欧洲人所接受,本土的茶业损失严重。③

第二,对公共权利和习俗的侵犯。西方的入侵对于中国民众生活的影响显得更加深入。由于中国是个历史悠久的文明古国,民间的传统也根深蒂固,对于生于斯长于斯的人而言,这些权利和习俗是与生俱来的。林文庆特别指出:"中国人的公共权利和习俗亘古已有。它们在各个历史朝代中,从未被实在地干预过。"④ 林文庆以很具典型性的"风水"问题说明西方人对中国人公共利益的侵犯。林文庆提醒西方人:"迷信风水的问题一定要从中国人自己的立场上去考虑。"⑤

第三,宗教上的冲突。林文庆认为,新教传教士并没能在普通民众中间起到启发民智的作用,反而往往造成社会冲突。林文庆还分析了中国人对基督教反感的原因,他认为问题的症结在于中西文化的差异。由于基督教与中国的传统观念之间存在着巨大的鸿沟,而一旦一个人皈依了基督教,就代表他的思想完全由宗教驱策,也就是完全背离了中国的文化传统,这自然不能被社会接受。林文庆还特别提到,"中国人将家庭视为最基本的实体,以致他们非常怀疑这个致使'兄弟相残、父子反目'的宗教"。⑥

---

① Wen Ching, *The Chinese Crisis from Within*, pp. 306 – 307.
② Wen Ching, *The Chinese Crisis from Within*, p. 308.
③ Wen Ching, *The Chinese Crisis from Within*, pp. 309 – 310.
④ Wen Ching, *The Chinese Crisis from Within*, p. 311.
⑤ Wen Ching, *The Chinese Crisis from Within*, p. 314.
⑥ Wen Ching, *The Chinese Crisis from Within*, p. 320.

对于频繁发生的教案，林文庆认为在教民和非教徒的冲突中，传教士的立场是难以把握的，他们往往打着正义与仁慈的旗号庇护那些为非作歹的人。林文庆对在教案中受到惩处的人抱有同情态度，他发现："在任何一个反对基督教的动乱中，结果都是一大群无辜的乡民要承担少数恶人所犯罪行的后果，这样说是没有问题的。"[①] 林文庆认为基督教在传播中与中国社会间的矛盾是不可避免的，这是基督教与历久弥坚的中国传统信念之间的碰撞，但他仍然主张西方人转换自己的角度，设身处地地理解中国人反对基督教的原因。他让人们设想佛教和儒家思想传入伦敦或巴黎的后果，指出它们必将被基督教及其各个教派斥为魔鬼创造的最有害的东西，并且为所有法国和英国的历史悠久的习俗所不容。

四 林文庆、辜鸿铭辩驳"黄祸论"之异同

说到义和团时期华人对"黄祸论"的辩驳，不能不提到辜鸿铭的《尊王篇》。辜氏在这本书中以纯熟的英文和深厚的西学功底，一方面竭力为以慈禧为首的清廷辩护，批评列强单方面操纵拟定的十二条《议和大纲》；另一方面"痛斥西方人对中国人及其文明的歧视，指责西方各国民族的民族性弱点、文明的缺陷，及其对中国的危害，进而辨别中西之间文明与野蛮的真相，批驳'黄祸论'，要求他们尊重中国人和中国文明"[②]。辜鸿铭还敏锐地看到"黄祸论"只是西方为其殖民扩张政策寻找的一套说辞。针对德皇威廉二世的《黄祸图》，辜氏批评道："德皇的'黄祸'之梦，实在不过是一个十足的梦魇。这个庞大的吃人恶魔，这个称之为'殖民政策'的现代怪异巨兽，正是今日世界可怕的现实。"[③]

辜鸿铭分析，"黄祸论"实质上反映的是东西方文明之间的敌对关系。他认为，"目前在欧洲和远东之间确实有一种文明之争在进行着。不过在我看来，这种斗争似乎并不是一种黄种文明与白种文明之间的冲突，而更似一种远东文明与那种可称之为欧洲中世纪文明之间的冲突"。在辜氏看来，文明与否的判断标准并不是物质生活水平，而是人本身的道德状态。从这个意义上说，儒家文明并不劣于西方基督教文明，因为"建立在一个依赖于人的平静的理性基础之上的道德文化，纵使不是一个较高层次的，

---

① Wen Ching, *The Chinese Crisis from Within*, p.323.
② 黄兴涛：《文化怪杰辜鸿铭》，第125页。
③ 《尊王篇》，《辜鸿铭文集》（上），第113页。

也是个极其博大的文明"。基于此种观点,辜氏预言,黄种人的儒家文明不但不会成为世界的"祸害",相反它所讲求的"仁慈、正义、秩序、真理和诚实本性的内在之爱",将是未来文明的方向。①

比较林文庆和辜鸿铭对"黄祸论"的辩驳,不难发现二者策略上的不同:辜鸿铭首先申明文明程度的评判标准,再从中西文化的不同特性入手,论证中国文明是高度发达的文明,中国人是深具"理性意识和道义"的民族,从而驳斥"黄祸论"污蔑中国为落后、停滞、野蛮的国度的论调。②林文庆则主要从中外关系入手向西方读者表明,不平等条约体系的存在不但侵犯了清政府的主权,还极大地侵害了民众的利益,因此,公平地说,西方势力入侵中国才是真正的"祸害"。比较二人的观点,辜鸿铭的理论似乎更显高明,精通中西文化的他看到西方文明自身有其弊端,这在西方现代性价值成为世界主导价值的时代是难得的。③

然而,林文庆的"白祸论"的价值在于,它向西方读者道出了中国民众的心声。笔者注意到,前述义和团运动之后伍廷芳在美所作《外国人在中国不受欢迎的原因》的演说,所给出的解释与林文庆的"白祸论"颇为相似。前者同样强调不平等条约确立后中国利权的丧失,批判在华传教士庇护信徒而干扰诉讼的行为,指责在华西人不尊重中国的习俗与传统,同时也表达了对西方人凭借治外法权在中国有恃无恐的担忧。可以想见,林文庆的"白祸论"和伍廷芳的演讲,目的都在于向西方世界昭示西方势力入侵给中国民众带来的危害。由于媒介的缺乏,这种将中国人的苦难与不平之情实实在在地摆在西方人面前的言论,在20世纪初年的英语世界即使不是难能的,也是不多见的。

五 《中国内部之危机》一书的反响

值得注意的是,《中国内部之危机》在英国出版后,很快引发了读者的关注。《泰晤士报》的书评栏目亦登载了该书的书评。书评作者首先关注的是"Wen Ching"的真实身份,指出他似乎是一个居住在海峡殖民地的中国人、维新运动的"热切同情者",并且猜测"Wen Ching"可能是

---

① 《尊王篇》,《辜鸿铭文集》(上),第171~184页。
② 参见罗福惠《辜鸿铭对"黄祸"论的回应》,《史学月刊》2005年第4期。
③ 第一次世界大战以后,辜鸿铭有关东西文明的观点"中国文化救西论",在西方有较大影响。参见黄兴涛《文化怪杰辜鸿铭》,第279~285页。

在康有为在新加坡逗留期间成为其忠实的追随者的。书评肯定了林文庆的英语表达，认为他的英语既生动又明白易懂。从外国读者的角度看，《中国内部之危机》传递了有关中国政局的丰富信息，其中既介绍了中国的维新派和顽固派，也披露了慈禧的历史、性格以及她发动的戊戌政变，后者是书评作者认为本书最具吸引力之处。① 显然英国读者对于一个中国人能够写出一部表达如此流畅的英文著作感到非常震惊。在英国重要的杂志《旁观者》（The Spectator）上有人写道："'文庆'颇为熟悉西方的思维方式，且颇有英语写作的天赋，尽管他过于娴熟的技艺和引经据典的能力使他的文字看起来不总是那么可信，但他的文化修养是不容置疑的。"② 《中国内部之危机》中披露的内容让这位读者兴致盎然，在他看来有关慈禧的故事读来就像是《一千零一夜》，而康有为看起来更像是一位博学家，而不是一位严肃的政治家。

此外，有英国读者在《星期天特刊》（The Sunday Special）上撰文评论，自1900年以来，自赫德之后有许多西方人都试图对中国复杂的局面发表自己的见解，但人们不禁要发问："中国人对于这些外国人的关注作何感想？"《中国内部之危机》一书就是对这个问题的解答。这篇评论的作者认为，从《中国内部之危机》一书的内容来看，作者对于中国的政治和宗教十分熟悉，书中的观点构成了对于清廷最为犀利的批评，而其中有关中国人视外国人为"白祸"的说法，无疑让西方人大为震惊，他们要么把中国人视为应当皈依基督教的异教徒，要么认为中国人都是应该被杀头的"拳民"。③

尽管在《新加坡自由西报》的主编圣·克莱尔看来，《中国内部之危机》一书在出版当年相当受欢迎，以致他在17年后依然颇为自得地介绍书中的内容最初乃是经他之手编辑的，④ 但是，在后世的历史叙事中，林文庆及其《中国内部之危机》的受关注程度似乎不及辜鸿铭的《尊王篇》。这可能有多方面的原因：首先，在庚子事变之前，辜鸿铭就已在西

---

① "Chinese on the Crisis in China," *The Times*, May 18, 1901, p. 15.
② "The Chinese Crirsis from Within," *The Singapore Free Press and Merchantile Advertiser* (*Weekly*), Jun. 20, 1901, p. 4.
③ "The Chinese Crirsis from Within," *The Singapore Free Press and Merchantile Advertiser* (*Weekly*), Jun. 27, 1901, p. 3.
④ W. G. St. Clair, "Chinese Witness: In Gernmany before the War Page of History," *The Shanghai Times*, Sep. 3, 1918, p. 8.

方享有一定声望，他在《字林西报》上发表的有关西方中国学研究及论述长江教案的文章颇有影响力，而他翻译的《论语》也引起了西方的重视。其次，庚子之变之际，辜鸿铭是"东南互保"的发起者张之洞的幕僚，这一特殊身份无疑是吸引读者目光的一大原因。最后，辜鸿铭英文功底深厚，文风典雅、风趣、流畅，较易获得西方读者的好感。

义和团运动爆发后，西方世界对中国的关注达到前所未有的程度，各种有关义和团和中国的书籍层出不穷。然而，在那样一个特殊的历史时期，西方人看待中国的眼光往往是充满敌意甚至鄙夷的，他们笔下的中国形象总是或多或少带有扭曲和失实的成分。在当时的英语世界中，少有从中国人自己的角度出发作出回应的英语著作。诚然，辜鸿铭的《尊王篇》亦出版于义和团运动期间，但其内容多为政论，而少有对从戊戌到庚子的中国政事的详细记述。此外，与辜氏保守、效忠朝廷的立场不同，林文庆在《中国内部之危机》中大力宣传维新运动，谴责顽固派的腐朽统治。可以说，《中国内部之危机》代表了戊戌、庚子时期要求进步改良的中国人在世界范围发出的声音。

第三章 谋求国家平等
——北洋政府时期国人的英文写作

一时代之文化学术反映一时代之风貌，中国人的英文写作也在很大程度上受到不同时期的政治大势与社会风气的影响。北洋政府时期，随着封建帝制被推翻，民主共和制国家建立，中国人借由英文书写自我呈现、自我辩护的意识更加强烈。北洋政府时期，社会思想文化较为活跃，中外文化交流的程度有所加深，留学欧美的新式知识分子大量涌现。这些因素促使中国人英文写作的数量较清末三十年有所增加，英文著述所涉及的主题也更加多元。这一时期由中国人完成的英文著作显著增加，据笔者粗略统计，1911年至1927年由中国人撰写的直接与中国民族主义有关的英文著作有40余种。

民国肇造以后，随着国家主权观念的确立，中国的英文撰述者们更加注重向西方展示中国的觉醒，并在此基础上要求列强给予平等待遇。表现之一是曾在英美等国学习政治学的新式知识分子撰写著作介绍中国的民主政治。他们在著作中介绍西方国家的宪政经验，探索中国建立共和制度的路径，又通过这些著作向西方表明中国具备实现民主政治的可能。二是知识界大力向西方介绍五四新文化运动，他们强调这场运动是中国人思想层面的一次彻底变革，并将它称为"中国的文艺复兴"。三是中外关系问题在这一时期中国人的英文写作中占有较大比重。这些著作对不平等条约体系作了细致而深入的研究，其落脚点在于废除不平等条约，收回中国丧失的利权。

第一节 北洋时期国人英文著述概况

一 留学生与英文著述的涌现

大体而言，北洋政府时期大部分中国人的英文著作，都较为鲜明地流露出对于民主政治与民族平等的诉求。同时，北洋政府时期学术文化在一定程度上得到发展，出现了一批由留学海外的知识分子撰写的英文学术著作。这些著作有许多是由学位论文而来，① 它们以中国问题作为研究对象，既有现代学术研究的眼光与角度，又具有深切的现实关怀。这种用英语完成的学位论文的出现也构成了北洋政府时期中国人英文写作的一个新特点。值得注意的是，早在1920年，留学英国并获得法学博士学位的刁敏谦在阐述留学归国的新式知识分子在新文化运动中扮演的重要角色时，便将中国留学生所撰写的关于中国问题的博士学位论文作为一大类别，并在文中罗列28种在博士学位论文基础上出版的英、法、德文著作，其中英文有21种。② 选择与中国相关的问题作为学位论文的主题，固然有熟悉研究对象故而较易完成的考量，但同时也不能否认海外学子面对祖国遭遇的困境与巨变，急于运用所学知识服务国家的自觉意识。据笔者统计，在前述1911~1927年出版的40余种与中国民族主义相关的英文著作中，约有四分之一是由作者在自己学位论文的基础上修改出版的。③

此外，第一次世界大战的爆发，特别是中国的参战，也在一定程度上促使越来越多的中国人有意识地用英文向外发声。1921年，赖德烈（Kenneth Scott Latourette，1884-1968）④ 在评述第一次世界大战以来有关中国历史研究的著作时便注意到，自1914年以来，一批由中国人撰写的英文著作出现。在赖德烈看来，这些著作往往是不成熟甚至不准确的学术研究，因为"它们通常是由那些自幼便与西人为伍，从没有机会仔细或全面地钻研中文资料的人而作。指导他们研究的大多是对中国的语言、制度和历史一无所知

---

① 这些英文著作以博士学位论文脱胎而来的居多，也有部分著作出自硕士学位论文。
② Tyau, M. T. Z., "Chinese Returned Students and Literary Revival: Foreign Books by Chinese Authors," *The North-China Herald*, Vol. CXXXVI, No. 2767, Aug. 21, 1920, p. 507.
③ 考虑到学科性质的差异，笔者在统计时主要以人文社会科学相关专业的博士学位论文作为标准。民国初年，学习理、工、农、医等学科的中国留学生远远超过学习人文社会科学的数目，学习理工科的中国学生所作的科学研究及撰写的论文中也有许多是以中国事物作为研究对象的，并且他们的研究取得了令人瞩目的成就。这种现象与当时流行的"科学救国"思潮有着密切的联系，丁文江等人在自然科学领域的研究就是极好的例证。从这个意义上讲，自然科学领域中中国人用英文撰成的研究著述也体现了新式知识分子深刻的民族主义关怀。此外，在社会科学领域攻读经济学的留洋学生撰写的博士学位论文中，也有很多与中国社会经济状况密切相关且具有较强的现实意义。关于近代中国留学生撰写的经济学类博士学位论文，参见邹进文《近代中国经济学的发展——来自留学生博士论文的考察》，《中国社会科学》2010年第5期。
④ 赖德烈，20世纪上半叶美国中国研究的重要学者之一，担任耶鲁大学神学院宗教系教授多年，以基督教史研究闻名。1910年首次来华，在长沙雅礼学校任教，1912年回国，后又于20世纪20年代再度来华访问。

的美英学者,他们自己的知识都支离破碎,无法恰当地指导他们的学生"。

赖德烈认为,就丰富人们对中国早期历史的认知而言,这些著作的意义不大,但在另一方面它们又具有特别的意义。他在书评中这样写道:

> 不过,它们非常有趣,因为其中偶尔包含着非常有价值的材料,并且时常凸显在美国或欧洲留学的年轻中国人的利益、思想偏好及信念,他们将来会在自己的国家的领导阶层中占据相当大的份额。此外,这些著作或许也预示着在若干年之后,在接受现代历史学方法的训练并以无西方人能及的兴趣和能力去处理他们自己的档案之后,中国人写出的作品将会大大拓展世界对其祖国的了解。①

不难看出,赖德烈对于中国人所撰写的英文著作的学术价值,看法是有所保留的,但是对这些著作中反映的当时中国人的思想意识很感兴趣。这也在一定程度上反映出,中华民国建立以后西方世界对中国的关注与好奇。

更为重要的是,赖德烈的话表明,在中国人撰写的关于中国历史的英文著作中,相比对于中国历史的研究,西方读者更看重的恐怕是中国人对中国时局的记述与看法。中华民国建立以来,终结帝制后的中国并未进入政治发展的平稳阶段,就内政而言先有二次革命、帝制复辟,后有军阀割据与南北分裂,就外交而言有"二十一条"、参战问题、巴黎和会,各种状况层出不穷,内外因素纠结纷乱。尽管有许多西方记者、观察家撰写大量有关中国时局的著作,但是由中国人自己通过英文著作呈现的这些变化、表达的观念与意志无疑更能吸引西方读者。

中华民国建立以后,中国人的英文写作作为中外交流媒介的作用进一步凸显,中国人对于自己国家的述说已逐渐成为世界了解中国的一个重要渠道。正如曾担任驻华公使十四年之久的朱尔典(John N. Jordan)在给刁敏谦的英文著作《被唤醒的中国》(*China Awakened*, 1922)所作的序中所说:"迄今我们的中国知识主要是从外国人所写的书籍中得来的,直到最近几年,中国人自己才认识到使外界更了解他们国家的必要性。这是一个显著的进步,因为在过去中国由于误解而遭受了很多不幸,应该公平地评断。"② 时任美国驻华公

---

① Kenneth Scott Latourette, "Chinese Historical Studies during the Past Seven Years," *The American Historical Review*, Vol. 26, No. 4, Jul., 1921, p. 707.

② J. N. Jordan, "Preface," *China Awakened*, by Tyau, Min-ch'ien Tuk Zung, New York: The Macmillan Company, 1922, p. v.

使柯兰（Charles R. Crane, 1858 – 1939）[1]在给该书所写的序言中则认为：

> 无论是中国的成就还是问题，人们都少有了解，部分原因是中国人对于自己的国家和人民缺少足够的研究与理解。就像一个历史悠久的骄傲的家族一样，有着四千多年光荣成就的中国人一直漠视任何自我解释或者做广告的需要，事实上这些呼声甚至被他们抛到脑后了。……因此，看到中国的宣传家们现在承担起这项任务，告诉世界什么是中国，她正在做什么，她希望做什么。中国的声音的确变得清晰明了起来，这是最鼓舞人心的信号。[2]

朱尔典和柯兰的言辞透露出，西方世界不仅对中国的过去与现在抱有一定的好奇心，更希望了解中国人对国家现状与前途的思考与实践。可以说，民国建立后，涌现的一批由中国人撰写的英文著作，恰恰为西方更直接地了解中国创造了条件。

就这些英文著作的撰述者而言，他们的写作动机不只是向西方展示中国。北洋政府时期，随着民族国家意识的加强，中国的知识阶层十分注重向西方介绍清末以来中国发生的深刻变革。他们力求让读者看到中国这个古老国度的进步与希望，其根本目的在于，促使西方国家调整对华政策，敦促列强"平等待我"。在《被唤醒的中国》一书中，刁敏谦通过追溯清末以来中国各个领域所经历的深刻变革，介绍了中国作为由帝制向现代转型的国家，其自我意识逐渐觉醒的过程。他同时指出列强的政治经济束缚是中国诸多问题的症结所在，中国的觉醒就意味着要摆脱这些束缚。他对西方国家提出希望："中国曾被描绘为一个文明，而不是一个国家。这是因为她的内政外交都遭到破坏，变得支离破碎。国际联盟应当勇敢地将正义赋予中华民国，西方各国应当偿还他们对中国人欠下的债，应当让中国人有机会做到最好。然后，用不久前到访中国的法国前总理班乐卫先生的话说，'明日之中国在保有其文明的同时，将会成为一个国家，其权力不再高度集中，却是文明大国之交响中的一个不可或缺的

---

[1] 柯兰，又作克兰，芝加哥资本家，威尔逊总统的顾问及好友。1909 年曾被塔夫脱总统任命为驻华公使，但未就。1920 年 3 月 22 日被威尔逊任命为驻华公使，接替芮恩施（Paul S. Reinsch）。柯兰曾资助《大陆报》（*The China Press*）的创办，试图推动新银行团的建立。

[2] Charles R. Crane, "Introduction," *China Awakened*, pp. viii – ix.

重要元素'。"① 可以说，随着现代国家意识的觉醒，北洋政府时期中国人英文写作的一个重要主旨便是谋求中国在世界各国中的平等地位。

1912年到1927年，由中国人撰写的以中国为主题的英文著述计有49种，写作的主题也有所拓展，对于中国的介绍与研究也更为全面（见表3-1）。

表3-1 1912~1927年国人英文著述概况

主题类别	数量	主要议题
文化	12	中国历史概况、中国文学、中国哲学、新文化运动
政治	10	中国革命、中国政治制度、民主政治的探索
中外关系	13	中外关系概况、治外法权等不平等条款、山东问题、东北问题
教育	6	现代教育在中国的确立、平民教育、中国留学生现状
社会	3	劳工问题、家庭组织、社会风俗
宗教	5	基督教在华传播、基督教青年会学生眼中的中国

注：为与论文主旨契合，此统计不包括较为单一及纯粹学术性的著作，以及演讲词、政府官方文书及说帖。

资料来源：Yuan, Tungli comp., *China in Western Literature: A Continuation of Cordier's Bibliotheca Sinica*, New Haven: Yale University, 1958。

二 讨论民主制度：一个新动向

辛亥革命前后，中国在民主政治的道路上挫折不断，一些具有政治学素养的新式知识分子撰写英文著述，分析中国民主政治的可能途径，探究现代民族国家的发展道路。对于现代民主政治的探索是北洋时期中国人英文著述关注的重要问题之一。据笔者目前所见，这类著作主要有：严鹤龄的《中国宪政发展研究》(*A Survey of Constitutional Development of China*, 1911)，刁敏谦的《中国新宪法及国际问题》(*China's New Constitution and International Problems*, 1918, 1920年再版)，鲍明钤的《中国民治主义》(*Modern Democracy in China*, 1924, 1927年再版)，程锡庚的《现代中国：一项政治的考察》(*Modern China: A Political Study*, 1919)②。

---

① Tyau, Min-ch'ien Tuk Zung（刁敏谦），*China Awakened*, p.340；班乐卫（Paul Painlevé, 1863-1933），亦译作保罗·潘勒韦，法国数学家、政治家，两度出任法国总理，后任巴黎大学中国学院院长，1920年从日本来华访问并在北京大学讲演。
② S. G. Cheng, *Modern China: A Political Study*, Oxford: Oxford University Press, 1919.

（一） 严鹤龄《中国宪政发展研究》

《中国宪政发展研究》是严鹤龄①的博士学位论文。严氏是第一位从美国政治学研究重镇——哥伦比亚大学获得博士学位的中国学生。② 有学者则根据袁同礼《中国留美同学博士论文目录》(A Guide to Doctoral Dissertations by Chinese Students) 判断，严鹤龄是中国最早获得留美政治学博士学位的人。③

严鹤龄撰写博士学位论文时，革命派和维新派正在大力鼓吹西方资产阶级政治学说，批判君主专制制度，中国社会酝酿着一场深刻的变革。而严氏此文却着眼于向西方介绍中国传统政治的可取之处。他写道："这个时代，以巨大的付出与牺牲换来的西方文明被介绍到中国，中国理所应当给予西方一些自身的东西作为回报。作者认为中国有很多可以给予的东西，尤其是在政治科学领域。从中国人建立的政府、制度及其在海外居住时建立的会社和俱乐部就可以看出中国人具有高度的政治天赋。"④ 他试图用西方的政治学说诠释中国的传统政治制度，开篇即提出"中国有没有宪法"这个问题，并认为如果将宪法理解为一套习俗、传统及先例，那么中国就有宪法。"就像基督徒珍视圣经，英国人珍视大宪章，美国人珍视宪法一样，中国人珍视儒家经典。"⑤ 在接下来的章节中，他主要介绍了以儒家思想为核心价值的中国传统政治制度。

《中国宪政发展研究》主要分为五个章节：第一章"政治哲学"阐释道家、儒家、墨家的学说，第二章"封建主义（公元前2205～前221年）"主要介绍先秦宗法制度及政府构成，第三章"公法"则主要是对

---

① 严鹤龄（1879～1937），浙江余姚人。早年毕业于上海圣约翰大学，1908年任复旦公学讲师兼学监，后入美国哥伦比亚大学，1911年获博士学位，归国后授法科进士。1913年起，任北京政府外交部秘书、佥事，兼任宪法研究会会员。长期服务于北洋政府外交界及教育界，曾任外交部参事、巴黎和会中国代表团专门委员、国际联盟秘书、华盛顿会议中国代表团顾问、清华学校（后国立清华大学）校长，以及北京英文《中国社会及政治学报》编辑兼总经理等职。
② 孙宏云：《中国现代政治学的展开：清华政治学系的早期发展（1926～1937）》，三联书店，2005，第38页。
③ 钱元强：《留美与近代中国政治学》，俞可平主编《北大政治学评论》第5辑，商务印书馆，2019。
④ Yen, Hawking Lugine（严鹤龄），A Survey of Constitutional Development of China, New York: Columbia University, Longman, Green & Co., 1911, pp. 5-6.
⑤ Yen, Hawking Lugine, A Survey of Constitutional Development of China, p. 13.

《春秋》中体现的孔子政治思想的剖析，第四章"中央集权、民众反应与专制主义（前221年以降）"介绍了秦始皇统治下中央集权制度的形成以及后世专制制度的巩固，第五章"成文宪法运动（1905～1910）"则是对清末立宪运动的历史成因与过程的论析。不难看出，严鹤龄此书主要是对中国古代政治制度的梳理。

严鹤龄以"中国宪政"发展为名比附西方近代政治制度，不免显得有些牵强。但是，清末民初，许多留美学生在撰写以中国历史文化为主题的博士学位论文的时候，似乎都在有意无意地寻求西方的对应事物，试图赋予中国传统以近代的价值与意义。在某种程度上，这一类型的博士学位论文恰恰反映了处于清末民初变革之中的近代士人苦心孤诣地为传统中国寻求定位的愿望。又如，陈焕章撰写的哥伦比亚大学的博士学位论文《孔门理财学》（The Economic Principles of Confucius and His School, 1911），以及罗运炎[①]在美国取得哲学博士学位时撰写的论文《孔门社会学》（1914）似乎都循着类似的思路。

这些论文无疑是中国留美知识分子将西方的学问理论与中国的传统文化相结合的产物。正如陈焕章在《孔门理财学》的自序中所言："本质上，本书是关于中国古代思想与制度的研究，它是对独立于西方而发展的中国思想与制度的全面考察，我虽然在材料安排上遵循西方著者的写作惯例，对古老经文的理解也极大地受益于西方思想家，但我一直非常仔细，避免以现代西方经济学家的视角去曲解中国古代思想。"[②] 可见，尽管陈焕章的思想底色仍然是他毕生服膺的儒家思想，但是对于西方学理的吸收与接纳，亦是《孔门理财学》一书的重要特征。

从另一个角度看，这恐怕也构成中国人留学欧美、求取新知的过程中一种反向的文化传播。陈焕章在自序中这样写道："孔教的文献可喻之为蕴藏着丰富矿藏的巍峨高山，而我就是一名采矿者，萃取独特的矿石，并

[①] 罗运炎（1890～?），字耀东，江西九江人，1907年毕业于九江南伟烈书院，1909年赴美国留学，先后求学于鲍尔温学院、雪城大学，获哲学博士学位，1914年回国后历任南伟烈书院教授，江西省督军署顾问，帮办九江交涉事宜，美以美教会总编辑长，中华基督教徒文学会副会长，苏州大学讲师。1929年5月，罗氏出任国民政府禁烟委员会委员，中华全国基督教协进会会长。1933年1月，任立法院第四届立法委员，1942年6月，连任立法院立法委员。他的著述包括英文著作《自内而起的中国革命》、《远东鸦片问题》（The Opium Problem in the Far East），以及中文著作《中国劳工立法》等。

[②] 陈焕章：《孔门理财学》，韩华译，商务印书馆，2017，第3页。

以之贡献给世界生产。正如采矿者自身不能创造矿石,而通过采矿者对矿石的勘探、挖掘与精炼劳动之后,使矿石有用而供人类利用一样,我努力增添人类知识。"[①] 中国留学生负笈西洋,反映出20世纪初中西方之间人员流动密切、交往程度加深,而中国留学生用习得的英语和西方文化知识梳理传统中国的思想文化,无疑意味着东西方之间的文化互动由西方单向度地向中国灌输新知,发展到中国向西方介绍中国固有文化的一种表征。在人文社会科学的范畴中,类似的例子并不鲜见。例如,胡适在康奈尔大学留学时,曾撰写《一个战国时期的哲学家:墨翟的伦理和宗教观》(A Popular Presentation of the Ethical and Religious Views of Mo‐Ti),发表于1916年第6期的《中国留美学生月报》上。[②]

(二) 刁敏谦《中国新宪法及国际问题》

刁敏谦[③]的《中国新宪法及国际问题》是民国成立后较早的一部研究宪法问题的英文著作。此书大部分内容写于1916年12月至1917年7月,曾载于《大陆报》、《京报》(英文版)(Peking Gazette)等刊物上,当时刁氏正在清华学校教授国际法课程。其时正值洪宪帝制失败,旧国会重开,民国永久宪法的制订工作于是得以继续进行。1917年,国会已就《中华民国宪法草案》(即《天坛宪草》)召开二读会。[④] 刁氏所研究的

[①] 陈焕章:《孔门理财学》,第3~4页。
[②] 席云舒:《胡适考论》,第3页。
[③] 刁敏谦(1888~?),字德仁,广东兴宁人,1895年左右随父赴檀香山求学,曾求学于意奥兰尼书院(Iolani School),该校也是孙中山的母校。1900年刁敏谦回国,入上海圣约翰大学。1907年,他以名列前茅的成绩自圣约翰大学毕业后赴英国留学,入伦敦大学,1916年获法学博士学位,博士学位论文为 "The Legal Obligations Arising out of Treaty Relations between China and Other States"(《中国国际条约义务论》)。他曾任驻英国使馆纂员。1916年归国,任清华学校教授,讲授国家法及英语。1917年,任英文《北京导报》(Peking Leader)总编辑。1919年,再任清华学校教授。1920年,任国际联盟中国代表团专门委员。1921年,任华盛顿会议中国代表团秘书。1922年归国,任中华政治学会(The Chinese Social and Political Science Association)会刊《中国社会及政治学报》(The Chinese Social and Political Science Review)的总编辑,后历任中俄会议事宜督办公署科长、中国法权调查委员会秘书、关税特别会议筹备处会办。1926年,任外交部秘书。1928年去职。1929年,任国民党外交部参事,旋兼外交部情报司司长。1931年辞职后,在北京执律师业。参见 "Who's Who in China," Millard's Review of the Far East, Vol. IX, No. 12, Aug. 23, 1919, p. 483。
[④] 参见徐祥民等《中国宪政史》,青岛海洋大学出版社,2002,第132、133页。1917年1月26日,宪法会议二读会召开。郭廷以编著《中华民国史事日志》第1册,台北:中研院近代史研究所,1979,第280页。

"新宪法"即指《天坛宪草》，他不无遗憾地表示，如果不是府院之间在对德宣战问题上发生分歧而导致国会被迫解散，此前一直进展顺利的二读程序应当业已完成。①

《中国新宪法及国际问题》主要包括四大部分内容：第一部分是"中国的新宪法"，首先，回顾了中国宪政发展的历程。与严鹤龄的观点相类，刁氏亦将儒家经典称作"中国不成文的宪法"，介绍了中国传统中孕育的民主政治的因子。其次，阐释宪法中所涉及的各项要素，如公民的权利，国会、总统、立法机构的权利，以及省级政府的权限等。最后，则是对1917年旧国会恢复后起草的《中华民国宪法草案》的评价。刁敏谦在书中十分注重介绍美国、法国、巴西等国的相关制度，在评价《天坛宪草》时还专门比较了其与加拿大宪法的异同。第二部分则是"欧战以来及今后中国和列强的外交关系"，梳理了中国参与协约国、向德国宣战的经过，并分析了附带的条约问题。第三部分是"治外法权问题"。第四部分则是"中国与和会：修改条约问题"。可见，除了对民国宪法问题的研究之外，欧战后的中外关系是刁氏此书的另一大关注点。

值得一提的是，除首先对民国永久宪法的制订问题作出研究外，刁氏还是国人中以著述的方式较早地提出欧战后修改条约问题的人。据刁敏谦自己所言，第四部分主要是他稍早前所撰写的另一部著作《中国国际条约义务论》中部分内容的概要。虽属旧文，但其出发点却因时而异。刁敏谦判断："这个共和国作为协约国的盟友参战，意味着对所谓的中国问题在战后和会上将重新作出考察与调整。"② 此语表明，刁敏谦在欧战尚未结束之时即已意识到，作为协约国成员，中国有希望在战后收回自己丧失已久的利权。正是出于这样的认识，他才格外重视对于中外既往条约关系的梳理，为将来中国在和会上申诉自己的要求未雨绸缪。1916年，刁敏谦完成了博士学位论文《中国国际条约义务论》，多年研习国际政治和国际法的他对国际政治中的基本原则颇为熟悉。他关于中国问题在战后和会上将被提出的看法，也呼应了欧战结束后国人普遍的"公理战胜强权"的乐观情绪和期待。不过，刁氏对于条约关系的研究基于更加理性的判断，具有一定的前瞻

---

① Tyau, Min-ch'ien Tuk Zung, *China's New Constitution and International Problems*, Shanghai: Commercial Press, 1918, p. 1.
② Tyau, Min-ch'ien Tuk Zung, "Foreword," *China's New Constitution and International Problems*, p. iii.

意识。

《中国新宪法及国际问题》出版后,《字林西报》、《大陆报》、《文汇报》(Shanghai Evening Post)等各大外国在华报纸一致肯定该著作的学术水准与理性视角,认为刁氏的著作对中国未来的政治走向颇具指导意义。是书还由时任美国驻华公使的芮恩施作序。有趣的是,芮恩施给此书所写的序言仅是针对第一部分即"中国的新宪法",他写道:"每个对中国政治制度感兴趣的人都欢迎中国学者们对宪法及其实践的透彻研究。"① 曾任威斯康星大学政治学系主任的他还建议,中国在探索新的政治制度时应当从中国传统社会的行为规则中寻找资源,例如家庭与乡村中的管理模式。只为一本著作的特定部分作序,实属少见之举。这或许与刁书后三部分所涉及的中外关系与修改不平等条约问题不无关联。处在美国驻华公使这个敏感的位置上,芮恩施很清楚自己如果轻易在这个问题上表态,将可能招致本国政府乃至列强的不满。

(三) 鲍明钤《中国民治主义》

鲍明钤②的《中国民治主义》③ 1924 年出版,前一年直系军阀曹锟刚

---

① Paul S. Reinsch, "Introductory to Part I," *China's New Constitution and International Problems*, p. v.
② 鲍明钤(1894~1961),浙江余姚人,原为余姚基督教会牧师,曾在宁波读书,后入上海圣约翰大学,1910 年入北京清华学堂,1913 年毕业,1914 年通过考试获得庚款留学资格。早年就读于清华学校。1914 年至 1918 年在耶鲁大学经济系,获学士学位,1918~1919 年在哥伦比亚大学,获硕士学位。1921 年毕业于约翰·霍普金斯大学,获博士学位。在美期间,他曾担任中国留学生团体华盛顿会议后援会主席。1922 年冬回国,先后在南开大学、北京师范大学、国立北平大学、交通大学铁道管理学院任教。1931 年任国立北京大学政治学教授,1937 年后曾在伪满洲国新京"国立建国大学"任教,此后又到朝阳大学、辅仁大学任教。著有《中国的对外关系:一段历史和一项研究》(*The Foreign Relations of China: A History and a Survey*)、《中国与世界和平》(*China and World Peace*)、《中国治外法权之废除》(*Relinquishement of Extraterritoriality in China*)、《外人在华沿岸及内河航行权》(*Foreign Navigation in Chinese Waters*)、《在华外侨地位》(*The Status of Aliens in China*)等多部有关中国政治与外交的英文专著。参见 "Who's Who in China," *The China Weekly Review*, Vol. III, No. 5, Mar. 30, 1930, p. 186;《鲍明钤文集》,鲍丽玲、毛树章译,中国法制出版社,2011,"作者简介"。
③ 此书有中译本《中国民治论》(周馥昌译,商务印书馆,1927),英文版亦于同年由商务印书馆再版。中文译本除 *Modern Democracy in China* 外,还包括鲍氏其他著述的内容。为区分原著与译著起见,本书中采用商务印书馆出版英文版时所用书名《中国民治主义》。见《中国民治论》弁言:"今春鲍博士主讲北京法政大学,即以《中国民治论》为教材,盖期其切实而有用也。馥昌幸获聆教,并随时为之译录,以供讲义,鲍博士于原著之外,且旁及于新宪法,馥昌亦一一纂入,故本书内容较原著为富。"

刚通过贿选坐上大总统的位置,而此前国会已两度被解散,政权被各派军阀玩弄于股掌之中,民主共和徒有其表。在这样的背景下,鲍明钤指出:"中国没有充足的准备与基础,骤然从君主独裁制变为共和宪政,不仅遭遇了革命伴生的无政府状态,还受困于军阀专制、内战、破产以及外国干涉与控制,她正在或将要面临在自己乃至其他任何一个国家的历史上都没有的危机。为了应付严峻的形势,回应华盛顿会议上列强关于建立和维持一个稳定而有效的中国政府的情绪,同时为了那些默默受难的无辜又无助的人民——他们是坚定、耐心、勤劳、俭朴、明理、爱好和平的人民,有资格拥有一个良善、稳定、有效的政府——有识之士呼吁并要求有资质者来研究这个问题,以便指示应走之道路。"[1]

鲍氏此书"旨在研究中华民族面临的重要的政治和宪法问题,使相关研究凝结为一部中华民国的永久宪法"。[2] 全书分为上下两编,上编为"现代中国政治与历史",回顾了戊戌维新运动以降中国追求民主政治的历程;下编"宪政政府"则是对宪政若干理论问题的研究,作者在其中比较了内阁制与总统制及联邦制与单一制,探讨了立法、选举、司法、地方政府组织、政党政治及国会等多项内容。附录则包括1908年清政府颁布的《钦定宪法大纲》及1917年旧国会召开后制定的《中华民国宪法草案》等宪政重要文献的英译文本,以及广州军政府的相关文件。

不难看出,对制定中华民国永久宪法的关注是刁敏谦、鲍明钤二人著作的共同特点,反映了国人对于民主制度的追求。辛亥革命后,革命党人建立南京临时政府,标志着中国历史上第一个民主共和国的诞生,其后建立的北京政府同样建立在共和制基础之上。尽管北京政府体制的建构和运行遵循议会民主、责任内阁、三权分立等近代国家民主政治的一般形式和内容,但是这一套从西方引进的政治制度在民初受到"专制之痼习"的冲击,其结构性的脆弱在现实政治斗争中暴露无遗。[3] 清末自日本传入的西方国家政治学说曾经充当革命的理论武器,民国建立后如何践行共和制度、完善民主政治是摆在国人面前的棘手问题,这促使知识分子更多地从

---

[1] Bau, Mingchien Joshua(鲍明钤),"Preface," *Modern Democracy in China*, by Bau, Mingchien Joshua, Shanghai: Commercial Press, 1924.
[2] Bau, Mingchien Joshua, "Preface," *Modern Democracy in China*.
[3] 张宪文等:《中华民国史》第1卷,南京大学出版社,2006,第116页。

中国现实政治出发寻求答案。同时，从学术发展的趋向来看，随着大批留美学生归国任教，中国现代政治学逐渐从留日派的德国模式向美国政治学靠拢，从20世纪20年代开始，中国学院政治学普遍处于美国政治学影响下的本土化努力之中。① 可以说，作为较早一批学习政治学的英美留学生，刁敏谦、鲍明钤等人在著作中厘清中国宪政之路、探索巩固与完善宪政制度的方案，正是缘于上述政治与学术的双重需要。

需要指出的是，这些用英文完成的著作还承担着另一个重要使命，即向西方展示中国正在向着现代民主国家转型的新变化。正如鲍明钤在《中国民治主义》的序言中所说："现代民主政治在中国的兴起将成为20世纪的一大奇迹。它从数千年与西方世界的隔绝状态中诞生，抛弃旧制度代之以西方宪政政府的形式，这个东方古老的民主政治、远东文明的母亲，将要以其现代民主的初次登场使世界惊叹。"② 刁、鲍二人的著作对中国在争取政治民主的过程中所取得的成果都有所介绍，这有助于西方读者改变中国专制落后的刻板印象，使他们感受到中国这个古老国家焕发的活力。民国初年，中国民主政治的践行举步维艰。然而，这些著作表明，中国人在分析中国本土政治情形的基础上，正积极地借鉴西方政治学原理，探求实现民主政治的路径。这种英文写作本身就体现了知识界在实现中国民主政治的道路上所做的努力。

三 研究中外关系的著述大量出现

中外关系是北洋政府时期中国人英文写作的最为突出的主题之一。据笔者统计，1911年至1927年，中国人撰写的关于中外关系的著作约有15种。从内容上看，这些著作主要可以分为两种类型：一是对于中外关系的研究，二是对于特定的外交事件③的论述。

北洋政府时期出现了几部从整体上研究中外关系的英文著作，主要

---

① 孙宏云：《中国现代政治学的展开：清华政治学系的早期发展（1926~1937）》，第397~405页。
② Bau, Mingchien Joshua, *Modern Democracy in China*, p. 1.
③ 这里所说的外交事件是指在国家对外交往过程中发生的较为重要的个别性事件，既包括本国与其他某一国家或多国的纠纷、冲突、战争，也包括各国政府围绕某一外交议题召开的会议。

包括：顾维钧的《外人在华之地位》(The Status of Aliens in China, 1912)[①], 刁敏谦的《中国国际条约义务论》(The Obligations Arising out of Treaty Relations between China and Other States, 1917)[②], 戴恩赛的《中国的条约口岸：一项外交研究》(Treaty Ports in China: A Study in Diplomacy, 1918)[③], 鲍明钤的《中国的对外关系：一段历史和一项研究》[④], 夏晋麟的《中国外交史研究》(Studies in Chinese Diplomatic History, 1926)[⑤]。这些著作都是由作者本人的博士学位论文编辑出版，由此可见，中国的外交关系是20世纪一二十年代中国留学生博士研究的重要内容之一，而鸦片战争以来清政府与列强签订的一系列不平等条约则是这些研究最核心的内容。

值得一提的是，与前面几部著作集中于中外条约关系的研究稍有不同，胡道维的《为中国申诉：废除外人特殊权益和豁免权》(The Case for China: Abolition of Special Foreign Privileges and Immunities, 1926)[⑥]鲜明地提出废除不平等条约赋予来华外国人的特权。这在某种程度上折射出近代国人中外关系研究的变化。大体而言，五四前后国际关系的研究主要着眼于厘清中外条约，当时的知识界大多倾向于在此基础上与列强谈判修改条约。直至20世纪20年代中期，尤其是五卅运动以后，在民族意识高涨的背景之下，国人的外交研究中才开始出现"废除"的明确提法。

除此以外，随着中外关系研究的深入，这一时期也有不少围绕特定中外关系问题所做的研究。例如，施宗岳的《中国与最惠国待遇条款》

---

① Koo, V. K. Wellington, *The Status of Aliens in China*, New York Columbia University, 1912. Series: Studies in History, Economics, and Public Law, No. 126.

② Tyau, Min-ch'ien Tuk Zung, *The Legal Obligations Arising out of Treaty Relations between China and Other States*, Shanghai: Commercial Press, 1917. 此书的中文版1919年由商务印书馆出版，此后数次再版。

③ Tai, En-Sai, *Treaty Ports in China: A Study in Diplomacy*, New York: Columbia University Printing Office, 1918.

④ Bau, Mingchien Joshua, *The Foreign Relations of China: A History and a Survey*, rev. and enl. ed., New York, Chicago: Fleming H. Revell, 1922.

⑤ Hsia, Ching-Lin, *Studies in Chinese Diplomatic History*, Shanghai: Commercial Press Limited, 1926.

⑥ Hu, Tao-Wei, *The Case for China: Abolition of Special Foreign Privileges and Immunities*, Peking: Peking Express Press, 1926.

(*China and the Most-Favored-Nation Clause*, 1925)①，徐淑希研究中国东北及与周边国家关系的著作《中国及其政治实体：一项有关朝鲜、满洲和蒙古的中外关系研究》(*China and Her Political Entity: A Study of China's Foreign Relations with Reference to Korea, Manchuria and Mongolia*, 1926)②。

民国建立后，中国以一个新兴的共和国的姿态踏上国际政治舞台。第一次世界大战结束与俄国十月革命胜利，使中国看到修改不平等条约、收回国家主权的希望。北洋政府以巴黎和会为契机，第一次向列强提出全面修约的要求。20世纪20年代，随着顾维钧、王正廷等职业外交家的崛起，国人针对某项对外交涉而撰写的英文著作对外交家们折冲坛坛形成了某种辅助效应。③ 例如，1921年底至1922年初华盛顿会议召开之际，何杰才④撰写的《二十一条：日本VS中国》(*The Twenty-one Demands, Japan versus China*, 1921)⑤、《1915年5月25日签订之中日条约》(*The Chino-Japanese Treaties of May 25, 1915*, 1921)⑥、《中国、美国与英日同盟》(*China, the United States, and the Anglo-Japanese Alliance*, 1921)⑦、《山东问题：一项外交与世界政治的研究》(*The Shantung Question: A Study in Diplomacy and World Politics*, 1922)⑧ 等书就是这类英文写作的代表。此外，当时的留美学生也编

---

① Sze, Tsung-Yu, *China and the Most-Favored-Nation Clause*, New York, Chicago: Fleming H. Revell, 1925.

② Hsü, Shu-Hsi, *China and Her Political Entity: A Study of China's Foreign Relations with Reference to Korea, Manchuria and Mongolia*, New York, London [etc.]: Oxford University Press, 1926.

③ 在中国与别国的交涉过程中必然产生各种英文文牍，特别是中国政府在巴黎和会、华盛顿会议和国联大会上提交的各种说帖，应当说也是直接代表着国家民族意志的英文书写。由于这类文件档案性质特殊、较为冗杂，并且收集起来有一定难度，而笔者学力不殆，故一般不列入本书的考察范围，在此作一说明。

④ 何杰才（1894~?），字其伟，上海人。美国哈佛大学硕士研究生毕业。1921年作为华盛顿会议中国代表团随员，后历任英文《北京日报》编辑、国务院秘书、外交部外交秘书、关税会议秘书、外交部特派上海交涉员、外交部欧美司司长等职。1927年3月，就南京事件的善后问题与美国驻华公使马慕瑞进行交涉。

⑤ Wood, Ge-Zay, *The Twenty-one Demands, Japan versus China*, New York, etc.: Fleming H. Revell, 1921.

⑥ Wood, Ge-Zay, *The Chino-Japanese Treaties of May 25, 1915*, New York, etc.: Fleming H. Revell, 1921.

⑦ Wood, Ge-Zay, *China, the United States, and the Anglo-Japanese Alliance*, New York, etc.: Fleming H. Revell, 1921.

⑧ Wood, Ge-Zay, *The Shantung Question: A Study in Diplomacy and World Politics*, New York, etc.: Fleming H. Revell, 1922.

撰英文小册子，为北京政府参加华盛顿会议创造有力的舆论环境。①

北洋政府时期还出现了针对某个特定外交事件撰写的英文著作。例如，陈无我编述的中英文小册子《临案纪实》(*True Facts about Lincheng Incident*, 1924)② 就记述了震惊中外的临城劫车案的事实。1923年5月6日凌晨，以孙美瑶为首的"山东救国自治军"千余人劫持了津浦线上行驶的特快列车，百余名乘客被掳为人质，其中有外国人26名，1名英人被击毙。劫车事件发生后，16国驻外公使以"赔偿被害人""保障将来""惩罚"的名义，前所未有地联合向北京政府提出交涉，明确提出类似《辛丑条约》的要求。③临案的发生极大地影响了中国的国际形象，列强更以中国不能履行所谓"国际义务"为由，提出由外人控制铁路等有损中国内政的要求，并将华盛顿会议上达成的实现中国关税自主和取消治外法权等共识搁置起来。④陈无我撰写此书，目的在于使读者了解临城劫车案发生始末及其后中外交涉过程，力图淡化这一突发事件给国际社会留下的不良印象。施宗树的著作《中国问题：中国当前危机的根本原因》(*The Chinese Question：the Underlying Cause of the Present Crisis in China*, 1925)⑤ 则是有关五卅运动的英文书写。

第二节　从五四到五卅：基督教知识分子对中国社会思潮的观察

如前所述，呈现中国的改革与进步，是北洋政府时期中国人用英文撰写著作的重要动机。五四新文化运动作为辛亥革命之后中国社会文化领域中的一次大变革，自然是中国人英文写作中不能忽略的内容。新文化运动向专制与权威、迷信与泥古发起挑战，荡涤了中国千百年来的沉疴痼疾，

---

① Wang T. L., *Introduction to China and the Washington Conference*, Chicago：Chinese Students Alliance in the U. S. A., 1921.
② Ch'en, Wu-Wo, *True Facts about Lincheng Incident*, Peking：Peking Express Press, 1924.
③ 《驻华领衔葡萄牙公使等为临城案件致北京政府的照会》(1923年8月10日)，程道德等编《中华民国外交史资料选编(1919~1931)》，北京大学出版社，1985，第153~158页。
④ 汪朝光：《临城劫车案及其外交交涉》，《南京大学学报》(哲学·人文·社会科学版) 2005年第1期。
⑤ See, Chong Su, *The Chinese Question：The Underlying Cause of the Present Crisis in China*, Manila, The Bulletin Pub, Co., 1925.

在中国的英文撰述者看来,无疑是最能代表中国新形象的运动。《中国人眼中之今日中国》(China To-day through Chinese Eyes)便是北洋政府时期国人向西方介绍五四新文化运动的重要英文著作。①

由书名可知,《中国人眼中之今日中国》是一本从中国视角出发描述中国的著作。此书于1922年、1926年先后出版两辑,分别收录多篇由当时中国几位著名的基督徒知识分子撰写的文章。此书一、二辑都由伦敦的基督教学生运动联盟出版,编者在书前说明:"我们推出这本书目的在于,推动中国辽阔土地上的领袖们与西方的我们之间的相互了解,增进彼此的友谊。同时,对于那些有关中国的无知的说法及报纸上刊登的文章而言,它也可能具有十分必要的辟谬之用。"②《中国人眼中之今日中国》主要是对20世纪20年代中国社会思想文化状况的介绍,也有涉及儒家思想、佛教信仰及基督教在华传播等问题的文章。

1922年4月,世界基督教学生同盟第十一届大会在北京清华学校召开,《中国人眼中之今日中国》第一辑正是在这个背景下产生的。此书序言中写道:"为了今年(1922年——引者注)4月在北京举行的世界基督教学盟大会的代表们,中国基督教学生运动准备了一些有关'新思潮'(New Tide of Thought)的解说,这是正在席卷当今中国的伟大的复兴运动,同时也对构成这场运动背景的经济、智识及哲学力量加以解说。"③ 书中的文章除《今日中国》(China To-day)和《中国人通过和西方基督教国家接触对基督教形成的印象》(The Impression of Christianity Made upon the Chinese People through Contact with the Christian Nations of the West)两篇重印自《生命月

---

① 王苣章的英文著作《中国的青年运动》(Tsi C. Wang, The Youth Movement in China, New York: New Republic, Inc., 1927)亦涉及五四新文化运动。此书出自王苣章1925年在芝加哥大学获得博士学位的学位论文,对现代中国青年群体进行了考察,五四新文化运动是书中的重要内容。王苣章将五四新文化运动视为现代中国青年主导的一场社会运动。他借用杜威的话指出"五四新文化运动不仅是一次政治运动。它是一种新觉悟的宣言,是青年男女的思想觉醒,学校教育使他们意识到寻求一种新的信仰秩序与思维方式的必要性"(p.2)。王苣章在书中比较了欧战后兴起的德国青年运动与五四新文化运动的异同。
② "Publisher's Note," China To-day through Chinese Eyes, the second series, written by T. C. Chao (赵紫宸), P. C. Hsu (徐宝谦), T. Z. Koo (顾子仁), T. T. Lew (刘廷芳), M. T. Tchou (朱懋澄), F. C. M. Wei (韦卓民), D. Z. T. Yui (余日章), London: Student Christian Movement, 1926.
③ "Preface," China To-day through Chinese Eyes, the first series, written by Dr. T. T. Lew (刘廷芳), Prof. Y. Y. Tsu (朱友渔), Prof. Hu Shih and Dr. Cheng Ching Yi (诚静怡), London: Student Christian Movement, 1922.

刊》（*The Life Journal*）① 外，主要出自四位在当时的中国"堪称领袖"②的人物——胡适、刘廷芳③、朱友渔④、诚静怡⑤，除胡适之外的三人都是当时具有一定影响的宗教人物。

在《中国人眼中之今日中国》（第一辑）中，直接涉及新文化运动的是《今日中国》（China To-day）、刘廷芳所写《中国的文艺复兴》（China's Renaissance）与胡适的《文学革命在中国》（The Literary Revolution in China）三篇文章。⑥

---

① 《生命月刊》是由基督教青年会骨干组成的北京证道团（Apologetic Group）（后改名为生命社）创办的杂志。证道团1919年春成立于北京，是一个超越教会宗派的基督教团体，由十几位基督教学者组成，成员大部分是燕京大学神科或宗教系的教授。《生命月刊》1919年10月25日发行，初为季刊，从1921年起每年出10期（7、8月暑假期间停刊）。编辑和主要撰稿人有诚静怡、赵紫宸、刘廷芳、徐宝谦、吴雷川、吴耀宗、余日章等。1926年《生命月刊》与《真理周刊》合并，改为《真理与生命》半月刊，1930年秋改为月刊，1937年停刊。参见张玮瑛等编《燕京大学史稿（1919~1952）》，人民中国出版社，2003，第360、364页。

② T. C. Wang, "Review of China To-day through Chinese Eyes," *American Journal of Sociology*, Vol. 29, No. 5, 1924, p. 620.

③ 刘廷芳（Timothy Tingfang Lew, 1891-1947），1908年进入上海圣约翰大学附属中学，1911年负笈美国，先在亚特兰大佐治亚中学学习，1914年在哥伦比亚大学取得学士学位，1915年获哥伦比亚大学硕士学位，1916年在哥伦比亚大学师范学院获得教育文凭，后入耶鲁神学院，1918年取得神道学学士学位，1920年在纽约曼哈顿公理会教堂按立为牧师，并以《汉语学习的心理研究》（The Psychology of Learning Chinese）一文获哥伦比亚大学哲学博士学位。同年回国，主持燕京大学神科，襄助司徒雷登办理校务，还兼任北京大学心理学系和北京高等师范教育研究科讲席教授，并任《生命月刊》主笔。刘廷芳曾参与创建中华全国基督教协会，1924~1927年任主席，1936年出任南京国民政府立法委员，后赴美就医，在英美讲学，1947年病逝于美国。参见陈丰盛《诗化人生：刘廷芳博士生平逸事》附录"刘廷芳生平大事年表"，中国基督教三自爱国运动委员会、中国基督教协会，2013。

④ 朱友渔（Andrew Yu-yue Tsu, 1886-1986），1911年以《中国人的慈善精神》（The Spirit of Chinese Philanthropy）获哥伦比亚大学博士学位，是第一位获得哥伦比亚大学社会学博士学位的中国人，曾任上海圣约翰大学社会学教授、中华圣公会云南教区主教、中华圣公会中央办事处总干事等职。

⑤ 诚静怡（Cheng Ching Yi, 1881-1939），早年毕业于北京英华书院，曾在英国参与修订新约中译文工作。1906年入格拉斯哥圣经研究院研习神学，1908年回国后在北京任东城米市大街教堂牧师。1910年赴爱丁堡出席世界基督教大会，并被选入国际传教大会常设委员会。袁世凯拟立孔教为国教之际，曾发起信教自由运动。1922年上海成立全国基督教理事会，任首席会议主席、秘书长。

⑥ 其余的几篇文章是朱友渔所写《儒家神学观》（The Confucian God-Idea）及《目前中国佛教的趋势》（Present Tendencies in Chinese Buddhism）、《中国人与西方基督教国家交往中形成的基督教印象》（The Impression of Christianity Made upon the Chinese People through Contact with the Christian Nations of the West），以及诚静怡所撰《中国教会》（The Chinese Church）。

《今日中国》是对中国现实状况的一个总结。该文分别从消极现象和积极现象两个角度概括了中国政治、智识与宗教领域的大致情况。在智识方面，文章认为，尽管中国平民的文盲率仍然很高，大众受教育的机会有限，但是令人满怀希望的是中华民族正处于一个"伟大复兴的时代"（an age of great renaissance）。作者认为，过去五年来中国发生了"文艺复兴运动"，并将其主旨概括为四个方面："重新整合、阐释、评价中国文化""带有批判与检验意识引进西方文明""透彻地科学地研究理论和事实""重建个人与社会生活"。① 作者强调，在这场文艺复兴运动中，中国人从渴望引进西方科学成果转变为讲求对科学原理的理解，对西方文明的渴求也升华为对于现代科学与哲学的领悟。

一 早于胡适的"中国的文艺复兴"之提法

刘廷芳所作的《中国的文艺复兴》是三篇文章中最全面地介绍了新文化运动的。文章分为八个部分，首先，从"什么是中国文艺复兴"、"主要口号"、"主要活动"与"所获成就"等几个方面介绍新文化运动；其次，契合世界基督教学盟大会主题，分析新文化运动对人们的宗教生活、中国基督教传播、世界学生运动的意义；最后，展望运动带来的希望。

（一）胡适与"中国的文艺复兴"说的提出

以往学术界较多关注胡适以"文艺复兴"指称新文化运动的做法，以及瑞士学者王克私（Philippe de Vargas）所发表的《中国文艺复兴的诸种成分》（Some Elements in the Chinese Renaissance）与胡适这一提法之间的关系，② 较少有人注意到其他中国人的英文著述中亦有将新文化运动表述

---

① [anon.], "China To-day," *China To-day through Chinese Eyes*, the first series, written by Dr. T. T. Lew（刘廷芳）et al., p.15. 书中没有注明此文的作者，但结合文章内容以及刘廷芳曾任《生命月刊》主笔的事实，笔者认为此文极有可能出自刘廷芳之手。

② 罗志田较早注意到胡适和王克私对"中国的文艺复兴"的使用，并从学术思想史的角度，逐一探析了梁启超概括清代汉学时所用的"古学复兴"、《国粹学报》所提倡的"古学复兴"、胡适所主张的"文艺复兴"说及其不同时期内涵的变化。参见罗志田《中国文艺复兴之梦：从清季的"古学复兴"到民国的"新潮"》，原载于《汉学研究》第20卷第1期（2002年6月），收入《裂变中的传承：20世纪前期的中国文化与学术》，中华书局，2009，第2版。欧阳哲生认为1923年胡适第一次以《中国的文艺复兴》为题讨论宋明以降中国学术文化的演进，提出完全可以用西方的"文艺复兴"来称呼中国当时的文化运动，且胡适对这一比附相当自得和重视。参见欧阳哲生《中国的文艺复兴——胡适以中国文化

为"中国的文艺复兴"的情况。

1922年2月15日,胡适的朋友、时任燕京大学神科(后改宗教学院)及历史系教授的王克私,在文友会①上宣读了一篇题为《中国文艺复兴的方方面面》(Some Aspects of the Chinese Renaissance)的文章。听众中,丁文江认为"中国的文艺复兴"(Chinese Renaissance)应该是指梁启超所说的清代汉学,不应当包括近年的文学革命运动。胡适则赞同王克私的这一用法。② 胡适与王克私素有交往,1921年6月15日王克私拜访了胡适,并劝他用英文写作,而在文友会召开前不久的2月9日,王克私亦拜访了胡适,就"近年的新运动"交谈两小时有余,3月7日王克私再次登门拜访,"访问文学革命运动"。③ 文友会召开两个月后,王克私撰写的题为《中国文艺复兴的诸种成分》的文章便发表在《新中国评论》(The New China Review)上。④ 正如研究者所指出的,胡适早年阅读薛谢尔(Edith Sichel)关于文艺复兴的著作时,便特别注意国语运动的兴起与欧洲民族主义之间的关系。⑤ 从胡适在文友会中赞成王克私观点这一点看,将中国的文学革命与文艺复兴联系在一起,极有可能是胡适头脑中已经存在的想法。⑥ 但是,胡适正式以《中国的文艺复兴》为题

为题材的英文作品解析》,《近代史研究》2009年第4期。李贵生则回溯了胡适早年阅读薛谢尔(Edith Sichel)著《文艺复兴》(The Renaissance)一书的情况,认为胡适是从中国国语发展的角度理解和接受欧洲文艺复兴的,并梳理了胡适与瑞士学者王克私之间的学术互动,提出胡适用英文发表题名为《中国的文艺复兴》的文章,是受到王克私的影响,是"顺应英语学界的讨论,接续已有话头的结果"。参见李贵生《论胡适中国文艺复兴论述的来源及其作用》,《汉学研究》第31卷第1期,2013年。席云舒在搜集多篇胡适未刊中英文手稿及在国内外发表的文章及演讲的基础上,提出"中国的文艺复兴"既是胡适思想的一个总纲,也是他为中国思想文化的现代化开出的一套方案。参见席云舒《胡适"中国的文艺复兴"论著考》上、中、下篇,《社会科学论坛》2015年第7、8、9期。

① 20世纪20年代北京的国际文化团体。根据庄士敦(Reginald Fleming Johnston)的回忆,文友会创办于1920年,参与人员没有国别限制,《新青年》的编辑及领导文学革命运动的人均是会员,庄士敦本人亦在其中,并曾担任一年的会长。〔英〕庄士敦:《紫禁城的黄昏》,芳生译,台海出版社,2020,第145页。
② 《胡适日记》(1923年2月15日),曹伯言整理《胡适日记全编》(三),安徽教育出版社,2001,第558页。
③ 《胡适日记》(1921年6月15日,1922年2月9日、3月7日),曹伯言整理《胡适日记全编》(三),第316、553、574页。
④ 席云舒:《胡适考论》,第209页。
⑤ 李贵生:《论胡适中国文艺复兴论述的来源及其作用》,《汉学研究》第31卷第1期,2013。
⑥ 笔者注意到,胡适在1920年3月12日的日记中记有"The Renaissance 完",但是不能确定这里所说的是哪篇文章。参见《胡适日记》(1920年3月12日),《胡适日记全编》(三),第118页。

写作英文文章，则是在 1923 年 4 月，并且应是受到王克私文章刺激的结果。①

需要指出的是，可能早在与王克私就文学革命的问题进行交流之前，胡适即已产生了这样的想法，并且很可能是直接受到西方人士的影响。翻阅胡适的日记可知，1921 年 6 月 18 日胡适在蒋梦麟家中会见了加州大学教授 Stratton，座中还有杜威及其夫人以及陶孟和等人。Stratton 称，"美国报纸颇注意中国文字的革新，如上月之《世纪》（'Century'）有专论论此事"。② 笔者根据这一线索，查找到 1921 年 5 月出版的《世纪杂志》（*The Century Magazine*），其主编 Glenn Frank 在"时势"（The Tide of Affairs）栏目中以《中国的一场文艺复兴》（A Renaissance in China）为题介绍了文学革命。Glenn Frank 并不同意用"新思想运动"来指称文学革命，而采用了"文艺复兴"这一说法。作者认为这场"文艺复兴"给中国带来的影响包括四个方面：第一，大众得以掌握书面语言；第二，现代的历史学方法开始被用于中国传统的历史和文学研究中；第三，随着各类报章杂志大量涌现，各种思想文化广泛传播；第四，运动的领导者们邀请杜威、罗素等思想家到中国讲学。③ 可以推测，Stratton 在与胡适的交流过程中，很有可能会提到这篇文章中将中国的文学革命视作"文艺复兴"的观点，因为这既是文章中的小标题，也是作者在文中反复提及的内容。

在《中国人眼中之今日中国》（第一辑）中，第三篇文章便是胡适作于 1922 年 2 月的英语文章《文学革命在中国》，该文最早发表在《中国社会及政治学报》上。④ 这篇文章主要是对白话文运动的介绍，通篇并未出现新文化运动或"文艺复兴"等字眼。胡适首先从欧洲各国语言的形成历

---

① 《胡适日记》（1923 年 4 月 3 日），曹伯言整理《胡适日记全编》（四），第 7 页。近来有学者对王克私的生平和他的"中国文艺复兴观"做了进一步的发掘，指出王克私将西方文明视为"中国的文艺复兴"的思想动因和模仿对象，强调西方侵略和西学冲击在"中国的文艺复兴"中起到的作用，而在其撰写的《中国文艺复兴的宗教问题》中，王克私则认为基督教精神对中国进步有决定性影响。参见宋雪《瑞士学者王克私与"中国的文艺复兴"》，《现代中文学刊》2021 年第 5 期。
② 《胡适日记》（1921 年 6 月 18 日），曹伯言整理《胡适日记全编》（三），第 324 页。
③ Glenn Frank, "A Renaissance in China," *The Century Magazine*, Vol. CII, New Series: Vol. LXXX (May to October, 1921), pp. 156 – 157.
④ 参见胡适著，欧阳哲生、刘红中编《中国的文艺复兴》，附录"胡适英文著作目录"，第五部分期刊论文，文章收入周质平编《胡适英文文存》（一），外语教学与研究出版社，2012，第 7~8 页。

史谈起,表明"现在所谓的文学革命不过是一个漫长的历史进化过程的终极阶段";其次,回溯中国语言与通俗文学的发展历程,证明中国的语言经过两千多年的改良与修正,"以官话为代表的汉语口语具有足够的条件成为中国的国语"。①

从刘廷芳《中国的文艺复兴》文末的落款可以得知,《中国的文艺复兴》作于1922年1月,这篇文章应是中国学者介绍新文化运动的英文书写中第一次使用"中国的文艺复兴"的提法。至少可以说,在公开出版物中,刘廷芳对于"中国的文艺复兴"一词的使用早于胡适。②

笔者目前尚无从判断刘廷芳的文章与王克私的演讲之间是否有关联,但是鉴于二人都是燕京大学的教授,二人之间曾就此进行交流也是极有可能的。更重要的是,正如前揭《世纪杂志》那篇《中国的一场文艺复兴》所提示的那样,将新文化运动与西方的文艺复兴相提并论,并不是一两个人的看法,而是当时东西方知识分子在讨论中国新文化运动时所借助的比附对象,而这一历史范畴的移用,恰恰反映出双方理解中国新文化运动时的共通之处。

(二) 刘廷芳《中国的文艺复兴》的主要内容

在《中国的文艺复兴》一文中,刘廷芳将"中国的文艺复兴"放到近代中国的历史演进中加以定位,指出百年来西力东渐背景下的中国经历了四个重大的转变:引进西方机械科学→培养人才、学习新学→效仿西方政治制度→崇尚西方观念与人生哲学(the philosophy of life)的变革,即"中国的文艺复兴运动"。在他看来,这个渐进式的变化正是国人探寻国家强盛和民族新生之奥妙的过程,而最后的观念变革是此前一系列变化的逻辑结果。③

---

① Hu Shih, "The Literary Revolution in China," *China To - day through Chinese Eyes*, the first series, pp. 56, 62.
② Hu Shih, *The Chinese Renaissance*, Chicago: University of Chicago Press, 1934. 此书是1933年7月胡适在芝加哥大学比较宗教学系"哈斯克讲座"所做的系列演讲,原题为《当代中国的文化方向》。该书内容不限于新文化运动的介绍,而是对西力东渐以来中国社会文化变迁的整体阐释。主要部分分别是:第一章,文化反应的类型;第二章,抗拒、激赏与新的疑问——中国人之西方文明观念的变迁;第三章,中国的文艺复兴;第四章,知识分子的过去与现在;第五章,中国人生活中的宗教;第六章,社会的分裂与调整。
③ Timothy Tingfang Lew, "China's Renaissance," *China To - day through Chinese Eyes*, the first series, pp. 21 - 24.

刘廷芳在文章中介绍这场运动在中国被称为新文化运动（Hsing Wen Hua Yuan Tung），之所以将它冠以"中国的文艺复兴"的称号，主要基于以下几个方面的原因：第一，这是一个知识的运动；第二，这个运动具有许多面相，触及社会生活和个人生活的诸多方面；第三，此运动提倡采用新的方法努力研究中国事物，包括一切古老的文学、历史与哲学；第四，此运动欢迎一切新事物；第五，此运动的核心是人——当代世界中的人，旨在为他们谋求福利，推动其进步；第六，此运动对艺术和文学格外重视。①

刘廷芳概括了"中国的文艺复兴"的主题，除我们熟知的"科学"与"民主"外，他还提出了两个独到见解：其一，运动注重社会改革，经过历次运动的教训，人们开始认识到："任何政治改革都不能仅仅通过改变政治组织达成。如果一项改革要成功，必须从他们的人民开始。"② 在这种观念的影响下，新文化运动严肃地探讨了如何重建家庭制度，如何减轻人民尤其是下层社会的苦难等问题。其二，运动强调不妥协的彻底性，"它不满足于任何临时的修修补补，目标在于彻底地改变需要改变的事物。……除非它们能经受住挑战，否则那些延续数个世纪的礼仪和礼节便要让路"。③ 刘廷芳详细阐述了声势浩大的"中国的文艺复兴"的主要内容，即白话文运动及整理国故运动的兴起、以白话文译成的外国文学作品的大量出现、各类社会团体的建立，以及报章杂志的大批涌现。他还注意到杜威、罗素等西方著名思想家来华访问产生的社会影响。

对于新文化运动所取得的成就，刘廷芳总结道：第一，"正如此前的运动作用于这个民族在地理上的区隔一样，这项运动打破了人们心理上的隔绝状态"。第二，催生了新兴的民族意识，"由一个狭隘的、自私的民族主义变为一个平衡的、民主的民族主义思想，前者引自日本，后者则是更优越的西方民主国家的表现，同时又加上中国人民爱好和平的天性"。第三，"它在全国范围内开启了要求进步的趋势。……它使得各种不满更加明确具体，它不断地提醒人们只有对症下药，采用正确的方法并且坚持不

---

① Timothy Tingfang Lew, "China's Renaissance," *China To-day through Chinese Eyes*, the first series, pp. 24-25.
② Timothy Tingfang Lew, "China's Renaissance," *China To-day through Chinese Eyes*, the first series, p. 26.
③ Timothy Tingfang Lew, "China's Renaissance," *China To-day through Chinese Eyes*, the first series, pp. 26-27.

懈地加以贯彻，才能解除这些不满"。第四，"这个运动的重要性还体现在它渗透至整个民族的肌理中。……这个运动所肩负的任务之一是打倒所有偶像，它没有建立一个全国性的正式组织，也并未提出任何明确的纲领"。第五，"最重要的是，它引领人们寻找一个全新的人生观"。①

作为虔诚的基督徒，刘廷芳注意到新文化运动"对待宗教的态度是不成熟的、教条且片面的"。② 由于这篇文章是为世界基督教学盟大会准备的，因此在《中国的文艺复兴》的后半部分中，刘廷芳主要探讨了新文化运动对基督教在华传教事业与世界基督教学生运动的影响。大体而言，刘廷芳认为新文化运动的勃兴是基督教在华传播的一个有利契机，因为第一，新文化运动鼓励研究基督教思想；第二，迷信思想是基督教与新文化运动共同的敌人；第三，新文化运动直接或间接地使人们承认基督教进入中国后所做的工作；第四，白话文运动对于基督教传播有着积极的作用，而中国教会亦推动了国语走向成熟；第五，对于基督徒而言，新文化运动有助于丰富他们的宗教生活，升华他们的信仰。③

刘廷芳《中国的文艺复兴》恐怕是最早的由中国人撰写的全面介绍五四新文化运动的英语文章之一，内容涉及运动的历史背景、主要内容、作用与地位等各个方面，具有条理分明、概括全面的特点，为西方全面地了解新文化运动提供了宝贵的材料。与刘廷芳的文章相比，胡适对于新文化运动的英文介绍似乎并不那么全面与明晰，其内容具有一定的学术史色彩。这主要表现在胡适的英文著述对"中国的文艺复兴"的范畴的两种表述上：1923 年胡适第一次以《中国的文艺复兴》为题分析宋代以降的学术流变，把宋代理学的兴起、明末清初反宋学思想家的出现、清代汉学及近代新文学运动的兴起都视为中国的"文艺复兴"。而在此后多个讲演场合及《中国的文艺复兴》一书中，胡适对"中国的文艺复兴"的阐释又仅限于新文化运动。④ 胡适曾在日记中自陈，"中国的文艺复兴

---

① Timothy Tingfang Lew, "China's Renaissance," *China To-day through Chinese Eyes*, the first series, pp. 35–40.
② Timothy Tingfang Lew, "China's Renaissance," *China To-day through Chinese Eyes*, the first series, p. 39.
③ Timothy Tingfang Lew, "China's Renaissance," *China To-day through Chinese Eyes*, the first series, pp. 42–48.
④ 参见欧阳哲生《中国的文艺复兴——胡适以中国文化为题材的英文作品解析》，《近代史研究》2009 年第 4 期。

时代此题甚不易作,因断代不易也"。① 前一种表述的出现,原因恐怕在于胡适将反抗权威与批判精神视为欧洲文艺复兴的标准,同时反映出胡适从学术流变的角度看待新文化运动的倾向。此外,胡适在《中国的文艺复兴》中对新文化运动具体情况的介绍以自己首倡的白话文运动为主,较少涉及运动的其他内容。但是,需要指出的是,胡适与刘廷芳都有意识地将"中国的文艺复兴"放在近代以来中国向西方学习的过程中加以定位。

"新文化"和"新文化运动"的名词流行开来,是在五四以后。② 换句话说,与许多重要的历史事件一样,新文化运动及其所指涉的丰富内涵,并不是在历史发生的当下即不言自明的。从这一点出发,刘廷芳以《中国的文艺复兴》为题,对新文化运动所做的全面介绍,无疑也反映了时人对于新文化运动的认知。尤为值得注意的是,刘廷芳在总结新文化运动的成就时强调,它催生了一种新的民族意识。这种民族意识超越狭隘的、自私的民族利益,吸取西方民主国家的民族国家理念,同时又没有舍弃中国人爱好和平的精神,因而是一种"平衡、民主的民族主义思想"。刘廷芳敏锐地认识到新文化运动中蕴含的民族主义思想,并注意到其中民主的、开放的面相。这一历史体察似乎在以往的新文化运动的研究中并没有被充分地揭示出来,它或许可以提示我们某些认识近代中国民族主义的发展演进历程的新维度。

二 关于民族主义在中国兴起的绍述

《中国人眼中之今日中国》第二辑于1926年出版,其中收录了10篇介绍中国现状的英语文章,这些文章的作者是以余日章为首的在中国较有影响力的宗教领袖。③ 相比四年前该书第一辑出版时,此时社会环境已经

---

① 《胡适日记》(1923年4月3日),曹伯言整理《胡适日记全编》(四),第7页。
② 黄兴涛:《晚清民初"文明"和"文化"概念的形成及其历史实践》,《近代史研究》2006年第6期。
③ 文章分别是余日章撰写的《中国当前的政治展望》(The Present Political Outlook in China)及《基督教运动在中国的必要性》(The Needs of the Christian Movement in China),朱懋澄《当今工业形势与工人运动》(The Present-day Industrial Situation and the Labor Movement),徐宝谦《思想运动》(Intellectual Movement),赵紫宸《中国现今的宗教思想与生活》(Present-day Religious Thought and Life in China)和《知识分子的领导作用与公民身份》(Intellectual Leadership and Citizenship),刘廷芳《中国的新文化运动与基督教教育》(The New Culture Movement and Christian Education in China),韦卓民《东西方文化综述》(Synthesis of Culture of East and West),顾子仁《今日中国的教育状况与学生生活》(Educational Conditions and Student Life in China To-day)和《教会大学学生的精神生活》(The Spiritual Life of Students in Christian Colleges)。

发生了一定变化，这主要表现在军阀力量衰弱，联省自治思想受到广泛关注，民族主义已成为左右中国政治发展的关键因素。① 就内容而言，对于中国民族主义思想兴起的介绍，是《中国人眼中之今日中国》第二辑区别于第一辑的突出特色，这自然与五卅运动前后国人反帝爱国运动的高涨有密切联系。

例如，徐宝谦②在其文章《思想运动》中就将民族主义思潮的兴起作为当时中国最具有影响力的思想运动之一予以介绍。"民族主义作为一种维护国家完整与主权的愿望与决心自然并不是新事物。的确，只有根据这种民族主义情感，才能理解中国外交行为的整个历程。义和团事件之后，这种情感一度归于沉寂，二十年之后，它又以非基督教运动及旨在废除不平等条约、收回中国丧失的利权的运动的形式再度出现。"③ 除对民族主义的内涵及主要表现的介绍外，徐宝谦还指出以"内除国贼，外抗强权"为口号的民族主义思想超越党派、受到全民拥护的特点。

在《中国的新文化运动与基督教教育》中，刘廷芳继《中国的文艺复兴》一文之后再次将目光瞄准新文化运动。时隔四年，他对新文化运动的主题内容有了全新的认识，除"科学"与"民主"两大主题不变外，又提出民族主义及精神探求（Spiritual Quest）两项新内容。换句话说，刘廷芳将民族主义视为新文化运动的一项重要内容。他对民族主义作了如下阐释：（1）民族主义主张塑造民族精神与民族灵魂。它反对所有试图破坏民族文化中优秀因子的行为。（2）民族主义提倡人民大众的进步与发展，它反对民族的自暴自弃或自我贬低。（3）民族主义提倡人民为民族利益服务。它反对任何个人或者阶级因一己私利损害民族利益。（4）民族主义对内强调团结。它反对任何信仰或允许分裂主权与领土的理论与行为。（5）民族主义对外强调独立。它反对任何依赖别国扶植或控制的理论。（6）民族主

---

① David Z. T. Yui, "The Present Political Outlook in China," *China To-day through Chinese Eyes*, the second series, pp. 1–6.
② 徐宝谦（1892~1944），18岁在北京税务专门学校学习，1913年加入基督教会，1915年从税务学校毕业，任北京基督教青年会学生事务干事。1921年被选送至美国纽约协和神学院学习，后转入哥伦比亚大学进修，研究宗教哲学。1924年回国后，一面继续在基督教青年会工作，一面在燕京大学宗教学院任教。他是证道团发起人之一。参见上虞县志编纂委员会编《上虞县志》，浙江人民出版社，1990，第806页。
③ P. C. Hsu, "The Intellectual Movements," *China To-day through Chinese Eyes*, the second series, pp. 26–27.

义旨在实现国家的繁荣昌盛,但也期望实现世界各国的互惠互利。它不主张狭隘的、排外的地方主义及国与国之间的交恶。① 刘廷芳——总结了新文化运动四大主题的得失。就民族主义而言,他认为"民族主义的鼓吹者还面临着一项重要的任务。他们在三条显著的路径上还未取得成功:(1)他们还没有彻底地唤醒人民,为他们提供明确具体的奋斗目标。民族主义观念仍然过于抽象。(2)他们还未能帮助人民辨别什么是国家抗争历程中最重要的,什么是不那么重要的。(3)他们还未能使人民看到一场民族主义运动的真实面目"。② 应当说,刘廷芳对民族主义内涵的解读是较为全面透彻的,特别是他对民族主义对内对外目标的诠释体现了他的深入思考。尽管刘廷芳对民族主义思想缺陷的分析显得较为简略,但很明显他已经认识到当时中国的民族主义运动存在的诸如盲目性和非理性等问题。20世纪20年代中期,在国内外各种因素的作用下,民族主义思潮勃兴,人们将主要精力投入到具体的民族主义运动中,这类对民族主义思潮的反思尚在少数。

顾子仁③的《今日中国的教育状况与学生生活》也涉及对民族主义运动的介绍。他在文中划分了中国学生群体表现的三个主要时段,即革命阶段(1900~1911)、爱国阶段(1911~1919)、民族主义阶段(五四运动后)。他强调,孙中山三民主义学说与少年中国学会加强了民族主义思想在学生中的影响力。顾子仁将民族主义运动作为当时中国学生开展的各项运动之一,还列举了这个运动的具体表现:收回外国租界与关税主权,取消驻华外国军警,废除领事裁判权,收回外国人办的学校,禁止外国人传教,禁止外国轮船在内河航行,没收外国人非法取得的财产,反帝活动周(Anti-imperialism Week),推广军事训练与操练学生军,联合工农,教育文盲,妇女解放。④

需要指出的是,从《中国人眼中之今日中国》第二辑可以看出,这些

---

① Timothy Tingfang Lew, "The New Culture Movement and Christian Education in China," *China To-day through Chinese Eyes*, the second series, pp. 51-55.
② Timothy Tingfang Lew, "The New Culture Movement and Christian Education in China," *China To-day through Chinese Eyes*, the second series, pp. 63-64.
③ 顾子仁,早年获上海圣约翰大学硕士学位,曾任职于基督教青年会全国总会,并为世界基督教学生同盟服务。
④ T. Z. Koo, "Educational Conditions and Student Life in China To-day," *China To-day through Chinese Eyes*, the second series, pp. 99-100.

宗教人士都承认1922年爆发的非基督教运动是民族主义兴起的重要表现，但他们并未简单地站在维护基督教的立场上批评该运动。徐宝谦在他的文章中便指出，"尽管人们时常遗憾，煽动运动的人并没有像期望的那样具有科学与民主精神，但作为一次民族主义情感的流露，非基督教运动的根源在于中国将自己从外国侵略中解放出来的要求，现在说这个运动对我们的基督教事业弊大于利还为时过早"。① 在徐氏看来，非基督教运动是中国人民反抗外国侵略的表现，这种观点具有一定的普遍性，但是从一个教会人士口中说出，多少有些耐人寻味。应当说，这一现象与20世纪初基督教在华传播的历史语境及其自身的本土化倾向不无关联。有学者指出："基督教在中国本土化是保证基督教继续生存和发展的方向性捷径，基督教必须体现和表达中华民族的精神思想和情感，否则不能植根于中华民族的土壤中，也就没有了生命力。"② 由此观之，在中国人民强烈反抗西方压迫与剥削的背景之下，徐宝谦为非基督教运动的辩护反而可能是出于维护基督教在华地位的考虑。当然，在向西方介绍中国时，中国作者们在民族自尊心的作用下本就愿意强调中国人的团结，他们希望以此改变西人对中国人心不齐、"如一盘散沙"的印象，徐宝谦这样的基督教知识分子恐怕亦受到这种民族主义心理的影响。不管怎样，徐宝谦对非基督教运动的民族主义的解释都体现了中国基督教青年会世俗化、社会化、本土化的倾向。在某种程度上，这种现象也说明，近代中国民族主义乃是一种全民族成员具有的共同的思想情感取向。

第三节　知识专业化背景下的英文书写：条约问题研究

一　废除不平等条约的诉求

辛亥革命的爆发无疑是古老的中国转变为现代民族国家的历史进程中重要的一环，此后，不仅"民主""自由"等西方政治观念开始影响普通民众，辛亥革命迸发出的情感更使人们的民族认同感得到强化。然

---

① P. C. Hsu, "The Intellectual Movements," *China To-day through Chinese Eyes*, the second series, p. 28.
② 赵晓阳：《基督教青年会在中国：本土和现代的探索》，社会科学文献出版社，2008，第228页。

而，共和制度甫建，如何处理清廷与列强所订的不平等条约就成为民国外交界面临的棘手问题。为了巩固新生政权，获取列强支持，南京临时政府和袁世凯先后承认了清末时期与列强订立的旧约章，使欧美的帝国主义者得以凭借不平等条约，继续在中国大肆攫取经济利益，践踏中国的主权。

第一次世界大战以后，西方列强大肆征伐与扩张的时代基本宣告终结。为了稳定世界秩序，帝国主义国家越来越重视借助国际法和条约解决争端。这种新的国际动向使作为战胜国的中国看到了废除不平等条约的希望，北洋政府在巴黎和会、华盛顿会议上向列强提出废除不平等条约的要求。1924年5月，《中俄解决悬案大纲协定》签署。该协议规定废止帝俄与中国及第三国订立的一切有损中国主权利益的条约，苏联放弃庚子赔款的俄国部分和在中国境内的一切租界、租借地，取消在华领事裁判权。这一协定的签署不仅使帝国主义胁迫中国订立的不平等条约体系有所松动，更推动了中国人民的反帝运动的兴起。① 然而，列强以《辛丑条约》为借口，不承认中苏协定，并拒绝将其代管的旧俄使馆交还苏联。列强的顽固态度引起中国民众的强烈不满，1924年夏至1925年春，全国范围内掀起了大规模的反帝爱国运动，各地纷纷成立反帝国主义运动大联盟，向列强要求废除一切不平等条约。② 五卅惨案以后，在反帝爱国的浩大声浪中，北洋政府发起修订运动，尽管在其敦促下召开的关税会议和法权会议并未达成既定目标，但在北京政府外交官员的努力下仍然与西方国家确定了一些基本准则，并为日后彻底废除不平等条约奠定了法理基础。③ 同时，在民初文化界，中国的民族主义者也与塑造"中国佬"形象的西方话语正面交锋，试图重新提炼中国人的精神气质，以挽救中华民族在西方世界的形象。④ 国家外交领域的举措与社会文化领域关注焦点的暗合，似乎凸显了中国的独立主权意识并使民族主义思想清晰化。

---

① 石源华：《中华民国外交史》，上海人民出版社，1994，第228~233页。
② 周斌：《舆论、运动与外交——20世纪20年代民间外交研究》，学苑出版社，2010，第49、53页。
③ 参见王建朗《中国废除不平等条约的历程》，江西人民出版社，2000，第155~165页；杨天宏《北洋外交与"治外法权"的撤废——基于法权会议所作的历史考察》，《近代史研究》2005年第3期。
④ 〔澳〕费约翰：《唤醒中国：国民革命中的政治、文化与阶级》，第158、159页。

二 以中外关系为主题的英文著作的出现

北京政府时期,如何使中国摆脱条约体系的束缚,使其真正成为国际社会的平等一员,是许多知识分子关心的重要问题,也构成这一时期国人英文著作中的主要关切。从表3-1不难看出,以中外关系为主题的英文著作数量最多,占这一时期国人英文著述的四分之一强。可见,中外关系是当时国人英文撰述的重要主题之一。这些著作的概况参见表3-2。

表3-2 1912~1927年以中外关系为主题的英文著作概况

书名	著者	出版社	时间
《外人在华之地位》(The Status of Aliens in China)	顾维钧	哥伦比亚大学出版社	1912
《中国国际条约义务论》(The Legal Obligations Arising out of Treaty Relations between China and Other States)	刁敏谦	商务印书馆	1917
《中国的条约口岸:一项外交研究》(Treaty Ports in China: A Study in Diplomacy)	戴恩赛	哥伦比亚大学出版社	1918
《二十一条:日本VS中国》(The Twenty-one Demands, Japan versus China)	何杰才	弗莱明·H.雷维尔出版社	1921
《山东问题:一项外交与世界政治的研究》(The Shantung Question: A Study in Diplomacy and World Politics)	何杰才	弗莱明·H.雷维尔出版社	1922
《中国、美国与英日同盟》(China, the United States and the Anglo-Japanese Alliance)	何杰才	弗莱明·H.雷维尔出版社	1921
《中国的对外关系:一段历史和一项研究》(The Foreign Relations of China: A History and a Survey)	鲍明钤	弗莱明·H.雷维尔出版社	1922
《门户开放政策》(The Open Door Policy)	严恩椿	波士顿斯特拉福公司	1923
《中国外交史研究》(Studies in Chinese Diplomatic History)	夏晋麟	商务印书馆	1926
《中国与最惠国待遇条款》(China and the Most-Favored-Nation Clause)	施宗岳	弗莱明·H.雷维尔出版社	1925
《领事裁判权兴废论》(Extraterritoriality: Its Rise and Its Decline)	刘师舜	哥伦比亚大学出版社	1925
《中国之悬案:废除外人特殊权益和豁免权》(The Case for China: Abolition of Special Foreign Privileges and Immunities)	胡道维	北京快报社	1926

续表

书名	著者	出版社	时间
《中国及其政治实体：一项有关朝鲜、满洲和蒙古的中外关系研究》（*China and Her Political Entity: A Study of China's Foreign Relations with Reference to Korea, Manchuria and Mongolia*）	徐淑希	牛津大学出版社	1926

注：《北京快报》（*Peking Express*），1921年由北京大学毕业生宋采亮创办，是一份针对学生读者的英文报。[①]

资料来源：Yuan, Tungli comp., *China in Western Literature: A Continuation of Cordier's Bibliotheca Sinica*。

北京政府时期中国人英文书写的主题集中于中外关系一端，恰恰呼应了20世纪20年代国人关注国际关系与国际法的热潮。有研究者指出，国际法作为一门成熟的现代学科领域，在中国正式形成正是在20世纪20年代，这不仅与一批接受西方法学教育的国际法专家投身于国际法在中国的传播密切相关，也体现在这一时期有关不平等条约研究的出版热上。[②]

从北京政府时期出版的国际关系学文献来看，要理解中国知识分子对国际关系尤其是中外关系史的研究热潮，英文专著是不可忽略的一个部分。这种现象的产生，与中国新型知识分子尤其是留学生在欧美国家学习国际政治与国际法直接相关。尽管民国初年日本法科留学生仍有相当规模，但以私立法科毕业为主，且学历及学位级别也较低。相比之下，同时期留学欧美的法科生则多进入著名大学获取高级学位。[③]

据笔者统计，1911~1927年的留美学生中，撰写中外关系及国际法方面的硕士论文者有11人，大多出自哥伦比亚大学、康奈尔大学、芝加哥大学、伊利诺伊大学、加州大学等名校。[④] 大约同时期内，撰写中外关系方面的博士学位论文者为15人（见表3-3）。

[①] 参见冯悦《近代京津地区英文报的政治色彩之分析》，方晓红主编《新闻春秋》第12辑，南京师范大学出版社，2010，第385页。

[②] 参见王栋《北洋时期国际法在中国》，金光耀、王建朗主编《北洋时期的中国外交》，复旦大学出版社，2006，第151~156页。

[③] 裴艳：《留学生与中国法学》，南开大学出版社，2009，第90~91页。

[④] China Institute in America, ed., *Theses and Dissertations by Chinese Students in America*, with a supplementary list, New York City: China Institute in America, 1927.

第三章 谋求国家平等

表3-3 1912~1928年中国留学生撰写的中外关系博士学位论文

序号	姓名	毕业学校	毕业时间	论文题目	备注
1	顾维钧	哥伦比亚大学	1912年	外人在华之地位	1912年出版，中文版1925年出版
2	王治平（Wang, Chih-Ping）	雪城大学	1917年	门户开放政策在中国	
3	戴恩赛	哥伦比亚大学	1918年	中国的条约口岸：一项外交研究	1918年出版
4	韦悫（Wei, Sidney K.）	芝加哥大学	1920年	中国的国际关系及其社会、道德及政治的解读	
5	鲍明铃	约翰·霍普金斯大学	1921年	中国的对外关系：一段历史和一项研究	1921年出版，1922年再版
6	马如荣	加州大学	1921年	外人在中国的司法权	
7	Koo, Telly Howard	哈佛大学	1922年	蒲安臣的一生	
8	杨光洮	普林斯顿大学	1924年	在美外国人的权利	
9	刘师舜	哥伦比亚大学	1925年	领事裁判权兴废论	1925年出版，中文版1929年出版
10	施崇岳	哥伦比亚大学	1925年	中国与最惠国待遇条款	1925年出版
11	徐淑希	哥伦比亚大学	1925年	中国及其政治实体：一项有关朝鲜、满洲和蒙古的中外关系研究	1926年出版
12	Ku, Te-Ming	克拉克大学	1927年	庚子赔款及其蠲免	
13	Ling, Shu-Mong	伊利诺伊大学	1927年	中国的外债	
14	Tsui, Tsung-Hsun	斯坦福大学	1927年	作为美洲国家合作机构的泛美联盟	
15	Tu, Yun-Tan	伊利诺伊大学	1927年	外国人在群体性暴力事件、谋杀和抢劫中受伤时国家应负之责任	

资料来源：China Institute in America, ed., *Theses and Dissertations by Chinese Students in America 1905–1960*, Washington, D. C., published under the auspices of the Sino-American Cultural Society, Inc., 1960; Yuan, Tungli comp., *A Guide to Doctoral Dissertations by Chinese Students in America*, Inc., 1961。

如表3-2和表3-3所示，顾维钧、戴恩赛、鲍明钤、刘师舜、施宗岳、徐淑希六人的博士学位论文后作为专著公开出版。此外，刁敏谦的《中国国际条约义务论》是他在伦敦大学获得法学博士的学位论文，而夏晋麟著《中国外交史研究》则是他在爱丁堡大学取得哲学博士的学位论文。可见，北京政府时期关于中外关系的英文著作中有四分之三是由留学生的博士学位论文出版的。

留学生选择中外关系作为博士学位论文主题，主观上有希望寻求走出中国外交困局之路径的原因。顾维钧就曾表示，自己在美留学期间"一直对外交关系有兴趣，并想改进中国外交事务的处理方法"。[1] 鲍明钤的立意似乎更高，他在《中国的对外关系：一段历史和一项研究》一书的前言中写道："作者完成这项工作时，怀有一种对国家和人类的责任感。……自从国家打开门户以来，中国的历史便被与外国的关系所主导。因此对于中国对外关系的恰当理解以及一套合理的外交政策构想，是其生存和福祉所必需的。进一步说，中国的命运和繁荣，与其东亚邻国乃至全世界的命运和繁荣密不可分。中国的公民认为，肩负着推动世界和平的责任，中国的对外关系及政策可能将决定世界和平的基调，至少是关键因素。"[2] 他强调中国的国际关系在地区乃至世界范围内的重要地位，希望自己的研究能够为改善中国的对外关系提供参考。

当然，留学知识分子所接受的国际政治学教育和师承关系也是值得注意的因素。以顾维钧、刘师舜及徐淑希为例，三人都毕业于哥伦比亚大学政治学院，且导师都是著名国际法专家约翰·巴塞·穆尔（John Bassett Moore）。[3] 穆尔著有《国际仲裁》（*International Arbitration*），鼓励学生研究具有现实意义的国际问题。[4] 此外，他主编的《国际法摘要》（*A Digest of International Law*）8卷，受到了"在研究者、政府当局者、实务用者的公的资料以及在事例的体系化方面开拓了新的天地"的

---

[1]《顾维钧回忆录》第1分册，第67页。
[2] Bau, Mingchien Joshua, "Preface", *The Foreign Relations of China: A History and a Survey*, p. vi - vii. 在该书的献词中，鲍明钤还写道："献给我正在遭受苦难的中国同胞。"
[3] 20世纪初年，在美国政治学发展的第一个阶段，哥伦比亚大学是美国政治学的中心。1916年之前在哥大政治学院获得博士学位的中国留学生就有9人，1920~1934年在哥大获得政治学硕士和博士学位的有31人。孙宏云：《中国现代政治学的展开：清华政治学系的早期发展（1926~1937）》，第38~41页。
[4]《顾维钧回忆录》第1分册，第65页。

评价。① 鲍明钤在霍普金斯大学求学时的导师，则是著有《外人在中国的权利和利益》(*Foreign Rights and Interests in China*, 1920) 的韦罗贝 (Westel W. Willoughby 1867－1945)②。20 世纪初，美国国际关系学科发展兴盛，美国学界和外交界对于国际法、对外关系的兴趣剧增，诸如穆尔、美国驻华公使芮恩施等人大力倡导运用国际法来解决国际争端，规范大国政治，从而使世界变得更加和平、更有可预知性。③ 北洋政府时期，以顾维钧为首的职业外交家，借助国际法、国际关系，向列强提出修约外交，这与他们留学期间所受的学术训练密切相关。

可以说，北京政府时期有关中外关系的英文著作的集中出现，与在欧美学习国际法、国际政治的留学生大量增加有直接的关系。民国肇建后，对外谋求国家平等地位的强烈愿望更促使海外学人从学理上入手，探求使中国摆脱不平等条约体系束缚的可能。

三 知其端绪：国人英文著述中对条约关系知识体系的构建

早在 1902 年《外交报》就发表了日本国际法专家有贺长雄的文章《外交史及其研究法》，提倡外交史的研究。有贺认为，研究外交史的直接目的有二：一曰"练外交之技能"，二曰"知欧美列国相互之关系"。④ 但是，清末由于对国际关系认识的局限以及资料的匮乏，中国的外交史研究无从谈起。北京政府时期关于中外关系的英文著作的一个共同点，便是对近代中外关系沿革及变化的重视。这与其作者在欧美接受系统的政治学训练，广泛利用英国蓝皮书等外交档案有直接联系。北京政府时期关于中外关系的英文著作主要包括以下内容：(1) 从整体上梳理中外条约体系；(2) 对于某项不

---

① 金问泗：《我与谟亚教授的师生关系》，《传记文学》第 8 卷第 5 期，转引自孙宏云《中国现代政治学的展开：清华政治学系的早期发展 (1926～1937)》，第 42 页。
② 韦罗贝，约翰·霍普金斯大学政治学教授，1916 年至 1917 年任北洋政府宪法顾问，曾先后担任 1912 年华盛顿会议、1925 年国际鸦片会议和 1931 年国联大会中国代表团的顾问，著有《外国在华特权和利益》(*Foreign Rights and Interests in China*, 1921)、《立宪政府在中国》(*Constitutional Government in China*, 1922)、《中日纠纷与国联》(*The Sino-Japanese Controversy and the League of Nations*, 1935) 等书。韦罗贝的孪生兄弟韦罗璧 (William Franklin Willoughby) 1912～1914 年任普林斯顿大学政治学教授，并曾任波多黎各财政长官 (Treasurer) 及行政会议主席，1914～1916 年在华任北洋政府宪法顾问。
③ 王栋：《面向东西：从四个有重大影响的人物看二十世纪上半叶中美关系史》，张俊义、陈红民主编《近代中外关系史研究》第 9 辑，社会科学文献出版社，2019，第 253 页。
④〔日〕有贺长雄：《外交史及其研究法》，《外交报》第 2 卷第 1 期，1902 年，第 2～4 页。

平等条款进行研究；(3) 专论某个具体外交问题。

就中国人对中外条约体系的系统研究而言，顾维钧所著《外人在华之地位》应当属于开先河之作。[①] 顾维钧将中国对外关系史分为两个时期，即无约时期（自公元120年至1842年）及有约时期（1842年以后）。他在书中详细介绍了在华治外法权的由来、治外法权对于外国人所起到的庇护作用及适用范围、治外法权的局限性、通商口岸及租界的外国人享有的地位，以及外国人在来华护照、游历、通商、传教等方面的权利。如何对待来到中国的外国人，是近代中外关系史的根本问题，也是中外发生碰撞的主要肇端。尽管此书题目为《外人在华之地位》，其实际内容却包含了来华外人在司法、通商、传教、居住等各方面的权利，因而涵盖对晚清以来中外诸多条约的说明。

刁敏谦的《中国国际条约义务论》是最早从法理角度系统梳理中国对外缔结条约的著作之一。在该书"导论"中，刁敏谦将中国与其他国家的条约关系分为八个历史时期：(1) 初期 (1689～1839年)；(2) 第一次议和 (1842～1855年)；(3) 第二次议和 (1856～1858年)；(4) 第三次议和 (1859～1860年)；(5) 调整时期 (1861～1881年)；(6) 失去属国时期 (1885～1895年)；(7) 强索租借地及其余波 (1896～1901年)；(8) 恢复和重建期 (1902年至今)。然后按政治性质之条约、经济性质之条约及普通性质之条约分类，将中国与他国缔结条约中的各项条款归入其中。例如，在"第一编 政治性条约、公约及其他"中，各章内容分别是：交际权、代表权、领事裁判权与治外法权、专管租界和公共租界、租借地、优先权。他采用类似名词解释的形式，说明各个概念和原则，条分缕析地阐释中国所负有的条约义务，并指出条约规定及实施中的不合乎国际法准则之处。

鲍明钤的《中国的对外关系：一段历史和一项研究》侧重于对近代中外交往历史的梳理，该书共分为六大部分，分别是"中国外交史概略"、"列强对中国的政策"、"日本对华政策"、"中国主权之侵害"、"大战后出现的新问题"及"为中国拟定的外交政策"。1922年，鲍明钤根据华盛顿会议的最新进展，对第五章中有关治外法权、租借地及势力范围、关税主

[①] Dong Wang, "The Discourse of Unequal Treaties in Modern China," *Pacific Affairs*, Vol. 76, No. 3, 2003 Fall, p. 405.

第三章　谋求国家平等

权等内容作了更新和增补后再版。① 华盛顿会议后出版的另一部整体研究中外关系历史的著作是夏晋麟所作《中国外交史研究》②。该书九章内容分别是："领事裁判权"、"专管租界与公共租界"、"租借地及势力范围的历史介绍"、"租借地"、"势力范围"、"门户开放、领土完整与政治统一"、"外国军警"、"外人所设邮局及电报电话设施"及"关税自主"。内容上与中国代表团在巴黎和会上为废除外人在华特权所提出的《中国希望条件说帖》所列出的各项修约要求基本一致③，但夏氏更加注重探讨英国对华政策对修约问题的影响。由于英国代表在华盛顿会议上作出了愿意归还威海卫租借地的表态，他对不平等条约的废除持乐观态度："华盛顿会议并未满足中国在凡尔赛会议上提出的要求，但是，无论如何，这是列强对其态度更为友善的信号，而中国在这次会议上获得的租借地足以证明本书的主张。"④

北京政府时期关于中外关系的英文著作中，还出现了对治外法权、最惠国待遇等具体的不平等条款进行细致研究的著作。例如，刘师舜⑤的《领事裁判权兴废论》对治外法权问题做了系统研究，其主要内容包括：领事裁判权之意义、领事裁判权之沿革（包括领事裁判权在别国施行的历

---

① Bau, Mingchien Joshua, "Preface to New Edition," *The Foreign Relations of China: A History and a Survey.*
② 夏晋麟（1894~?），字天长，近代中外关系学者与外交官员。1914 年赴英国留学，先入伦敦 Mill Hill 高中，苏格兰拉斯哥大学，后入爱丁堡大学，获哲学博士学位。1922 年归国，任督办收回威海卫事宜公署秘书。1923 年起，任私立上海南方大学文科主任、教授，省立上海商科大学教授。1927 年任国民政府外交部秘书、立法院外交委员会秘书，后出掌由伦敦会创办的上海麦伦书院（Medhurst College），任私立东吴大学法学院教授。1931 年，南京国民政府委派其出任驻英国使馆一等秘书，协助驻英公使施肇基。1934 年归国，任立法院立法委员。太平洋国际学会中国分会亦将此书译为中文出版发行，书名为《上海租界问题》（出版地不详，中国太平洋国际学会编译，1932）。参见"Who's Who in China," *The China Weekly Review*, Vol. XXX, Oct. 25, 1924, p. 258; "Hsia to Become Sze Assistant at London Legation," *The China Press*, Nov. 9, 1931, p. 11。
③ 巴黎和会中国代表团提出的《中国希望条件说帖》包含：舍弃势力范围，撤退外国军队、巡警，裁撤外国邮局及有线、无线电报机关，裁撤领事裁判权，归还租借地，归还租界，关税自主权等若干项内容。天津市历史博物馆辑《秘笈录存》，中国社会科学出版社，1984，第 153 页。
④ Hsia, Ching-Lin, "Preface," *Studies in Chinese Diplomatic History*, by Hsia Ching-Lin, Shanghai: Commercial Press, 1926, p. vii.
⑤ 刘师舜，1920 年毕业于北京清华学校，后获哥伦比亚大学哲学博士学位。1925 年回国后，任清华大学教授。1927 年起，先后任国民政府外交部条约委员会委员、内政部参事等职。抗战期间，先后任外交部欧洲司司长，驻加拿大公使等职。

史、中国缔约前后的情形等)、领事裁判权之范围、最惠国待遇条款之下领事裁判权的扩大、中国与各国在司法审判上的条约规定、上海会审公廨、领判权的弊害、中国收回领事裁判权运动变迁经过等。刘师舜此书的落脚点在于批判领事裁判权，并且证明随着中国司法的改革，它已经越来越不合时宜。刘师舜强调，领事裁判权也许在保护外国人权益方面确有积极作用，客观上也刺激中国法律及审判改良，但是一旦它被附加上其他不相关的政治因素，就会带来极大的危害。他强调治外法权的废除，不取决于中国司法改革的成效，列强是否愿意放弃在华政治特权是问题的关键。"这本质上是一个法律问题，只要一方认真地致力于改良其司法系统，而另一方不将无关的政治因素混淆其中，公平和正义就能实现。"①

对于国际关系的研究归根结底是为国家对外交往服务的，往往需要针对某一外交争端进行研究，理清事实原委，提供某种预判及对策。徐淑希的著作《中国及其政治实体：一项有关朝鲜、满洲和蒙古的中外关系研究》是对朝贡关系解体后中国领土问题特别是东北问题的研究，其特点是将东北问题放在多边国家关系的框架中认识。他运用正史、典制、方志等资料论述了历史上东北亚地区即属于中国领土的事实，又援引大量条约文本、外交文书及中外报刊，梳理了清中期以降中国与俄、日在上述地区的争端与交涉，并注重分析俄、日在不同时期、不同地区的利益变动及相应的政策变化。他在书中引述庚子之乱后美国国务卿海约翰（John Hay）提出的"保全中国领土与行政完整"的原则，指出从日俄战争到华盛顿会议，美国在对待日本的问题上偏离了这一原则。在分析日本向东北的势力渗透形势及日本对各国合作开发东北的阻挠之举后，徐淑希提醒各国对日本野心的纵容将会出现可怕的后果。他预言："一旦时机成熟，她（日本——引者注）可以轻易地颠覆中国。"②

此外，如前所述，北京政府时期，随着中国外交与国际的接轨，中国知识分子开始有意识地运用英文撰述在国际上进行宣传。何杰才撰写的《二十一条：日本 VS 中国》《山东问题：一项外交与世界政治的研究》《中国、美国与英日同盟》是围绕巴黎和会遗留的山东问题进行的研究。作为华盛顿

---

① Liu, Shih-Shun（刘师舜），*Extraterritoriality: Its Rise and Its Decline*, New York: Columbia University, 1925, p. 235.

② Hsü, Shu-Hsi, *China and Her Political Entity: A Study of China's Foreign Relations with Reference to Korea, Manchuria and Mongolia*, p. 429.

会议中国代表团随员,何杰才的这些撰述成为会外宣传的重要材料。

梁启超为《中国国际条约义务论》的中文译本作序时,曾喟叹道:"孔子亦有言,知耻近乎勇。我国际条约上过去之陈迹,岂曰一无所知?知其然而不知其所以然,知其概而不知其端绪,犹之乎不知也。"[①] 梁任公此言着实道出民国初年国人对国家在不平等条约中丧失之利权尚不明了,致使收复国权无从谈起的尴尬局面。而北京政府时期关于中外关系的英文著作无疑对中外条约体系进行了较为全面的研究,并结合国际法进一步分析了其中不平等的成分,在厘清治外法权、租界、租借地及势力范围、最惠国待遇等外国人在华特权的由来及变迁上也下了不少功夫。此外,学人还针对北京政府时期一些较为突出、敏感的外交热点作出专门研究,钩稽史籍、揆诸条约,为维护国家权益提供依据。这些英文著作的出现,意味着中国知识分子针对近代中外条约制度已经建构了一个较为完整的知识体系。

四 有据可循:修约要求的提出

北京政府时期关于中外关系的英文著作的主旨在于为修改不平等条约寻求法理依据。相对于19世纪末中国的某些思想先驱仍然不时困惑于"天下大同"的观念,在20世纪初的中国知识分子那里,"天下观"已被民族主义思想取代。对于越来越多跨出国门的留学生而言,"空间的改变"不仅意味着对"中国乃诸国中之一国"的认知,更重要的是他们的身份认同基点也从某个特定的乡土转变为整个中国。[②] 然而,在强烈的民族意识之下,中国在条约体系中的不平等地位与留学生对于中国是国际社会一员的体认之间,逐渐形成一种内在紧张感。这使得留学知识分子亟欲改变这种不平等现状,为中国在国际上争取平等地位。

客观上,国际环境也是促使知识分子关注修约问题的重要因素。一战爆发后,国人普遍对大战后的世界局势有着某种美好的期待,认为"列国之局将大变更""世界潮流一新"。[③] 刁敏谦在撰写《中国国际条约义务论》时,正值大战期间。与许多国人一样,他也对战后的国际前景抱有乐观态度——相信"法律与秩序"将取得最终的胜利,而到时中国与别国的

---

① 刁敏谦:《中国国际条约义务论》第4版,商务印书馆,1927,"梁启超序"。
② Weili Ye, *Seeking Modernity in China's Name: Chinese Students in the United States*, 1900-1927, Stanford, California: Stanford University Press, 2001, p. 19.
③ 罗志田:《"六个月乐观"的幻灭:五四前夕士人心态与政治》,《历史研究》2006年第4期。

关系也可以在理性的原则下重新调整。①

两种因素共同作用，促使中国知识分子运用自己学习的国际法知识，研究中国修改不平等条约的可能性及途径。

在上述北京政府时期关于中外关系的英文著作中，顾维钧的《外人在华之地位》并未明确而系统地提出修约要求。这恐怕与其在论文未及完成时便被召回国内出任袁世凯的英文秘书有关。② 北京政府时期，最早在英文著作中探讨修约重要性及达成途径的，当数刁敏谦。

刁敏谦在《中国国际条约义务论》中提出"当前的条约关系急需全面的修改"。其理由如下，其一，现存条约文字意涵模糊，可能导致严重的争议。③ 其二，中国已经真正被纳入了国际体系。中国作为国际大家庭中的一员的地位已经得到承认，"她不但加入了海牙、日内瓦及其他国际公约，还出席了许多小型的国际会议，参与订立诸如白奴贸易、鸟类保护、货币流通、监狱改革、公共卫生等问题的相关法规。"④ 这些都说明中国人已经具备充分的国际法知识，而且中国在推翻帝制后在建立民主制度、编订法律条款等方面也有进展。其三，国际法理论本身的变化也是中国成为国际一员的重要因素。他指出，以往"国际法起源于基督教的欧洲，凡是想要进入被神明护佑的国际圈子的非欧洲国家，都必须首先得到欧洲国家的同意"。⑤ 而现如今，这样的态度不但是错误的，还是可笑的。

治外法权问题是修约外交的焦点，也是这些英文著作中出现最频繁的问题。顾维钧、戴恩赛都举出1902年《中英续议通商行船条约》第12款的规定："中国深欲整顿本国律例，以期与各西国律例改同一律，英国允愿尽力协助，以成此举，一俟查悉中国律例情形及其审断办法及一切相关

---

① Tyau, Min-ch'ien Tuk Zung, *The Legal Obligations Arising out of Treaty Relations between China and Other States*, p. 214.
② 《外人在华之地位》只是顾维钧原本计划的博士学位论文中的序言部分，即外人在华地位背景材料。1912年2月，顾维钧尚未完成论文，便被袁世凯邀请赴北京政府任职。《顾维钧回忆录》第1分册，第69~72页。
③ Tyau, Min-ch'ien Tuk Zung, *The Legal Obligations Arising out of Treaty Relations between China and Other States*, p. 207.
④ Tyau, Min-ch'ien Tuk Zung, *The Legal Obligations Arising out of Treaty Relations between China and Other States*, p. 209.
⑤ Tyau, Min-ch'ien Tuk Zung, *The Legal Obligations Arising out of Treaty Relations between China and Other States*, p. 209.

事宜皆臻完善，英国允弃其治外法权。"① 据此指出，在清末与中国签订的条约中，英、美、日等国已作出愿意放弃在华治外法权的允诺，条件便是中国法律制度有所改善，向西方看齐。

与当时许多熟悉国际法和国际政治的人一样，戴恩赛也将日本通过改进自身法制状况，撤废治外法权的做法，当作可资借鉴的经验。戴恩赛认为，中国的司法行政正处于转折时期，监狱管理处于深刻变革之中。他还介绍了中国司法体系的设置方案，翻译了司法部在参加1910年华盛顿万国监狱会议之后发表的决心进行监狱改革的报告。但是，他强调中国的一厢情愿是无法废除治外法权的，还需要英美列强履行承诺。"故此，至今中国正在努力证明，她极愿依据要求做好她的分内之事。但是，要实现它，不只是中国的责任，也是有约列强的工作。"②

除发出修改不平等条约的呼求外，这些英文著作中还提出了修约的法理依据。在论述租借地和势力范围的问题时，刁敏谦将"情势变迁原则"（rebus sic stantibus）作为要求改订条约的法理依据。他对"情势变迁原则"的解释是，"由于'形势的根本改变'，条约起草之时所考虑的条件发生了变更，则此文件不再有效"。③

他还将"情势变迁原则"运用到每一项废约要求的具体论述中，强调"现行条约签订时谈判方考量的条件，越数十年之后已经如我们前面所说，出现了实质性的改变"。④ 在"租借地"一章中，刁敏谦提出了取消租借地的问题。他首先通过国际法界定了租借地的国际奴役（international servitudes）的性质，并明确"在让与行为（the deed of conveyance）之下，出租国是明确保有主权的，并且在某些情况下和约规定允许其在租期内部分地行使主权"。⑤ 接着，刁敏谦指出：从国际环境的因素讲，中国与列强缔结的租约都是建立于所谓"势力均衡"说之上的，换句话说，都是19世纪末"瓜分"中国的狂潮之下的产物。而其时的国际形势已发生改

---

① 王铁崖编《中外旧约章汇编》第2册，三联书店，1959，第109页。
② Tai, En-Sai, *Treaty Ports in China: A Study in Diplomacy*, p. 201.
③ Tyau, Min-ch'ien Tuk Zung, *The Legal Obligations Arising out of Treaty Relations between China and Other States*, p. 72.
④ Tyau, Min-ch'ien Tuk Zung, *The Legal Obligations Arising out of Treaty Relations between China and Other States*, p. 211.
⑤ Tyau, Min-ch'ien Tuk Zung, *The Legal Obligations Arising out of Treaty Relations between China and Other States*, p. 66.

变,中华民国已经建立,这些租约的基础也就不复存在了。在"战后的胶州"一节中,他认为胶州问题将会是战后和会的议题。"无论怎样,鉴于德国已被'排除'出中国北方,所谓'势力的均衡'的基石已不复存在。所以,同样地,所有其他租约也应被废除,因为它们都是建立于德国抢占胶州的基础之上的。更何况,曾经相互敌视,甚至坚持只要某块中国领土被第三方占领,便要长期占有另一块租借地的列强,目下正在积极结盟。"他进而根据"情势变迁原则"指出:"继续占有租借地的借口已近乎不存在了,因此这样的土地应当重新交还让与国。"①

此外,刁敏谦还着重论述中国国际地位的改变,继而援引"情势变迁原则",论证修约的必要性。他认为,"通过参与海牙和其他世界性的公约,中国已经被正式地、无条件地接纳进国际社会,成为其中平等的一员。这样的国际地位意味着一些基本的条件——独立与主权——是每个成员必须享有的。但是在现行条约之下,中国不是完全自由和独立的"。②

对于如何更改因"情势变迁"而不再适用的条约,刁敏谦主张列强应首先改变对中国的不平等态度,释出善意。鉴于国际法规定,"一个当事国无权简单地声明,由于情况改变使条约义务无法接受,从而它不再认为受该条约的拘束;正当的办法被认为是,先向另一个当事国(或各当事国)请求同意将该条约废止,或在提出请求的同时提出将任何政治问题提交司法裁决的建议"。③ 刁敏谦主张缔约国双方遵循"互惠原则",协商改订条约。他还呼吁列强从大战给欧洲带来的巨大损失中吸取教训,倡导国际合作才是遏制万恶的良药(Panacea of all evils)。④

"情势变迁原则"作为一项古老的国际习惯法准则,在 19 世纪 60 年代便已通过丁韪良翻译的《万国公法》而传入中国。尽管清末一些开明官员和留日学生依据条约有"因时势推移而变易"者,提出修约的建议,但中国在外交实践中首次应用此原则,则是在巴黎和会上解决山东问题及撤

---

① Tyau, Min-ch'ien Tuk Zung, *The Legal Obligations Arising out of Treaty Relations between China and Other States*, p. 72.
② Tyau, Min-ch'ien Tuk Zung, *The Legal Obligations Arising out of Treaty Relations between China and Other States*, pp. 210-211.
③ 〔英〕詹宁斯、瓦茨修订《奥本海国际法》第 1 卷第 2 分册,王铁崖等译,中国大百科全书出版社,1998,第 680 页。
④ Tyau, Min-ch'ien Tuk Zung, *The Legal Obligations Arising out of Treaty Relations between China and Other States*, p. 214.

销外蒙自治，20世纪20年代以后"情势变迁原则"才与"到期修约"一起成为中国修约外交的主要法理依据。① 刁敏谦当属较早正式地提出将"情势变迁原则"运用于中国废除不平等条约上的中国人。

《中国国际条约义务论》引起著名的国际法专家韦罗贝的关注，他向《哈佛法学评论》推介此书，称其具有"货真价实的学术性"（evidence of genuine scholarship），并赞赏该书"编排符合逻辑、证诸原始资料，征引法学论断确当"。② 韦罗贝引用刁敏谦本人发表于《远东评论》（*Far Eastern Review*）上的观点，认为在中国境内存在"租界""使馆区""交战区"等各种受外国势力管辖的区域，列强在工商业、铁路、煤矿和货币等领域享有各种特权，对于国际法研究而言极具挑战性，而刁敏谦的这部著作既反映了这种复杂性，也为研究这一棘手课题提供了很好的参考。

应当看到，由于具有专业的知识背景和较为开阔的视野，刁敏谦等人不仅在各自的著作中提出了改订不平等条约的主张，还运用自己的国际法知识为修约寻求法理上的依据。这不仅反映了北京政府时期的新式中国知识分子将中国定位为国际大家庭（family of nations）中的一员的自觉，同时也表明了他们对于如何运用国际法来使中国摆脱不平等条约地位的探索。结合北京政府自巴黎和会以来的修约外交实践来看，这种努力无疑是具有开创性意义的。

有研究从中国国际关系学科史的角度认为，民国国际关系方面的论著较多属概论性质的入门读物，且存在简单"移植"外国著作的现象。③ 本书认为，若将上述英文著作纳入考察视野，恐怕这个结论就值得商榷。这些著作围绕着近代中外关系中的重要问题进行研究，并且根据国际法原则提出了修改不平等条约、收回主权的主张。这种将国际法理论与本土问题相结合的思路，充分体现了北京政府时期国际关系学科的发展。④ 事实上，20世纪的头二十年中留洋知识分子对中外条约关系的研究对后辈学生产生了深远的影响。例如，1933年王铁崖先生升入清华大学研究院，师从

---

① 参见唐启华《论"情势变迁原则"在中国外交史的运用》，《社会科学研究》2011年第3期。
② W. W. Willoughby, "Book Review," *Harvard Law Review*, Vol. 33, No. 2, Dec., 1919, p. 328.
③ 卫琛、伍雪骏、刘通：《百年炮火中的未竟之学——对民国时期国际关系研究与教学的回溯》，《世界经济与政治》2011年第11期，第50页。
④ 此外，毛维准通过对民国时期国际关系研究书目出版类型的统计指出，专著成果占书目总数的一半，认为"当时的国际关系研究并非简单的外来知识传入，民国学者在研究发展过程中，较早地展现了知识融会和学科自主的意识"。参见毛维准《民国时期的国际关系研究》，《国际政治科学》2011年第2期。

周鲠生教授，稍后他受到顾维钧、刁敏谦等人围绕中外条约问题撰写学位论文的启发，选择了中国的租界问题撰写博士学位论文。[①]

一时代之文化学术反映一时代之风貌，不同时期知识分子关注的问题在很大程度上受到不同时期的政治大势与社会风气的影响。中华民国建立以后，民族国家的基本政治框架虽已初具雏形，却受制于列强在华特权和政治干预，中国并未真正获得独立与平等。如果说晚清时期，中国是以战败者的姿态被动地打开国门，不情愿地被拖入国际条约体系，那么到了民国初年，外部国际环境的变化为中国改变自己在世界上的处境带来了契机。第一次世界大战爆发后，北京政府的中立表态因日本对德宣战无法落实，此后北京政府便开始筹划以中立国身份加入战后和会，并为此派员赴欧进行大量调研。在此基础上，应协约国之请，派出华工赴欧，进而对德宣战。[②] 第一次世界大战期间，中国基于对国际形势的研判以及国际法知识，从宣布中立到加入协约国阵营再到预筹参加和会的过程，是中国以国际大家庭成员的身份参与国际事务的一次实践。因而，具有国际法、国际政治知识储备的中国知识分子对于中国作为战胜国在战后的前景抱有期待，乃至着手整理晚清时期形成的中外不平等条约，试图借机收回主权，争取列强平等以待。然而，第一次世界大战结束后，列强将中国的利益在战胜国之间私相授受的事实公之于众后，激起了空前高涨的民族国家意识，五四运动的激荡更将现代国家建构最为重要的观念动力——民主与科学嵌入中国现代民族国家的建构进程中。[③]

如前所述，从民国成立至20世纪20年代中期出版的英文著作中可以得知，中国知识精英们对于不平等条约问题的关注是空前的。应当说，这是北京政府时期新式知识分子的民族主义思想的曲折展现。

正如鲍明钤1927年在夏威夷太平洋国际学会第二届会议上所指出的，现代的教育是中国民族主义勃兴的重要因素，而随着留洋学生在教育和社会文化领域中发挥的作用越来越大，他们也为民族主义思想注入了新的内涵。"这些学成归来的学子，特别是那些专攻政治学和国际法，或是精通

[①] 饶戈平：《王铁崖先生的条约癖》，《山高水长：王铁崖先生纪念文集》，北京大学出版社，2004，第369页。
[②] 参见侯中军《中国外交与第一次世界大战》，社会科学文献出版社，2017，第179~207页。
[③] 任剑涛：《催熟民族国家：两次世界大战与中国的国家建构》，《四川大学学报》（哲学社会科学版）2020年第6期。

中外关系的人，开始传播这些学科的知识，使得中国民众开始了解一个文明国家在国际关系中的权利与责任，并连带着明白了中国现下所处的不平等、片面地位，而这都是在那些年代久远的条约中规定的。"[1]

由此可见，这一时期用英文书写的中外关系史著作与近代中国民族主义的关系可以从两个方面加以定位：一方面，因应当时国内现代民族国家观念的形成，这些英文著作不仅面向西方表达了中国收复国权的合理要求，同时这些著作也以扎实的资料、理性的论述阐述了不平等条约对国家主权造成的侵害，使得中国在国际社会中寻求公道的申辩与交涉更加"有理有力有节"。从另一个方面看，这些英文著述所附带的国际政治、国际法等方面的知识也在一定程度上推动了近代民族主义在中国的发展。

第四节　昔与今：国人英文著作对中国的历史"揭示"

一　以英文书写中国通史的尝试：李文彬著《英文中国历史》

据笔者目前所见，1914年7月商务印书馆出版的《英文中国历史》是第一部由国人编纂的英文中国通史。这本书的英文名为 *Outlines of Chinese History*,[2] 编纂者是闽县（今属福州）人李文彬，由在东吴大学任教的美国人白约瑟（Joseph Whiteside）担任校订工作。

关于李文彬其人，笔者尚未找到详细的资料。从目前掌握的资料来看，他似乎曾在美国驻厦门的领事馆工作。[3] 除《英文中国历史》一书外，李文彬还曾编著过另外几种有关英语学习的著作。[4] 李文彬在序言中

---

[1] Bau, Mingchien Joshua, *China and World Peace: Studies in Chinese International Relations*, New York, Chicago: Flemming H. Revell Co., 1928, p. 37.

[2] 1967年台北诚文出版社曾再版此书。笔者所见为中国人民大学图书馆所藏商务印书馆1914年版。

[3] "List of Consular Officers of the United States Corrected to July 23, 1907," *The American Journal of International Law*, Vol. 1, No. 3, Supplement: Official Documents, Jul., 1907, p. 323. 从表格中可以看出，他在使馆的职务应是实习馆员（Int.），任职时间是1898年4月20日。

[4] 笔者查阅 worlcat.org 及《商务印书馆图书目录》得知，李文彬编纂的著作还有 *A Guide to Letter Writing*（《英文书写写作指导》，商务印书馆，1913，1929年再版），*Translation Exercises: Book Ⅰ & Ⅱ*（《华英翻译金针》上下编，商务印书馆，初版于1911年6月，此书数次再版，分为汉译英及英文举隅两部分）。

称，此书是为两门为中国学生开设的课程所撰。不过，他并未言明，此书究竟是为英文课程而撰，还是为历史课程而撰。校订者白约瑟，美国监理会传教士，1899年来华后在上海中西书院（The Anglo – Chinese College）任教，1911年3月东吴大学校长孙乐文（David L. Anderson）去世，葛赉恩（John W. Cline）任东吴大学校长，白约瑟暂时负责中西书院校务，是年中西书院被监理会并入东吴大学，白约瑟亦成为东吴大学教师，讲授英语语言和文学及会计课程。①

《英文中国历史》共有644页，介绍了中国从三皇五帝到辛亥革命的历史，其中还有多幅不同历史时期的中国地图及其他有关历史人物、建筑、器物等插图，书后附有词汇索引。全书分为古代历史（Ancient History）、中古历史（Medieval History）和近代历史（Modern History）三大部分，共六十四章，其中古代历史从远古追溯至东周，中古历史则从秦朝建立到南宋偏安，近代历史由蒙古勃兴述至清朝覆亡。李文彬将近代历史划分为两段，前半段从蒙古勃兴至明朝灭亡，后半段则是整个清代历史，也是全书中所占比重最大的部分。书中有清一代的历史又分为发展时代（the Era of Development）、盛世时代（the Era of Greatness）和衰败时代（the Era of Decline）三阶段。作为一部通史，这本书篇章划分明晰，叙述各有详略，对每个小问题皆用小标题加以概括。该书还附有大量图片，其中包括不同历史时期中国的疆域图，为彩色印制，堪称精良。除此以外，书中还有重要历史人物和文物遗迹的图片若干幅。在涉及一些历史上的名物时，亦配有插图。例如，第七章"周朝（续）"第一节"封建时代"介绍了战国时期诸侯国的军队主要由战车兵（charioteers）和步兵（foot soldiers）组成，页中便配有插图，描摹了两轮战车和在车上作战的士兵形象。②

从上述此书对中国历史时期的划分中，不难看出西方社会进化论思想影响的痕迹。笔者认为就《英文中国历史》的体例、内容而言，这本书显然受到20世纪中国新史学思潮的重要影响。

---

① 胡卫清：《东吴大学的起源——上海中西书院简论》，《档案与史学》1997年第4期；王国平：《东吴大学简史》，苏州大学出版社，2009，第56、214页。
② Li Ung Bing, *Outlines of Chinese History*, edited by Joseph Whiteside, Shanghai: Commercial Press, 1914, p. 36.

（一）通史体例

《英文中国历史》采用的通史撰述体例与当时重修国史的风潮有一定关联。辛亥革命前十年，西方史学输入中国后，引发了中国士人对传统史学的反思与批判。1900年，章太炎就在手校本《訄书》所增第五十三篇《哀清史》中附录《中国通史略例》一文，论述运用新的史学体例编写中国通史的意见和方案，1901年梁启超也开始计划撰写中国通史，并作《中国史叙论》，1902年又发表《新史学》，进一步提出其"史学革命""为国民而作"的新史学思想。① 这一时期先后出现了湖南留日学生曾鲲化《中国历史》（1903）、夏曾佑《最新中学教科书中国历史》（1904）及刘师培《中国历史教科书》（成书于1905～1906年）等中国通史著作。这种以新史学思想为导引的通史撰述成为辛亥前后的史学界主流，可以想见，李文彬编写《英文中国通史》当受此潮流之影响。值得注意的是，上述几种通史纂修计划都未能完成②，而李文彬书上起传说时代下至清朝覆灭，从内容上说堪称当时较为完整的中国通史著作。

（二）教科书编写

《英文中国历史》是20世纪初历史教科书编纂运动的产物。清末推行学制改革，新式学校纷纷设立，随着1903年颁行的《奏定学堂章程》明订历史课程之各项要求，简明的章节式历史教科书随之需求大增。是时新式历史教科书大量面世，其中既有直接译自日本的历史课本，亦有以曾鲲化、夏曾佑、刘师培为代表的学者所作的几种中国通史教科书。③ 李文彬的《英文中国历史》既承袭了这种通史式教科书编纂的方向，又直接受益于这些教科书。具体而言，李文彬在序言中明言，此书清朝历史部分主要参考汪荣宝的《本朝史讲义》。汪氏此书共两册，内容多取自日本三岛熊

---

① 俞旦初：《爱国主义与中国近代史学》，中国社会科学出版社，1996，第71~73页。
② 曾鲲化编译的《中国历史》上卷出版于1903年；夏曾佑《最新中学教科书中国历史》原计划出版五册，但实际只有1904年至1906年出版的第一、二、三册，迄至南北朝时期；刘师培《中国历史教科书》亦只是在1905~1906年出三册，从上古写到西周。从新近研究中可以得知，曾鲲化原计划出版上、中、下三卷，目前仅见上卷，迄于秦统一中国，中卷拟从秦统一写至五代之分裂，据说1903年已出版，但迄今未见。参见李孝迁《"结构种魂"：曾鲲化〈中国历史研究〉》，《近代史研究》2020年第4期。
③ 彭明辉：《晚清的经世史学》，台北：麦田出版城邦文化发行，2002，第264~268页。

太郎《支那近三百年史》，1906年由京师编译馆印行。① 李文彬认为："只要北京的大部分'历史档案'仍未公之于众，他的著作就须被视作唯一的权威，因为此书已得到前朝京师学部之承认。"② 由此言可知，李氏对清末学部所审定的中国史教科书较为信任，在自己编写《英文中国历史》时应当多有参酌。此外，吴义雄新近的研究指出，《英文中国历史》的清代历史部分的"中兴"章内容与卫三畏（Samuel Wells Williams, 1812-1884）《中国总论》之"中国近事叙述"内容基本相同。③

（三）主旨与内容

从该书主旨与内容来看，这本书也符合新史学思潮之旨趣。在李文彬《英文中国历史》中亦能看到这种影响。李氏在该书序言中介绍他主要遵循三个原则："其一，揭示现实是从历史中生发而来；其二，强调那些塑造'中国之灵魂'的事件与制度；其三，揭露中国人的弊病，因为国人再也不能对这些问题视而不见了。"④ 在这三个原则中，除第一个原则带有某种"通古今之变"的传统史学意味之外，其他两项原则都着眼于中国整体而不是简单的对王朝兴替的梳理，流露出新史学所倡导"民史"取向。

《英文中国历史》的具体内容也具有较为突出的新史学撰述的色彩，这主要表现在以下几个方面。

其一，在钩沉朝代兴替之外，李文彬还较为重视不同历史时期思想文化的发展与社会习俗的变迁。例如讲述周代历史时，他不但介绍了儒家、道家、法家思想，还阐释了先秦的婚丧习俗、民间信仰、文教、科学历法等内容，使读者对先秦社会的发展程度有更为全面的了解。他还善于用总结性的条目凸显历代文化艺术成就上的特色，例如，将魏晋南北朝概括为"书法的时代"，唐代是"诗的时代"，明代是"铜和漆器的时代"，等等。这种关注时代之风尚、社会之面貌的历史撰述，体现了20世纪初中国新史学注重社会、宗教、文化、思想等面相的特征。刘师培等人在编写中国

---

① 《审定中学暂用书目表》，《学部官报》第57期，1906年5月21日，转引自彭明辉《晚清的经世史学》，第265页。
② Li Ung Bing, "Preface," *Outlines of Chinese History*.
③ 吴义雄：《时势、史观与西人对早期中国近代史的论述》，《近代史研究》2019年第6期。
④ Li Ung Bing, "Preface," *Outlines of Chinese History*.

历史时着意打破旧史偏重政治的传统，注重社会生活的各个方面，① 李文彬的这本英文中国通史著作无疑也体现了这种自觉意识。

其二，注重考察制度沿革是李文彬《英文中国历史》的另一个新史学特色。例如，在述说清代历史时，李文彬专辟"满族政权下的政治和社会变化"（Political and Social Changes under the Manchu Regime）一章，并在篇章开始即表现出考察明清鼎革之际制度变迁的兴趣："在那非同寻常的一年中，一个汉人王朝在统治中国两个半世纪以后被推翻了，取而代之的是一个充满精力与尚武精神的民族，而后者的制度与习俗有别于前者。整个国家终于臣服于他们脚下，而每一项制度都在战争中彻底动摇了。新统治者已做好了充分准备，以铁腕推行法令。在这些情况之下，观察有多少旧的秩序保留，又引入多少新的秩序是很有意思的。"② 他在书中指出清代多承袭明代政治制度，但也采取一些措施维护满人的统治地位，进而辨析了清廷枢机中满汉官员的关系以及驻防八旗与地方政府的地位高低。重视制度沿革是新史学所倡的一大旨趣。章太炎批评传统史学最大的毛病在于对历史事实缺乏归纳，尽管《通典》《文献通考》一类的专门典志"缀列典章，阗置方类"，却仍难免就事论事之缺憾。③ 他主张在通史撰述中用新理新说撰写典制，认为"有典则人文略备，推迹古近，足以臧往矣"。④ 推动新史学运动的主将们大都将比较古今制度异同视为考察历史变迁的重要尺度，而李文彬在《英文中国历史》中详于制度的特点折射出其现代史学意识。

其三，在撰史过程中关注民族命运也是《英文中国历史》新史学色彩的体现。置身清末民初风雷激荡之中的李文彬对于近世史事与现实政治的关联十分敏感。在述说清末最后十年的历史时，李文彬专门论述了民族意识的萌发，并将它视为清廷颁行新政的内因。他将1905年抵制美货运动视为中国民族情感骤然生发（sudden birth of national feeling）的标志。他指出，为了对美国政府长期以来实行的排华政策表达不满，对美国及其属地菲律宾的华工受到的不公待遇表示反抗，海内外掀起大规模的抵制美货运动。李文彬指出，"美国的中国人大部分来自广东，而在菲律宾群岛的

---

① 俞旦初：《爱国主义与中国近代史学》，第82页。
② Li Ung Bing, *Outlines of Chinese History*, p. 346.
③ 张岂之主编《中国近代史学学术史》，中国社会科学出版社，1996，第90~91页。
④ 章太炎：《中国通史略例》，《章太炎全集》（三），上海人民出版社，2014，第334页。

则主要来自福建；但是抵制的中心则是上海。从前一省之中国人漠视他省之人的日子过去。一个国家必须存亡与共，而现在中国人开始认识到这一事实"。由此可知，他所强调的民族情感的诞生标志主要在于，参与抵制运动的中国人超越地域观念，对于整个民族利益的体认。

值得注意的是，李文彬的这种民族主义意识早在清末即已显露，此点在他给《字林西报》的英文投书中即有所体现。清末时期，上海公共租界工部局在英国政府的指示之下，一直希望将宝山全县纳入租界内，并于1908年7月正式通过列强驻沪领事团向两江总督端方提出此议，1909年又在租界纳税人年会中通过推广租界的议案。消息传出后，上海华人社会舆论大哗。① 其时，《字林西报》上出现自称是"受过教育的"的中国人发表赞成拓展租界的言论，认为纳入外人管理能改善市政交通和卫生状况。李文彬致信《字林西报》，批驳了这种观点。他认为所谓改善毗连租界地带的市政是租界当局谋求拓展租界时惯用的说辞，指出如果按照这一逻辑，整个中国岂不是也可以被租界吞并。他写道："我并不打算否认，宝山县的道路和卫生状况确实不尽如人意。这显然并不意味着，租界当局是唯一能够带来改观的机关。让每一个'受过教育的'中国人自己担起责任，而不是信口空谈，呼吁外国朋友来做一件本应属于一国改善内政范畴的事。"他还犀利地批评："美国和欧洲的人正在谈论撤销治外法权和帮助中国的改革。而在此，一个中华之子却试图让我们相信，中国不能实现诸如铺设更好的道路和引入更好的卫生措施等简单的改革，而要取得理想的效果，必须首先将一块土地交给那些来华谋求贸易的人管理。"② 不难看出，李文彬此时已经具备了一定的国家主权意识，并且流露出朴素的民族主义情感。

20世纪初以汪荣宝编译《史学概论》为代表，留日学生对日本著名的历史学家浮田和民、坪井九马三等人的学说思想多有译介，这些带有西方现代史学原理与方法论烙印的新知识的输入，使中国史学界对于一国历史与民族精神、国家命运的关联有了深刻的认识。③ 李文彬关于晚清民族情感之诞生的介绍反映出，他在史学撰述过程中发扬民族精神的意识。由

---

① 蒯世勋编著《上海公共租界史稿》，上海人民出版社，1980，第478~483页。
② Li Ung Bing, "Letter to the Editor," The North-China Herald, Vol. XCIV, No. 2214, Jan. 14, 1910, p. 80.
③ 俞旦初：《爱国主义与中国近代史学》，第47~51页。

此可见，西方现代史学思想对其不无影响。

（四）价值与影响

总体而言，李文彬的《英文中国历史》应当可以算作20世纪出现的一部质量较高的章节式通史教科书。该书线索清晰、结构明了，而且英文表达准确晓畅，辅以书中各种插图与地图，使人一读之下便可对中国五千年历史有较为全面的了解。校订这本书的美国人白约瑟对李文彬所下的功夫颇为称道，他认为这部长达644页的著作被冠以 Outlines of Chinese History（直译为《中国历史大纲》）的书名，显得有些谦虚。他写道："在收集史实时，他不仅运用了中文资料，还使自己掌握了大量外国人所写的有关其国家历史的内容；除了这两个优点之外，他用大胆的纲目和凝练的文字追溯了中国多变的历史进程。"[1] 白约瑟尤为赞扬李文彬对中国历史的介绍，认为其直白而有趣，并表示他笔下的历史人物形象清晰而生动。

作为一部用英文写就的中国通史著作，李文彬的《英文中国历史》与辛亥革命前后出现的中国通史教科书有很多相通之处，而英文撰述又是其区别于其他著作的显著特点。需要说明的是，尽管作者写作的直接动机是出于向中国学生授课的需要，但西方人同样是他在编写著作时预期的读者。李文彬在序言中写道："对于那些正在学习英语的人而言，用英语教授中国历史，将英文作为中国历史的媒介，并不需要花费太大的力气。当然，用正在努力学习的外语来读自己国家的历史将会带来双重的趣味。对于那些并不了解中国历史的人来说，希望这些'大纲'将促使他们到原始材料中去进一步探求知识。最近发生的事件将中国引入了一个崭新的纪元，这使一项对我们古代制度的研究显得更加必要。"[2] 可见，这本书预期的受众是学习英文的中国人和对中国历史感兴趣的外国人。换句话说，这部汲取了新史学思潮养分的《英文中国历史》至少是部分面向西方而作的。凭借这一特点，此书在新式中国通史撰述史乃至中国现代史学史上应

---

[1] Li Ung Bing, "Editor's Preface," *Outlines of Chinese History*. 此言不虚，李文彬在此书中不但不时引用西方史学著作的观点，还大量选用西方史著中的地图或插图。例如，书中成吉思汗等少数民族历史人物的图像大多高鼻深目，这与早期欧洲汉学著作中对蒙古人的描绘不无关联。

[2] Li Ung Bing, "Preface," *Outlines of Chinese History*.

当占有一席之地。

《英文中国历史》出版后，一定时期内得到了相当的关注与好评。有书评认为："它是过去几年中中国人或是中国出版界最佳的作品。我们祝贺作者完成这部如此优秀而富有思想的作品，也祝贺出版商有此策划。该书印刷优质、装订牢固；文风明了，章节安排令人满意；地图和插图则是我们很长时间以来所能看到的最好的。"① 1917年，《密勒氏评论报》曾组织一场名为"关于中国的最佳图书"（Best Books on China）的评选，《英文中国历史》即列名"历史"类目。② 该评选的评委包括上海圣约翰大学校长卜舫济（F. L. Hawks Pott）、伍廷芳及时任美国驻北京商务参赞的安立德（Julean Arnold, 1875 – 1946）。③

李文彬撰写《英文中国历史》时，辛亥革命发生不过两三年。延续两千余年的封建王朝覆灭，共和制国家初建，正是这种时代的剧变构成他编写英文中国通史的深层动因。王家范将20世纪出现的中国通史称为新式中国通史，以区别于旧史学样式；并且认为这些孕育于中西学交相激荡时代的通史撰述具有强烈的现实关怀，每当民族危难或时局转折之际都会形成撰述高潮。④ 李文彬的通史撰述活动正处于中国历史上一个最深刻的转折时期，而他以英文作为中国通史的载体是深具用心的。正如他自己所言，中国在经历翻天覆地的变革之后，了解历史、鉴往知来是十分必要的。

然而，时至今日，这样一部别具特色的史著几乎被人遗忘。⑤ 无论是这部《英文中国历史》的反响，还是作者李文彬其人其事，笔者目前所见资料都非常有限。不过，商务印书馆作为20世纪上半叶中国新式教科书出版重镇，这部由其出版的英文中国通史教科书的行销渠道应当是不成问题的。1922年至1943年在夏威夷大学教授汉语和中国文学的中国学者李

---

① G. H. B., "Our Book Table," *The Chinese Recorder*, Vol. XLV, No. 12, Dec. 1, 1914, p. 777.
② "Best Books on China," *Millard's Review of the Far East*, Vol. II, No. 1, Sep. 1, 1917, p. 27.
③ "The Best Books on China," *The China Weekly Review*, Vol. XXIX, No. 5, Jul. 5, 1924, p. 159. 鉴于华盛顿会议后，美国和其他国家对中国的兴趣又重新高涨，该报决定在增加部分书目的基础上，再次刊出这次评选的结果。
④ 王家范：《史家与史学》，广西师范大学出版社，2007，第146~147页。
⑤ 经笔者查阅，中国社会科学院历史研究所编《八十年来史学书目（1900~1980）》（中国社会科学出版社，1984）并未收入此书。

绍昌就曾记述,他在其中国史课程上采用了李文彬的这本书。① 也许,正是由于这部通史教科书是用英文写成的,在某种程度上反而限制了它在国内历史教学中的实用价值。这使得它在问世后并未像其他几部通史教科书那样,引起时人重视,导致最终不闻于世。

二 国人关于英文年鉴的编纂:《1918年的中国》

如果说,李文彬的《英文中国历史》是北洋政府时期中国人向西方介绍中国往昔的一部英文著作,那么《1918年的中国》(*China in 1918*)则是在欧战胜利之际国人向外展示中国新气象的英文宣传品。该书以年度为单位,盘点了中国政治、经济、文化等各方面的状况。年鉴式出版物在中国的出现是中国近代化的一个标志,而英文年鉴的出现无疑承载着向世界展现中国面貌的意涵。②《1918年的中国》在中国人主持下以英文撰成,更体现出中国知识文化界运用西方知识载体宣传中国的意识初步形成。

《1918年的中国》是北京的英文报纸《北京导报》(*Peking Leader*)发表的年度特刊③,由刁敏谦编辑,商务印书馆在1919年的2月12日暨南北统一纪念日发行。这本书以英文的形式向世界呈现1918年的中国。《北京导报》是1917年12月由梁启超发起主办的一份英文报纸,创办初

---

① 李绍昌:《半生杂忆》,沈云龙主编《近代中国史料丛刊续编》第68辑,台湾:文海出版社,1979,第176页。李绍昌将李文彬误作"李应彬"。李绍昌亦编纂过中国通史的两种小册子:*The Development of Chinese Culture: A Synoptic Chart and Bibliography*(Honolulu, Hawaii: Advertiser Publishing Co., 1926,《中国文化历程:一个简表及书目》,共18页);*A Brief Interpretations Outline for the Study of Chinese Culture*(Honolulu: [s. n.], 1927,《中国文化学习阐释大纲》,68页)。后一种著作是李绍昌为1927年召开的太平洋学会第二届双年会准备的论文。

② 熊月之在《西学东渐与晚清社会》中论述西学在鸦片战争后传入中国的状况时,曾对在香港出版的中西对照年鉴——《华英和合通书》作过介绍。此书为美国传教士波乃耶所编,其中除中西历对照外,还介绍中国政治、经济、社会、宗教等方面的大事。参见熊月之《西学东渐与晚清社会》,上海人民出版社,1994,第144页。湛晓白指出了这种年鉴类工具书与近代时间观念之间的关系,认为其中西历对照的形式是西历东渐的重要渠道,它将中国与世界其他地区纳入一个时间系统之中。湛晓白:《时间的社会文化史——近代中国时间制度与观念变迁研究》,社会科学文献出版社,2013,第2~3页。

③ 据《1918年的中国》可知,《北京导报》在1918年1月6日亦曾出版过相似的新年增刊,回顾1917年的中国时事。当时《北京导报》仅创刊三周,因而这个增刊仅有28页。笔者目前尚未找到1917年的新年增刊。

衷在于对抗外人在华所办报纸的舆论宣传。① 刁敏谦任总编辑，其兄刁作谦任总经理。

*1918年9月4日，北京新国会选举徐世昌为总统，到会议员436票，结果徐以425票当选。*②《1918年的中国》开篇有大总统徐世昌、总理钱能训、外交部代总长陈箓对《北京导报》创刊两周年的祝词。在正文中，该刊首先对1918年中华民国财政、路政、盐政、外交税则的改良作了完备的回顾，接下来则是中国政治、经济、文化领域的诸多中外人士针对中国的教育问题、政工商问题、中国与世界、中国的新女性、音乐喜剧与慈善等撰写的文章，其中既有余日章、胡适、蒋梦麟、陶孟和等青年人熟悉的知识领袖，还包括金韵梅、康爱德等中国最早的留学海外的新女性，此外还有供职于北洋政府的韦罗贝、德尼思（W. C. Dennis, 1878–1962）③等外国顾问以及安立德这样的外国驻华官员。

这个作者阵容几乎囊括了当时中国政治、教育、经济领域最知名的人物，他们对中国的年度总结与前景展望自然引起各界关注。此刊出版后，国内的中外媒体纷纷予以报道。《申报》评价认为，其中诸篇文章"并皆佳妙"。《字林西报》则对刁敏谦所选作者的思想与意识颇为称许，认为"他们所传达的是一个开明的时代和真正的民主制体现的精神"。该报还表示，读完此刊后仿佛看到"笼罩中国的乌云之上充满希望的一线金边"，使人觉得尚在幼年的民国拥有光明的前景。《字林西报》还建议将这份特刊加以精品装帧再版，因为"它不该是一个生命短暂的产品，而应该被保存下来，留作涵盖宽泛的一系列显著问题的历史参考"。④《大陆报》也认为这份特刊传递出一种有关中西接触的积极信息，"这份特刊给予那些生活在沿海港口的人以一幅更有尊严的图像，他们只看到这种接触的弊病，只看到旧道德断裂而新道德无以为继。能将新旧事物各自的可取之处融汇

---

① 冯悦：《近代京津地区英文报的舆论与外交论析》，《北京航空航天大学学报》（社会科学版）2010年第5期。
② 《申报》1918年9月5日，第2版。
③ 德尼思，美国大学教授，1917~1919年任北洋政府法律顾问。
④ *The North - China Daily News*, Mar. 11, 1919, see in "Some Press Comments on the First Edition," *China in 1918*, edited by Tyau, Min - ch'ien, second edition, Shanghai: Commercial Press, 1919.

到一起的中国因子是存在的"。①

　　延请专家学者用英文对中国的各个方面进行年度总结并展望未来态势，将他们的文章汇集为一份报纸的年度特刊，这在近代中国的历史上恐怕算得上是一项开风气之先的举动。② 尽管《1918年的中国》中亦有外国人士的文章，但其撰稿人仍以中国人为主。从百余年来中国人英文写作的历史来看，这可以算作一部共同完成的英文撰述。从某种程度上讲，这份年刊本身就反映了民国初年文化界开放与活跃的气象。该刊所包含的丰富信息当然不限于此，此处单就与本书相关部分论之。当然，就大环境而言，1918年在民国历史上实属政治动荡较少的一个年份，是年11月世界大战宣告结束，人们沉浸在"公理战胜"的乐观情绪中，同时对政府的"文治"及世界和平抱有美好的憧憬。③ 也正因为如此，《1918年的中国》才得以呈现出一个富有生机与希望的中国，传达给读者乐观向上的信息。

---

① *The China Press*, Mar. 12, 1919, see in "Some Press Comments on the First Edition," *China in 1918*.
② 笔者还曾翻阅过由李炳瑞编辑的《1930年的中国》（共50页），但该书总结时主要集中于1930年中国在政治军事领域中的历史变动，形式上也与《1918年的中国》有所不同，以大事记为主。(Lee, Edward Bing-Shuey, *China in 1930*, Peiping: Leader Press, 1930) 此书亦为《北京导报》刊出，不过其时已改名为《北平导报》，1930年1月由国民党收购，刁敏谦任总经理，李炳瑞任主笔。参见王文彬编著《中国现代报史资料汇辑》，重庆出版社，1996，第157～158页。
③ 参见罗志田《激变时代的文化与政治》，北京大学出版社，2006，第18～40页。

第四章 民族自信力的显现

——南京国民政府时期国人的英文撰述

南京国民政府成立以后，中国人的英文著述呈现数量增加、内容趋于多元的特点。国民党建立政权后不久，便着手进行对外宣传，一些从事外交工作的政府官员开始以撰写英文著作的方式，向西方宣传三民主义思想、国民政府的对外政策。随着南京国民政府废除不平等条约运动的发展，特别是撤废领事裁判权交涉的进行，知识分子所撰写的关于中外关系的英文著作持续涌现，其中既有对不平等条约体系的学理性研究，也有鲜明地站在民族主义立场上向西方阐发中国废约诉求的政论性文章。第一次世界大战结束后，欧美兴起的对西方文明弊病的反思思潮也在中国产生回响，中国知识界出现"东方文化救西论"等主张，中国人亦开始有意识地撰写介绍中国文化的英文著作。这些著作既体现了向西方介绍中国文化的努力，更蕴含着现代民族国家在转型过程中寻求本国文化出路的自觉。这一时期，中国人英文撰述的内容也更加丰富，既出现了由普通民众给各大在华英文报纸的投书集结而成的著作，亦有在国民党内部政争中失势的左派通过英文撰述建构"革命史"叙事、进行舆论宣传的英文著作。

第一节 南京国民政府时期国人英文著述概览

一 国民政府的对外宣传

1928年6月，国民革命军进入平津地区，北洋军阀的统治被推翻，北伐宣告结束。随后，南京国民政府对外宣布"统一大业"完成，由国民党组织的五院制中央政府正式形成，国家进入"训政"阶段。至此，大体上可以说，国民革命的既定目标基本达成，中国进入新的历史阶段。北伐胜利后，中国国民革命的历史成为中国人英文写作的重要内容，一些国民党党内人士、亲历革命大潮的知识分子，纷纷撰写英文著作，向西方介绍中国革命历程，宣传在国民党领导下中国政治、社会出现的新面貌。

最早向外宣传国民政府的英文著作当数伍朝枢所著《中国国民党之政纲》(The Nationalist Program for China, 1929)。此书主要内容是1928年8月伍朝枢在美国威廉姆斯学院（Williams College）的政治学研究所（the Institute of Politics）所做的两场有关国民党对内对外政策的演讲，以及他在该研究所召开的大会上所发表的关于东北问题的非正式讲话。伍朝枢在该书序言中说："促使我发表它们的原因是，美国各地的人对中国表示出热切而友好的兴趣，而我所在的政党——国民党的一些最重要的目标尚未被外界知晓。"[1] 伍氏是南京国民政府成立后的首任外交部部长，1928年2月辞职赴欧美各国考察，1929年1月任驻美公使。可以说，伍朝枢代表的是国民党官方的立场，他在《中国国民党之政纲》中围绕着孙中山的三民主义思想，详细地向美国公众阐释了国民党内政外交的施政纲领。

南京国民政府作为一个新生政权，急于得到世界的认可与支持，因此作者们较为注重阐释国民党的对外政策，力求使西方了解中国的友好态度。伍朝枢指出，国民政府外交政策指导纲领是"民族主义"。他提醒大家，与那种狭隘而盲目的民族主义不同，中国的"民族主义"原则不带有任何沙文主义或军国主义的色彩，"我们所寻求的，仅仅是我们认为一个享有主权的独立国家固有的权利"。[2] 他还强调，中国式的民族主义不等于排外主义，它的对象是特权而不是外国人本身。他还介绍，"我们当前最重要的目标是废除不平等条约"。[3] 由于伍朝枢在这本书中表现出的谨慎、诚恳的态度，这本书曾被著名的美国中国学家赖德烈视为一部内容丰富且具有说服力的南京政府的辩解书。[4]

《自内而起的中国革命》(China's Revolution from the Inside, 1930)[5]则是一部较为全面地展示20世纪初中国掀起的各种社会运动的英文著作。作者罗运炎既是国民党员，也是虔诚的基督徒，早年留美获得哲学博士学位，时任国民政府禁烟委员会委员。书中介绍了民国建立后中国社会兴起

---

[1] Wu, Chao-Chu（伍朝枢），"Preface," The Nationalist Program for China, New Haven: Yale University Press, London: Oxford University Press, 1929.

[2] Wu, Chao-Chu, The Nationalist Program for China, p. 34.

[3] Wu, Chao-Chu, The Nationalist Program for China, p. 36.

[4] K. S. Latourette, "Review of The Nationalist Program for China," The Annals of the American Academy of Political Social Review, Vol. 152, Nov., 1930, p. 402.

[5] Lo, R. Y., China's Revolution from the Inside, New York: The Abingdon Press, 1930.

的大大小小的运动,包括新文化运动、五四学生运动、非宗教运动、平民教育运动、禁烟运动、民族主义运动、工人运动、妇女运动等。

刁敏谦编辑的《中国国民党两年之新政》(*Two Years of Nationalist China*, 1930)作为南京国民政府发布的有关两年来执政成果的全面介绍,是一次"国民党治下的中国自我辩解"。[①] 此书由南京国民政府外交部组织编写,参与者除担任外交部情报司司长的刁敏谦外,还包括刘师舜、张歆海、谢保樵等人,均有在外交部任职的经历。[②] 该书介绍了北伐战争进程及国民党的发展历程、国民政府的组织结构与职能,总结了国民政府成立以来在军政外交、农工商业、文教卫生及司法检察等各个方面取得的成果。此外,书中还包括对地方政府建制、南京的首都建设计划以及中央研究院的专门介绍。丰富的图片资料是《中国国民党两年之新政》一书的一大特点,其中包括南京国民政府任职官员的照片、城市建设的实景与图纸、各项条约法规的影印版等。

此外,随着蒋介石在南京国民政府中核心领导地位的确立,有关蒋氏个人的英文传记也开始出现。例如,陈宗熙、王霭祥、王翼廷等人编纂的《蒋介石将军:新中国的缔造者》(*General Chiang Kai-Shek: The Builder of New China*, 1929)[③],以及长期从事国民党宣传工作的董显光撰写的《士兵与政治家:蒋介石权威传记》(*Chiang Kai-Shek, Soldier and Statesman: Authorized Biography*, 1937)[④]。

二 中外关系研究的细化

1928年南京国民政府成立后到九一八事变爆发前的几年中,南京国民政府的修约外交取得了一定进展。1930年5月中国终于收回了自主决定

---

① Tyau, M. T. Z., "Preface," *Two Years of Nationalist China*, edited by M. T. Z. Tyau, Shanghai: Kelly and Walsh, 1930.
② 刁敏谦、刘师舜、张歆海当时均是南京国民政府外交部的参事,而谢保樵曾任广州国民政府时期外交部秘书。参见刘国铭主编《中华民国国民政府军政职官人物志》,春秋出版社,1989,第7、40页。
③ Ch'en Tsung-Hsi, et al., *General Chiang Kai-Shek: The Builder of New China*, Shanghai: Commercial Press, 1929.
④ Tong, Hollington Kong, *Chiang Kai-Shek, Soldier and Statesman: Authorized Biography*, Shanghai: China Publishing Company, 1937. 此书有中译本《中国最高领袖蒋介石》(增订版,蒋鼎黼、邹慕农译校,文史研究会,1946)。

关税税率的权力。① 1931年6月5日，王正廷又与英国驻华公使蓝普森签订撤废领事裁判权的草约（除上海保留10年、天津保留3年），中美双方废除领事裁判权的谈判也因中英草案的订立而取得一些进展。② 对于近代中国来说，关税主权与领事裁判权是不平等条约体系中最创痛害深的两项，因而收回这两种利权的谈判所取得的进展使人们看到了维护国家主权和民族尊严的希望。令人惋惜的是，九一八事变的爆发猝然打断了南京国民政府与列强在法权问题上的交涉进程。

这些对外交涉既是国民革命提出的反帝废约纲领的实践，也是20年代以来中国人民群众高昂激荡的民族主义情感推动的结果。此外，近代中国职业外交家的崛起也是重要因素之一。正如李恩涵所总结的："他们的共同特征是，在作为外交家的才能、专业训练与时机掌握方面，都能超越前人，并能向时代第一流的外交家学习，不只在国家国力尚弱时，能够折冲樽俎，坚守住国家权益不再丧失的藩篱，并在有利的时机到来时，则能把握机会，大力积极地推动撤废不同范围内的中外不平等条约体制，并各有所收获。"③ 值得注意的是，南京国民政府时期某些外交成果的取得，不仅得益于职业外交家群体在外交实践层面所做的多方努力，还与诸多具有国际政治、国际法专业背景的知识分子撰写的大量英文著作密不可分。这些著作以近代中外关系为研究对象，试图为废除不平等条约提供依据与办法，而西方国家通过这些著作了解中国的充分理由与坚定立场，使他们不得不正视中国政府的修约要求。

随着南京国民政府修约交涉的进行，人们逐渐将目光投向有关废止不平等条约的学理性研究，希望能够从中找出废除不平等条约的具有可操作性的办法。曾友豪的《国际法中不平等条约的废止》（*The Termination of Unequal Treaties in International Law*，1931）就是其中的代表。曾友豪，字赓元，留学美国获得博士学位，1929年4月署安徽省高等法院院长。他对现代政治与国际公法素有研究，曾出版《现代中国的法律与政治哲学》（*Modern Chinese Legal and Political Philosophy*，1930）。与以往呼吁废除不平等条约的著作主要从政治关系的角度论述不同，这本书将不平等条约放在国际法的框架下，认可其作为国际关系的一种客观存在，在此基础上从

---

① 王建朗：《中国废除不平等条约的历程》，第251页。
② 李育民：《中国废约史》，第817、818页。
③ 李恩涵：《近代中国外交史事新研》，台湾商务印书馆股份有限公司，2004，第234页。

法理及法律实践的角度研究不平等条约的存废问题。在书中，曾友豪不仅分析了"情势变迁原则"在终止两国间条约关系中的合理性及具体应用，还一一介绍了土耳其、日本、泰国废除不平等条约的方法，作为中国废约运动的参考与借鉴。

（一）对法权交涉的关注

外国人在中国享有的治外法权，不仅是国际法领域的学者关注的问题，也是中国人运用英文书写的方式向西方表达国民意志时常常涉及的内容。在看到一名传教士在文章里自署"宿儒"时，辜鸿铭曾说："凭着条约中的治外法权，一个在中国的英国佬，只要他乐意，随时都可以泰然自若地自称为孔子，而不必担心受到任何责罚。"[①] 此话虽是调侃的语气，却生动地反映出一名享有治外法权的西方人在中国的特权地位。"这一特权成为外国列强向中国进行政治、经济、文化侵略，行使其他各种特权的重要保障。"[②] 治外法权是近代中国废除不平等条约体系、获取国际平等地位的关键环节。

南京国民政府成立以后，实现关税自主、取消领事裁判权成为调适中外关系的重点。在与除日本外的主要列强缔结关税新约后，南京国民政府试图一举废除列强在华领事裁判权。然而，英美等国采取拖延、抵制策略，直至1929年12月30日国民政府发表废除领事裁判权的宣言，倒逼英、美政府与之展开谈判。经历五四和五卅运动的洗礼，中国人民对于领事裁判权对国家主权的侵害及其有悖于国际法的性质，有了更深刻的认识。[③] 林语堂也曾撰写过《给一位美国友人的公开信》（An Open Letter to an American Friend），批评西方人不肯放弃治外法权。他首先指出，那种认为西方人需要治外法权才能保障在异国的人身安全的说法是站不住脚的。"美国游客，尤其是一些周游世界的人，在没有什么治外法权的影子保护他们的情况下，走过波兰、罗马尼亚，甚至是红色俄国，是的，即便是其憎恶至极的赤俄。美国妇人们平静地生活在土耳其，那里的治外法权已经被

[①] 辜鸿铭：《中国人的精神》，黄兴涛、宋小庆译，海南人民出版社，2007，第109~110页。
[②] 李育民：《中国废约史》，第16页。
[③] 黄兴涛：《强者的特权与弱者的话语："治外法权"概念在近代中国的传播与运用》，《近代史研究》2019年第6期。

废除，而且你们的地理书还说那是个保留着后宫的国度。"[1] 接着，他揭露来华西人的傲慢心态。"你认为治外法权是不可或缺的现代便利。……任何一个在国外旅游的人都必须或多或少地忍受一些不便之处，在柏林生活的美国居民对此也会深有感受的。到中国来，你们已经逃过了本国的所得税，你却还不愿意学着在这里不惹官司，或是学些相当于英语里的'对不起''再会''早上好'一类的中国话。"[2] 林语堂的文章以生动而直白的语言，对列强在南京国民政府成立后仍然不愿放弃在华治外法权的顽固心态加以批判。这番话也反映出废除治外法权不仅是南京国民政府成立后施行的外交方针，还是中国知识界乃至广大中国民众都关注的问题。

20世纪20年代中后期，随着民族主义情绪的高涨，撤废领事裁判权已然成为中国外交事业的当务之急。伴随着修约外交的发展，关于治外法权的中文著作大量出现，较有代表性的是周鲠生、杨端六等人编著的《领事裁判权》(1925)，郝立兴著《领事裁判权问题》(1930)，孙晓楼、赵颐年编著的《领事裁判权问题》(1936)。这些著作主要着眼于向广大民众普及有关治外法权的基本知识，宣传撤废治外法权的必要性。这类知识普及性的著作也有以英文形式出现的情况。由 The Citizens' League 编撰的《中国治外法权课程大纲》(*Syllabus on Extraterritoriality in China*) 即是一例。"这本手册旨在揭示中国治外法权实施过程中的某些显著特点，以及应尽早将其废止的原因。对于中国司法主权的侵犯，显然不符合中国人民的精神意志，他们正迅速地意识到自己的力量和维护世界和平的责任。"[3] 这个手册不仅介绍了中国治外法权的形成过程与基本状况，还历数了中国为废除治外法权所采取的旨在完善法律体系的改革措施。较之相关中文著作，这本书的目的是双重的，既是使中国民众了解治外法权的基本问题，同时也包含着敦促相关国家放弃在华治外法权的期望。

---

[1] Lin, Yu-Tang, "An Open Letter to an American Friend," *China's Own Critics: A Selection of Essays by Hu Shih and Lin Yu-tang*, ed. by T'ang Liang-li (汤良礼), Peiping: China United Press, 1931, pp. 122-123. 这篇文章亦见于林语堂的《英文小品甲集》中（即 *The Little Critic: Essays, Satires and Sketches on China*, First Series)，商务印书馆1935年出版。

[2] Lin, Yu-Tang, "An Open Letter to an American Friend," *China's Own Critics: A Selection of Essays by Hu Shih and Lin Yu-tang*, pp. 123-124.

[3] "Foreword," *Syllabus on Extraterritoriality in China*, edited by The Citizens' League, published under the auspices of the Committee on the Abolition of Extraterritoriality in China, revised edition, 1929. 笔者目前尚未查得"The Citizens' League"对应的中文名称。

为了响应南京国民政府提出的"改订新约"主张,一些具有一定英文水平的中国知识分子还在英文报刊上发表评论文章,声援国民政府的交涉谈判。[①] 身在海外的国人也积极地发表文章,宣传中国的废除治外法权运动。1931年位于纽约的华美协进社(the China Institute in America)[②] 出版了王景春撰写的小册子《治外法权在中国》(*Extraterritoriality in China*)。

王景春,字兆熙,1882年生。幼年曾求学于美以美会附设小学,1900年义和团运动时避居美国使馆,充任教会翻译。1904年代表中国商家赴美国,参加圣路易世界博览会,旋由清政府资助留学美国,入耶鲁大学学习土木工程,1908年获理学士学位,后入伊利诺伊州立大学,习铁路运输管理,1911年获得博士学位。曾任南京临时政府外交部参事、京汉铁路局副局长、中东路理事会理事长等职,1925年任英国退还庚款委员会委员,1931年任伦敦购料委员会委员兼总干事。

王景春与英美人士保持着良好的关系,并时常在英美学术刊物上发表有关中国外交问题的文章。例如,早在1910年,还在伊利诺伊大学学习的王景春就在《美国政治科学评论》(*The American Political Science Review*)上发表了名为《中国人为何反对外国铁路借款》(Why the Chinese Oppose Foreign Railway Loans)的文章,阐述中国民众发起保路运动的原因。[③]

---

① 参见叶秀敏《为中国辩护:〈中国评论周报〉初期对废除治外法权的关注》,《中山大学研究生学刊》2005年第2期。
② 华美协进社,1926年成立于纽约,是一个非营利性的中美民间文化交流组织。华美协进社的成立得益于哥伦比亚大学教授杜威(John Dewey)、孟禄(Paul Monroe)等美国教育学家,1920年前后他们都曾到中国考察、讲学,不满于美国国内学界和社会对中国现状的陌生和漠视,希望通过筹集资金、创设学会等方式改变这种状况。此外,美国政府返还的庚子赔款的第二批于1924年拨付,美国政府同意成立一个董事会(中国人10名、美国人5名),每年从其中拨出25000美元,分三年资助在纽约成立一个办事处,这便是华美协进社,其宗旨是传播中美教育信息,通过交换师资增进中美教育机构的关系,帮助中国留美学生和有志于了解中国相关知识的人,促进美国对中国文化研究的兴趣,等等。第一任社长是东南大学校长郭秉文。华美协进社成立不到三年,庚款的赞助即告断绝。作为留美学生领袖的孟治正是此时进入华美协进社并被选为荣誉秘书,负责组织理事会和募集捐款。1930年,为了推动美国民众对中国文化的了解,在孟治的努力下,该会积极促成梅兰芳赴美演出。梅兰芳的演出在美国造成轰动效应,使得华美协进社知名度大增,美国社会各界纷纷为其捐款。孟治于同年正式出任社长,且连任达37年。参见 Meng, Chih, *Chinese American Understanding*, *A Sixty - year Search*, New York: China Institute in America, 1981, pp. 141 – 155。
③ Wang, Ching - Chun(王景春),"Why the Chinese Oppose Foreign Railway Loans," *The American Political Science Review*, Vol. 4, No. 3, Aug., 1910.

1930年，他又在《美国政治与社会科学院院刊》(*The Annals of the American Academy of Political and Social Science*) 上发表了文章《中国怎样收回关税主权》(How China Recovered Tariff Autonomy)。1937年7月他在《外交事务》上发表《中国仍在等待治外法权的终止》(China Still Waits the End of Extraterritoriality)，回顾了中国争取废除治外法权的过程。他总结道，治外法权的最终废除需要中外双方的共同努力："尽管中国人认为该制度直接侵害了他们的国家主权，他们也必须记住，它的形成并不能完全归咎于获得此项特权的国家。青年中国须认识到，社会无序与不断发生的内战对废除治外法权的阻碍可能更甚于外国反对，而要实现中国的目标，比起制造反帝国主义的口号来说，一个强大、统一的政府才是捷径。……另一方面，对之负有责任的外国人必须认识到治外法权剥夺了中国最为基本的一项主权，它的继续将阻碍中国政治的进步。"[①] 王景春在文中并未激烈地指责西方在治外法权问题上的做法，而是较为客观、理性地分析如何改变既成事实，这反映出国人在面向西方人士阐述有关中外交往的观点时的审慎态度。

(二) 太平洋国际学会催生的关于中外关系的英文著作

在20世纪20年代中后期至40年代，一度十分活跃的太平洋国际学会中国分会也推出了众多有关中外关系的英文著作，其中既有深文周纳的研究专著，也有探讨某个议题的手册。太平洋国际学会成立于1925年初，是由夏威夷实业家、学者和基督教青年会发起的民间组织，其目的"在以国民个人之资格，讨论太平洋沿岸各国国际间之症结，开诚布公，交换意见，以期造成民族间之亲睦，而谋政治上之谅解"。[②] 该会成立后不久即逐渐脱去宗教色彩，成为研究太平洋地区问题的学会，并设有研究委员会，制定研究计划，由各分会具体完成。[③] 早在1925年7月太平洋国际学会第一次大会在夏威夷檀香山召开时，中国代表就表达了中国人民废除不平等条

[①] Wang, Ching-Chun, "China Still Waits the End of Extraterritoriality," *Foreign Affairs*, July, 1937, p. 749.

[②] 李绍昌：《半生杂忆》，沈云龙主编《近代中国史料丛刊续编》第68辑，第193页。李绍昌系清华学校1914年派出的庚款留学生，1918年毕业于哥伦比亚大学，获得硕士学位。1922~1933年在夏威夷大学任中国语言和文学教授。他与陈立廷等人同为太平洋国际会议筹备委员会的执行委员。

[③] 张静：《国民外交与学术研究：中国太平洋国际学会的基本活动及其工作重心的转移 (1925~1933)》，《社会科学研究》2006年第4期。

约的热切愿望。清华大学社会系主任陈达在会上发表题为《中国在国际上所欲更正为何事》的演说，提出关税自主、取消领事裁判权和移民问题是中国在太平洋国际学会上的三个诉求，引起了大会代表及会外舆论的关注与同情。①

南京国民政府成立后，为政府撤废领事裁判权的交涉提供助力是中国分会的目标之一。鲍明钤被认为是"我国私人方面参与撤废领事裁判权运动最努力之一人，叠次——一九二五、一九二七、一九二九、一九三一——于泛太平洋学会（Institute of Pacific Relations）会议，极力宣扬领事裁判权不合法理人情"。② 1929年10月太平洋国际学会第三届双年会③在日本京都召开，他在会上提交题为《中国治外法权之撤废》（Relinquishment of Extraterritoriality in China）④ 的文章。中国的国际关系是此次会议预先议定的主题，因而废除治外法权引起了会场内外的广泛关注。中国代表在会上介绍了中国司法的进步，表达了中国政府与民众立即废止治外法权的要求与决心。⑤

1931年10月太平洋国际学会第四届双年会在上海召开，太平洋学会中国分会在此次双年会召开前进行了改组，将宗旨确立为："研究太平洋国际问题，努力国民外交，增进各民族间友谊及谅解。"改组后的中国分会宗教色彩逐渐淡化，为政治外交服务的倾向有所加强。⑥ 与之相应，中国代表们在太平洋国际学会的大会上呼吁废除不平等条约的声音也愈加强烈与集中。鲍明钤在其提交给大会的《在华外侨之地位》（The Status of Aliens in China）中指出："外人在中国的地位与在其他国家相比，一个根本的差别在于治外法权。"⑦ 他介绍了外国人在治外法权庇护下享有的特权，并历数

---

① 李绍昌：《半生杂忆》，沈云龙主编《近代中国史料丛刊续编》第68辑，第194页。
② 孙晓楼、赵颐年编著《领事裁判权问题》，商务印书馆，1936，第276页。
③ 太平洋国际学会的定例为每两年召开一次全体大会，是为双年会（Biennial Conference）。
④ Bau, Mingchien Joshua, "Relinquishment of Extraterritoriality in China," in *Problems of the Pacific, 1929: Proceedings of the Third Conference of the Institute of Pacific Relations, Nara and Kyoto, Japan, October 23 to November 9, 1929*, ed. by J. B. Condliffe, 1929, Chicago, Ill., The University of Chicago Press, 1930.
⑤ 张静：《国民外交与学术研究：中国太平洋国际学会的基本活动及其工作重心的转移（1925~1933）》，《社会科学研究》2006年第4期。
⑥ 参见欧阳军喜《中国太平洋国际学会简史》，《太平洋学报》2010年第8期。
⑦ Bau, Mingchien Joshua, *The Status of Aliens in China*, Shanghai: China Institute of Pacific Relations, 1931, in *Data Papers Prepared by China Council for the Fourth Biennial Conference of The Institute of Pacific Relations*, p. 2. 是书中文版为《在华外侨之地位》（出版地不详，中国太平洋国际学会编译，1932）。

中国政府撤废治外法权的各个阶段：从1902年起，中国先后与英、美、日、葡等国议定，嗣中国司法改革成功后，治外法权即行撤销；直至1931年5月4日，南京国民政府公布《管辖在华外国人实施条例》，规定在华外国人应受中国法律和法院的管辖。他还介绍了治外法权废除后，来华外国人在中国享有的权利。此书与顾维钧的《外人在华之地位》的英文书名一样，不过鲍氏之书晚出近二十年，与顾维钧着重梳理中外条约中有关治外法权的规定不同，鲍明钤致力于总结中国法权交涉的得失。从某种程度上讲，鲍明钤的《在华外侨之地位》乃是顾维钧《外人在华之地位》一书的续写。

在第四届太平洋国际学会双年会上，鲍明钤还撰写了《外人在华沿岸及内河航行权》一书，关注中国的领水主权问题。在这本小册子中，鲍氏首先追溯了中国各个内陆水域的开放过程，以及外国在华航运业的基本状况。其次，他列出中国要求收回领水主权的六大原因：（1）"中国水域中的外国航运状况有悖于国际法的基本原则与事实，国家法规定内陆领水仅向本国公民开放"；（2）"它破坏了中国的领土主权"；（3）"它影响了中国的国家防御"；（4）"交通运输是国家生活至关重要的动脉，不应被外国因素控制或主导"；（5）"外国船只在内河及沿海的航运每年都造成巨大的经济损失"；（6）"条约许可的内容原本是在无知或使用武力的情况下订立的，在偃武修文、实施国际合作的新时代，这些内容与世界的新秩序相矛盾……"① 最后，他介绍了南京政府收回领水主权的步骤及具体计划。

此外，参与太平洋国际学会的代表还就其他一些有关不平等条约的问题撰写英文著作，希望借助这个有各国学商政要出席的国际性会议，为中国修约外交扩大影响。夏晋麟为第三届太平洋国际学会双年会撰写了《上海租界问题》(*The Status of Shanghai: A Historical Review of the International Settlement*)，介绍上海租界的历史由来及会审公廨、工部局等司法、行政机关的运行，探讨上海公共租界的未来发展及其在中外合作下的发展。夏晋麟在前言中写道："尽管写上海的书籍已有很多，此书却是第一本由中国人完成的。也许世界都很渴望听到一个中国人的声音；上海是中国最重

---

① Bau, Mingchien Joshua, "Foreign Navigations in Chinese Waters, Shanghai: China Institute of Pacific Relations, 1931," in *Data Papers Prepared by China Council for the Fourth Biennial Conference of The Institute of Pacific Relations*, pp. 20–21. 是书亦有中文版面世《外人在华沿岸及内河航运权》（出版地不详，中国太平洋国际学会编译，1932）。

要的城市，忽视中国人对其未来的看法与观点，并不是什么好事。"① 南京国民政府成立后，上海公共租界的地位问题与华人参政权问题，是上海租界问题的争议焦点。夏晋麟批评上海公共租界现存的管理方式："土地章程早已过时。条约规定又过于笼统，并非现存问题的可靠解决之道。租界政府衰朽而不合情理。"② 他将英美人士对上海租界的态度归纳为三类，即干涉派、假和解派与真和解派，并一一评析其观点。他指出，不论调和政策（conciliatory policy）是什么，只有尊重在上海的各国居民的意愿，才能获得成功。上海公共租界总裁费信惇（Stirling Fessenden, 1875-1943）以美国代表的身份出席了此次会议，发表了自己的见解。在中美双方理性、温和地交流的基础上，与会代表一致认为，关于上海未来地位的问题，应当设计一种既承认中国人合理的民族主义情绪又保护外国人利益的方案。③ 可以想见，作为参加此次会议的中国代表，夏晋麟的观点与主张为与会代表形成这样一种认知起到了积极作用。

三 西方"中国文化热"背景下的英文书写

随着国家的统一与民族认同感的不断加强，中国知识分子越来越注重通过英文书写向西方传播中国文化。20世纪30年代以来，中国知识分子撰写的有关中国文化的英文著作显著增多，同时国人对中国各类文学作品的译介活动也十分活跃。这种现象的出现，主要有以下两方面的原因：一方面，以往西方传教士、冒险家笔下的英文著作对中国文化的认知难免有误差，而一些作家对中国文化的轻视更令国人大为不满。因而，在具备必要的语言水平和文化程度之后，中国知识分子便有意识地执笔撰写介绍中国文化的著作，扮演起中国文化的传播者角色。另一方面，第一次世界大战之后，一些对西方物质文明感到迷茫与失望的哲人开始将目光投向东方，希望从东方文明中寻求有益的思想资源。两次世界大战之间，中国传统文化受到西方青睐，不仅有关中国哲学、宗教和文艺的译著大量出版，中国文

---

① Hsia, Chin-Lin, "Preface," in *The Status of Shanghai: A Historical Review of the International Settlement*, Shanghai: Kelly and Walsh, 1929.
② Hsia, Chin-Lin, *The Status of Shanghai: A Historical Review of the International Settlement*, p. 158.
③ 王敏：《中英关系变动背景下"费唐报告"的出笼及搁浅》，《历史研究》2012年第6期。

化学术界人士在西方各地的讲学、交流活动也得到了热烈反响。① 这种"中国文化热"的出现,在一定程度上也激发了中国作家的写作兴趣。

(一) 大师所作的《中国文化论集》

科学文化水平是体现国家实力的重要指标。国家统一局面基本形成后,除在政治外交方面着力提升国际地位以外,国人亦开始注重为中国的科学文化在世界范围内争取一席之地。20世纪30年代初,中国知识分子就已有意识地向西方介绍近代中国文化学术的发展。有人敏锐地注意到:"近期有关中国的出版物论述的都是中国的政治经济斗争情况,致使对远东问题感兴趣者以为中国除了政治运动、工业革命外,没有其他内容。这些方面当然都有实实在在的进步,不过,不幸的是,中国国民生活中一些基本方面所产生的稳步而悄无声息的进步却被忽略了。"② 这段话中所说的"进步"是指晚清以来中国科学文化水平的提高。

陈衡哲主编的《中国文化论集》(Symposium on Chinese Culture)是20世纪30年代中国文化知识界向外推广中国文化的一部代表性著作。这本论文集是太平洋国际学会中国分会为1931年举行的第四届太平洋国际学会双年会准备的。此书的缘起则要追溯到1929年在日本京都召开的第三届太平洋国际学会双年会。在京都会议上,与会代表花了会期约三分之一的时间讨论文化问题,但是当时中国代表团可利用的材料较少,亦没有真正的相关研究。③ 为了确保在下一届双年会上,中国文化的问题能得到各国代表的充分讨论,太平洋学会中国分会决定编撰这样一本《中国文化论集》。这本论文集的目的并不是提供一部中国文化史,而是"向读者提供一幅中国当代文化的素描画,重点突出其变动的方面"。④《中国文化论集》共有十七篇文章,内容涉及中国的宗教与哲学、艺术与建筑、工农业生产、社会状况等方面,此外还介绍了地质、考古、生物等西方学科在中国的发展状况。文章的作者大都是相关

---

① 黄兴涛主编《中国文化通史·民国卷》,第157~160页。
② 陈衡哲主编《中国文化论集》,王宪明、高继美译,福建教育出版社,2009,"陈立廷序",原著英文名为 Symposium on Chinese Culture,1931年由太平洋国际学会中国分会出版。
③ 事实上,陈衡哲本人早在第二届太平洋国际学会上即有意识地探讨中西文化的问题。她在那次会议上提交的论文是《中华民族的杰出文化财富:中国人对所谓西方物质文明的看法》(The Outstanding Cultural Assets of the Chinese People: The Chinese Point of View of the So-called Material Civilization of the West)(Honolulu: Institute of Pacific Relations, 1927)。
④ 陈衡哲主编《中国文化论集》,"编者前言"。

领域内具有影响力的学者。以如此有分量的人物组成的写作阵容,如此丰富的内容来介绍中国的文化状况,这在近代中国人的英文写作中是较为少见的。

这群精英知识分子编撰这本《中国文化论集》,矛头对准的是西方关于中国文化"停滞不变""保守排外""缺乏宗教情感"等三种观念。为此,他们在各自的文章中追溯中国文明的发展轨迹,揭橥中国在与外来文化的接触之下吐故纳新的历史,阐发中国宗教信仰与哲学思想的互动关系。[①] 在这个写作意图之下,紧接着产生的问题是怎样才能使西方摒除成见,了解中国文化的真谛。为此,知识分子们主要做了两方面的工作:其一,运用西方的知识要素与认知方式为中国包罗万象的文化元素分门别类、梳理脉络,譬如赵元任在"音乐"一章中对中国音乐的音阶、旋律、和声、节奏等内容的分别介绍。其二,介绍现代学科在中国的发展状况,其中最有代表性的当数翁文灏撰写的"中国地质学"一章。他从区域调查与绘制地质图、矿产资源研究、地文学与地质学、地震学等若干方面介绍了地质学在中国的发展状况。从根本上讲,《中国文化论集》对中国学术文化的界说是在西方的知识框架下完成的。这种现象的产生,既与赵元任等人接受的西方学术思维训练有关,又是西方主导的现代文明格局下的必然结果。对于一种异文化而言,往往只有被纳入西方知识谱系之后才能获得意义,否则就有被读解为"落后"乃至"愚昧"之虞。换句话说,《中国文化论集》的最终落脚点是将中国文化纳入西方主导的现代文明体系。

可以说,这本论文集是知识界把中国文化整体性地推向世界的一次尝试。陈衡哲在论文集最后的结语反映了对中国文化的自信。她指出,中国文化不仅可以取于西方,还可以给予西方。她颇有信心地展望道:"中国有能力在更大范围内做出更重要的贡献。这些潜在的贡献可能完全是源自中国本土的……另外一些潜在的贡献可能是中西文化融合的结果。"[②]

(二) 张彭春《十字路口的中国:中国现状透视》

两次世界大战之间西方世界对中国的关注有所增加,然而,文化差异和政治因素所造成的对于中国的误读仍然顽固地存在着。这在很大程度上限制了西方社会对中国的真正了解。正是看到这样的状况,中国知识分子开始有意识

[①] 参见欧阳军喜、李明《1930年代中国知识分子对中国文化的认知与想象——以陈衡哲主编的〈中国文化论集〉为例》,《东南大学学报》(哲学社会科学版) 2005年第6期。
[②] 陈衡哲主编《中国文化论集》,第261~262页。

地参与到向外传播中国文化的过程中来,试图以出自中国人笔下的相关著作正本清源。作为中外文化交流的积极参与者,张彭春①在往返于中西方之间的过程中注意到,西方新闻中出现了大量关于中国时事的报道,而有关中国的出版物也有所增加。他认为这反映了世界对中国关注程度的提高,但是他也观察到外界对中国的认知还相当混乱、笼统。据他的观察,西方大众的中国观念主要存在三个常见的误区:其一,"古老的中国一成不变"的说法时常出现。其二,"长久以来,对于世界其他国家而言,中国就像一本盖上封印的书"。其三,"人们还经常听到的一种说法是,今天的中国处于混乱状态"。② 在张彭春看来,西方人眼中的中国是停滞的、封闭的、无序的。他意识到,只有了解中国文化成就的发展过程,尤其是中国与外部世界的实际接触,西方人才能改变上述看法。

鉴于此,1936 年张彭春在英国伦敦出版了《十字路口的中国:中国现状透视》(China at the Crossroads: The Chinese Situation in Perspective)。张彭春有针对性地以两个问题作为该书的主干:第一,中国真的"过时"吗? 第二,中国的现在和将来是怎样的? 为了回答第一个问题,他将目光放到 19 世纪以前中国与欧洲的交往上,说明在前近代时期欧洲人心目中的中国并不"落后",相反还是欧洲学习的对象。他首先介绍了丝绸、纸张与印刷术传入欧洲的历史。张彭春指出,与欧战后人们习惯性将东方文化与西方文化归类为"精神性"与"物质性"的两分法不同,"中国文明却曾因使生活舒适与精致的物质发明而著称。……与现在普遍认为的,19 世纪以前中国与欧洲处于相互隔绝状态的观点相反,一直到近代,中国的

---

① 张彭春(1892~1957),字仲述,教育家、社会活动家、剧作家、外交家。他 1916 年毕业于哥伦比亚大学,回国后协助其兄张伯苓管理南开学校校务,历任清华大学、南开大学教授及南开中学部主任等职,1931 年随梅兰芳赴美演出,担任剧团总管兼发言人。他曾多次赴欧美交流访问,先后于 1931、1933 年任芝加哥大学、夏威夷大学客座教授,1936 年又作为交换教授赴英访学。值得一提的是,张彭春还是中国最早的英文剧作家,1915 年尚在美国留学的他用英文撰写了剧本《醒》,当时被喻为"今日西方现行之写真戏"(参见夏家善《中国最早的英文剧作家》,《复印报刊资料(戏剧研究)》1985 年第 2 期)。他更为人知的一面,当数作为中国代表,参与起草了《世界人权宣言》,并曾任联合国人权委员会副主席和起草委员会副主席。孙平华著《张彭春:世界人权体系的重要设计师》(社会科学文献出版社,2017)是笔者目前所见学术界对张彭春生平和思想进行全面研究的最新成果。

② Chang, P'eng-Ch'un (张彭春), China at the Crossroads: The Chinese Situation in Perspective, London: Evans Brothers Ltd., 1936, pp. 7-8.

产品都驰名欧洲并且人们趋之若鹜"。① 其次,他阐述了 13 世纪的《马可·波罗游记》对中国的赞美,并论述了 18 世纪启蒙思想家从中国文化中得到的滋养。另外,他还从文化思想和政治制度两个方面简要地介绍了中国文明的发展过程及不同时期的主要贡献。最后,他对"中国真的'过时'吗"这个问题如是答道:"尽管中国文明渊源如此久远,从某种意义上讲,中国的确是古老的;但是从另一个角度讲,中国并不'陈旧',因为其文明并未消亡于古代,而是始终不断变化生长着。"②

至于第二个问题"中国的现在和将来是怎样的?"张彭春围绕 19 世纪以来中国的"转型"(transformation)这个主题阐述了中国当时的状况。他将这种转型的背景归纳为内忧与外患两个方面:内忧是清朝统治的衰微,外患则是工业革命带来的扩张。"19 世纪的工业化使得成功地发动战争被视为一国'文明'的手段。"③ 横向上,他从政治、农业与工业、教育与思想三个方面概述了中国的转型;纵向上,他将这个转型归纳为三个阶段:对传统模式与方法自满的阶段,对外国制度与方法不假思索地匆促借用的阶段,以及批判性地学习西方并提出新的改革方案的创造性调适阶段。④ 张彭春对于中国未来的估计既充满忧虑又怀有希望。一方面,他对九一八事变以来日本不断向中国施压的情形感到担忧,并表明中国的前途牵动着整个世界的局势。另一方面,他观察到,中国的绘画与诗歌等艺术形式在西方渐受欢迎,并且中国先哲的思想开始受到西方的肯定。他将这种变化理解为现代世界抛弃偏见而对中国的文化开始采取新的态度。

以今天的观点看来,张彭春的《十字路口的中国》也许在内容上没有太多有新意的地方,然而,如果把它放到 20 世纪上半叶的中外文化交流的视野中,便不难发现其价值。如张彭春在序言中所表明的,这本书是希望西方大众走出对中国的认识误区。他以自问自答的方式阐述了自己的核心观点,即中国并不是一个停滞不前的文明,进而以较为清晰的脉络展示了中国文明不断吸收外来元素发展演进的过程。值得注意的是,张彭春的《十字路口的中国》一书本身也是他向外传播中国文化的实践和努力。孙平华的研

---

① Chang, P'eng-Ch'un, *China at the Crossroads: The Chinese Situation in Perspective*, p. 13.
② Chang, P'eng-Ch'un, *China at the Crossroads: The Chinese Situation in Perspective*, p. 98.
③ Chang, P'eng-Ch'un, *China at the Crossroads: The Chinese Situation in Perspective*, p. 104.
④ Chang, P'eng-Ch'un, *China at the Crossroads: The Chinese Situation in Perspective*, pp. 158–159.

究注意到，张彭春在书中介绍了中国古代的科举制度，并认为这种制度有利于打破社会阶层的区隔、选贤任能。其后，在《世界人权宣言》起草过程中，张彭春试图将竞争性考试纳入谈判过程中进行讨论，但由于其他代表对这一制度不甚理解而未能如愿。① 由此可见，作为一位具有世界眼光的学者和思想家，如何将中国历史文化中的智慧和经验纳入世界文明进程中，始终是张彭春念兹在兹的问题。

《十字路口的中国》篇幅不长，但是内容充实、脉络明晰。可以设想，一个对中国了解有限的普通西方读者读来，这本书的内容应当并不艰涩。更为重要的是，读者在紧凑而流畅的文字中，能够对张氏所强调的中国从古至今的变化发展留下较深的印象。

此外，《十字路口的中国》给人的另一个深刻印象是，张彭春的述说显得十分平缓、沉稳。尽管要谈中国文化在近代的转型，绕不开西方侵略中国的问题，他却对此并未加以评论。在涉及鸦片战争、不平等条约、义和团运动等一系列事件时，他只是简单地将史实交代清楚，并将战争的原因归结为工业化的结果。这种看似不掺杂感情的叙述与此书的主旨有关，张彭春撰写此书目的不在于为国家民族争取政治权利，而在于澄清西方民众对中国文明的错误认识，因而他没有高擎着民族主义大旗批评西方。为了增进西方对中国的理解，像张氏这样简明扼要地陈述事实，或许更能引起西方读者的好奇或得到其认同。从这个意义上说，这种冷静平实的文风不失为一种面向西方言说的策略。

为此书撰写序言的英国经济史学家、中世纪史专家艾琳·鲍尔（Eileen Power）写道："普通人并不了解中国正在发生什么。他的头脑中充斥着与事实出入甚大的陈词滥调，譬如，中国两千年来都是一个样。他没有大量的时间来研究中国的历史，也不知道到哪儿去寻找解释中国过去与现在的关联以及中国问题症结所在的答案。"她认为张彭春的书堪称是对这些问题的令人满意的解答，因为"他知道我们想了解中国的什么问题，什么样的误解可能会妨碍我们的认识，什么是需要向西方读者解释的"。② 恐怕正是由于其与西人交流起来游刃有余，1938年张彭春才被蒋介石派往美国开展国民外交工作，发起并组织"不参加日本侵略委员会"（American Committee

---

① 孙平华：《张彭春：世界人权体系的重要设计师》，社会科学文献出版社，2017，第182～183页。
② Chang, P'eng-Ch'un, *China at the Crossroads: The Chinese Situation in Perspective*, p. 5.

for Nonparticipation in Japanese Aggression），号召美国民众支持中国抗战。①

第二节 书写"革命"：国民党左派汤良礼的英文写作

20世纪20年代后半期，中国社会运动与革命的浪潮风起。与之相应，国民革命成为中国人英文写作中的重要内容。在诸多相关的英文著作中，汤良礼的英文撰述活动颇有代表性。

一 生平与著述

汤良礼，生于爪哇茂物，祖籍福建。他早年就读于荷语高级中学（Hoogere Burger Scholen），② 后求学于维也纳大学和伦敦大学，1925年获得伦敦大学经济学学士学位，并于同年成为英国皇家经济学会会员（Fellow of the Royal Economic Society）。他于1929年任中国国民党中央执行委员会驻欧通讯主任。1930年回国后，曾任德国社会民主党研究会通讯社（柏林）、《每日先驱报》（*Daily Herald*，伦敦）、《新领袖》（*New Leader*，伦敦）、《新报》（*Sin Po*，巴达维亚，即今雅加达）③ 驻华通讯员及《纽约时报》（*The New York Times*）驻北平通讯员。同年，被派为联华书报社（China United Press）总经理及英文刊物《民众论坛》（*The People's Tribune*）④ 编辑，同时任汪精卫政治助理兼英文编辑。1933年汪精卫兼任外交部部长时，他出任外交部顾问。1935年，国民党高层派系之争再次出现变动，蒋汪由合作走向分裂，蒋介石决计"迎胡去汪"，汪派人物随之纷纷失势。10月，汤良礼被授予特命全权公使之头衔，奉命赴欧考察新闻宣传状况。⑤ 不过，或许由于1935年11月1日国民党四届六中全会开

---

① 陈明章：《国立南开大学》，南京出版社，1981，第227页。
② 廖建裕（Leo Suryadinata）：《爪哇土生华人政治（1917~1943）》，李学民、陈巽华译，中国友谊出版公司，1986，第148页。"Hoogere Burger Scholen"，在荷兰语中的意思是"较高的公民学校"。
③ 该报于1910年创刊，标举印度尼西亚华人民族主义，提倡土生华人和新客华人要团结，鼓励土生华人子女接受华语教育，并且赞成土生华人参与中国政治，在1919年至1920年展开了反对荷兰国籍法的运动。廖建裕：《爪哇土生华人政治（1917~1943）》，第31~32页。
④ 《民众论坛》的前身似乎是北京国民党报纸《国民新报》的副刊。《国民新报》于1925年12月5日创刊，在当时国民军首脑冯玉祥的支持下出版，总编辑邓飞黄，英文部编辑林语堂，英文记者陈友仁。《国民新报》在1926年北伐前夕被封。
⑤ "T'ang Leang-li Given Study Mission Abroad," *The China Press*, Oct. 8, 1935, p. 2.

幕之际汪精卫突然遇刺，迟至 1936 年 1 月，汤良礼才与曾仲鸣等人随侍汪精卫赴欧疗伤。

淞沪会战爆发后，汤良礼离开上海前往香港，《民众论坛》亦在香港继续出版发行。1939 年 5 月，逃离重庆的汪精卫自越南河内抵达上海。① 汤良礼则紧随其后，于 7 月返回上海。继续为其所谓"和平运动"进行舆论宣传。② 1939 年 11 月，汪精卫集团在上海成立"中华通讯社"，中统特务曾侦知汤良礼更名李子良，出任伪"中华通讯社"英文部主任。③ 1940 年 3 月 30 日汪伪政府成立后，汤良礼被任命为汪伪中国国民党中央宣传部政务次长、汪伪政府宣传部国际宣传局局长。其后，上海"中华电讯社"同原南京维新政府设立的"中华联合通讯社"合并，改组为"中央电讯社"。该社被指定为伪政府宣传部监督指导下的新闻宣传机构，其理事会被规定为最高权力机关，汤良礼便是理事会成员之一。④ 此外，他还曾任汪伪国民党中央政治委员会外交专门委员会兼任委员、伪政府外交部政务次长、伪行政院国际问题研究所所长等职。⑤

抗战胜利后，汤良礼一度被羁押于上海提篮桥监狱。1949 年，他获释返回印度尼西亚雅加达定居，以经商为生，活跃于印尼华人中间。1950 年 2 月 26 日，汤良礼与印尼华人领袖林群贤创建印度尼西亚力量同盟（又称新印度尼西亚中华党），这是一个以印尼土生华人为主的政党，号召华裔印尼公民同其他印尼公民一起为创建一个统一的印尼民族而奋斗。⑥ 汤氏晚年还曾参与编辑《印度尼西亚国际评论》（*The Indonesian Review of International Affairs*）。⑦

---

① 蔡德金、王升编著《汪精卫生平纪事》，中国文史出版社，1993，第 259 页。
② "Men and Events," *The China Weekly Review*, Jul. 29, 1939, p. 280.
③ 《夏恩临致朱家骅报告》（1939 年 7 月 8 日），台北：中研院近代史研究所档案馆藏《朱家骅档案》62~1，转引自马振犊《国民党特务活动史》，九州出版社，2008，第 238 页。
④ 《马光仁文集》，上海社会科学院出版社，2013，第 122、127 页。
⑤ 刘国铭主编《中华民国国民政府军政职官人物志》，第 920、924、939 页。
⑥ 杨启光：《1945 年以后印尼华人的华人观初探》，《华人华侨历史研究》1992 年第 2 期。
⑦ 除特别注明外，汤良礼生平主要根据以下几种资料整理："Who's Who in China," *The China Weekly Review*, July 27, 1935；徐友春主编《民国人物大辞典》，河北人民出版社，1991，第 1186 页；刘国铭主编《中国国民党百年人物全书》（上），团结出版社，1995，第 429 页；杨保筠主编《华侨华人百科全书·人物卷》，中国华侨出版社，2001，第 484 页；麦林华主编《上海监狱志》，上海社会科学院出版社，2003，第 703 页。

作为印尼土生华人（Peranakan），汤良礼生长、求学于海外，年近而立才回归祖国。据了解民国政坛掌故的人回忆，他的中文水平很差，甚至一句中国话都不会讲，但他的英文很好。因而，他的主要工作是给汪精卫做国际宣传、办英文周刊，被认为是左倾的国民党员。[①] 此外，他还能说流利的德语。[②] 汤良礼编著的有关中国的英文著作数量颇丰，主要包括：《反叛的中国：从文明到国家的历程》（China in Revolt: How a Civilization Became a Nation）、《现代中国之基础》（The Foundations of Modern China, 1928）、《中国革命内史》（The Inner History of the Chinese Revolution, 1930）、《汪精卫政治传记》（Wang Ching-Wei: A Political Biography, 1931）、《傀儡政权"满洲国"》（The Puppet State of "Manchukuo", 1935）、《中国的重建：进步与成就实录》（Reconstruction in China: A Record of Progress and Achievement in Facts, 1935）、《中国的新货币制度》（China's New Currency System, 1936）、《中国社会的新秩序》（The New Social Order in China, 1936）等。他还编有《中国自有之评论家：胡适与林语堂时文选编》（China's Own Critics: A Selection of Essays, 1933）、《汪精卫及其他人士撰述之中国国民革命记》（The Chinese National Revolution by Wang Ching-wei and Others, 1931），和林东海（Jefferson D. H. Lamb, 1895-?）著《中国劳工运动及劳工法规》（The Labor Movement and Labor Legislation in China, 1933）、《中国的事实与假象》（China Facts and Fancies, 1936）等。此外，他还担任英文丛书《今日之中国》（The "China Today" Series）及《英文中国现代百科全书》（English Encyclopedia of Modern China）[③] 的总编辑。

二 宏观视野中的"革命"：《反叛的中国》

（一）写作意图

《反叛的中国》大致写作于北伐军兴之际。笔者在中国国家图书馆看到的版本为1927年由伦敦的诺埃尔·道格拉斯出版社出版。

汤良礼写作此书的目的在于增进世界对中国北伐战争的了解。他在序言中写道："如果要避免东西方的冲突演变成世界历史上最大的灾难，中

---

① 董桥：《旧时月色》，江苏文艺出版社，2003，第142页。
② "Berlin Group Gives Party for T'ang Leang Li," The China Press, Apr. 20, 1936, p. 5.
③ 该丛书分上下两卷，但笔者目前尚未查找到此书。

国国民革命的清晰概念是必需的。"① 他认为，国民革命的爆发是为了解决辛亥革命遗留的问题，而其中的西方因素更是不容忽视的。

> 因为要了解中国目前的国际地位，就有必要认识到中国的现状是革命性的，突出的问题需要用革命性的办法来解决。这是因为，拜外国的介入和干涉所赐，辛亥革命中所蕴含的变革信条还未在中国国民的生活中实现，尤其是在政治经济方面。②

他不满足于对大革命作简单的阐述和分析，而是试图回答《反叛的中国》一书的副标题所提出的问题，即一个文明如何成为国家，以此向西方公众揭示中国革命的深层历史根源。在汤良礼看来，答案的关键在于清末以来民族主义的兴起。

> 西方应该意识到，中华民族和中华文明已全然成为一个有独立的意志和目标的国家……整个国家，包括各个军阀，都全身心地团结在一起，决心摆脱列强支配，遏制外国剥削，不管这种剥削是以不公正的条约、传教活动还是国际金融投机的形式进行的。③

汤良礼希望读者了解到，反对西方势力的干涉此时已经成为一股巨大的历史潮流，而推动这股潮流的不是某个党派的政治意图，而是整个中华民族争取国家独立自主地位的强烈意志。1925年五卅运动的爆发掀起了中国反帝爱国民族运动的又一次高潮。随着国民革命军的推进，以英国为代表的列强纷纷开始调整其对华政策，中国人民争取民族自由、国家独立的决心与信心更是空前高涨。《反叛的中国》正是在这样的背景下完成的。

此外，汤良礼撰写《反叛的中国》还存有挑战在英语世界中占主导地位的阐释中国的西方话语的意图。对于《反叛的中国》一书，汤氏曾作过这样的介绍："这本书是对中国民族主义思想的解读，同时，坦诚地说，

---

① T'ang Leang-Li, "Introduction," *China in Revolt: How a Civilization Became a Nation*, London: Noel Douglas, 1927, p. xvi.
② T'ang Leang-Li, "Introduction," *China in Revolt: How a Civilization Became a Nation*, p. xvi.
③ T'ang Leang-Li, "Introduction," *China in Revolt: How a Civilization Became a Nation*, p. xvi.

此书意在成为对甘露德（Rodney Yonkers Gilbert, 1889 – 1968）[①]、霍德进（Henry Theodore Hodgkin, 1877 – 1933）[②]、苏慧廉（William Edward Soothill, 1861 – 1935）[③]、辛博森（BertramLenox Simpson, 1877 – 1930）[④]、伍德海（Henry George Woodhead, 1883 – 1959）[⑤] 的反宣传（counter – propaganda）。"[⑥] 汤良礼认为，上述这些西方作家对中国带有强烈的偏见，他们有意无意地忽视中国的进步与发展，对于国民革命抱有怀疑甚至敌视的态度。所谓"反宣传"，意即驳斥这些傲慢的西方人的观点，站在中国人自己的立场上发出声音。他写道："作者的主要目的在于，向西方呈现中国知识界对他们在中国看到的西方文明在某些方面的态度。他试图理解青年中国的政治思维，她内政外交的理想，她摆脱外国对其事务的干涉，彻底获得独立的愿望……"[⑦]

[①] 甘露德，美国人，《字林西报》记者。著有《中国之病》（*What's Wrong with China*, 1926）、《不平等条约：中国与外国人》（*Unequal Treaties: China and the Foreigner*, 1929）等书。

[②] 霍德进，英国公谊会传教士。1905 年来华，1910 年创建唯爱社（Fellowship of Reconciliation），强调人类一体性，主张爱是克服邪恶的有效力量，反对战争。1922 年，霍德进再次来华，参加世界基督教学生同盟会议时，借机与吴耀宗创建中国唯爱社，1929 年回国。

[③] 苏慧廉，英国偕我会传教士、教育家。1882 年来华传教，在温州、宁波等地传教 20 余年，1911 年任山西大学总教习，1920 年回国后任牛津大学中文教授。著有《在中国的传教》（*A Mission in China*, 1906）、《李提摩太在中国》（*Timothy Richard of China*, 1924）、《中国史》（*A History of China*, 1927）、《中国与英国》（*China and England*, 1928）等多种著作。

[④] 辛博森，笔名普特纳姆·威尔（Putnam Weale），英国人，生于宁波，曾留学瑞士，精通法语、德语、汉学。早年曾任职总税务司，1900 年八国联军侵占北京后曾参与抢掠，1902 年任英国报社驻京通讯员，1911 年任伦敦《每日电讯报》驻京记者，1916 年被黎元洪聘为总统府顾问，1922 年至 1925 年任张作霖顾问，1930 年中原大战时协助阎锡山接收津海关，11 月遇刺身亡。著有《庚子使馆被围记》（*Indiscreet Letters from Peking: Being the Notes of an Eye – witness*, 1906）、《远东的新调整》（*The Re – Shaping of the Far East*, 1905）、《中日真相》（*The Truth about China and Japan*, 1919）等多种著作。

[⑤] 伍德海，英国人，1902 年来华，先后任《字林西报》记者、路透社驻北京通讯员，1912 年任北京政府所办英文报纸《北京日报》主笔，而后历任英文《京报》主笔、《京津泰晤士报》（*Peking and Tientsin Times*）总主笔。1930 年至 1941 年为美国人所办的《大美晚报》（*Shanghai Evening Post and Mercury*）撰写文章，1912 年至 1939 年还编有《中华年鉴》（*China Year Book*），著有《中华民国真相》（*The Truth about the Chinese Republic*, 1925）、《西方对远东问题的理解》（*Occidental Interpretation of the Far Eastern Problem*, 1926）、《一位在华记者》（*A Journalist in China*, 1934）等著作。

[⑥] T'ang Leang – Li, "Bibliography," *The Foundations of Modern China*, London: Noel Douglas, 1928.

[⑦] T'ang Leang – Li, "Introduction," *China in Revolt: How a Civilization Became a Nation*, p. xv.

（二）从传统文明到民族国家：对中国革命的一种解读

《反叛的中国》一书分为五大部分，即"安宁的中国"（China in Peace）、"枷锁中的中国"（China in Chains）、"反叛的中国"（China in Revolt）、"作为国家的中国"（China a Nation）及"作为强国的中国"（China a Great Power）。在第一部分"安宁的中国"中，汤良礼向西方读者展示了古老的中国文明。他承认东西方文明存在差异，但并不认为西方文明优于东方，这是汤良礼分析中西关系的着眼点。他引用英国小说家吉卜林（Rudyard Kipling）的《东西方民谣》（The Ballad of East and West）中那句广为流传的诗句——"东方是东方，西方是西方，二者永不相会"，批评西方人狭隘的以自我为中心的文明观。他指出，世界已经成为一体，只有真正地理解东方尤其是中国，才能从根本上解决世界问题，并且提醒读者注意中国对18世纪欧洲文明的巨大影响。

1. 作为一种文明的中国

在第一部分"安宁的中国"中，汤良礼从道德观入手向读者介绍传统中国社会的基本形态。在汤良礼看来，中西方文明之间的根本差异在于对人性的不同看法：西方认为人性根本上是恶的，而中国则相信人性向善。这种认知的差异体现在中西方的政治与社会领域，"为了维持民间秩序和保护民众，欧洲先是利用对上帝的恐惧，而后又运用惩戒与法律的权威。……（中国）则认为理智与正义被所有人视为比暴力更重要的因素，并且道德义务被认为是社会交往当中的基本准则"。[①] 汤良礼认为，中国皇帝的统治是建立在道德基础上的，并且中央政府的职能主要体现在礼制上，而中国社会的家国结构（family-state）则发挥了最大限度的自治作用。他试图说明，西力东渐之前，文化上自成一格的中国已是一个文明、有序的社会。

这种在外国人面前强调中西文明在精神层面差异的说法并不陌生。1924年，辜鸿铭在日本东京工商会馆以《东西文明异同论》为题发表演讲时，就曾说道："欧洲人没有真正的文明，因为真正的文明的标志是有正确的人生哲学，但欧洲人没有。在中国，把真正的人生哲学称为'道'，道的内容，就是教人怎样才能正当地生活，人怎样才能过上人的生活。"[②]

[①] T'ang Leang-Li, China in Revolt: How a Civilization Became a Nation, pp. 20–21.
[②] 《辜鸿铭文集》，第304页。

第一次世界大战以后，遭受战争重创的欧洲出现反省现代文明、欣羡平和的东方文化的社会文化心理，而辜鸿铭、梁漱溟等文化保守主义者也在此时打出"中国文化救西论"的口号。汤良礼对于中西文明差异的看法或多或少地受到这股潮流的影响。

2. 西方压迫下的中国

第二部分"枷锁中的中国"主要是记述在西方政治经济势力入侵之下，中国如何被禁锢与奴役。汤良礼首先以"中国道德与西方利益的对抗"为题概括清末中西方矛盾与冲突的实质。他指出，海通之初中国人并未对西人报以任何鄙视的态度，"历史上，中国曾经接受来自世界任何一个地方的任何一种宗教、任何一个民族，所谓的'蛮夷'不仅成为普通的公民，更有人成为文武官员。是故，中国从未有过种族歧视"。① 在汤良礼看来，中西相遇产生的摩擦，主要原因在于来华西人没有遵循中国的秩序（Pax Sinica）②。他指出，除少数传教士之外，绝大多数西方人都是为了牟利而来，他们对中国的鄙夷心理和自身的冒险家心态是他们违反中国法律的根本原因。他参考顾维钧所著《外人在华之地位》，认为："人们需要明白的是，中国只是勉强接受外国人的到来，在帝国之内，帝国的法令就是至高无上的，因为中国对于领土主权与法律权限的认知在本质上并未有别于现代国际法理。"③ 他不客气地指出，尽管社会形态和所遵循的规则不同，但西方人用枪炮轰开中国大门的行径仍然是对他国领土的侵犯。不难看出，在分析中西矛盾的根源时，汤良礼并未将中西军事经济实力的悬殊对比作为考量的因素，他的分析前提是将中国和西方看作平等往来的两个政治实体。鸦片战争以来，国人在枪炮胁迫之下"谈西色变"，在一桩桩中外公案中妄自菲薄，不敢据理力争，汤良礼的这种自信恰与之形成鲜明反差。

汤良礼在书中清楚明晰地揭示了西方在中国攫取的各项利益，以及外国人的各种在华特权之间的利益关联。他首先分析，让列强获得治外法权

---

① T'ang Leang-Li, *China in Revolt: How a Civilization Became a Nation*, p. 40.
② Pax Sinica 是拉丁文，字面意思是"中国的和平"，由 Pax Romana（罗马和平）衍生而来，指鼎盛时期的罗马帝国。Pax Sinica 则多用来指中国历史的盛世时期，这些时期中中国因强大的政治、经济、军事和文化实力而占据主导地位，故而它也被引申为"中国主导的世界秩序"。近年来随着中国国力增强，这种用法日益常见。
③ T'ang Leang-Li, *China in Revolt: How a Civilization Became a Nation*, p. 43.

和关税自主权使中国戴上了沉重的枷锁,接着阐释基督教在中国的传播如何从思想文化上瓦解中国。他还指出,19世纪末随着世界形势的变化,列强开始改变原先残酷的剥削方式,代之以更为微妙而效力长久的对华借款的形式。结合鸦片战争以来中国在中外交涉中节节败退的事实,汤良礼犀利地总结道:"列强的政策是勒索加恐吓,动辄实施武力制裁,一旦符合他们的利益,即便为非作歹也在所不惜。"①

"枷锁中的中国"并不是对西方列强侵华行为的凭空控诉,汤良礼在书中以充分的论据和独到的分析,使西方读者了解中国人对外国势力不满的因由。在《反叛的中国》中,汤良礼大量征引各种文献。他引用大量西方政治家、传教士撰写的有关中国问题的著作,揭示其中反映的列强对华政策的深层动机。同时他还借助中国人用英文撰写的著作中的事实与观点,如顾维钧的《外人在华之地位》及刘廷芳、赵紫宸等基督教知识分子撰写的《中国人眼中之今日中国》等。此外,中外英文报刊上的各类报道与评论也是他重要的参考资料。在论及来华传教士撰写的著作有意无意地丑化中国形象的问题时,汤良礼分析认为:

> 大体上讲,那些传教士接触的只是中国国民和道德中最糟糕的那部分,寻找中国社会生活中的阴暗面是他们一直以来的习惯。他们对于中国的态度多半是自私自利地挑剔找碴,而并非有益地批评。他们只将中国的缺点散布出去,而对于优点却加以歪曲理解。传教士的目的在于唤起他们同胞心中的传教本能,通过强调中国的阴暗面,他们很容易为自己募得钱财。②

在基督教的信仰世界中,拯救所谓的贫穷与愚昧被视为信徒的责任。因此,许多传教士为了迎合母国教众的这种文化心理,在他们有关中国的记述中竭力呈现中国的落后与贫困,将中国人描述成愚昧、未开化的野蛮人,试图以此获得更多的经济资助。汤良礼对于这个微妙关联的揭示反映出,西方社会多年的生活经验使他在思考中西关系问题时,能够看到某些普通人不易观察到的层面。

---

① T'ang Leang-Li, *China in Revolt*: *How a Civilization Became a Nation*, p. 55.
② T'ang Leang-Li, *China in Revolt*: *How a Civilization Became a Nation*, p. 71.

3. 从王朝革命到共和革命

在该书第三部分"反叛的中国"中，汤良礼记述了中国人对抗西方列强与本国政府的双重压迫的过程。这一部分有两章内容，标题分别是"中国反抗西方剥削"与"中国民族意识的巩固"。汤良礼站在倾向革命的立场上回顾了鸦片战争以来中国社会的历次重大事件。他充分肯定这些运动在民族觉醒的过程中占据的位置，同时也注重分析运动的得失。例如，汤良礼认为，辛亥革命只是一次推翻王朝的运动，而不是一次民众普遍参与的宪政革命（a constitutional revolution）。然而，辛亥革命在短时间内成功，又使中国人从多年的耻辱中恢复了自信。它预示着中国有能力摆脱外国束缚，而列强对中华民国的承认更增强了中国人的民族自觉意识。① 汤良礼十分注重从民族主义的角度诠释近代中国历次社会运动的意义，例如，在介绍新文化运动对学术文化和社会伦理的全面改革时，他就将其称为中国民族与文化的新生。

在他看来，民族主义正是推动中国由一个文明走向一个现代国家的重要因素。汤良礼指出，"每个国家形成完全的自我意识，都必然需要一段很长的时间。领土与欧洲一样大、人口比欧洲还要多的中国概莫能外。但是，某些事件加速了中国民族的统一，并且一个文明成了一个国家"。② 汤良礼所指的这些事件，主要包括五四运动的爆发，以及随后中国代表团在巴黎和会上拒签对德和约与1925年的五卅反帝爱国运动，他认为前者代表了中国民族意识的觉醒，而后者则意味着整个中华民族的奋发反抗。值得注意的是，汤良礼专门论述了临城大劫案的交涉对中国人民族意识的刺激作用。1923年8月10日北京公使团向北京的外交部递交了一份由十六国驻华公使联名签署的照会，提出赔偿、保障、惩办三项要求及剿匪问题。照会不但要求赔偿劫案造成的大大小小各种损失，还提出依照《辛丑条约》的先例惩办"肇事"的山东省的各级官员的要求，甚至还强令中国派出军队用以治匪并改组中国特别警察以保护铁路。③ 照会的各项要求严重侵害了中国的主权，引起中国社会各界的强烈不满。汤良礼在文中引述这份照会并指出：

---

① T'ang Leang-Li, *China in Revolt: How a Civilization Became a Nation*, pp. 101 – 102.
② T'ang Leang-Li, *China in Revolt: How a Civilization Became a Nation*, p. 106.
③ 别琳：《临城劫车案引发的中外交涉》，《四川师范大学学报》（社会科学版）2005年第7期。

列强认为中国政府治理国家就应该唯外国人的利益马首是瞻；他们要求中国整顿法律与秩序，可长期以来他们自己的国民却一直在给中国的土匪头子们提供军火弹药和借款，以资后者打内战和实施强盗劫掠，这些做法都是蛮横无理的。[1]

他认为，这份充斥帝国主义强权色彩的"临城照会"强化了中国人的民族自觉意识。

中国人在五卅运动中表现出的反帝爱国情绪震惊了西方世界，然而列强却没有正视中国的民族主义诉求。正如圣约翰大学教授宓亨利（Harley Farnsworth MacNair, 1891 – 1947）所说："现在流传着许多有关布尔什维克对这个国家的企图的故事，很多人试图将中国骤然滋长的民族主义和摆脱外国扶植的愿望归结为布尔什维克的诡计。"[2] 由于身在英国，汤良礼得以更为切近地体会西方人对中国的反抗运动的反应，尤其是运动矛头所指向的英国。他注意到五卅运动爆发后，"伦敦大多数的报纸立即宣称罢工、罢课的工人、学生是苏俄的工具，试图以此诋毁他们，因为对于布尔什维克的恐惧是英国媒体对付他们所认为的危险运动的有效武器，屡试不爽"。[3] 汤良礼显然颇为了解西方舆论的导向，他提醒对中国的民众运动怀有误解的人们："中国目前的运动显示了民族主义的觉醒，它旨在寻求博爱与正义。列强越早地了解这一点，对世界的永久和平越有好处。"[4] 在他看来，英国新闻界一贯歪曲事实或断章取义的报道，在很大程度上误导了大众观念，以致当有人试图坦承事实的时候，英国民众往往对其嗤之以鼻。

在第四部分"作为国家的中国"中，汤良礼主要论述中国修改不平等条约、收回各项利权的努力，由此彰显中国作为一个新兴现代国家的主权意识与独立地位。他着眼于收回关税主权与废除治外法权两项重要内容，记述中国与英美等国修约交涉取得的进展，反复强调新兴的中国决心废除一切不平等条约。他还表明中国民族主义反对西方国家以任何形式插手中

---

[1] T'ang Leang – Li, *China in Revolt: How a Civilization Became a Nation*, p. 109.
[2] Harley Farnsworth MacNair, *China's International Relations and Other Essays*, Shanghai: Commericial Press, 1926, p. 169.
[3] T'ang Leang – Li, *China in Revolt: How a Civilization Became a Nation*, p. 122.
[4] T'ang Leang – Li, *China in Revolt: How a Civilization Became a Nation*, pp. 123 – 124.

国事务,宣称"年轻的中国拒绝使宗教成为政治分裂和社会压迫的工具""年轻的中国开发自己的资源绝不依靠外国资本"。① 在汤良礼看来,主权完整和独立自主是判定中国为一个国家的标准。他写道:"安宁的中国已经逝去了。代之而起的是新生的中国,她充分意识到自己作为一个国家的正当要求与责任,坚持她要重生于享有主权与独立地位的国家之列。"②

第五部分,汤良礼向读者介绍了正在中国如火如荼地进行的国民革命。也许是受到国民革命军北伐半年来的骄人战绩的鼓舞,汤良礼把"作为强国的中国"作为本书终章的标题,这代表着他对现代中国命运的展望。他向读者阐释了国民党内政外交领域的基本政策及肩负的使命,断言辛亥革命以来,在经历了十五年的混乱无序局面之后,国民革命将是中国共和革命的最终胜利阶段。汤良礼所说的"作为强国的中国"主要是从中国国际地位的意义上讲,他宣称"中国的统一将由中国国民党完成,这意味着西方列强迟早需要调整对华政策,这次要本着友好与理解的精神调整对华政策,而不是从前的警惕与挑衅的心理,甚至还须以牺牲一些'威信'为代价"。③ 针对北伐时期"南京惨案"的发生,他则表示:"英国的铁拳政策非但没有威胁到中国人民,反而鼓舞了中国大众团结到中国国民党反对帝国主义的旗帜之下。"④ 汤良礼试图向西方读者证明,中国人民高涨的民族主义意识是国民革命节节胜利的根本原因,他也相信在这股精神力量的推动下中国将成为影响世界的强国。

(三) 受到关注的民族主义声音

在《反叛的中国》一书中,汤良礼从宏观的角度,将中国的国民革命放在中华文明的发展历程中理解,向西方社会介绍清末以来中国社会的嬗变以及革命的兴起。汤良礼在这本著作中力图向读者揭示中国从一个古老的传统文明到现代民族国家的转变过程,并着重展现民族主义的兴起在其中所起到的作用。无论是书中对西方列强施加于中国的侵略与干涉的批评,还是对中国反帝爱国的民众运动的大力褒扬,都反映出汤良礼强烈的民族主义立场。

---

① T'ang Leang-Li, *China in Revolt: How a Civilization Became a Nation*, pp. 153 – 154.
② T'ang Leang-Li, *China in Revolt: How a Civilization Became a Nation*, p. 149.
③ T'ang Leang-Li, *China in Revolt: How a Civilization Became a Nation*, p. 157.
④ T'ang Leang-Li, *China in Revolt: How a Civilization Became a Nation*, p. 156.

第四章 民族自信力的显现

《反叛的中国》中对西方列强的批评，与辜鸿铭、林文庆及《北华捷报》"读者来信"栏目中那些不具名的中国作者们对西方国家的抨击颇为相似。他们都指责诸如列强的武力入侵、干涉中国内政以及传教士书写中歪曲丑化中国等问题，并且都认为中国文明自成体系，并不逊色于西方文明。不同的是，在《反叛的中国》中，汤良礼鲜明地标举中国民族主义的大旗，并明确地将其视为中国从传统向现代转型的动力，在以往近代中国人的英文著述中这是不多见的。可以说，在晚清民国时期中国的英文撰述者中，汤良礼是较早明确地站在民族主义的立场上向西方世界发出声音的人。

正如蔡元培在给该书所撰前言中总结西方中国学著作的情况时指出的，它们多半出自几种人之手——冒险家、传教士、记者与帝国主义者，他们对于中国的描绘几乎都因各自的职业而带有某些谬误和偏见。尽管近年来罗素、杜威和卫礼贤等西方学者，在与中国的知识阶层的接触中逐渐形成了对中国更为客观、友好的认识，但至今仍缺乏一本由中国作者自己写的著作。蔡元培认为汤良礼此书恰能填补这一空白，他相信，汤氏接受过良好的西洋教育，其宽阔的视野、人文主义的眼光和勤勉的精神定能使西方读者对中华民族有一个更加深刻的了解。①

罗素则对汤良礼在书中传递的信息十分敏感，他认为汤良礼的观点反映了民族主义在中国的高涨。他在序言中提醒道："假若想要了解现代中国人的观念——他们越来越能够掌控自己国家的政策——读汤先生的书是再合适不过的了。读者将会发现书中对西方政策，特别是对英国政策的批评更是既一针见血又让人无法辩驳。"他根据自己对五卅运动等事件的观察，批评英国外务部的对华政策，指出外交决策者对中国发生的变化以及中国人平等的要求一无所知。这不但直接损害了英国在华商贸利益，从根本上讲英国政府的这种态度还可能导致英国在华利益的整体受损。他进而认为："因此，汤先生努力让那些对当前运动的重要性还算在乎的人注意到这些事实，他所做的对英国和他的祖国来说都是有益的。"②

当然，并非所有读者都对《反叛的中国》中蕴含的强烈的民族主义色彩持肯定态度。该书出版后不久，一篇刊登在《南华早报》上的评论便写道：

---

① Tsai Yuan-Pei, "Foreword," *China in Revolt: How a Civilization Became a Nation*.
② Bertrand Russell, "Preface," *China in Revolt: How a Civilization Became a Nation*.

公正地说，作者并未假装公正，但是试图"理解青年中国的政治心理"。从这点看，这本书是有趣的，尽管我们希望其中对社会主义者的讨好可以少一些。在他的"安宁的中国"的图景中，他将事物理想化，所传达的"与其说是古老中国的实际状况，不如说是中国文明的精髓"——宣传家惯用的伎俩。即便如此，他有关中国的理想的描述也使其成为一个有价值的文献。在他所谓侵略中国的描写中，对于传教事业尤为严厉。尽管他的批评在很多方面都不够公允，但却非常重要，因为它显示了当今中国存在的一种态度，而这种态度可能并不少见。①

在这篇书评的作者看来，《反叛的中国》有将古代中国过分美化的嫌疑，并且对西力东渐给中国带来的影响，特别是传教活动的作用，评价也不够客观公正。不过，他仍然承认，在英文世界有关中国的书写中，这本书是值得注意的，因为它所反映的民族主义情绪在中国民众中并不少见。换句话说，《反叛的中国》一书正是20世纪二三十年代中国高涨的民族主义情绪的写照。

此外，汤良礼以中国人的身份，通过英文写作向西方世界申说中国的意志，则是《反叛的中国》受到关注的另一个原因。在这一点上，蔡元培和罗素分别为《反叛的中国》所作的序言颇有启示意义。蔡元培和罗素的序言都强调汤良礼中国人的身份，认为他的英文书写能反映中国的状况，传达中国人的意见。然而，二人的侧重点不尽相同：蔡元培看重的是汤良礼作为中国人，能够更加客观地呈现中国，进而与某些歪曲中国的西方著作分庭抗礼；罗素则认为汤氏书中的观点代表了中国人的意愿，因而从掌握中国状况、维护英国在华利益的角度向外交决策者们推荐此书。从本质上讲，两人的认知都是从本国利益出发，这两个不同的着眼点恰恰体现了近代中国人英文写作对于传播者与受众的不同价值。

三 微观视野中的"革命史"：《中国革命史内幕》

如果说，在《反叛的中国》中，汤良礼以较为宏观的视角向西方介绍中国革命的前因后果，那么1930年出版的《中国革命史内幕》（*The Inner History of the Chinese Revolution*）则是从微观角度把握国民革命的发展过

---

① "Modern China: Another Book by a Politician Special Pleading," *South China Morning Post*, May 27, 1927, p.12.

程。汤氏撰写该书时，正担任国民党中央执行委员会驻欧通讯主任，因而从性质上说，这本书可以视为一部宣传国民党的著作。他在自序中表示，大量关于1923~1927年这一中国现代历史上最为重要时期的档案资料尚未披露。由于他有机会接触缔造中国革命的重要人物，甚至担任过他们的私人秘书，因此得以了解国民党诸多决策的内幕。汤氏希望通过他的著作，读者能了解中国革命的过程及意义，同时对几个对现代中国政治有深远影响的重要人物有所了解。他并不讳言自己的立场："在整本书中作者都秉持一个革命者的观点，热衷于实现孙中山所阐释的中国革命的理想与原则。因此，他不能自称是一个公正的历史学家，但是为了完成一部可能有助于专业学生与普通读者的关于中国革命政治（revolutionary politics）的手册，他努力使自己的事实陈述做到准确无误。"①

《中国革命史内幕》共十五章内容，汤良礼首先分析了中国民族主义思想的历史源流，继而回顾了从孙中山创立兴中会到北伐战争的革命历程，最后则记述了国民党内部的分裂、各派反蒋势力的兴起。

（一）反对蒋介石集团

《中国革命史内幕》所张扬的鲜明政治倾向，是汤良礼从微观把握晚清以来中国政治革命发展脉络的一个面相。1929年3月，蒋介石集团一手包办的国民党第三次全国代表大会召开，大会彻底抛弃了1924年国民党的改组精神。三届一中全会后，蒋介石实际上掌握了国民党军政大权，导致国民党内部各派系矛盾集中爆发。② 为了反对蒋介石的独裁统治，由排挤出政权中枢的汪精卫、陈公博等人发起的"中国国民党改组同志会"（简称"改组派"）积极活动，在"护党救国"的口号下组织反蒋、军事倒蒋运动，产生了较大的社会影响。作为汪精卫的亲信，汤良礼在《中国革命史内幕》中表露了鲜明的反蒋主张。1930年初，"改组派"实际负责人王乐平在上海被蒋介石指派的杀手杀害，该派的活动遭到重挫。③ 在《中国革命史内幕》的献词中，汤良礼写道："纪念王乐平，他为了反抗

---

① T'ang Leang-Li, "Author's Preface," *The Inner History of the Chinese Revolution*, London: G. Routledge, 1930.
② 张宪文主编《中华民国史纲》，河南人民出版社，1985，第357页。
③ 郭绪印主编《国民党派系斗争史》，上海人民出版社，1992，第80页。

对于国民革命精神的背叛，于1930年2月18日丧于杀手之手。"① 汤氏的政治立场由此可见一斑。无疑，带有反蒋色彩的《中国革命史内幕》一书，与前述伍朝枢、刁敏谦撰写的宣传南京国民政府的英文著作形成了强烈反差。

汤良礼还以蒋冯战争中蒋介石用重金收买冯玉祥的部下韩复榘、石友三为例，尖锐地指出，蒋介石在中国建立统一政权是通过军事独裁和大肆贿赂官员和军阀的方法。② 他还揭露中东路事件中南京当局在军事上和外交上没有做好充分准备之时即指使东北方面挑起事端，实际上是蒋介石在新军阀混战之际为了挽回人心、巩固权威而谋划的动作。③ 汤良礼甚至在书中公开提出反蒋主张，表示："蒋介石政府在政治上失去了信任，军事上分崩离析，还试图通过军事独裁，冒险挑起无谓的对外战争来维持其权势，它迟早会被推翻。"④

（二）国民党左、右派斗争内幕

《中国革命史内幕》可能还包含一些鲜为人知的国民党派系斗争的历史细节。孙中山逝世后，支持联俄政策的汪精卫成为广州国民政府主席、军事委员会主席，党内地位急升。但是，1926年3月20日中山舰事件发生后，汪精卫被迫出走，使得蒋介石在夺取党内军政大权的道路上又迈进一步。汤良礼在书中特别强调西山会议派在中山舰事件中扮演的角色。他指出中山舰事件与西山会议派"离间汪蒋"的策略有直接关联，特别指出张静江在实施这个阴谋的过程中起到了极为重要的作用。"蒋介石批判西山会议派提出的'联蒋反汪'的口号，此举令西山会议派十分不满，决意采取其他策略来处理国民革命队伍中的矛盾。他们放弃了公开宣传的策略，改为派张静江南下广州去执行一项秘密任务，而张静江对该派的支持并不为外界所知。"⑤ 在汤良礼眼中，张静江是"天生的阴谋家"，为了达到目的，他首先设法在蒋介石身边布下自己的亲信，而后利用蒋介石与汪精卫及苏联军事顾问团团长季山嘉发生严重分歧的时机，命其亲信在蒋身边散布所谓共产党赶

---

① T'ang Leang-Li, "Dedication," *The Inner History of the Chinese Revolution*.
② T'ang Leang-Li, *The Inner History of the Chinese Revolution*, p. 356.
③ T'ang Leang-Li, *The Inner History of the Chinese Revolution*, pp. 358–359.
④ T'ang Leang-Li, *The Inner History of the Chinese Revolution*, p. 360.
⑤ T'ang Leang-Li, *The Inner History of the Chinese Revolution*, pp. 241–242.

其下台的谣言。

有关中山舰事件发生的原因,学术界已有许多研究,但也存在一些未解的疑团。一种意见认为中山舰事件是蒋介石策划的反对国共合作与国民党左派的阴谋;还有一种意见认为,中山舰事件是"偶然中的必然",所谓偶然是指蒋介石误信谣言所致,所谓必然则是就国民党左右两派矛盾与蒋本人的猜忌心理而言。① 有关该事件背后的推动力量,杨天石先生考证指出,西山会议派及广州孙文主义学会难脱干系,右倾的孙文主义学会在伍朝枢、吴铁城的介绍下与西山会议派结合,四处散布汪精卫反蒋的谣言,实施倒汪、排共、仇俄的阴谋。② 值得注意的是,汤良礼在书中明确地提出暗中和西山会议派联络的张静江是此事件幕后的重要推手。类似的说法亦见于汪精卫一派其他人的记述。陈公博在其回忆录中称,中山舰事件后,有传言指张静江是幕后主使者,而且张静江并不像外界所知道的那样,是在3月20日之后才到广州来帮助蒋介石平息事态,而是在20日前便到广州,直至事件发生后才露面。③ 不过,也有研究者认为,尽管张静江是蒋介石颇为倚重的导师,但他在孙中山逝世后并未卷入党内任何一派。④ 笔者尚无法判断此说的真实性,但它或可为中山舰历史的研究提示一些新的问题。

此外,汤良礼还批评,西山会议派在蒋介石叛变革命的过程中扮演了极不光彩的角色。"四一二"反革命政变后,蒋介石在南京另立国民党中央政治会议,形成宁汉对立的局面。汤良礼将这一事件称为"南京政变",并分析其中的深层原因:"西山会议派成立后,党内的反革命势力更加千方百计地制造汪蒋的嫌隙,以便破坏国民党一大以来的成绩,夺回他们的权力。"⑤

(三) 国民党左派对外宣传之作

总的说来,《中国革命史内幕》的叙事线索是中国国民党的发展历程,并且如书名所示,汤良礼的确披露了不少在当时鲜为人知的国民党内幕。《美国政治与社会科学院院刊》的书评人甚至认为《中国革命史内幕》的

---

① 参见王鑫、秦立凯、王志《近二十年来中山舰事件研究综述》,《党史文苑》(下半月刊) 2010 年第 8 期。
② 杨天石:《"中山舰事件"之谜》,《历史研究》1988 年第 2 期。
③ 陈公博:《苦笑录 (一九二五年至一九三六年)》,内部参考本,第 44~45 页。
④ 张建智:《张静江传》,湖北人民出版社,2004,第 174 页。
⑤ T'ang Leang-Li, *The Inner History of the Chinese Revolution*, p. 270.

名字应该改为"国民党史",因为此书披露了很多有关国民党的有趣的细节。"近年来(中国——引者注)发生的许多事情,许多担任新闻通讯员的外国观察家似乎都无法解释清楚,汤先生则让它们变得符合逻辑而清楚明白了,而这本书里还包含这么多普通西方人无法拼读的人名,对于认真地想要理解中国时事的人来说,这本书是极为有价值的。"① 一则刊登在英国《皇家国际问题研究所杂志》(Journal of the Royal Institute of International Affairs)上的书评指出:"没有一个外国人可以完全弄清楚中国晦暗不明的纷争的原因及过程,而汤先生则把那些军阀和政客的争执、阴谋和妒忌——他们的反复无常、背信弃义——以及促使 A 和 B 联手对付他们原先的盟友 C,抑或三方而后又上演大混战的原因描述得细致入微。"② 西方人士对于纷乱的民国政治的迷惑与不解,在这段话中得到了充分的体现。汤良礼的《中国革命史内幕》解开了他们心中的诸多疑团。尽管他对西方国家在华政策的批评使西方人感到不快,但是其坦诚直接的陈述与评论仍然得到了肯定。《中国革命史内幕》出版后不久,日文译本《支那革命内面秘史》③ 也面世,1975 年此书在美国再版,④ 这也从一个侧面反映出此书的受关注程度。

在汤良礼的《中国革命史内幕》中,我们可以看到从辛亥革命到北伐国民党内部权力结构的嬗变,以及卷入中国革命的各种政治力量之间的微妙关系。那么,生长于海外并未亲历这些事件的汤良礼,为何能够获取如此多的"内幕"呢?笔者认为,汤良礼撰写这部著作的材料极有可能来自汪精卫本人或其亲信。⑤ 1929 年 3 月,蒋介石在国民党第三次全国代表大

---

① "Review of *The Inner History of the Chinese Revolution*," *The Annals of the American Academy of Political and Social Science*, Vol. 152, Nov., 1930, p. 403.
② "Book Review of *The Inner History of the Chinese Revolution*," *Journal of the Royal Institute of International Affairs*, Vol. 9, No. 6, Nov. 1930, p. 860.
③ 湯良禮『支那革命內面秘史』、大連:大陸編輯局飜譯部譯述、1931。
④ T'ang Liang-li, *The Inner History of the Chinese Revolution*, Arlington, VA: University Publications of American, 1975.
⑤ 李志毓发掘并研究了现藏于美国纽约汪精卫纪念托管会的《汪精卫"自传"草稿》,并结合台湾"党史馆"所藏"吴稚晖档案"及其他史料,考察了这份文件的可信度及其史料价值。她认为这份"类自传"草稿是汪精卫站在国民党左派的视角和立场上对国民党历史的回顾,也是对其政治主张的自我阐释与辩护。参见李志毓《汪精卫视野中的国民党——〈汪精卫"自传"草稿〉解读》,《史林》2017 年第 6 期。笔者猜测,《中国革命史内幕》的成书以及汤良礼为汪精卫撰写的英文传记,很可能均以这份"类自传"为底本。

会上，全力赞成胡汉民"一党专政"的主张，并临时更改会议程序，提出对汪精卫等人酿成1927年12月中共广州起义一事予以处分的动议。全会最终通过《处分汪兆铭、陈公博、甘乃光、顾孟余案》。在蒋介石与胡汉民达成合作的情况下，汪精卫则被排除在党权之外。① 翌年《中国革命史内幕》的出版，可以视为汪精卫被排挤出国民党最高权力中心后所做的舆论反击。

在蒋介石集团独揽大权、打压异己的背景下，《中国革命史内幕》以英文著作的形式出版，在一定程度上便于规避舆论审查，争取外界的同情与支持。相较于当时其他有关民国政治的英文著作而言，鲜明的派系立场恐怕是《中国革命史内幕》一书最为突出的特点。事实上，这种对"内幕史"的书写在近代中国人英文写作的历史上也是不多见的。在某种意义上说，这部著作的出现反映了二三十年代中国人英文写作主题的拓展与内容的深入。此外，尽管这部著作与国民党内部的派系之争关系密切，但是书中从国民党左派的立场出发建构的革命叙事，在一定程度上也能为我们理解从国共合作到大革命失败的历史提供一些新的视角。

四　从民族主义者到附逆汪伪

汤良礼为印尼土生华人，中文水平较差及身份上的复杂属性客观上也导致其对中国历史及现实的认知存在局限。有研究者曾指出："第二次世界大战前的土生华人，容易识别出来，因为他们在文化上既不同于印度尼西亚人，也有别于中国人。他们作为中国人则太像印度尼西亚人，作为印度尼西亚人则又太像中国人。"② 从法律上讲，汤良礼具有双重国籍：一方面，根据荷兰法律，第二次世界大战前，印尼土生华人属于荷兰臣民；③ 另一方面，1909年颁布的《大清国籍条例》以及1912年颁布的《中华民国国籍法》、1929年南京国民政府颁布的《国籍法》及其实行条例均规定华侨属中国公民。④ 尽管汤良礼在其英文著作中显示出对中国的强烈身份认同，但他对于中国的观察并不一定那么精准。胡适便曾评价汤良礼的著

---

① 金以林：《国民党高层的派系政治：蒋介石"最高领袖"的地位是如何确立的》，社会科学文献出版社，2009，第69~70页。
② 廖建裕：《爪哇土生华人政治（1917~1943）》，"导言"。
③ 廖建裕：《印尼原住民、华人与中国》，黄元焕、杨启光译，新加坡青年书局，2007，第115页。
④ 齐凯君、权赫秀：《近代中国政府处理华侨国籍问题的法制化进程》，《华人华侨历史研究》2009年第6期。

作《中国的重建》"甚不高明"。①

此外，全面抗战时期汤良礼沦为汪伪政权的鼓吹手，也是对其著述进行历史评价时无法避开的问题。翻开《反叛的中国》扉页，可以看到汤良礼所写的献词："谨以此书缅怀御史（High-Commissioner）林则徐，他为了保护中华文明和美德不受西方的胡作非为和贪婪的侵害，在1839年6月16日在广州销毁了20291箱鸦片。"② 从这段简短的文字中，我们不难体会汤良礼对西力入侵所持的批判立场，也可以从中体察出这位海外游子撰写此书时心中对于困厄中的祖国的民族主义情感。然而，这样一位具有革命情怀与民族主义思想的青年，却在写下这段话的十余年后成了汉奸头目。

1940年初，出任汪伪国民党中央宣传部次长后不久，身负对外宣传之职责的汤良礼发表了大量文章为汪伪政权张目。这无疑与他此前发表的著作中宣扬的民族主义思想形成了巨大反差，而就在汪精卫变节之前，汤良礼主编的《民众论坛》还曾发表措辞激烈的反日文章。汤良礼立场的转变招致许多人的不满。1940年4月13日，贝德士（Miner Seale Bates, 1897–1978）③ 在《密勒氏评论报》（*The China Weekly Review*）④ 上发表文章批判汤良礼的变节之举，提醒读者汤良礼曾经是日本帝国主义及其傀儡的严厉批判者。当时，汤良礼在伪中央通讯社发行的日刊上发表文章，宣扬反美言论，指责罗斯福总统派出特使赴欧洲，阻止欧洲各国承认汪伪政府。贝德士则在文中指出，汤良礼发表于1935年的英文著作《傀儡政权"满洲国"》开篇即写道，"满洲国"是通过"一小撮为了残羹冷炙而出卖自己的民族的堕落的满族人和

---

① 《胡适日记》（1936年7月23日），曹伯言整理《胡适日记全编》（六），第608页。
② T'ang Leang-Li, "Dedication," *China in Revolt: How a Civilization Became a Nation*.
③ 贝德士，美国人，传教士教育家（Missionary educator），1920年夏被联合基督教布道会（United Christian Missionary Society）授予传教士资格并派往中国，后长期在金陵大学、金陵女子文理学院等校任教。全面抗战爆发后，以副校长之名义负责留守校产。他是南京国际安全区的发起者与组织者之一，自1937年冬至1941年为保护中国难民及揭露日军暴行做了大量工作，曾在远东国际军事法庭上作证指认日军在南京犯下的暴行。
④ 《密勒氏评论报》是1917年6月由美国人密勒（Thomas F. Millard）在上海创办的英文周报，鲍威尔（J. B. Powell）任主编。报纸创刊之初，英文全称为"Millard's Review of the Far East"。密勒退出报社后，鲍威尔收购了其股权，成为报纸的实际控制人。为了招揽读者和广告商，淡化报纸的个人色彩，鲍威尔先后几次变更报名。1919年改为"The Weekly Review of the Far East"（直译为《远东评论周报》），1923年6月又改为"The China Weekly Review"（直译为《中国评论周报》）。考虑到改换报纸名称可能会失去中国读者的青睐，故而该报的中文名称《密勒氏评论报》始终未更换。〔美〕鲍威尔：《我在中国二十五年——〈密勒氏评论报〉主编鲍威尔回忆录》，邢建榕等译，上海书店出版社，2010，第82页。

变节的中国人"而建立起来的。贝德士不无讽刺意味地说:"我们相信,较之满洲国,汤博士掌握了很多有关南京的消息——将很快奉献给我们更多有关汪精卫伪政权的著述。"① 同年9月7日,另一位读者致信《密勒氏评论报》,批判汤良礼立场的骤然转变。这位读者写道,"这样的转变只有一个解释:为了日本提供的资金,你成了一个精神上的妓女",并将汤良礼比作犹大。②

汤良礼如何从一位大力褒扬国民革命与民族主义的青年,沦为汪伪政权下的汉奸的,无疑是一个复杂而值得探究的问题。这个问题已经超出本书研究的范畴,且笔者水平有限,恐怕难以给出一个令人满意的答案。不过,以下三个方面可以作为参考。

首先,汪精卫叛国投敌的举动对汤良礼的影响是不容忽视的。1930年回国后,汤良礼所从事的主要工作便是用英文撰写著作、编辑刊物,为汪精卫及其派系进行对外宣传,其经费大多来源于汪精卫。③ 对中国政治文化环境并不熟悉的汤良礼,回国后获得的名利都仰赖汪精卫,故而即便汪氏通敌,汤良礼也只得一同堕落为汉奸。其次,汪精卫以刺杀摄政王载沣成名,其绝命诗广为传颂,"烈士"形象深入人心,受民众敬仰。汪精卫一生以"文人""书生"自命,且努力以情义和文人才子营造的"人格魅力","感召"他人纷纷投入其阵营,为其效力。④ 这种与蒋介石这样的军政强人截然不同的性格特质,确实吸引了一批知识分子追随其左右,汤良礼或也属此列。最后,汤良礼在政治上的投机心理,或许是解释其变节原因的一个思路,关于这一点,从1952年陈克文赴印尼时的日记中或可窥见一些端倪。陈克文自1952年3月28日抵达雅加达至5月9日离印,前后40余天均得汤良礼陪同接待,且下榻于汤宅。其间,汤良礼屡次提及台湾的薛寿衡曾允诺为其提供经费,使其在印尼做宣传工作,并对薛未能兑现诺言耿耿于怀。陈克文因此事"既非正式约定,又无文字记载,只

---

① "T'ang Leang-li Tells How Puppets are Made," *The China Weekly Review*, Apr. 13, 1940, p. 221. 原文没有作者姓名,但从章开沅《南京大屠杀的历史见证》(湖北人民出版社,1995,第142页)对贝德士档案的爬梳中可知此文作者为贝德士。
② W. E. Priestley, "Hang Yourself," *The China Weekly Review*, Sep. 7, 1940, p. 1. 文中署名恐为排印错误。从落款看该文作者为 W. E. Priestley,为一烟火生产商,在中国大陆、日本、中国台湾等地设有工厂,并且是西雅图中国俱乐部(China Club of Seattle)的重要成员。
③ Miner Seale Bates, "T'ang Leang-li Tells How Puppets are Made," *The China Weekly Review*, Apr. 13, 1940, p. 221.
④ 李志毓:《汪精卫的性格与政治命运》,《历史研究》2011年第1期。

好支吾以对"。此外，汤良礼还数次对陈克文抱怨，台湾方面提供给陈的活动经费太少，不敷使用。另一方面，汤良礼则向陈克文表示，自己近年来做生意"甚得手"，"言下颇为得意"。① 从陈克文的记述中可以看出，汤良礼在20世纪50年代曾试图转投蒋介石政权，后者曾是他著作中激烈批判的对象。这不能不给人这样的印象，即在汤良礼的政治抉择中投机牟利心理占有较大比重，而其出任伪职背后恐怕也有利益考量的成分。

第三节 为民众发声：邵苇棠投书《字林西报》

在民国时期用英文撰写著述的中国人中，有相当一部分人是任职于政府、大学或从事新闻工作的社会精英。他们中的大多数人在欧美接受过高等教育，甚至取得硕士或博士学位，回国后在政治、经济、文化领域有一定建树。在政权更迭频繁、社会思潮变动不居的近代中国社会中，他们的职业身份与真知灼见使他们的言论具有一定的社会权威，同时他们也享有较高社会地位。不过，并不是所有的英文写作者都属这种情况，在进行英文撰述的国人中，也有一些身份背景较为普通的人。从受教育程度、身份地位等因素来看，他们的知名度不及前述诸多作家，只能算作"小人物"。

英文著作《中国问题一瞥》（*Glimpses into the Problems of China*）的作者即属于此类。在这本书的封面上，除标题外，还写有"一位中国投稿人写给上海外国报纸的系列信件"（A Series of Letters by a Chinese Contributor to the Foreign Press of Shanghai）的字样，另有署名"F. D. Z."。根据1933年6月11日《大陆报》的一则报道可知，《中国问题一瞥》共出三册，分别于1930年由上海别发洋行（Kelly and Walsh Limited）、1932年由文瑞印书馆（Thomas Chu & Sons）、1933年由 Dah Chong Ziang Printing Co. 出版。作者称F. D. Z. 在上海的报纸读者中颇有名气，因为在1924～1932年他频繁地在上海四家英文日报上发表文章。作者认为，他是一位敏锐的观察家，对于"那些希望从中国人的立场理解中国的人而言，邵先生的信件非常值得一读"。②

---

① 陈方正编《陈克文先生年表》，陈方正编辑校订《陈克文日记（1937～1952）》（下），第1256～1257、1260页。
② H. T., "F. D. Z. Back in Book Form with New Letters," *The China Press*, June 11, 1933, p. 11. "H. T." 很可能是《大陆报》的总经理董显光（Hollington K. Tong）。笔者在国家图书馆仅找到1930年出版的第一卷，另利用worldcat等检索工具查找，亦未找到任何有关其他两卷的信息。

翻阅《中国问题一瞥》一书可知，该书由39封向《字林西报》投去的"读者来信"组成。从信尾落款来看，这些信件的时间跨度从1924年10月至1929年12月，以1927年至1929年的稿件居多，约占总数的四分之三。①

从袁同礼先生《西文汉学书目》和《大陆报》的文章中可知，《中国问题一瞥》的作者为邵苾棠（Zau, Fi-Daung），F. D. Z.② 实为其中文名英译的首字母。笔者目前尚无法完全掌握邵苾棠的生平资料，但已知他1918年毕业于上海圣约翰大学，获文学学士学位。③ 此外，他曾担任上海五洲药厂老板项松茂的英文秘书，该厂主要生产及销售西药及肥皂，是当时较有实力的一家国人独立经营的企业。其创办人项松茂在1932年一·二八事变时因组织抗日义勇军、抵制日货为日军杀害，邵苾棠在此后仍继续在该厂工作。④

对于自己频繁投书《字林西报》的原因，邵苾棠在此书序言中说得十分清楚。他指出，"我们现今过度盲从于所谓伟人对我们所说的断语，而失去了自己对是非的判断，成为被动的奴隶而不再是自由的个人"。鉴于这种情况，他才试图向《字林西报》投去自己撰写的英语文章，表达自己对中国问题的看法，为的只是"寻求真相"（seeking the truth）。⑤ 这篇序言实际上是1930年1月24日邵苾棠寄给《字林西报》的信件，邵苾棠在信中表达了将自己五年多来寄给该报的信件整理成册、寻求出版社发表的意愿，并亲自将书名拟为《中国问题一瞥》。⑥《字林西报》是近代西方在中

---

① 在《中国问题一瞥》中最后一部分没有抬头与落款，但根据全书情况和该部分内容的连贯性看来，当亦属邵氏向英文报纸投去的信件。
② 笔者亦见过拼为 F. D. Zall 的情况。
③ 熊月之、周武主编《圣约翰大学校史》，上海人民出版社，2007，第459页；《邵苾棠成绩卡》，上海市档案馆藏，圣约翰大学1913~1919年毕业生学籍成绩袋，档案号：Q243/1/872。
④ 参见马学新等主编《近代中国实业巨子》，上海社会科学院出版社，1995，第171页；《解放前上海新药业职工运动史料（1938~1949）》，上海市医药管理局、上海市总工会工运史研究组出版，1993，第116页。
⑤ F. D. Z., "Preface," *Glimpses into the Problems of China*, Shanghai: Kelly and Walsh, Ltd., 1930.
⑥ 这封信后来被用作《中国问题一瞥》一书的序言，并冠以《F. D. Z. 的最后一封来信》（The Last Letter of F. D. Z.）的名称。此信中确有"我借此机会向所有大度的我的来信的读者说声再见，因为这将是 F. D. Z. 的最后一封来信"等语。按，据此估计，此信可能确为截至1930年1月邵苾棠给《字林西报》投去的将近40封信件中的最后一封，邵苾棠还向《大陆报》等在华西文报刊投过稿件，《中国问题一瞥》另外两卷可能与此背景有关。据《解放前上海新药业职工运动史料（1938~1949）》（第116页），1931年九一八事变发生后，邵苾棠曾撰文公开指责国民党当局的不抵抗政策，署名 F. D. Zall，发表于美国人在上海所办的《大美晚报》上。

国所办的最有影响力的英文报纸，它与英国派驻上海的外事机关及上海租界当局有着密切联系。① 在前后长达五年多的时间里，一位普通的中国读者不断地用英文给这份有着工部局的"喉舌"之称的报纸写信，而该报亦将其言论刊出，这本身就是一个值得探究的问题。同时，从近代中国人英文书写的历史来看，作为对英文报纸刊载内容的回应，邵蒂棠的这种读者反馈式的英文著述也是值得关注的

一 "排外主义"与"反媚外主义"

20世纪20年代是中国人与列强在华势力冲突较为激烈的一个时期。一方面，一战以后，反省西方文明、批评西方社会弊端的声音在中国知识界出现，并受到民众的广泛关注；另一方面，在大国政治的操纵之下，作为战胜国的中国在巴黎和会上提出的正当权益未能得到满足，又使国人更加清醒地意识到帝国主义的强权本质。此外，俄国十月革命的胜利也给亚洲遭受帝国主义压迫的民族带来了希望和反抗的动力。然而，西方列强并不愿意面对中国人民族意识日益增强的事实，他们故意将中国人民回收利权、废除不平等条约的主张与行动说成是所谓的"排外主义"（Anti-foreignism），以期蒙蔽事实，维护其在华利益。

在邵蒂棠寄给《字林西报》的信中，首先谈到的是所谓"排外主义"的问题，他对这一问题的阐发颇具自己的特点。1923年5月发生的临城劫车案震惊了西方社会，加上非基督教运动的持续展开，使得一种观点在西方社会流行开来。他们认为中国表现出的进步迹象是与西方国家的帮助与恩惠分不开的，而"排外情绪"的蔓延则是中国人在以怨报德。一位署名"'亲中国'先生"的读者（Mr."Pro-Chinese"）就在《字林西报》上发表了类似的观点。对此，邵蒂棠在1924年10月21日写信给《字林西报》的编辑，希望澄清外国人对中国的这一误解。

他对 Anti-foreignism 的理解与那位"'亲中国'先生"不同，认为 Anti-foreignism 是针对 Foreignism 而言的。他将二者放在一起解释："'Foreignism'是指崇拜所有的洋人，盲目地接受他们的言论；'Anti-foreignism'是对'Foreignism'的否定，是为了摆脱外国影响而实现自立与自由

---

① 方汉奇：《中国近代报刊史》（上），山西人民出版社，1981，第35页。

的努力。"① 他进一步指出,当前中国人所反对的乃是中国社会中崇洋媚外的风气,所谓的"'排外主义'根本不会危及外国人在中国的利益。它所瞄准的主要攻击对象是那些丧失自尊以致在任何事情上都认洋人做主子的同胞"。② "Foreignism"有外国作风(派头)之义,而结合上下文可知,邵氏所说的"Foreignism"实指"媚外主义"。相应地,这里的"Anti-foreignism"也不能简单地理解为"排外主义",姑且将它译作"反媚外主义"。

邵蒂棠在1924年10月30日再次写信给《字林西报》,他在这封信中更为直接地将矛头指向中国的知识分子,指出这种媚外的态度"在一般的无知公众中并不多见,持有这种态度的反而是教育领域的人,而他们的责任正是领导其他人实现自由与进步"。③ 对于一些留洋学生徒慕西方生活浅薄浮华的表象而不知现代文明的真谛的风气,邵蒂棠尤为不满。显然,"反媚外主义"与"排外主义"有着本质的不同:前者是对中国社会崇西慕外心理的理性反省,而后者则是盲目敌视外国人的社会心理;前者矛头指向国内,而后者则是指向国外的。在清末以来西方人描绘中国的作品中,中国反抗外国压迫的民众运动往往被笼统地归结为中国人的"排外主义"倾向,进而推导出中国是一个愚昧、盲目的国度的结论。邵氏对"排外主义"与"反媚外主义"作出分辨,无疑是为了打破西方惯常的思维逻辑,他希望西方人"今后不再将中国视为'部分文明'的国家,也不要再自认为比中国人有什么优越之处"。④

与这种所谓中国人具有"排外"倾向的成见相应,某些西方人坚决主张本国政府应以强硬的态度对待中国。1924年下半年,中英双方在英国应允退还的庚子赔款的用途上发生摩擦。消息传来,一个自称在中国生活了40余年的西方人立刻在《字林西报》上指出中国人不配得到这种待遇,因为"中国人懂得武力,并且至为臣服于武力,而友好慷慨的对待反会被(他们)理解为外国人软弱的迹象"。⑤ 在邵蒂棠看来,这种言论反映了作者本人的偏见与虚无的种族优越感。他认为西方人这种高高在上的姿态说

---

① F. D. Z., *Glimpses into the Problems of China*, p. 1.
② F. D. Z., *Glimpses into the Problems of China*, p. 2.
③ F. D. Z., *Glimpses into the Problems of China*, p. 5.
④ F. D. Z., *Glimpses into the Problems of China*, p. 2.
⑤ F. D. Z., *Glimpses into the Problems of China*, p. 2.

明他们并没有把中国视为与之平等的文明国家,而他们退还庚款的背后隐藏的则是出于伪善的施舍心理。他坚决地表示:"让我们的英国朋友接受我们对其好意的感谢,但是不要让他们夸耀自己将要用这些钱在中国开展的事业。使这些好事具有价值的是这背后的爱;仅仅是这些事情本身根本没有多大意义!退回的基金应当无条件地交给中国人民,不附带任何服从大英帝国自身的条件。"① 不仅如此,为了防止北洋军阀利用退还的庚款自肥,邵氏还主张中国方面应该暂缓接受退回的款项,这与当时国内各界纷纷想申领退回庚款的现象形成了鲜明的对比。邵氏对于英国退还庚款的冷淡态度缘于他对西方舆论和中国实际情形的观察,他不希望中国因接受退款而授人口实,更不希望此举损害民族尊严。

二 声讨不平等条约

从《中国问题一瞥》来看,1925年以后不平等条约问题成为邵蒂棠向《字林西报》投去的"读者来信"的主要内容。这一问题在邵氏书信中的高密度出现,与五卅运动以后中国人民要求取消不平等条约的声浪高涨密切相关。五卅惨案发生后,中共中央立即发动上海各阶层群众举行罢工、罢课、罢市运动。针对中华民族反帝情绪高涨的形势,中共中央成立上海工商学联合会作为反帝运动的总领导机关,并决定将反帝运动扩大到全国范围。② 在中共的组织与推动下,各阶层民众高举民族主义旗帜,掀起了一场全国性的以"打倒帝国主义""废除不平等条约"为口号的群众运动。在五卅运动的群情激荡之下,此前在修约问题上态度不甚明朗的北京政府发生转变,于1925年6月24日照会英、美、法、比、意、荷等八国驻华公使,提出修改不平等条约,拖延已久的关税会议和法权调查会议也相继召开。

邵蒂棠反对不平等条约的态度是鲜明而坚决的,他将不平等条约视为中国受列强奴役的根源,而中国的出路是取消一切不平等条约,争取解放,获得自由。他在给《字林西报》的信中宣言式地写道:"自由是我们神圣的权利;不惜一切代价将它夺回来是我们神圣的责任。"③《字林西

---

① F. D. Z., *Glimpses into the Problems of China*, pp. 7 - 8.
② 王奇生:《国共合作与国民革命(1924~1927)》,张海鹏主编《中国近代通史》第7卷,江苏人民出版社,2006,第151页。
③ F. D. Z., *Glimpses into the Problems of China*, p. 9.

报》的一位署名"行路人"（Wayfarer）的通讯记者曾撰文质疑邵氏高扬"自由"的言论，认为人类最重要的美德不是自由而是真理。邵氏反驳道："认知真理要以人的自由为先决条件。"① 并且，在他看来，"自由"的含义不仅是赋予人们投票权的政治自由（political liberty）。他还注意到西方文化宣扬的"不自由毋宁死"的口号与列强利用不平等条约压迫中国的事实之间的矛盾，他向西方人质问，既然自由对于人的意义正是从西方传播到中国的，"你们因自私的利益而蒙蔽自己明智的理性是应该的吗？"② 他将顽固的列强视为暴君与敌人，在给《字林西报》的信中果决地喊出"打倒暴君！"（Down with the tyrant！）

自巴黎和会中国第一次正式提出废约要求以来，中国曾多次试图与列强进行有关修改不平等条约的交涉，废除领事裁判权及内河航运权等有损中国主权的条款，而列强总以中国内部不安靖作为拒绝的理由，认为一旦失去不平等条约的保护，在华外国人的利益就要受到威胁。邵蒂棠在给《字林西报》的信中批驳了这种荒谬的说法，他表示：一方面，当不平等条约废除而中国成为名副其实的自由独立的国家之后，"不平等地位可能破除，但外国人应当仍然享有保护其生命与财产的权利"；另一方面，中国的混乱正是失去自由带来的恶果，"正是国内与国外的不平等造成了中国可悲的堕落"。③

很快，邵蒂棠的上述观点便触动了某些西方人的神经。署名"A先生"的读者在《字林西报》上提出质疑，认为在中国，中国人和西方人的地位并没有根本的不平等。作为回应，邵蒂棠从贫苦农民的视角阐释了条约体系下西方人在中国的特权地位。他指出，"尽管这些简单的心灵不知'治外法权'为何物，但他们的确知道洋人在法律面前享有特权"，④因为他们目睹了许多作奸犯科的刁民因得到外国人庇护而免于获罪。至于租界问题，邵氏则让读者想象一个乡下人初到上海租界的种种遭遇——一边是豪华建筑、美丽霓虹带给他的孩童般的愉悦，而另一边则是印度巡捕手中挥舞的棒子和汽车里洋人对他投来的嫌恶目光，这种鲜明的对比使他认识到上海的洋人是高傲而凶恶的。由此，邵氏告诉读者："不平等地位

---

① F. D. Z., *Glimpses into the Problems of China*, p. 12.
② F. D. Z., *Glimpses into the Problems of China*, p. 11.
③ F. D. Z., *Glimpses into the Problems of China*, pp. 11 – 12.
④ F. D. Z., *Glimpses into the Problems of China*, p. 14.

是一个多么糟糕的活生生的现实,不单洋人学会利用它,就连对其他事情一概不关心的中国人也开始有所察觉。"[1]

面对中国人民声势浩大的废约运动,西方主流舆论纷纷把它说成受到苏俄学说的"蛊惑",进而推卸帝国主义国家的责任。《字林西报》记者甘露德就曾指出,"当赤俄分子使那些针对'帝国主义''军阀统治'的口号盛行于中国南部之后,在1922年到1927年左右着国民党政策的他们又引进了'打倒不平等条约'的口号"。[2] 邵苾棠批评这种说法是"短视之见",并指出不平等地位才是罪魁祸首,并且已经有越来越多的民众意识到了这一点。

20世纪20年代,在国民外交运动的推动下,要求取消不平等条约的声音逐渐成为社会舆论的焦点,但活跃在其中的多半是知识分子、学生及工人,而占人口比重最大的农民的声音则较少听到。邵苾棠代入一个农民的视角揭示外国人在华特权,原因在于,他认为:"有权代表中国的既不是政府也不是学生;如果说有什么人的声音值得重视的话,那应当是中国大地上和平的耕作者们沉默却又普遍的声音。"[3] 邵苾棠意在向西方表明废除不平等条约并不是少数政治家或政治势力操控的结果,而是广大中国民众的普遍要求。这种言论在以知识分子为主导的中国人英文写作中是较为特殊的。当然,也应当考虑其中有表达策略的因素:可以推想,邵苾棠了解西方人害怕巨大的中国民众的力量的社会心理,因而强调最广大的农民群体的呼声,以便迫使列强正视不平等条约问题。他曾在给《字林西报》的信中呐喊:"中国政府什么都不是;但中国人民却是一切。全体中国人民都憎恨不平等地位。不平等地位应该灭亡!"[4]

三 要求废除治外法权

在列强与中国订立的不平等条约中,邵苾棠谴责最厉的当数治外法权问题,认为它有百害而无一利。[5] 在他看来,治外法权是导致在华西人不

---

[1] F. D. Z., *Glimpses into the Problems of China*, p. 14.
[2] Rodney Gilbert, *The Unequal Treaties: China and the Foreigner*, London: John Murray, 1929, p. 3.
[3] F. D. Z., *Glimpses into the Problems of China*, p. 16.
[4] F. D. Z., *Glimpses into the Problems of China*, p. 16.
[5] F. D. Z., *Glimpses into the Problems of China*, p. 30.

第四章 民族自信力的显现

可一世的优越感的重要因素。当时，一位署名"兄弟"（Frère）的作者在《字林西报》上批评中国人的精神彻底堕落、腐朽，政坛贿赂横行，军界变节之事时有发生。邵氏显然对这种武断而带有偏见的说法颇为不满，用事理予以反驳："辱骂之语只能伤及骂人者；轻视他人只能证明自负的人是世上最可鄙的！"[①] 他分析了中西社会心理的对立状态与不平等条约赋予西人的特权之间产生的恶性循环：他认为西方对中国的蔑视造成了不平等条约的订立，而不平等条约又加剧了西方人的优越感。"这些条约中最糟糕的部分便是治外法权，它赋予外国人在中国法庭得到豁免的权利，这比其他任何事物都更能使他们变得自负且蔑视中国事物。……治外法权导致了外国人的优越感；优越感滋生轻蔑感与对轻蔑感的憎恶。"[②]

除阐明治外法权引发的恶劣后果外，邵蒂棠还致信《字林西报》分析了治外法权这项制度本身的局限性。《字林西报》的编辑认为，治外法权为在华西人的人身安全及平等待遇提供了必要的法律保障，故而不能轻言废弃。这种观点在当时的在华外侨群体中较为普遍，也是此前的法权会议上列强拒绝放弃治外法权的一个重要理由。甘露德就曾将治外法权解释为外国人应对中国司法制度不公的不得已之举："治外法权的确立是缘于与中国衙门打交道的真实经验，而不是因为任何先入为主的偏见。这个尴尬而代价颇大的制度的开创，不仅是因为中国的乱政造成未经审讯的嫌犯遭受残忍和不公的虐待，更是因为中国地方官断事不公的绝对权力刺激了其他阶层竞相效仿。"[③]

邵蒂棠提出，"评判一项制度唯一的依据是观察它的实际效果。……在华西人除受制于他们自己的领事外不受其他任何辖制。领事们数量有限，并且他们对本国同胞的权威更多是名义上的"。[④] 他做了进一步的分析："就我的理解，外国领事的作用在于保护外国人，而不是检查他们有没有做坏事。他的职责就使他有所偏向。除此之外，他对中国事物的无知、他的种族自豪感（racial pride），加上他不敢惹恼本国公民，因为后者有可能向国内打小报告或说他的坏话，我所说的'外国领事袒护他们的

---

① F. D. Z., *Glimpses into the Problems of China*, p. 34.
② F. D. Z., *Glimpses into the Problems of China*, p. 34.
③ Rodney Gilbert, *What's Wrong with China*, London: John Murray, 1926, pp. 265 – 266.
④ F. D. Z., *Glimpses into the Problems of China*, p. 42.

本国人'就是确实无疑的。"① 由于在实践中治外法权对外国人的约束力大打折扣,这就造成在华西人有恃无恐,进而发展为外国人在中国的特权地位。他从反面论证指出,"要证明治外法权的正当性,我们必须以所有洋人都是温雅而正直的且不会滥用自己在中国享有的特权为前提"。显然,事实并非如此。邵氏认为:"治外法权保护洋人不受中国人侵害,却使中国人很容易沦为洋人欺侮的受害者。它是片面的,因而是不公平的。"②

在邵帘棠看来,治外法权制度之下华洋诉讼中的公正性无从谈起。他批评治外法权危及中国人利益的观点自然未能被《字林西报》的编辑接受,后者以大量中国人蜂拥到上海作为反驳,认为"中国人到上海来是因为他们得到了中国其他地方所没有的自由与生命安全"。③ 邵帘棠的回答则是"他们来这儿的最初目的是赚钱或躲避战祸"。他指出:"上海充满中国居民仅仅显示上海是一个繁华的城市;这并不能说明中国人没有被外国人粗暴对待。"④ 这就像洋人为了贸易,也忍受所谓的"专断的限制与无能"来到中国一样。邵帘棠试图证明,在治外法权的保护下,上海是冒险家的"乐园",却并不是中国人的"天堂"。

1929年12月28日南京国民政府发布撤销领事裁判权的特令,宣告自1930年1月1日起,撤销各国在华领事裁判权。这一项特令的发布让邵帘棠感到欢欣鼓舞。由于国民政府未经与列强的正式协商,单方面宣布撤销领事裁判权,列强对特令表示强烈反对。邵氏随即写信给《字林西报》为国民政府的举动寻找合法根据。他写道:"不平等条约以合同形式出现,只能在双方的同意下发生变更。但是治外法权是一项非同寻常的协约;它干涉了中国在其领土上的主权。治外法权不除,中国便不能被视为一个自由独立的国家。"⑤

邵帘棠试图表明,单方面宣布撤销领事裁判权是南京国民政府维护国家主权的正当之举。他还认为,与纪念辛亥革命的"双十节"一样,国民政府特令中所规定的1930年1月1日领事裁判权正式宣告撤销的这一天也应当成为一个纪念日,因为前者标志着一种民主精神在中国诞生,后者

---

① F. D. Z., *Glimpses into the Problems of China*, pp. 46–47.
② F. D. Z., *Glimpses into the Problems of China*, p. 42.
③ F. D. Z., *Glimpses into the Problems of China*, p. 48.
④ F. D. Z., *Glimpses into the Problems of China*, p. 47.
⑤ F. D. Z., *Glimpses into the Problems of China*, p. 49.

则标志着独立自由在中国的新生。他充满信心地写道:"共和国的建立和废除治外法权:此二端都是新的中国必须跨过的阶石;我们承认,对于这两件大事,我们都未做足准备;但是我们必须迈出这两步,而且我们有责任毫不犹豫地向前走。"① 可以说,邵苇棠将撤销领事裁判权作为中国成为现代民族国家的重要前提。

事实上,南京政府颁布特令,单方面宣布撤销领事裁判权,仅仅是一种姿态,并未真正实施。在特令颁布的第二天,外交部又发表一份宣言对这一问题作出明显退让,声言12月28日国民政府之特令"实系一种步骤,用以去除每易发生误会之原因"。② 从邵苇棠的信中可知,他已然将这一特令视为治外法权废除的标志,这种前景的展望无疑显得过于乐观。值得注意的是,从时间上来看,这封信是《中国问题一瞥》所收录的数十封信件中的最后一封。可以想见,在邵苇棠心目中,废除治外法权在扭转整个中外关系格局中所占的分量。

四 谴责英国对华政策

五卅惨案以后,列强内部在对华态度上出现不同的意见:美国主张召集对华国际会议,讨论撤废领事裁判权事宜,美国在华侨民亦致电美政府,敦促修改不平等条约,法国的态度也趋于积极,英国政府则对北京政府的修约要求置之不理。③ 北伐开始后,列强因担心其在华利益受到损害纷纷持中立态度,英国政府却不断制造冲突,试图阻挠北伐进程。1926年9月英商轮船在川东肇祸,制造"万县惨案",1927年1月汉口、九江英租界的水兵又攻击群众,酿成血案。可以说,从五卅运动到北伐,在中国民众眼中,英国成了最为顽固、最为反动的帝国主义国家之一。邵苇棠也曾多次致信《字林西报》批评英国的帝国主义政策。

北伐期间,《字林西报》曾有社论将英国"描绘为完美的统治者",又将"占人口95%的中国农民说成最完美的臣民"。邵苇棠在给《字林西报》的信中写道:"可惜这样的统治者没有机会管理这样的臣民!"④ 一语

---

① F. D. Z., *Glimpses into the Problems of China*, pp. 50 – 51.
② 《外交部关于废约的宣言》(1929年12月30日),中国第二历史档案馆编《中华民国史档案资料汇编》第5辑第1编,"外交"(一),江苏古籍出版社,1994,第52~53页。
③ 李育民:《中国废约史》,第468页。
④ F. D. Z., *Glimpses into the Problems of China*, p. 18.

道出了这些言论背后英国殖民中国的野心。《字林西报》的这一评论既是出于对中国战乱局面的不满,更是为英国在华采取的行动提供舆论支持。邵氏对这种狂妄的想法嗤之以鼻,写道:"我的答复是自由不是可以弃之而复得的东西。……我们的混乱骚动也要好过英国的和平与繁荣,因为自由是每个人最重要的东西。"① 英国人在社论中表示英国统治中国完全是从中国的安宁出发,邵蒂棠则指出普通人尚且无法做到如此友爱、无私,何谈一个国家,他说道:"英人想要统治中国是因为中国有他们必须极力维护的利益,这么说不是更诚实些吗?"②

随着北伐的推进以及中国民族主义情绪的高涨,帝国主义列强不得不在调整对华政策的问题上作出一些表示。英国于1926年12月18日率先在北京外交使团会议中提出对华新政策备忘录十六条。备忘录建议各国政府发表宣言,声明待中国组成有权力之政府时,将进行修改条约及其他悬案的交涉。③ 这份备忘录透露出英国渐趋承认南方革命政府地位的意愿,也折射出其对华政策趋于"怀柔"的转向。在写给《字林西报》的信中,邵蒂棠肯定了英国的态度变化,甚至认为"英国不再是帝国主义的,而中国有责任配合她尽早和平地解决此前的麻烦"。④ 不过,邵蒂棠也意识到英国的政策转向主要是停留在言论层面,在具体实践层面仍是以最大限度维护本国在华特权与利益为决策依据。

英国主动示好后,《字林西报》的编辑曾撰文批评"中国人没有意识到任何友谊的信号,而这友谊给予的是一个正处于最为艰难的革命带来的阵痛之中的弱小国家,从任何一个立场看,中国无视这种政治智慧都是错误的"。⑤ 邵蒂棠以一个恰到好处的比喻分析英国的心态:"众所周知,就在昨天,同样是这个富人参与了对这个可怜的受害者的压迫,他现在之所以如此困窘,这个富人也有份儿。而富人现在屈尊提出交谊,却又威胁说,如果不报答这个友谊,他就要再次转回先前敌对的态度。"⑥ 他批评英国作出这种姿态的虚伪本质,指出民族主义已经在中国扎根,而帝国主

---

① F. D. Z., *Glimpses into the Problems of China*, p. 19.
② F. D. Z., *Glimpses into the Problems of China*, p. 20.
③ 王建朗:《中国废除不平等条约的历程》,第211页。
④ F. D. Z., *Glimpses into the Problems of China*, p. 36.
⑤ F. D. Z., *Glimpses into the Problems of China*, p. 37.
⑥ F. D. Z., *Glimpses into the Problems of China*, p. 37.

义给中国带来的伤痛不是能够骤然忘却的。在他看来，英国政府需要改变的，不是对某个政治派别的态度，而是自己在中国民众心目中的形象。"任何一个政府都可能出于政治因素与大英帝国交好；但这种友谊是浅薄而且不会持久的。……英帝国应当耐心培养的是中国人民的好感。"[①]

五 批评基督教在华传播

从《中国问题一瞥》来看，基督教在华传播是邵苾棠在写给《字林西报》的信件中关注的另一个问题。总体而言，邵苾棠对基督教教义并不反感，但是批评基督教传播中表现出的非理性与虚伪的特点。在他看来，基督教是西方文明赖以维系的重要因素，因为"外国人所追求的生活是世俗的成功，而并非精神信仰。人们看重精神信仰，正是因为它的不可企及"。邵苾棠指出如果没有基督教信仰作为平衡，外国人无异于走兽野人，他还揶揄道："这就是为什么外国人把非基督徒都看作野蛮人，这显然适用于他们自己。在这一点上，他们倒并非傲慢；他们是很真诚的，只是有点无知。"[②] 他认为基督教教人仁爱与正直的教义是可取的，但其迷信传统却往往导致人们做出背离理性的举动，诸如十字军东征及教会对叛教者施以火刑，正是这种非理性的后果。

一位署名"中国之友"（A Friend of China）的人在《字林西报》上撰文称中国目前最需要的是对上帝的信仰，认为这才能给中华民族带来希望与繁荣。自从19世纪基督教再度进入中国以后这种声音就不绝于耳，且对于饱受天灾人祸折磨的中国人来说的确具有一定诱惑。邵苾棠则认为，"宗教本身就是目的，而不是实现其他目标的手段"。[③] 他强调人可以依靠自己的理性而不是宗教信仰实现个人救赎与社会重生。此外，他还揭露了基督教传教士在华传教活动的虚伪面目，认为传教士一面大谈仁爱的教义一面鄙薄中国，这使他们更像"雇佣的宣传员"。

六 邵苾棠英文书写的意义

邵苾棠的关注点主要集中在中外对立情绪、不平等条约、基督教在华传播等问题上，兼及对以英国为代表的帝国主义国家对华政策的批判。在

---

① F. D. Z., *Glimpses into the Problems of China*, p. 37.
② F. D. Z., *Glimpses into the Problems of China*, p. 58.
③ F. D. Z., *Glimpses into the Problems of China*, p. 63.

20世纪20年代民族主义情绪高涨的背景下,这些问题都是中国和列强之间矛盾的焦点。在笔者看来,邵苃棠这种以"读者来信"为呈现形式的英文书写的特殊之处主要表现在两个方面。

(一) 受到的关注

邵苃棠的信件受到读者的关注,乃至形成与《字林西报》编辑、记者、读者的互动。在许多信件中,邵氏都明确地点出该信是对《字林西报》日前刊载的某位作者文章的回应。不仅如此,从《中国问题一瞥》中的若干封信中可以看出,邵氏还围绕着某些特定问题与其他人进行多个回合的对话,双方反复就自己的观点在《字林西报》上发表相关言论。这种对话关系在书中反复呈现,反映了邵苃棠的"读者来信"在《字林西报》受到的关注程度。当然,这些"读者来信"受到的关注也与邵氏出色的英文写作水平密不可分。从《中国问题一瞥》中可以看出,他的英文功底深厚,文字表述文雅得体,他不时地运用一些习语使文章读起来流畅自然而容易引起读者共鸣。可以说,在《字林西报》这个主要由西方的记者、观察家及以西方人为主的读者群构成的语境中,邵苃棠发出的声音无疑是引人注意的。

有意思的是,无论是《字林西报》的编辑还是读者,似乎都对这位署名F. D. Z.的投稿人的身份所知甚少。从《中国问题一瞥》中可以得知,1924年《字林西报》发表了邵苃棠的两封信之后,曾有人怀疑F. D. Z.其实是一个隐瞒身份的外国人。邵苃棠澄清道:"但是我根本不是外国人。我只是F. D. Z.,一个普普通通的中国人;如果我的观点像是外国人的想法,那仅仅是因为我们毕竟都是一样的血肉之躯,外国人和中国人都一样。如果我的英文还说得过去,这是因为无论用什么语言,真诚的思想永远都能找到正确的表达。"[①] 1927年,又有《字林西报》的通讯员将邵苃棠称作F. D. Zia。可见,直到当时,对于《字林西报》及其读者而言,F. D. Z.的身份仍然是一个谜,他们仅仅知道F. D. Z.是一个居住在上海的中国人,但是这并未影响他人对其言论的关注。

应当说,邵苃棠投书《字林西报》在某种程度上挑战了外国人在在华西文报纸上的话语霸权。《字林西报》频频刊载其来信的举动惹恼了该报

---

① F. D. Z., *Glimpses into the Problems of China*, p. 4.

的一些外国读者,一位"直言者"(Plain Speaker)就曾在他给《字林西报》的信中表示不满,暗示邵蒂棠得到了该报编辑的特殊优待。对此,邵蒂棠回应道:"他的意思是他身为一个洋人在你们的专栏中(发表文章)是天经地义的;而我,作为一个中国人,只是因为你们的袒护才得以写作?"① "直言者"反感的不仅是邵蒂棠的来信得以多次刊登在《字林西报》上,还是邵氏在这些文章中所持的颇具民族主义色彩的观点。在他眼中,邵蒂棠的那些批评帝国主义列强对华政策、要求废除不平等条约的声音在一份由英国人所办的报纸上反复出现是不可容忍的。

从邵氏对"直言者"的反击中不难看出,他亦十分敏感于自己在《字林西报》的发言权的问题,因为从某种意义上说,这个问题恰恰关涉他反复批判的外国人在中国的特权地位。当"直言者"傲慢地建议邵蒂棠少写一些"似是而非"之论,把时间花到更有价值的事情上时,他回答道:"正当现在大家都试图以骗人的宣传欺瞒世人的眼睛之时,我认为当时间允许时,我有责任说出我所知道的一些真相。"② 邵蒂棠的这一回答看起来不卑不亢,却让人体会到他在由西方人主导的媒介中发表言论、对抗帝国主义舆论宣传的良苦用心。

(二)民众的立场

在《中国问题一瞥》中,邵蒂棠始终站在中国百姓的立场上发出声音。他在序言中特别强调,这些信件都是发自他内心的声音:"我是以一个卑微的中国平民身份写作的,我与任何党派或政府无关;我既没有接受过高级的教育,也没有专门的知识;我所表达的只是一颗朴素的心的真实感受。"③ 如前所述,邵蒂棠在阐述结束外国人在华特权地位、废除治外法权等问题时,着重说明不平等条约给中国百姓的利益造成的影响,并且反复强调这是广大民众一致的呼声。

在1926年11月给《字林西报》的信中,邵蒂棠注意到国内政局混乱、派系林立的现实给在国际上力争取消不平等条约的中国外交官员带来的尴尬局面。其时,广东国民政府已挥师北伐,北京政府岌岌可危,这使由北京政府派出的驻外官员陷于尴尬境地。针对这种国内政争造成的误

---

① F. D. Z. , *Glimpses into the Problems of China*, p. 30.
② F. D. Z. , *Glimpses into the Problems of China*, p. 32.
③ F. D. Z. , "Preface," *Glimpses into the Problems of China*.

解，邵荑棠在信中指出，他们所代表的并不是北京政府的意志而是整个中国的声音。尤其是在取消不平等条约的问题上，邵荑棠表明："在其他所有问题上，中国人之分歧有甚于任何一国，但在这个问题上中国人则团结如一人。"① 需要指出的是，事实上当时国内在取消不平等条约的途径上的确存在分歧。北京政府实行"修约"外交后，遭到了高扬"反帝废约"旗帜的广东革命政府的抨击，社会各界掀起了一场有关"修约"与"废约"的争论。这种国内政争累及国际事务的现象，在民国政界并不少见，早在巴黎和会前夕即曾出现类似问题。当时以郭泰祺、陈友仁为首的南方革命政府代表在美国四处活动，宣称中国驻华公使馆只是北京政府的发言人，不能代表中国民意。无疑，此举对中国在巴黎和会上争取权益颇为不利。② 因而，为了避免争论被列强作为拒绝修约的口实，当时国内要求"立息内讧"、一致对外的呼声四起。③ 邵荑棠的上述言论大概也有同样的考量。

值得注意的是，在给《字林西报》投去的信件中，为中国百姓发声的邵荑棠往往显得措辞激烈、态度坚决。南京惨案发生后不久，《字林西报》上刊载了英商李德立（Edward S. Little, 1864-1939）④ 的文章，他大言不惭地说道，"所谓的不平等条约都是征服者与被征服者之间最公平、平等的条约"，⑤ 并威胁说如果让反对不平等条约的声音继续下去，可能引发战争。邵荑棠对此回应道："我要说，如果的确无可避免，就让我们开战吧。重大问题几乎少有不是通过流血解决的；不管我有多么痛恨武力，我仍然认为必须以任何代价换取真理。"⑥ 是时，国民革命军在短短8个月的时间里克复东南五省及南京，北伐东路军也已进入上海，一路从珠江流域推进到长江流域。这种有利局面使人们对"打倒列强除军阀"的前景抱有极大的信心，邵氏的回答折射出北伐之际反帝民众总体上的乐观情绪。

事实上，邵荑棠的坚决态度在一定程度上反映了五卅运动以后民族主义思想对广大民众的深刻影响。费约翰曾指出，近代中国与帝国主义的斗

---

① F. D. Z., *Glimpses into the Problems of China*, p. 9.
② 《顾维钧回忆录》第1分册，第169页。
③ 周斌：《舆论、运动与外交——20世纪20年代民间外交研究》，学苑出版社，2010，第94页。
④ 李德立，英国人，1896年来华，创办经营洋碱肥皂的卜内门公司，曾三次出任公共租界工部局董事。
⑤ F. D. Z., *Glimpses into the Problems of China*, p. 28.
⑥ F. D. Z., *Glimpses into the Problems of China*, p. 29.

争决定性地塑造了新的中国国民。① 现代民族国家的建构具有双重功用：对内，在主权国家的领土范围内，对其公民成员的保护性作用；对外，防止和抵御其他主权国家对本国的进入性侵略。② 20世纪上半叶，尽管除日本以外的帝国主义列强基本上不再以实体性的军事力量侵略中国，但他们仍然凭借着武力胁迫下构建的不平等条约体系侵害中国的国家主权。正是由于这样的原因，在广大中国人民心目中，反对帝国主义压迫、废除不平等条约与打倒军阀的目标一样，已经成为争取国家独立、平等的必由之路。而在高涨的民族主义情绪刺激之下，广大民众反帝的呼声往往超过知识分子的声音，其激烈程度也有甚于知识分子的表述。从这个意义上说，邵苾棠给《字林西报》的投稿中的激烈情绪体现的正是中国民众日益强烈的民族主义意识。

同时，这种强烈的民族主义情绪也使得邵苾棠在评价中国政治状况时带有较强的批判意识。在写给《字林西报》的信件中，他充分地表达了对于国民革命的支持与响应。他曾在信中写道："毋庸置疑，现在的民族主义运动对于所有有知识、有爱国心的中国人而言都是一个值得欢迎的消息。"③ 但是，"四一二"政变中对中国共产党的残酷镇压则使邵苾棠对刚成立的南京国民政府抱有一定的怀疑态度。"尽管它精于宣传，事实却似乎是现在的当权者一定会不惜一切代价握住权力。自我就是一切；出于保全个人的需要，他可以否定真理，牺牲人民的自由。"④ 邵苾棠也曾在信中明确地表示，自己将中国的政府与人民区别看待。"我并不想尝试原谅中国的领袖们对人民所犯的错误。中国的这些领袖应当替自己感到羞愧，而不是接受别人的阿谀奉承或是宣称自己的威名。"⑤ 邵苾棠的这一批评固然体现了他对中国共产党的同情，但更重要的因素恐怕在于，作为经过五四新文化运动洗礼的青年人，自由、民主观念的熏染使他像很多同时代的青年人一样，对于任何一届掌权的政府都带有审视与怀疑的态度。已有学者指出，五四被视为"社会"生成的分水岭，从五四到北伐，"自下而

---

① 〔澳〕费约翰：《唤醒中国：国民革命中的政治、文化与阶级》，第154页。
② 任剑涛：《民族国家时代的帝国依赖》，《中国法律评论》2019年第4期。
③ F. D. Z., *Glimpses into the Problems of China*, p. 25.
④ F. D. Z., *Glimpses into the Problems of China*, p. 25.
⑤ F. D. Z., *Glimpses into the Problems of China*, p. 40.

上"的社会变革观占上风。①

应当说，从读者的角度看，《中国问题一瞥》给人最为强烈的感受便是广大民众对于废除不平等条约、向列强争取平等待遇的一致呼声，而这种声音并不是某个政府或者某个党派驱策之下的产物，而是真正发自民间的心声。这显示了五卅运动及国民革命时期，普通民众中民族主义情绪的高涨。而《中国问题一瞥》则提示我们，普罗大众亦有可能运用英文写作的方式直接面向西方，表达自己的民族主义诉求。

第四节 走上西方讲坛：江亢虎的英文写作与文化传播

20世纪30年代是中国文化向外传播的重要时期。此期内中国文化典籍的译介数量大增，中国传统的绘画、戏剧、音乐等艺术形式也受到西方世界的关注与好评。与此同时，由中国人撰写的介绍中国文化的英文著作也开始增加。其中，江亢虎撰写的两部英文著作《中国学术研究》（On Chinese Studies, 1934）和《中国文化叙论》（Chinese Civilization: An Introduction to Sinology, 1935）具有一定的代表性。这两部著作不仅构成对中国历史与文化的较为完整的介绍，还反映了作者江亢虎本人在20世纪二三十年代在海外传播中国文化的具体活动。

一 江亢虎生平

江亢虎（1883~1954），原名绍铨，号洪水、亢庐，祖籍安徽，生于江西弋阳。他出身仕宦之家，祖父和父亲都是进士，自幼亦受到严格的传统文化教育。江亢虎曾多次赴日，两次游欧，并两度在北美洲寓居较长时间。此外，他早年曾在中岛裁之主持的东文学社任清语教习，② 又曾在早稻田大学学习法政，兼修英、法文。③ 学术界较早注意到的是作为政客的江亢虎，他是最早在中国宣传社会主义的人物之一，曾建立中国历史上第一个以"社会

---

① 罗志田：《激变时代的文化与政治》，第9页。
② 〔日〕中岛裁之『東文學社紀要』、北京：東文學社、1907。第23页有中岛裁之所记"江绍铨受廉氏之托，遂入社办理学社内外一切，兼教授清语，余无以谢江氏之勤劳，不过与本国教员一律相待而已"。
③ 汪佩伟：《江亢虎研究》，武汉出版社，1998，第5、8页。

主义为旗帜"的政党中国社会党。① 全面抗战爆发后,他投靠汪伪政府沦为汉奸,曾任伪考试院院长等职,战后被国民政府以"汉奸罪"起诉,病死狱中。

"汉奸"之名在某种程度上遮蔽了江亢虎在海外传播中国文化的活动。他在国内政坛不得志时,两度寓居北美洲,在此期间曾为传播中国文化尽一己之力。江氏第一次赴美是在1913年,当时他创立的中国社会党被袁世凯解散,为避免袁的迫害,他远赴美国,后在美国加利福尼亚大学中文系任教,还做过美国国会图书馆东方部主任,于1920年回国。1927年在国共合作统一战线的旗帜下,国民革命大潮席卷全国,坚持反共、反苏立场的江亢虎再次失意地远赴大洋彼岸,他先是继续在美国国会图书馆就职,后于1930年应聘担任加拿大麦吉尔大学中国学系主任,直至1934年回国。

此外,江亢虎曾与西方学者合译中国诗歌,在西方受到广泛好评,并为林语堂所引述。② 这本译作名为 The Jade Mountain: A Chinese Anthology Being Three Hundred Poems of the T'ang Dynasty（中文名为《群玉山头:唐诗三百首英译本》）③,合译者是美国人陶友白（Witter Bynner, 1888 – 1968）④。在这项译书工作中,江亢虎除提供并解释中文原诗外,还负责译稿的修改润色工作。此外,江亢虎还专门为本书撰写了一章关于中国诗词的介绍,回顾了从周朝至唐代以降中国诗歌的类型及发展轨迹,并且还详细地解释了近体诗对格律平仄等格式的要求。江亢虎和陶友白英译《唐诗三百首》的工作,是在20世纪头二十年由美国意象派带动的翻译中国古诗热潮中开始的。⑤ 尽管《群玉山

---

① 参见周海乐《江亢虎和中国社会党》,《江西社会科学》1989年第1期;方庆秋《江亢虎的"两新主义"与中国社会党的浮沉》,《民国档案》1989年第4期。
② 黄兴涛主编《中国文化通史·民国卷》,第175页。
③ The Jade Mountain: A Chinese Anthology Being Three Hundred Poems of the T'ang Dynasty, translated by Witter Bynner from the texts of Kiang Kanghu（江亢虎）, New York: A. Knopf., 1931. 这本书首次出版于1929年,此后曾多次再版。
④ 陶友白,美国诗人、作家及学者,1902年毕业于哈佛大学,早年曾是记者,后参与诗人团体的创作活动,其诗作受日本及中国影响较大,且尤以后者为重。曾游历日本,到过中国。他曾在1918年至1919年在加州大学伯克利分校任职。就是在这段时间中,他得以结识同样在该校任教的江亢虎,由此引出了后来翻译唐诗的合作。参见林志坚《陶友白与江亢虎的合作及〈群玉山头〉的译刊》,《青海师范大学学报》(哲学社会科学版) 2015年第5期。
⑤ 1920年起,二人合作完成的译诗便陆续发表在美国的各种刊物上。1922年7月9日《纽约时报》在介绍《亚洲》杂志当年7月号时,便提到其中有一首由陶友白和江亢虎合译的汉诗,并预言待整本书出版后,其中的译作必定会很快被各大报纸杂志竞相转载。(The New York Times, July 9, 1922, p. 53.)

头：唐诗三百首英译本》正式出版时，颇具东方色彩的意象派已经在美国文坛声势渐弱，但《纽约时报》的书评人仍然对该书翻译的准确性和可读性给予了较高的评价。① 值得注意的是，尽管是与西人合作，但江亢虎对唐诗的翻译应当是走在国人前列的。一直到20世纪30年代才出现了两种由中国人独立完成的中国古典诗词翻译，分别是蔡廷干的《唐诗英韵》（Chinese Poems in English Rhyme，1931）和初大告的《中华隽词》（Chinese Lyrics，1937）。

二 在美开设中国文化课程

1913年，"二次革命"爆发后，袁世凯下令解散江亢虎领导的中国社会党。为了避免袁的迫害，江亢虎不得不经日本转道前往美国躲避风头。他在日本专门访问了逃亡在外的孙中山，后者还专门致信同盟会美洲支部长黄芸苏，请其代为照顾江亢虎。② 是年秋冬间，江亢虎抵达美国加州旧金山市，开始了他长达七年的第一段美国生活。

这七年中，江亢虎大部分的时间都在加利福尼亚大学教中文。加利福尼亚大学是继卫三畏在耶鲁大学教授中文之后，第二个开设中文课程的美国高等教育机构。③ 曾在江南制造总局任职数载的英国传教士傅兰雅就在那里任东方语言文学教授。1915年傅兰雅退休并被授予名誉教授称号，江亢虎自此便正式成为加州大学的中文教师④，并且加大还曾授予他名誉哲学博士学位。⑤ 1923年9月江亢虎在江西教育会发表讲演时，曾回顾自己在那里任教的经历："我在美国嘉省国立大学当教授，当时美国大学教中文的只此一处；中国人在美国大学教中文的只我一人；所以美国农部、陆军部，都特派专员前来留学，除教中文外，我兼担任讲座，讲中国文

---

① Percy Hucthison, "Poetry of the Orient Recast in English Forms," *The New York Times*, June 20, 1930, p. BR5.
② 汪佩伟、李炤曾：《江亢虎与孙中山关系评议》，《华中理工大学学报》（社会科学版）1998年第2期。
③ 陈君静：《大洋彼岸的回声：美国中国史研究历史考察》，中国社会科学出版社，2003，第28页。
④ 江亢虎自己则说："我因为这次的遭忌，逃亡到国外去。乘此机会，便应美国加省大学聘，为助教授，一直到袁死后，始行返国。"参见江亢虎《江亢虎先生演讲集》，出版地、出版年不详，第6页。按此处的"助教授"当是指assistant professor，但笔者尚未能找到其他资料印证这一说法。
⑤ 汪佩伟：《江亢虎研究》，第5、8页，第151页。

化，全课分为四部：（一）历史地理；（二）政治社会；（三）宗教哲学；（四）文学美术，都用英语讲授，学生前后不下数百人，还有许多常期旁听与临时旁听的。"①

江亢虎的回忆并不一定完全与事实相符，但在20世纪头一二十年中专门开设中文课程的美国大学的确较为有限，往往是在涉及东亚和太平洋地区的课程中附带提及有关中国的内容，②而在这类课程中由中国人担任教师的更是少之又少。众所周知，最早在美国高等学府中教授中文的当数清末候补知府戈鲲化③，他受聘于哈佛大学，而后举家赴美，于1879年9月到1882年2月在哈佛讲授中文。④据笔者目前所见的资料，此后的几十年中似乎并没有中国人在美国大学中教过中文。直到20世纪20年代以后，随着赴美求学的中国学生越来越多，中国人在美国教授中文的情形才逐渐多起来。其中以李绍昌、赵元任、陈受颐等人为代表，而他们大多毕业于美国的知名大学，⑤这与从未在西方高等学府取得过正式学位的江亢虎的情形又有所不同。因此，基本可以判断，江亢虎是继戈鲲化之后第二位在美国大学中教汉语的中国人。

值得注意的是，江亢虎在加利福尼亚大学时除教中文外，还用英文发表关于中国文化的演讲。作为当时少数在美国公开授课的中国人，江亢虎所做的这些宣传中国文化的讲座在中西文化交流史中无疑具有特殊意义。

---

① 江亢虎：《江亢虎博士演讲录》，南方大学出版部，1923，第25页。
② Eldon Griffin, "The Progress of Chinese Studies in American Colleges and Universities (1929 – 1930)," in Kenneth S. Latourette, ed., *Progress of Chinese Studies in the United States of America*, Washington: published by the Committee on the Promotion of Chinese Studies of the American Council of Learned Societies, Bulletin No. 1, 1931, p. 7.
③ 戈鲲化，字砚畇，一字彦员，生于清道光十六年（1836），安徽休宁人。他年轻时曾在湘军将领黄开榜军中做幕僚，后曾先后在美国驻上海领事馆和英国驻宁波领事馆任职。1879年7月由任职宁波税务司的美国人杜维德（Edward B. Brew）举荐至哈佛大学任中文教师。他与哈佛大学的任教合同自1879年9月起至1882年8月止，共计三年，遗憾的是1882年2月戈鲲化因病在剑桥家中去世而未能完成合同。参见张宏生编著《中美文化交流的先驱：戈鲲化的时代、生活与创作》，凤凰出版社，2016，第1~35页。
④ 参见〔美〕崔颂人《美国汉语教学的先驱——戈鲲化》，《世界汉语教学》1994年第3期。
⑤ 李绍昌1918年毕业于哥伦比亚大学获硕士学位，1922年至1943年在夏威夷大学担任中国语言和文学教授，1943年起任密歇根大学中国文化教授。赵元任1918年获哈佛大学哲学博士学位，后曾任哈佛大学哲学系讲师、中文系教授。陈受颐1927年毕业于芝加哥大学，获博士学位，后在芝加哥大学进修部（Extension Department）讲授中国语言文字课程。20世纪上半叶美国社会中的种族歧视依旧较为明显，作为中国人要想在美国大学谋得教席并非易事，这恐怕也是在当时美国大学中极少有中国人任教职的重要原因之一。

他的英文著作之一《中国文化叙论》便是根据这些讲座的讲稿编辑而成，该书1935年由上海的中华书局出版，封面的中文名为《中国文化叙论》，一旁还注有"英文讲义"四个小字。① 江亢虎在序言中说明："这些内容作为学术课程讲义，曾三次在大学中讲授，而其中很多部分也曾在大学进修部及其他一些集会中作过单独演讲。"②

《中国文化叙论》一书分为四大部分，每部分约十五到十六章。与上文提到的江亢虎在演讲中所说的情形一致，这四大部分分别是中国的历史与地理、政治与社会、宗教与哲学、文学与艺术，从内容上来说几乎涵盖了文明的各个范畴，时间跨度上则上起先秦时代下至清末民国。从全书的谋篇布局上不难看出，江亢虎在设计这个"中国文化"课程时当是颇费了一番心思的，他希望能以较为精简的篇幅使西方听众领略中华文明的全貌。此外，他还特别在每个部分的最后一章中推荐与该部分内容有关的重要中国典籍，以方便有志于钻研中国学问的人进一步查阅。就基本内容而言，《中国文化叙论》不禁令人想到卫三畏的巨著《中国总论》（*The Middle Kingdom*）。在海通以来诸多西方传教士汉学家撰写的有关中国的著作中，《中国总论》几乎囊括了中国的历史、地理、政治、社会、文化等方方面面，堪称19世纪末20世纪初一部关于中国的"百科全书"。就《中国文化叙论》而言，这样一个面向西方对中国文明的全方位介绍，是由一个中国人用英文来完成的，正是该书的价值所在。

同陈衡哲、张彭春等人一样，江亢虎撰写《中国文化叙论》，与其在美国感受到的西方对中国文明的无知与误解有关。1913年江亢虎初到美国后不久便惊讶地发现：

> 在西方的公立学校和大学里，世界史里是没有中国历史部分的，而学习比较哲学的人也不学习中国哲学，任何有关中国的科目都只教给那些打算前往中国的人。令人惊讶的是，书写中国的西方作家中很少有

---

① 江亢虎将其授课的讲义汇编成书是在1927年他第二次赴美之后，最终完成则是在1928年夏。该书之所以迟至1935年才出版，据江氏自己所言，原因有三：一是原本允诺出资出版该书的美国朋友受到经济大萧条的影响，财力不敷；二是这本书并不像外国人撰写的中国游记或传教士的小说那样有吸引力，很多出版商不看好该书的销路；三是由于印刷技术的限制，印制中国字的制版很困难，而且要耗费很大的财力。Kiang Kanghu, "Foreword," *Chinese Civilization*: *An Introduction to Sinology*, Shanghai: Chung Hua Book Co. Ltd, 1935.

② Kiang Kanghu, "Preface," *Chinese Civilization*: *An Introduction to Sinology*, p. iii.

人懂得中国话，而能读懂中国典籍的汉学家更是少之又少。更令人感到奇怪的是，一些知名的汉学家，尽管可能终其一生致力于中国学问的某些特定分支，并且甚至比一个普通的中国本土学者成就要高，但他们对于那些中国所有学堂儿童都具备的普通而又重要的常识，却匮乏到可笑的程度。[①]

因此，江亢虎认为，有必要在他的中国文化课程中纠正这种漠视与曲解中国文明的现象。他强调，这门课程的不同之处在于，它依据的都是原始的中文资料，并且是一个中国学者从自己的角度对这些材料的解读。他将自己的授课内容比作地道的"中国式的家常便饭"，其内容也许并不花哨，但却很容易消化。

20世纪前十年中，江亢虎在加州大学开设的"中国文化叙论"在中国文化外播的历程中是具有里程碑意义的，应当说这是第一次由中国人开设有关中国文化的概述课程。这里有必要回溯一下戈鲲化在哈佛教中文的大致情形。在戈鲲化未满三年的哈佛执教生涯中，除单纯地教汉语以外，他还曾编有一部介绍中国诗词的《华质英文》（*Chinese Verse and Prose*）。有研究者认为，这应当是有史以来最早的一本由中国人用英文撰写的介绍中国文化尤其是中国诗歌的教材。[②] 戈鲲化以诗歌作为文化传播的载体自然是别具匠心的，无论是在东方还是西方，诗歌都被认为是精英文化的组成部分，显然他希望读者可以从中国诗词中体会中国文化的高贵与深厚的内涵。[③] 但是从《戈鲲化集》中收录的《华质英文》来看，此书篇幅较短，内容也较为单一，除对于中国诗歌格律等问题的简单介绍外，只有戈氏自己所作的十余首诗词，显然无法涵盖中国文化的方方面面。如果说戈氏的《华质英文》是借由诗歌让西方人一窥中国文化之奥义的话，那么江亢虎的《中国文化叙论》则是力求给西方人展现一个宏大而有深度的中华文明全貌。从这个意义上说，像江亢虎这样对外国人谈中国文化，无疑是国人主动向西方输出中国文化的一个新尝试。

---

① Kiang Kanghu, "Preface," *Chinese Civilization: An Introduction to Sinology*, p. iv.
② 张宏生：《戈鲲化：传薪西洋第一人》，《传统文化与现代化》1998年第6期。
③ 夏红卫：《文化交流逆差下的跨文化传播典范——中国执教美国第一人戈鲲化的传播学解读》，《北京大学学报》（哲学社会科学版）2004年第1期。

还在国内时，江亢虎就以其出色的演说才能而闻名，到美国后他也经常四处做关于中国文化的演讲。譬如，作为"弘道会"的发起人，他常常登台发表介绍儒家和道家学说等内容的演讲，向公众介绍中国古代经典及其内在思想。此外，他还曾在国会图书馆做过若干讲座，内容涉及中国旧式的公立学校体系、中国的科举制度、中国的妇女与教育、印刷术在中国的兴起等。此外，他还曾接连在旧金山最大的报纸《旧金山纪事报》(The San Francisco Chronicle) 上发表文章，劝说美国人尤其是美国的商人学习中文以开拓广阔的中国市场，并分析论证中文并非人们所认为的那么艰深难学。这些演说或文章都收录在江亢虎的另一部英语著作《中国学术研究》[①] 中。由此可见，在1913年逃亡到美国之后，江亢虎大力宣传中国文化，尤其强调把中国文明作为一个整体介绍给西方人，在当时对华人仍存有偏见的美国社会中，不能不说他所做的努力是具有开拓性的。

三 任教加拿大，创办中国学系

1920年夏，"壮心未已"的江亢虎辞去在美国的工作启程回国，重拾自己的政治抱负，于1924年重组中国社会党（后改组为"中国新社会民主党"）。但是，江亢虎的立场很暧昧，他既参加了"善后会议"，又卷入了"甲子复辟"丑闻，成为民众眼中的无耻政客。[②] 1927年国民革命爆发时，与北洋军阀为伍、反对"联俄联共"的江亢虎又一次被赶下中国的政治舞台。他解散中国新社会民主党后，于1927年夏再度赴美，继续在美国国会图书馆任职。1930年江氏又离开美国，前往加拿大蒙特利尔市，受聘担任麦吉尔大学中国学系 (Department of Chinese Studies) 主任，直至1934年夏回国。

麦吉尔大学创办于1821年，初创资金得益于私人捐赠，至20世纪30年代已经发展为加拿大最好的大学之一。江亢虎之所以与这所大学结缘，始

[①] 该书1934年初版于上海商务印书馆，同年又在美国亥伯龙 (Hyperion) 出版社出版，亥伯龙出版社还在1977年重印了该书。该书版权页所注的中文书名为《中国学术研究》。这本书实际上是一本论文集，其中收录了江氏自1913年至1934年在海外发表的诸多文章及讲演稿，其中绝大多数的内容是关涉中国文化的，也有小部分文章从文化交往的角度谈论了中国与其他国家间的关系。

[②] 汪佩伟：《江亢虎研究》，第210～223页。

于该校的葛斯德中国研究图书馆（Gest Chinese Research Library）①。1929年圣诞前夕，江亢虎受麦吉尔大学校方和葛斯德图书馆馆长之邀参观了该图书馆。尽管在两天的时间里他每天入馆参观的时间不足4小时，但葛斯德图书馆中文古籍珍本善本数量之多仍给江亢虎留下了深刻的印象，以致他专门撰文谈了参观葛斯德图书馆的心得。他认为，葛斯德图书馆中所藏的中文古籍足以与美国国会图书馆的中文藏书媲美，后者以其数量之巨而闻名，而前者的价值则在于所藏书目之独特。江亢虎根据自己多年在国会图书馆编辑书目、搜求图书的经验，认为国会图书馆的中国古籍主要有三大突出的部分：方志与地图，丛书，有关农学与植物学的著作。紧接着，他指出，"葛斯德中国研究图书馆超越其他所有图书馆之处则主要在于三个方面：第一，珍本尤其是清代宫廷的版本；第二，未刊手稿；第三，数量极多的大开本的汉文佛经"。②

在肯定葛斯德图书馆中的藏书价值之余，江亢虎还向该图书馆提出建议。他认为当务之急是将这个图书馆中的资料运用到实实在在的学术研究中去。他不无遗憾地指出，"不幸的是，目前很少有学者可以运用这个收藏，甚至这些藏书的皮毛尚无人触及。我希望麦吉尔大学能很快地成立一个中文系，并且在维持该系运行的开支以外，还能够筹集一些用于中国学研究的经费及奖学金。凭借着拥有此等藏书数量和质量的图书馆，即便不说在整个西半球的范围内，麦吉尔大学也应当成为加拿大中国学研究的中心，而使得所有西方国家的专家学者皆云集于此。"③ 从这些言辞中，不仅可以看到江亢虎建设麦吉尔中国学系的野心，更能体会到他推动海外的中国研究的那种强烈的文化自觉。

---

① 葛斯德中国研究图书馆于1926年非正式地开馆，首批藏书由葛斯德（Guin M. Gest）捐赠给麦吉尔大学，遂该图书馆即以其姓氏命名。早在1932年该图书馆的中文藏书量就有130000册，成为西方世界中国古籍善本藏书量最大的图书馆之一。麦吉尔大学中国学系的设立得到该校当时的校长亚瑟·居里（Arthur Currie）的大力支持，他相信此举可以成为推动国际和平的手段。但是，他于1933年不幸去世，使得他的这一信念和梦想无以为继。而江亢虎则是在1934年辞去中国学系主任一职回到国内的，可以推测，江氏的去职与这位校长之死和麦吉尔大学中国学系的停办之间当有密切的联系。由于各种原因，葛斯德中国研究图书馆也于1936年7月31日停止对外开放，并于同年迁至美国普林斯顿大学，即今普林斯顿大学葛斯德东方研究图书馆。该图书馆至今仍以其丰富的中文古籍资源闻名于北美，1950年至1952年胡适任该图书馆馆长。
② Kiang Kanghu, *On Chinese Studies*, Shanghai: The Commercial Press, Ltd., 1934, p. 395.
③ Kiang Kanghu, *On Chinese Studies*, pp. 398–399.

这一主张与麦吉尔大学校方的计划不谋而合。事实上，麦吉尔大学校方有志于增进加拿大和东方国家的友谊，经过一段时间的考虑，该校决定开设一些与中国以及中加政治经济关系相关的课程，并创办一个中国学系，以便培养具有中国历史、文学和哲学等知识背景的学生。①

因而，麦吉尔大学不仅采纳了江亢虎的建议，还特意聘请他出任中国学系主任一职。据笔者了解，该校在1930年到1934年设立了中国学系（the Department of Chinese Studies），是为加拿大第一个中国学系。作为加拿大第一个中国学系的系主任，江亢虎有着较为明确的办学理念，他期望加拿大乃至北美的中国学研究能够由此打开局面。因此，在麦吉尔大学任职期间，他写了一系列关于中国学研究的文章，收录在他的著作《中国学术研究》中。

江亢虎敏锐地意识到，自20年代以来，西方世界长期以来忽视"中国学"的情形正在发生改变。他将自己1910年、1921年两次游历欧洲的经验做了比较，发现"中国热"正在欧洲悄然兴起。他把这种变化的原因归结为几个方面：其一，晚近中国发生的剧变吸引着外国人的关注，自庚子之变后各种政治运动和社会变革层出不穷，它们都向世界证明中国已经从沉睡中醒来，并且她有足够的力量将在又一次民族危机中生存下来；其二，第一次世界大战及其后果使向来骄傲的西方人对东方文明有了更好的了解；其三，新晋的青年运动——"文学革命"和"大众革命"，虽然降低了中国真正的文学教育水准，却有助于中国学问的推广普及；其四，中国知识阶层走出国门，他们用西文撰写的书籍、小册子及文章，直接影响了西方人对中国及中国人的观念；其五，受非基督教运动的冲击，大批传教士被迫离开中国，他们中的大多数人回国后利用其中国知识谋求生计，这也对中国研究起到很大的推动作用。②在江亢虎看来，麦吉尔大学建立中国学系，无疑是顺应世界文化潮流之举。

然而，20世纪二三十年代，无论是对美国的大学教育还是西文字典

---

① C. B. Kwei, "The Major Conllections of Chinese Books in America," in Kenneth S. Latourette, ed., *Progress of Chinese Studies in the United States of America*, Washington: published by the Committee on the Promotion of Chinese Studies of the American Council of Learned Societies, Bulletin No. 1, 1931, P. 46.

② Kiang Kanghu, *On Chinese Studies*, pp. 7–10.

或百科全书而言，"中国学"（Chinese Studies）[①] 都是一个新事物。事实上，在当时的北美，所谓的"中国研究"仍然是一个有争议的概念。相较欧洲汉学的传统而言，北美学术界中国研究的地域性和学科界限相对模糊，对于是否有必要设置单独的"中国研究"院系也有不同的声音。美国学术团体协会（American Council of Learned Societies）下设的中国研究促进委员会（the Committee on the Promotion of Chinese Studies）在1929年至1930年就相关情况进行了调查，结论是"中国学"这一称谓并不重要。因为，就从事相关教学和研究的教师而言，一些人倾向于用较为宽泛的方法进行区域性的研究，而以某一"学科"的方法（通常是政治科学或外交史）来探讨某个更小一些或是更局限的话题；另一些人则倾向于将关注的区域收窄，并以多种学科的方法进行研究。就本科生的培养和博雅（Liberal Arts）教育的目标而言，"中国学"也显得不那么重要。[②]

要建立一个中国学系，江亢虎必须首先界定"中国学"的概念："从狭义上来说，它单单指汉语的学习。在这种情况下，一所大学的中文系就与德文系、法文系在性质和水平上相同，而它所研究的就与其他或古老或现代的语言研究相近。从广义上说，它的含义则远远超出'法语研究'或'德语研究'的范畴。一是因为中国一直是一个自成一体的世界，而其学术的所有分支都是本土的、独立的。二是因为汉语尤其是其书面文字，外国人尚知之甚少，而与法德等国的学术不同的是，中国学术所涉及的诸多科目还没有被恰如其分地归到各个门类中去。所以，中国学系不但包含语言和文学，还涵盖中国文化及学问的其他所有领域。"[③] 江亢虎进一步指出，对于西方的大学教育而言，"中国学"的研究有两方面的意义：一是该研究本身的绝对价值，二是对于外部世界而言的相对价值。前者是基于

[①] 尽管江亢虎的这本英文著作 On Chinese Studies 被译作《中国学术研究》，但是笔者认为，结合实际的语境，江亢虎所说的 Chinese Studies 是指中国学。一方面，studies 一词本身就具有某门学科、某个研究的意思；另一方面，江亢虎是在西方文化的语境中使用它的，同时他自己身为 the Department of Chinese Studies 的主任，在其文章中更多地应该是在学科设置的意义上使用这个词，因此本书中 Chinese Studies 译作 "中国学"。

[②] "Appendix A: University Departments of Sinology," in Eldon Griffin, "The Progress of Chinese Studies in American Colleges and Universities, 1929–1930," Kenneth S. Latourette, ed., *Progress of Chinese Studies in the United States of America*, Washington: published by the Committee on the Promotion of Chinese Studies of the American Council of Learned Societies, Bulletin No. 1, 1931, p. 27.

[③] Kiang Kanghu, *On Chinese Studies*, p. 1.

历史悠久、自成一体、无所不包的中国文明本身，后者则是基于中国文明对于西方文明而言的参考价值。"正由于这个文明不同于西方现代文明，尽管它可能有各种弊端，但它仍可能成为治愈现今世界之痼疾的良方。这就是为什么在过去的几十年里，尽管新的中国内乱频仍，西方对中国学问的研究却呈现出稳步发展的态势。"①

从《中国学术研究》中，我们可以了解一些麦吉尔大学中国学系的开办情况："麦吉尔大学中国学系开设了一门中国文化概论的讲座课，这门课不需要任何预先的知识储备。还开设了初级和高级水平的读写课，这些课上还有毛笔字的练习。幸有葛斯德图书馆的存在，中国学系才得以在任何的专门课题上开展研究工作。我们还有一系列研究生课程，指导学生进行更高深的中国学研究。此外，还开有一周一次的面向校外的课程，以及弘道会每周一次的公共讲座，这些活动都在晚上进行。"② 可见，正如江亢虎所设想的那样，中国学系与一般的语言文学系相比，最大的区别就在于它着眼于对宏观的中国文化的教学与研究。在加拿大的约5年时间里，江氏带了5名中国学硕士研究生，给数千名美、加籍学生讲授中国文化课。③

除在麦吉尔大学主持中国学系以外，江亢虎还希望在更广泛的范围内发挥中国文化的影响。例如上文中就提到，江氏还在加拿大继续组织"弘道会"，并定期面向公众组织讲座，传扬中国文化。1932年江亢虎在蒙特利尔做了一次广播演说，他说道："在我的学术职责之外，我誓使自己在中国研究问题上作出以下的努力：首先，我希望能说服教育家和公众，中国研究的必要性不仅在于服务于专门目的的科目，更在于它是世界整体知识的一个阶段，以及人类成就的一部分。对于一个受过教育的人来说，缺少了这一知识的学习，他的素质是不完善的。其次，我希望向西方证明中国人的生活观念的实用性。在旨在恢复真正意义上的和平和繁荣的世界制度的重建中，中国文化应当被计为一个重要因素。"④

第一次世界大战以后，西方知识界的"东方色彩"是江亢虎倡导成立中国学系的历史背景，但真正促使江亢虎推动中国学这一学术领域发展的，更多的是他对中国文化的自豪感与外播中国文化的使命感。然而，今

---

① Kiang Kanghu, *On Chinese Studies*, p. 17.
② Kiang Kanghu, *On Chinese Studies*, pp. 18–19.
③ 汪佩伟：《江亢虎研究》，第229页。
④ Kiang Kanghu, *On Chinese Studies*, p. 19.

人梳理加拿大汉学发展史时,却似乎遗忘了江亢虎其人和麦吉尔大学曾经有过一个中国学系的事实。① 江亢虎创办麦吉尔大学中国学系的努力,是其1910年代在美国大力宣传中国文化的延伸,反映了他将中国文化与学术纳入西方教育中思考与实践,而他将中国文化视作"世界整体知识的一个阶段""人类成就的一部分",无疑是具有洞见的。

四 谁能代表中国:批评赛珍珠的《大地》

回顾江亢虎在海外宣传中国文化的各种事情,除前面所涉及的讲授中国文化课、创建中国学系和英译唐诗之外,还有一件值得一提的事情:批评赛珍珠(Pearl S. Buck)的小说《大地》(*The Good Earth*)。20世纪30年代初,赛珍珠的代表作《大地》三部曲中的前两部——《大地》(1931)和《儿子们》(*Sons*, 1932)已在美国出版,获得了巨大的成功,并且前者还于1932年获得了普利策文学奖。

正当赛珍珠的小说畅销美国之际,江亢虎著文批判其中对中国的歪曲描写,并发表在1933年1月15日的《纽约时报》上。也许由于批评者来自她小说中所描摹的国度,赛珍珠显然对此较为重视,她对江亢虎的批评作了一一回应,该文就刊登在当天的《纽约时报》上。以往已有许多学者注意到江亢虎与赛珍珠的这次正面交锋,并对此进行过介绍与研究,在此不拟赘述。② 不过,笔者在阅读《中国学术研究》一书时发现,他还曾以

---

① 加拿大学者白润德在其撰写的《加拿大汉学概况》一文中,认为加拿大汉学的起步比其他西方国家晚,是全面抗战以后才开始的。不过,他也提到,"蒙特利尔另外有一所很有名誉的英文大学麦吉尔大学(McGill University)中,有人教华语已经二十多年了,而最近几年才成为专业"。参见〔加〕白润德《加拿大汉学概况》,张西平主编《欧美汉学研究的历史与现状》,大象出版社,2006,第443、447页。
② 姚君伟在梳理赛珍珠的作品在中国的翻译及评价的变化过程时,指出江亢虎是最早对《大地》提出批评的两人之一(姚君伟:《赛珍珠在中国的命运》,《国外文学》1994年第1期,第60页)。郭英剑认为在赛珍珠是否真实地反映了中国以及中国农民命运的问题上,20世纪三四十年代的中国有两种针锋相对的意见,江亢虎是持否定态度的阵营中的代表(郭英剑:《中国二十世纪三、四十年代的赛珍珠研究》,《外国文学研究》1999年第2期,第120页)。姚锡佩在其著作《文化相对主义:赛珍珠的中西文化观》中认为江亢虎对赛珍珠小说的批评是"一个面子和尊严问题,这在海外中国人,特别是学者和知识分子眼里,是一个事关生计的问题"(姚锡佩:《文化相对主义:赛珍珠的中西文化观》,东南大学出版社,2001,第35页)。顾钧则指出,从《大地》的主旨与其在美国的反响看,江亢虎对小说对农民性格和农村生活阴暗面的描写会给美国人留下不良印象的担心似乎是多余的〔顾钧:《赛珍珠创作中的美国因素》,《镇江师专学报》(社会科学版)2001年第4期,第28页〕。

《肖像还是卡通》为题发表过一篇对赛氏回应的再批评，发表在《中国基督徒学生》(Chinese Christian Student)上。

较前一篇文章，江亢虎在《肖像还是卡通》一文中对赛珍珠的批评似乎更有力度，有必要在此对其观点作一点介绍：对于赛珍珠在回应中以要呈现一个活生生的人以及小说的地域性作为对其失实描写的辩解，江氏不以为然地指出"问题在于，如果一个人住在另一个国家并喜欢这个国家，且想要呈现那里的真实生活，他就会自然地描写这个国家的人民较为普遍的特征，而不是那些不寻常的怪异之举"。对于赛珍珠在其回应中批评以江亢虎为代表的中国知识分子脱离劳苦大众，并提出"如果占一个国家的大多数的人不能代表这个国家，还有什么人可以？"的问题，江亢虎则以他所了解的选举政治作答，指出"代表之意就在于极少数的被选举出的人为多数想问题、办事。否则为何国会山上的议员只有几百人呢？而中国在其历史传统中自来都倾向于被少数的知识阶层代表，而不是没有受过教育的大多数"。江亢虎还尖锐地指出赛珍珠在小说中对性的丑陋描写是为了迎合西方读者的猎奇心理，"一个非正常的世界心理需要描摹不正常的性生活的图像，以求得到刺激性的效果。而耸动与刺激则给作者带来书的好销量与好价钱。因此布克夫人（即赛珍珠——引者注）以牺牲中国普通人的代价换得了名声与收益"。江氏还在文中介绍了自己创立中国社会民主党、兴女学等实际经历，以证明他并非赛珍珠所指斥的那类远离民众、歧视女性的旧式文人。最后，江亢虎以他看到的一篇赛珍珠在《好主妇》(The Good Housewife)杂志上的专访为依据，直白地揭露了赛珍珠思想底蕴中的传教士情结，指出"布克夫人终究是一个传教士，而她自己才归属于传教士中很偏狭的那一派！"①

赛珍珠出身于来华传教士家庭，其父亲赛兆祥(Absalom Sydenstricker)和母亲Caroline Stulting Sydenstricker均是美国长老会传教士，前夫则是传教士、农业经济学家卜凯(John Lossing Buck)。但是，她并不是来华传教士群体的代言人，相反，她先后于1927年、1933年在《教务杂志》、《哈珀月刊》(Harper's Monthly)上发表文章，公开批评来华传教士的思想受到狭隘的民族优越感支配，傲慢自大，从未真正试图理解和欣赏中国社会生活质朴美好的一面。②公正地说，在20世纪20年代中国社会掀起的非

---

① Kiang Kanghu, On Chinese Studies, pp. 272 – 275.
② 参见王栋《面向东西：从四个有重大影响的人物看二十世纪上半叶中美关系史》，张俊义、陈红民主编《近代中外关系史研究》第9辑，社会科学文献出版社，2019，第253页。

基督教运动和国民革命背景下,赛珍珠这些大胆的言论无疑是她对基督教在华传播的自觉反思。从这个角度看,赛珍珠显然并不属于来华传教士中最为顽固和偏激的阵营。

但是,从江亢虎的观点来看,他对赛珍珠的批评并不像有的学者所指出的是出于面子与尊严问题那么简单。江亢虎的再批评实际上触及了中西方文学书写中的核心问题,即作为一个西方人,赛珍珠对中国人物的刻画及中国社会生活的描写是否可能忠实地反映中国的情形。一方面,小说创作者的文化背景、生活经历及宗教倾向能在多大程度上影响自身的"视阈";另一方面,东西文明的差异造成的受众猎奇心理,是否会导致创作者过分强调异域风情(exoticism),而有意识地回避那些人类最普遍的共性?

江亢虎多年来一直在北美大讲中国文化,不能不说,他对广受追捧的赛氏小说的责难,反映了一个身居海外的中国人对祖国的西方形象的敏感。在这个问题上,文化的固有差异导致我们很难说清孰是孰非,或许,正如研究者注意到的鲁迅对赛珍珠作品的点评:"中国的事情,总是中国人做来,才可以见真相,即如布克夫人,上海曾大欢迎,她亦自谓视中国为祖国,然而看她的作品,毕竟是一位生长中国的美国女教士而已……她所觉得的,还不过一点浮面的情形。只有我们做起来,方能留下一个真相。"[①] 可以说,江亢虎在海外传扬中国文化的种种努力,就是由中国人自己作为传播中国文化及塑造中国形象的主体的自觉实践。

五 中西互补论:江亢虎的文明观

20世纪二三十年代,栖身异国的江亢虎大力倡导西方人学习汉语、了解中国文化,甚至还在高等学府中创建中国学系,这种举动无疑是具有特殊的历史意味的。需要承认的是,对于漂泊异国他乡的江亢虎而言,教汉语也许是他赖以维持生计的一种手段,而他对中国文化的宣讲也可能是为了迎合西方人对东方古国的好奇心。但是,江亢虎大费周章地进行介绍中国文化的英文书写,又费心试图在海外创立中国学,恐怕离不开他对中华民族文化的认同与信心。在他看来,中国文明与西方文明各有长短,只

---

① 《致姚克》(1933年11月15日),《鲁迅全集》第12卷,人民文学出版社,1981,第272~273页。转引自郭英剑《中国二十世纪三、四十年代的赛珍珠研究》,《外国文学研究》1999年第2期。

有相互借鉴才能推动人类社会的进步。可以说，这种中西互补的文明观正是江亢虎在海外传播中国文化的思想依据。

江亢虎将中国文明看作西方文明的参照物，认为它的存在能够促使西方文明延续和发展。具体而言，中国文明能帮助西方文明克服其自身的弊端。第一次世界大战以后，罗素、倭铿等很多西方思想家也意识到西方文明的弊病，并开始对东方文明产生兴趣。江亢虎自然体会到了当时西方知识界的此种风气，他在文章中多次强调，世界大战以后，西方人对他们向来引以为傲的理性主义和物质文明感到失望，"为了寻找对付物质主义弊端的解药，很多人最初转向截然相反的一面——印度神秘主义。作为世界大战自然导致的结果，在这个反作用的时期过去之后，他们开始寻求一条更务实却相对和缓的道路"。① 在江亢虎看来，古老却又富有生机、高明却又简单务实的中国文明正是西方人所寻求的补救之道。

在《中国文化叙论》的第三部分"中国的宗教与哲学"中，江亢虎以"补救西方现代文明之弊的中国哲学"为题，具体论述了中国文化对于西方现代文明的价值。首先，从政治层面上讲，江氏认为，"民族主义是西方现代文明的根基，而无论从其狭义概念上讲，还是就其宽泛的外延而言，都意味着战争和征服。在民族主义和帝国主义、爱国主义和沙文主义之间并没有一个明显的界限"。② 他接着指出，与西方不同的是，中国哲学一向是反对民族主义的（anti-nationalistic），民族主义是在清末才在中国出现的。在传统中国，"天下"才是主导中国国家观念的概念，"大同社会"则是中国人心目中世界的理想类型。江亢虎还认为，黩武主义和重商主义是民族主义所生出的一对孪生兄弟，它们推动国家向外扩张、攫取财富，同时也给文明埋下了隐患。然而，"在中国哲学中，即使是兵家也谴责战争和军国主义带来的危害。……中国人向来鄙视商人阶层，认为利润是由诡计和投机赚来的，是狡猾和耻辱的"。③ 不难看出，江亢虎在这里反对注重征服与霸权的西方政治民族主义。然而，他自己在海外大力宣传中国文化，乃至倡言中西文化互补论，又恰恰体现出他身上的某种文化民族主义情怀，而他本人对此也许并不自觉。

其次，从价值观上讲，与西方一味强调物质不同，中国哲学中既有理

---

① Kiang Kanghu, *On Chinese Studies*, p. 8.
② Kiang Kanghu, *Chinese Civilization: An Introduction to Sinology*, p. 393.
③ Kiang Kanghu, *Chinese Civilization: An Introduction to Sinology*, pp. 394-395.

想主义的成分，也有物质主义的因子，但先贤们将精神和物质视为一体，认为两者都是宇宙万物得以存在的根本。"道德训诫、人际关系和社会问题永远在中国哲学中占据统治地位。"①

再次，从精神气质上讲，江亢虎认为，尽管与西方现代哲学比起来，中国哲学更趋于悲观主义，但是与佛教和基督教的原教旨相比，中国哲学则是积极向上的。"中国哲学讲求实际，强调当下之务。"②

最后，在处理个人与集体的关系上，中国哲学也有值得西方借鉴之处，因为中国传统文化认为个人是社会的基础，并且以"修齐治平"的信条将个体价值与社会责任紧密联系在一起。

换言之，江亢虎相信，重道德、尚平和的中国哲学是补救西方现代文明急功近利之弊病的一剂良药。

不难发现，江亢虎的论说与20世纪二三十年代中国知识界出现的"中国文化救西论"的声音颇有几分相似。第一次世界大战之后，梁启超在《欧游心影录》中将欧洲人审视现代文明、欣羡东方文化的社会文化心理转向介绍回中国，并断言物质文明濒临破产，呼吁青年们"超拔西方"，很快成为五四时期国内东方文化思潮勃兴的起点。而在此之前，辜鸿铭在一战期间写就的《春秋大义》《呐喊》等书，就打出用中国文明拯救西方的口号，并由此大得西宠。③ 此后，梁漱溟在《东西文化及其哲学》中，以文化的类型作为思想基石，认为中国文化具有普遍价值，并预言现代西方国家将走上中国的文化道路。④ 概而言之，这些论说的主旨都在于强调中国文化的普遍价值，主张用中国文化来补救西方现代文明的弊端。尽管江亢虎在其著述中并未述及，但"中国文化救西论"喧嚣一时之际他正在国内，想必他的思想或多或少受到了影响。

不过，在反复强调中国文化补救西方物质文明的作用的同时，江亢虎也不否认西方现代物质文明对中国的价值。他指出，"对一个病人而言是毒药的东西，却可能是另一个病人的补药。中国哲学及文化可能贻误了她的民族自觉和物质现代化。虽则如此，这并不剥夺它作为解毒剂的效力，

---

① Kiang Kanghu, *Chinese Civilization*: *An Introduction to Sinology*, p. 396.
② Kiang Kanghu, *Chinese Civilization*: *An Introduction to Sinology*, p. 397.
③ 黄兴涛：《文化怪杰辜鸿铭》，第 245 页。
④ 〔美〕艾恺：《最后一个儒家：梁漱溟与现代中国的困境》，郑大华等译，湖南人民出版社，1988，第 124 页。

它可以用以对付从现代物质文明中生发的诸多病症。同样地，尽管现代物质文明给西方世界带来弊病，它却可能成为今日古老中国的恰当补充，现在中国所缺乏的正是这种东西。双方都可以从对方身上学习，吸取有益的，抵制有害的"。①

江亢虎在西方人面前大方地承认西方文明的价值，并非为了讨巧。1923年他在国内发表演讲时即已持同样的主张："我辈既要保存历史的文化，如原来的生命力，又要吸收西洋的文化，如注入生命料；盖对五劳七伤之病躯，必须加意维持，勿使元气消亡自觉，然后新生命料可以注入消纳，打成一片；注入的方法，不外从精神物质两方面着手，我们自己是病人，我们自己又是医生，大家都要负责任的！"② 从这段论述中，似乎可以读到当时在中国颇为流行的法国思想家柏格森的生命哲学的影子，而江氏的"病人"与"医生"之喻无疑恰如其分地佐证了其中西文明互为补充的观点。

江亢虎还将问题上升到人类文明进程的层面，指出中国文化应该得到妥善的保存，这不仅是从中国自身的利益出发，更是基于从长远利益上对世界文明发展的考虑。他假设，"如果中国从此消失，那将只有一种文明类型统治世界，一个种族主宰人类，即白人的世界。由于观念和理想都一成不变，少有新鲜的刺激，世界将会变得单调、统一而乏味。进化将会受到窒碍，进步将会变得迟缓"。③ 他用中国的教训提醒人们，过去两三百年来清王朝统治下的中国就是因为缺乏与新鲜的不同元素接触，而变得迟钝和倦怠，以致在西方列强的坚船利炮面前不堪一击。历史的经验告诉我们，"无论东方与西方的互动是友善的还是充满敌意的，都能使双方发展个体和集体的能力和智慧"。④

最后，需要指出的是，在江亢虎的"中西文化互补论"中，能够补西方之积弊的部分乃是中国传统文化的固有价值。为此，他对新文化运动中激烈的反传统、全盘西化的趋向颇有微词。在他看来，新文化运动中的活跃分子多是中学根基浅薄的留洋学生和大中学生，因此尽管他们所倡导的"文学革命"和"平民教育"有利于中国文化的推广，却有可能降低中国

---

① Kiang Kanghu, *Chinese Civilization*: *An Introduction to Sinology*, p. 118.
② 江亢虎:《江亢虎博士演讲录》，第30页。
③ Kiang Kanghu, *Chinese Civilization*: *An Introduction to Sinology*, p. 113.
④ Kiang Kanghu, *Chinese Civilization*: *An Introduction to Sinology*, p. 114.

文化的整体水准。譬如，对于文学革命的领袖将《三国演义》、《水浒传》、《聊斋志异》和《红楼梦》作为通俗文学的典范大加褒扬，江亢虎不客气地指出所谓的"四大名著"分别代表"奸""盗""邪""淫"四大恶习，当看到还有人鼓励孩子们把它们当作教科书来学习，他不禁慨叹："新旧教育观念之间的反差甚大！"[①] 其观点的正确与否姑且不论，与全盘西化派鲜明的反传统立场相对，江亢虎对中国传统道德观念的固守恐怕也是其中西互补论的立论基点之一。

对于栖身新大陆的江亢虎而言，其民国政治人物的身份淡化了许多，可以说，他是以一个深受传统文化熏陶的中国知识分子的形象出现于西方公众面前的。江亢虎在西方世界讲授中国文化，创建中国学系，基本的出发点和落脚点在于中西互补的文明观。值得注意的是，他在海外大肆宣扬的这种文明观恰恰呼应了国内的"中国文化救西论"，而这两种观念的言说对象和侧重点又有所不同："中国文化救西论"更主要的是对国内而言，它所凸显的，乃是知识分子对于作为现代民族国家的中国之文化应如何自处的反思；江氏则主要是眼光向外的，他倡言西方了解中国文明，并主张"以中国文化解救西方文明之流弊"，反映了知识分子为中国文化在世界范围内征得一席之地的愿望。江亢虎的此种努力，与自海通以来中国传统文化在船坚炮利的西方列强裹挟而来的现代文明面前节节败退的情形，形成了鲜明的对照，构成了国人自觉向外输出中国文化的一个重要面相。从这个意义上讲，在"脸谱化"的汉奸形象之外，江亢虎应该在中西文化交流史上占有一席之地。

然而，全面抗战时期，江亢虎攀附权势、沽名钓誉的性格特征在国难面前再次发酵，正当中华民族饱受日本侵略者欺凌与杀戮之际，大力弘扬中国文化的江亢虎却摇身一变，成为汪伪政府大员。沦为汉奸的江亢虎，为了迎合日本"大东亚共荣圈"的理论，将他的东西文化观发展为所谓"回向东方"的言论，大谈什么"奠定东方文化之集团、发扬东方之文化"，[②] 为日本军国主义的侵华罪行张目，其在历史上留下的污点亦是今人不可不察的。

---

① Kiang Kanghu, *On Chinese Studies*, pp. 124–125.
② 江亢虎：《回向东方——江亢虎博士和运文选》，民意社，1941，第109页。

第五章　民族危机下的呼号

——九一八事变后争取欧美支持的英文吁求

20世纪30年代以后，中国人英文书写的一个显著特点是有关中日关系的英文著述大量出现。笔者根据袁同礼先生编写的《西文汉学书目》等材料统计得出，1931年到1933年有20余种由中国人撰写的有关中日关系的英文著作。可以说，20世纪30年代以后，中国与日本的外交关系成为中国人英文写作中最常出现的一个主题。无疑，这种现象与日本加紧侵略中国的步伐、中国亡国灭种的民族危机不断加剧的现实有密切关系。尽管华盛顿会议解决了巴黎和会遗留的山东问题，重申了列强在华"均势原则"，且会后英日同盟关系亦告终止，但日本仍然不放弃其独占中国、称霸亚洲的大陆政策。因而，从20世纪20年代末开始，中国与欧美帝国主义的冲突渐趋缓和，中日矛盾则逐渐加剧。1928年5月，国民革命军顺利北进之际，日本制造"济南惨案"阻止北伐进程。同年6月，为了阻止奉系军阀归附南京国民政府，实现其将东三省作为侵略中国的基地的企图，日本又制造了"皇姑屯事件"，炸死奉系军阀张作霖。张学良成为东北地区最高领导后，日本人又多次出面阻挠张学良改旗易帜。1929年南京《时事月报》披露了旨在吞并"满蒙"、征服中国的《田中奏折》，震惊中外。九一八事变证实了日本侵吞东三省的阴谋，而后日本对中国的蚕食鲸吞不断扩大，最终酿成1937年日本全面侵华战争的爆发。

事实上，关心国家内政外交、注意国际时局的中国知识分子早已对日本不断制造事端阻碍中国统一、遏制中国发展的政策极为不满。民国创建后，国家主权意识和民族尊严感日益深入人心，要求废除列强在华特权的呼声越来越高。然而，在南北方政府及南京国民政府的废约历程中，日本在中国收回关税主权、撤废治外法权等问题上百般阻挠，其态度往往比英美更为强硬。日本的这些作为使得一向具有忧患意识、关心中国内政外交的海内外中国知识分子深刻地认识到,近邻日本已然成为中国最大的威胁。九一八事变的爆发更激发了海内外知识分子的民族主义情绪,其中许多人选择用英文撰述的形式揭露、谴责日本的侵华行径,试图以此唤起国际社会对中国的关注与支持。

作为中华民族的一分子,在国家受到外敌侵略、民族存亡系于一发之时,英文撰述者们自然将民族存亡系于心间,文字中经常流露出顾念家国安危的民族情感;另一方面,中国人的英文书写主要是面向西方而作,这恰恰为身在战局之外的英法美等国了解日本的侵华真相提供了途径,甚至可以说,抗战时期的英文写作正是中华民族向国际社会发出呼吁、要求正义的援助与支持的主要管道,也代表了当国家危难之际中华民族在世界范围内发出的最强音。

第一节　九一八事变后的英文撰述及其民族主义内涵

九一八事变暴露了日本"吞并满蒙、征服中国"的野心,极大地刺激了中国人的民族主义情感。随着民族危机的不断加深,加之九一八事变爆发后东北问题成为国际舆论关注的焦点[①],中日关系成为中国知识分子英文撰述的重要内容。本节在勾勒这一时期中国人英文著述概况的基础上,着重介绍几种较有代表性的著作。

据笔者统计,1931~1933年出版的有关中日关系的英文著作和资料集主要有以下20种(见表5-1)。

表5-1　1931~1933年出版的与中日关系相关的英文著作

作品名	作者	出版地	出版年份
《东省问题》(*The Manchurian Question*)	徐淑希	北平:太平洋国际学会中国分会	1931(第2版)

---

① 以《纽约时报》为例,在事变爆发第二天,该报以"日人在与中国的战斗中占领奉天,迅速向城内增兵"为题,在头版报道了日军向东北军发起进攻、占领沈阳的新闻(参见Hugh Byas, "Japanese Seize Mukden in Battle with Chinese; Rush More Troops to City," *The New York Times*, Sep. 19, 1931, p. 1)。翌日,又以"日人夺取满铁沿线各城镇"为题继续报道事态的发展(参见"Japanese Take All Towns on Manchuria Railroad," *The New York Times*, Sep. 20, 1931, p. 1)。

续表

作品名	作者	出版地	出版年份
《答复松冈先生》(A Reply to Mr. Matsuoka)	徐淑希	北平：《导报》社	1932（第3版）
《关于东北问题的方方面面》(Questions Relating to Manchuria)	徐淑希	上海：太平洋国际学会中国分会	1931
《满洲问题的歧途——和平呢或武力改决呢》(The Manchurian Dilemma: Force or Pacific Settlement)	徐淑希、罗伯特·邓肯	上海：太平洋国际学会中国分会	1931
《辽事背景》(Background of the Manchurian Situation)	徐淑希	不详	1932
《民四条约效力问题》(The Treaties and Notes of 1915)	徐淑希	不详	1932
《日本之权利与地位》(Japan's Rights and Position)	徐淑希	不详	1932
《评日人五十四案》(Japan's Fifty-four Cases)	徐淑希	不详	1932
《张作霖之惨死：日本侵略满洲序幕的档案研究》(The Tragic Death of Chang Tso-lin: A Documentary Survey of a Prelude to the Japanese Invasion of Manchuria)	龚德柏	不详	1932
《日中不宣而战一周年及列强的态度》(One Year of the Japan-China Undeclared War and the Attitude of the Powers)	李炳瑞	上海：大美印刷所	1933
《日中不宣而战二周年及列强的态度》(Two Years of the Japan-China Undeclared War and the Attitudes of the Powers)	李炳瑞	上海：大美印刷所	1933
《日本在东省之违背条约及侵犯中国主权之行为》(Japan's Acts of Treaty Violation and Encroachment upon the Sovereign Rights of China in the North-eastern Province)	吴翰涛	北平：东北外交研究会	1932
《日本对沪不宣而战之官方文件》(Official Documents Relating to Japan's Undeclared War in Shanghai, Shanghai)	骆传华	上海：中国总商会	1932
《日本在上海不宣而战论集》(Symposium on Japan's Undeclared War in Shanghai)	桂中枢、曹云祥、余日宣等人	上海：中国总商会	1932

续表

作品名	作者	出版地	出版年份
《日本之入侵与中国之抵抗》(*The Japanese Invasion and China's Defence*)	王志远、汤良礼编	上海：联华书报社	1932
《国联与满洲危机》(*The League of Nations and the Manchurian Crisis*)	徐敦璋	北京：China Institute of International Affairs	1931
《日本满蒙政策密档》(*Secret Documents Relating to the Japanese Policy towards Manchuria and Mongolia*)	徐敦璋编	北京：China Institute of International Affairs	1932
《日本入侵满洲及上海之消息与意见：取自中国之外的材料》(*Information and Opinion Concerning the Japanese Invasion of Manchuria and Shanghai: From Sources Other than Chinese*)	雷国能辑录	上海：上海律师公会	1932
《直言日本：中日冲突论集》(*Plain Speaking on Japan: A Collection of Articles on the Sino-Japanese Conflict*)	桂中枢	上海：商务印书馆	1933
《中日冲突之中方说法》(*China Speaks on the Conflict between China and Japan*)	孟治	纽约：麦克米伦公司	1932

注：此项统计不包括南京国民政府发表的英文声明、官方讲话、说帖等内容。徐淑希所撰8部著作集结为《满洲问题论文集》(*Essays on the Manchurian Problem*, Shanghai: China Council, Institute of Pacific Relations, 1932)，为避免重复，未纳入统计。笔者利用《中华民国外交史辞典》《近代外国在华文化机构综录》等多部工具书及互联网进行检索，仍未能查得China Institute of International Affairs 相应的中文名称。

资料来源：Yuan, Tungli comp., *China in Western Literature: A Continuation of Cordier's Bibliotheca Sinica*。

这些著作侧重内容各有不同，形式也较为多样。有的英文著作以揭露日本侵华罪证、记述冲突发展进程为主。例如，龚德柏的《张作霖之惨死》一书运用皇姑屯事件的现场调查资料、日本国会文件、国内外的相关新闻报道，认为此事印证了"田中奏折"所宣扬的满蒙积极政策，并说明皇姑屯事件与九一八事变之间的内在联系。[①]

[①] 龚德柏认为，"根据这个计划，从逻辑上讲，奉天事变及其后续两年前即应发生。虽其事有所推迟，但日本的计划并未改变"。T. P. K'ung, *The Tragic Death of Chang Tso-lin: A Documentary Survey of a Prelude to the Japanese Invasion of Manchuria*, Peiping: [s. n.], 1932, p. 39。

一 《东北史纲》及其英译本

事实上，九一八事变后，中日矛盾的上升与严峻的民族危机，深刻地影响了中国学术文化的发展走向。国难当前，中国学术中固有的经世致用传统再次成为主导，顾颉刚创办禹贡学会，编辑出版《禹贡月刊》，傅斯年撰写《东北史纲》均反映了这种趋向。[1]

为了批驳日本学术界在九一八事变之后抛出的所谓"满蒙非中国领土论"，傅斯年在十分有限的时间内撰写完成《东北史纲》。当时，日本京都大学著名中国史教授矢野仁一在日本《外交时报》上发表文章「满蒙藏は支那の領土に非ず」(《满蒙藏非中国领土》)。该文发表时，正值国联派遣李顿调查团赴远东调查中日冲突，日本国内舆论对于这一言论大加宣扬。鉴于这种情况，傅斯年仓促之下撰成此书，并且由李济节译成英文小册子，送交国联调查团。[2]

试将李济的英文译本与《东北史纲》两相对照，可以发现，二者在章节上有明显不同。首先，英译本中没有包含《东北史纲》开篇的"卷首引语"以及"论本书用'东北'一名词不用'满洲'一名词之义"。在"卷首引语"中，傅斯年直接批评日本悍然发动九一八事变、一·二八事变，称"吾国愈求诉于公道之世界公论，暴邻之凶焰愈无忌"。傅斯年还写道："日本人近以'满蒙在历史上非支那领土'一种妄说鼓吹当世。此等'指鹿为马'之言，本不值一辨，然日人竟以此为其向东北侵略之一理由，则亦不得不辨。"[3] 在"论本书用'东北'一名词不用'满洲'一名词之义"中，傅斯年指出"满洲"一词背后的侵略意图："此名词之通行，本凭借侵略中国以造'势力范围'之风气而起，其'南满''北满''东蒙'等名词，尤为专图侵略或瓜分中国而造之名词，毫无民族的、地理的、政治的、经济的根据。自清末来，中国人习而不察，亦有用于汉文中者，不特可笑，抑且可恨，本编用'中国东北'一名词以括此三省之区域，简称之曰'东北'，从其实也。"[4] 李济的英译本中并未将这两部分列入。其次，英译本中的第四

---

[1] 李帆:《求真与致用的两全和两难——以顾颉刚、傅斯年等民国史家的选择为例》,《近代史研究》2018年第3期。
[2] 王汎森:《中国近代思想与学术的系谱》(增订版),上海三联书店,2018,第539~541页。
[3] 傅斯年:《东北史纲》,上海古籍出版社,2012,第2页。
[4] 傅斯年:《东北史纲》,第5页。

部分"回归帝国——团聚（自公元1372年）"主要记述了明清时期东北历史的发展，而傅斯年《东北史纲》的第五章（最后一章）则是"汉晋间东北之大事"。最后，英译本的结尾增加了两段总结性的文字，再次阐明："以上是关于满洲历史的最为简略的勾勒。要把整个故事讲得连贯一致是非常困难的，因为就东北本身来讲述它的历史是不可能的。东北的史事是中国本部（China Proper）发生事件的反映：汉人在东北的统治、游牧民族的侵略、不同部族的兴衰，都是中国历史整体的一部分。"[①] 尽管由于时间和学力的限制，笔者尚未能进行更加细致的比对，但是笔者认为，李济的英译本与傅斯年的中文本之间的这些不同，很可能与英译本所承载的特殊使命有关，即它是拟提交给李顿调查团的一份说帖。由于这一需要，英译本中刻意没有提及日本侵略东北的事实，并且将涉及的时间段扩展至明清时期，以便向调查委员申明东北自古以来就是中国领土这一事实。

二 李炳瑞《日中不宣而战一周年及列强的态度》

南京国民政府对外宣传的重要人物李炳瑞[②]所写的《日中不宣而战一周年及列强的态度》着重揭示九一八事变以来日本侵略不断升级的事实，并注意到美、英、俄等国对日本发动九一八事变、一·二八事变的态度。该书封面上印有一个醒目的问号，一旁印有五个问题，分别是："在日本侵略满洲前后发生了什么？'满洲国'是如何形成的？'门户开放'政策在东北得到遵循了吗？日本进攻上海的事实是什么？国联是如何处理此案的？"全书分为26章，主要记述了九一八事变以来中日之间发生的一系列事件。该书将日本侵占东北的野心追溯至清末时期俄、日两国在东北的竞争，并回顾了中村事件、万宝山事件和朝鲜发生的排华事件。正如李炳瑞所言，该书并不是关于东北问题的百科全书式的著作，也并未对复杂的中

---

① Li Chi, *Manchuria in History: A Summary*, Peiping: Peiping Union Bookstore, 1932, p. 40.
② 李炳瑞（1903~1956，一说为1907~1956），广东台山人，毕业于加拿大吉尔大学，获政治经济学硕士学位，后赴美国华盛顿大学研究所进行研究。1930年国民党收购《北京学报》（*Pehiy Leader*）后，将其更名为《北平导报》，李炳瑞任主笔。九一八事变后，该报因发表反日言论一度被关停，李炳瑞又在上海创办《民族周刊》（*The Chinese Republic*）并担任主笔，其后历任国立中山大学教授、国民政府行政院新闻处驻华盛顿办事处主任、立法院委员等职，著有《中国关税自主的斗争》（*China's Struggle for Tariff Autonory*）和《新广州市》（*Modern Canton*）等多种英文著作。

日关系做全景式的交代,"它只是在占领前后在满洲和中国其他地区发生的一系列事件的详细的记录"。[1]

显然,李炳瑞编纂此书的目的是使西方读者对九一八事变的来龙去脉及中日矛盾冲突的事实真相及其造成的影响有所了解。他在序言中指出,"1931年9月18日那个历史性的夜晚之后,急速发生的一系列事件不容置疑地表明,日本参谋本部(General Staff)与大战(指第一次世界大战——引者注)前德国的参谋部相类,它不会满足于攫取满洲,而是将统治整个中国视为征服世界的总体计划的第一步"。[2] 日本发动九一八事变后,辩称这只是一个东北当局与关东军之间的局部冲突。李炳瑞则试图揭穿这个谎言,他指出:"日军像猛虎扑食一般,毫无预警地夺取了一系列具有战略地位的市镇。日本政府并未宣战,而是辩称这只是一个纯粹的'地方性事件',并向全世界发布官方声明,称军队已经撤出,而事实是他们正在向前推进,并攫取更多的中国领土。"在点明日本发动九一八事变武装侵略中国的实质之后,李炳瑞指出,日本罔顾国联于1931年9月30日通过的撤军决议,是对非战公约、《九国公约》和国联盟约的践踏,国联必须考虑如何惩处背约的日本。他提出,"作为《凯洛格-白里安和平公约》(即非战公约——引者注)及《九国公约》的倡议者的美国,作为国际联盟主要的依靠力量的英、法,均对防止世界冲突的爆发负有重大责任,这也会在相当大的程度上影响他们自身的利益"。[3] 他还进一步提醒这些国家,日本在占领东三省后将得到原本稀缺的煤铁资源,这为"他们蓄谋已久的世界霸权的争夺"增加了筹码。

值得一提的是,给《日中不宣而战一周年及列强的态度》这本书作序的人,分属当时国内不同的政治势力,包括前任行政院院长孙科、前任立法院院长胡汉民、前任外交部部长王正廷、现任外交部部长罗文干,以及前任驻美公使、外交部部长伍朝枢和驻法公使顾维钧。其中孙科因宁粤政争出掌行政院,旋即又因在政治和财政上均缺乏支持,无力应对内外困局而下野,

---

[1] Edward Bing-Shuey Lee, "Preface," *One Year of the Japan-China Undeclared War and the Attitude of the Powers*, Shanghai: The Mercury Press, 1933, p. xiv.

[2] Edward Bing-Shuey Lee, "Preface," *One Year of the Japan-China Undeclared War and the Attitude of the Powers*, p. xi.

[3] Edward Bing-Shuey Lee, "Preface," *One Year of the Japan-China Undeclared War and the Attitude of the Powers*, pp. xii—xiii.

胡汉民、伍朝枢则是两广实力派的领袖人物，罗文干、顾维钧则属"北洋旧人"，国难之际虽然参与外交事务，但与南京国民政府决策中枢的关系若即若离。胡汉民在序言中批评南京政府对日本卑躬屈膝的政策（the week-kneed policy）并未能使中日间免于爆发战争。他写道："正是现政府的不抵抗政策，极大地怂恿了日本的侵略行径，最终将使第二场世界大战成为不可避免的事；因为无论南京政府如何软弱，中国人民都决心抵抗到最后。"[1]

尽管政见不尽相同，但为此书作序的政治人物都希望它能唤起英语世界的读者对九一八事变及日本对中国不断升级的侵略行径的关注。胡汉民指出："中国人正在慎重地思考并等待以武装斗争捍卫国家领土完整的时机，并且正在仔细地观察其他列强是否有能力维持国际协定的尊严和善意。"[2] 顾维钧则提示东北问题的解决将对世界秩序造成的影响，"我们是否能在重大的事关世界范围内的裁军及安全与和平问题的不懈斗争中取得一些成果，将在很大程度上取决于这一问题解决的实质"。[3] 伍朝枢认为此书的价值是以一种具有可读性的、方便的形式呈现了中国的申诉，而这个申诉与其说是中国的，毋宁说是"整个世界对于一场在现代空前的军事侵略的申诉"。[4]

1932年3月至9月，根据国联行政院于1931年12月10日通过的《国联行政院第六十五届会议对于中日争议通过之第三决议案》，以英国李顿伯爵（Victor Alexander George Robert Lytton, 2nd Earl of Lytton）为首的国联调查团对中国进行了为期数月的调查。《日中不宣而战一周年及列强的态度》一书出版时，国联调查团报告书已经公之于众，李炳瑞有意识地引用国联调查团报告书中有关中日冲突的判断。

1933年，李炳瑞又出版了《日中不宣而战二周年及列强的态度》，在前书基础上增加了第17章"日本退出国联"（Japan's Withdrawal from the League）及大量照片。

---

[1] Hu Han-Min, "Foreword," *One Year of the Japan-China Undeclared War and the Attitude of the Powers*, p. vi.

[2] Hu Han-Min, "Foreword," *One Year of the Japan-China Undeclared War and the Attitude of the Powers*, p. vii.

[3] V. K. Wellington Koo, "Foreword," *One Year of the Japan-China Undeclared War and the Attitude of the Powers*, p. ix.

[4] C. C. Wu. "Foreword," *One Year of the Japan-China Undeclared War and the Attitude of the Powers*, p. x.

此外，亦有国人通过编辑英译日本对华政策文件，揭露日军侵华的既定政策。徐敦璋编辑的《日本满蒙政策密档》，以及骆传华所编《日本对沪不宣而战之官方文件》即属此类。还有人注重搜集自外于中日双方的国际舆论，作为对抗日本舆论的武器。这种运用第三方言论的方式，可以避免己国言论遭受主观、偏激等质疑，有助于达到良好的国际宣传效果。雷国能辑录的《日本入侵满洲及上海之消息与意见：取自中国之外的材料》就体现了这种考虑。尽管如此，这些著作的主旨却是一致的，即直接向国际社会揭露日本侵略真相，批驳日本战争宣传，寻求国际社会同情与支持，充分体现了国人向外表达以"抗日御侮"为中心的民族主义诉求的自觉。

九一八事变以后，中国知识界的英文撰述是反驳日本战争宣传、争取国际舆论支持的重要媒介。有鉴于此，本书选取徐淑希、桂中枢、孟治三人具有代表性的英文著作为研究对象，试图考察其主要内容及特点。徐淑希有关东北问题的著作，不但数量最多，还具有较强的学术性，代表了具有国际法知识背景的学人以法理为依据，揭示日本在东北扮演的侵略者角色，寻求从外交上解决中日纠纷的理性倾向。桂中枢的《直言日本：中日冲突论集》则是一部政论性质的著作，反映了知识分子以新闻舆论作为武器，向日本战争宣传发起反击的努力。孟治撰写的《中日冲突之中方说法》则是中国知识分子与日本反华舆论的吹鼓手正面交锋的产物，直观地展现了中日双方对海外舆论阵地的争夺。

第二节　东北问题专家徐淑希在九一八事变前后的英文书写

1931年9月18日，日本关东军诬称中国守军炸毁南满铁路柳条湖一段，向东北军驻地北大营发起攻击，由于东北军和地方军警此前已得到"不许与日军冲突"的指令，关东军在一夜之间即迅速占领沈阳、安东、营口、长春等地，制造了震惊中外的九一八事变。[①] 事变发生后，远东地区的局势立即成为国际社会关注的焦点。在诸多有关事变原因及经过的英文著作或新闻报道中，中国人撰写的介绍东北问题的历史发展过程的著作是重要而特殊的。这些英文著作不仅直接将事变的真相披露给西方公众，

---

① 沈予：《日本大陆政策史（1868~1945）》，社会科学文献出版社，2005，第367~369页。

同时也向国际社会表明中国维护东北领土完整的坚定立场，在一定程度上也能为国际联盟调解中日纠纷提供参考。

在九一八事变前后出现的大量有关东北问题的英文著述中，徐淑希撰写的若干著作无疑是不应被遗忘的。徐氏是民国时期东北问题的专家，其研究为国民政府所重视。1932年，顾维钧担任国联李顿调查团中方代表，徐淑希是顾氏的顾问。[①] 并且，从档案记录可以得知，作为顾问，徐淑希本人也参加了李顿调查团与南京国民政府的会谈。[②] 1932年11月，蒋介石采纳钱昌照的建议创建国防设计委员会，徐淑希即被蒋介石任命为首批39位委员之一[③]，作为国际关系方面的专家，与周鲠生、钱端升等人研究国际形势，尤其是对日外交问题。[④]

一　徐淑希生平与学术背景

徐淑希（1892～1982），原籍广东饶平，生长在香港，早年毕业于香港大学，后入哥伦比亚大学师从国际法权威约翰·巴塞·穆尔，1925年获哲学博士学位。是年秋，徐淑希出任燕京大学政治学系主任，1928年任教务主任（教委会主席），1929年任法学院院长。此外，1924～1927年，徐淑希还兼任燕京大学图书馆馆长。1929年10月太平洋国际学会第三届双年会召开时，徐淑希根据国际法原则、条约与事实对日本代表松冈洋右维护"满蒙政策"的发言痛予驳斥，得到与会者的赞同。此后，徐淑希"即被目为东北问题专家而享誉中外，燕大政治系的名气也随之扩大"。[⑤] 九一八事变后国家急需熟悉东北交涉问题及国际原则的专家学者，徐淑希被聘为东北外交研究委员会委员。1932年，顾维钧担任国联调查团中方代表及在日内瓦赴任中国驻国联代表时，徐淑希都是顾氏的

---

① 《顾维钧回忆录》第5分册，第311页。李顿调查团来华前夕，南京国民政府各部代表及专家仔细研究了调查团可能提出的各种问题，组织撰写了20余份备忘录，后由顾维钧核准并以中国顾问（Assessor）身份递交给调查团，仅从题目上看，《二十一条及1915年中日条约之说帖》《中国对于日本所谓五十三悬案之驳正》等说帖应与徐淑希有关。参见石源华《中华民国外交史》，第393、394页。

② Second Meeting of Commission of Inquiry and Marshal Chang Hsueh‐Liang, April 13, 1932, 美国哥伦比亚大学手稿与珍本图书馆藏，顾维钧档案，档案号：Koo/0005/002/0003。

③ 薛毅：《国民政府资源委员会研究》，社会科学文献出版社，2005，第56页。

④ 《钱昌照回忆录》，中国文史出版社，1998，第41页。

⑤ 吴其玉：《徐淑希先生和燕大政治学系》，《燕大文史资料》第5辑，北京大学出版社，1991，第29～30页。

顾问。① 1935年华北事变后，向来在东北问题上与日本针锋相对的徐淑希不得不离开燕大，而后长期服务于外交界。全面抗战期间他先后担任外交部高级顾问、亚西司司长，抗战胜利后曾任联合国筹备委员会委员和安理会中国副代表。1949年后，先后任驻秘鲁、玻利维亚及加拿大"大使"。② 1948年至1961年，他还是联合国国际法律委员会的成员，徐淑希是以个人而非政府代表的身份参加该委员会的。③

事实上，徐淑希对东北问题的关注可以追溯至他在哥伦比亚大学攻读博士时期。他的博士学位论文即是对朝鲜、中国东北、蒙古的领土归属问题的研究（亦涉及琉球），其着眼点在于中国与美日俄等国在这些地区归属问题上的交涉。1926年，该论文扩充为专著由牛津大学出版社出版，书名为《中国及其政治实体：一项有关朝鲜、满洲和蒙古的中外关系研究》。徐淑希在该书开篇即指出："如果说朝鲜仅是中国政治实体的一截肢体，满洲则显然像中国的咽喉一般重要。在满洲问题上向日本妥协，无异于将中国置于其近邻的怀抱中，必被置于死地。"④ 由此可见，徐淑希在那时已经认识到东三省对于中国的国防安全的重要性。

在这篇论文中，徐淑希首先运用正史、典制、方志等资料论述了历史上东北地区即属于中国的事实，又援引大量条约文本、外交文书及中外报刊，梳理了清中期以降中国与俄、日在上述地区的争端与交涉，并注重分析俄日在不同时期、不同地区的利益变动及相应的政策变化。徐氏特别强调美国在制衡俄日的东北争夺战中扮演的角色。他在书中引述庚子之乱后美国国务卿海约翰提出的"保全中国领土与行政完整"的原则，指出从日俄战争到华盛顿会议美国在对待日本的问题上偏离了这一原则。他在分析日本向东北的势力渗透形势及日本对各国合作开发东北的阻挠之举后，提醒各国对日本野心的纵容将会出现的可怕后果。他预言，"一旦时机成熟，

---

① 《顾维钧回忆录》第5分册，第311页。
② 有关徐淑希生平，参见吴其玉《徐淑希先生和燕大政治学系》，《燕大文史资料》第5辑，第31页；徐友春《民国人物大辞典》，河北人民出版社，1991，1227页；《顾维钧回忆录》第5分册，第575页；《顾维钧回忆录》第7分册，第90页；张玮瑛等编《燕京大学史稿（1919～1952）》，人民中国出版社，2003，第1042～1043、1045页。
③ "Shuhsi Hsu, 89, Ex-diplomat with the Chinese Nationalists," *The New York Times*, Jan. 15, 1982, p. D14.
④ Hsü, Shu-Hsi（徐淑希），*China and Her Political Entity: A Study of China's Foreign Relations with Reference to Korea, Manchuria and Mongolia*, p. vii.

她（日本——引者注）可以轻易地颠覆中国"。① 不难看出，徐淑希对于中日关系前景的判断是具有预见性的，而这是建立在他对东北亚地区国际局势的扎实研究之上的。这篇博士学位论文在徐氏获得博士学位的第二年即由牛津大学出版社出版，也从侧面表明了这本书在学术领域受到的认可。

二　太平洋国际学会双年会上有关东北问题的"证词"

九一八事变前后，徐淑希曾撰写多种英文著作，向西方介绍东北地区的历史变迁、中日间在东北问题上的争端之由来与发展，并尝试探讨分歧的解决途径。这些著作包括徐淑希向太平洋国际学会召开的双年会提交的报告或论文。它们亦曾由太平洋国际学会中国分会等机构以单行本的形式出版。随着东北沦陷、华北告急，日本在东亚的扩张政策对中国的安全威胁不仅成为中国知识界最为关注的问题之一，也是西方社会对亚洲事务的主要关注点。在这样的背景下，太平洋国际学会中国分会于1932年将徐淑希在东北问题上的研究成果重新结集出版，题为《满洲问题论文集》②。这个文集中收录的徐氏著作主要有以下几种小册子。

《东省问题》，是徐淑希为第三届太平洋国际学会双年会准备的有关满洲问题的报告。早在第三届双年会的筹备过程中，徐淑希与东京帝国大学教授蜡山政道就被学会指定为满洲问题的研究者，并得到学会的资助。③徐淑希广泛参考文献档案撰成此书，试图让与会者对东北问题的历史发展过程有较为全面的认识。书中，徐淑希将东北问题分解为苏联觊觎与日本势力入侵两个阶段，指出"两个阶段的矛盾都肇端于中日甲午战争，成形于日俄战争，皆因日俄两国多年来的侵略政策而形成现今之状况，日本方面之政策至华盛顿会议告一段落，俄国方面则因俄国革命而止"。④ 徐淑希撰写此书时正是"济南惨案"、皇姑屯事件发生之后，日本为了阻止东北归附中央政权而频繁动作之际。因此，徐淑希认为，中俄在东北的矛盾在一定程度上已经解决，唯中日矛盾则在5年的缓和期之后加剧。九一八事变后，

---

① Hsü, Shu-Hsi, *China and Her Political Entity: A Study of China's Foreign Relations with Reference to Korea, Manchuria and Mongolia*, p. 429.
② Hsü, Shu-Hsi, *Essays on the Manchurian Problem*.
③ 张静：《中国知识界与第三届太平洋国交讨论会》，《近代史研究》2004年第1期。
④ Hsü, Shu-Hsi, *The Manchurian Question*, published under the auspices of the China Council of the Institute of Pacific Relations, rev. ed., 1st ed., 1929, Peiping: [s. n.], 1931, p. 1.

徐淑希对此书稍作修订后再次提交给第四届太平洋国际学会双年会，以便与会代表了解此次事变的历史背景。

《关于东北问题的方方面面》[1]，则是徐淑希向第四届太平洋国际学会双年会提交的论文。他在文中开宗明义地列出中国在东北问题上坚持的立场，包括日本归还旅顺、大连，中国赎回南满铁路，收回日本在该路沿线驻军、居住的特权，取消日本公民在华特权，以及日本方面停止其干涉东北内政的活动。[2] 徐淑希以"旅顺港和大连湾"、"南满铁路"、"东北内地的日本公民"及"日本的政治"四个部分阐述了中国所持要求的合理性。

《满洲问题的歧途——和平呢或武力改决呢》[3]，是徐淑希和他在燕京大学政治学系的教授、普林斯顿博士罗伯特·邓肯（Robert Duncan）合著的，亦是第四届太平洋国际学会双年会上中国代表团提交的论文。在这篇文章中，徐淑希和邓肯试图从国际法法理的角度探讨解决东北问题的途径。通过分析国联盟约、凡尔赛和约及其他国际法准则，徐淑希和邓肯认为，在现今国际条约限制武力解决争端的前提下，国联在解决东北问题上发挥的作用将是十分有限的，可能的结果是东北问题被搁置下来，而此结果很有可能导致中日矛盾进一步加剧。因此，二人主张以双边和谈来打破僵局："无疑，在涉及政治考量之处，中日之间的双边和谈会议将面临巨大的障碍，但即便如此，笔者相信，在现有条约义务绝对无条件地禁止使用武力的前提下，这个方法作为实现和平解决争端的第一步仍然是值得称扬的。此外，这项建议无论如何也不会被理解为有悖于国联的正常运作，尤其是对于盟约第 12 和 15 款规定而言。"[4] 从表面上看，在日本武力侵略东北的前提之下，徐淑希和邓肯有关中日直接交涉的主张似乎有向日方妥协的嫌疑。但是，这一结论是在二人对国联的性质及作用进行客观冷静分析之后得出的。沈阳事变后，顾维钧亦主张与日方直接交涉解决纠纷，同

---

[1] Hsü, Shu-Hsi, *Questions Relating to Manchuria*, prepared for the fourth general session of the Institute of Pacific Relations to be held at Hangchow, October 21 to Novembers 3, 1931, Shanghai: [s. n.], 1931.

[2] Hsü, Shu-Hsi, *Questions Relating to Manchuria*, prepared for the fourth general session of the Institute of Pacific Relations to be held at Hangchow, October 21 to Novembers 3, 1931, Shanghai: [s. n.], 1931, p.1.

[3] Hsü, Shu-Hsi, Duncan, Robert, *The Manchurian Dilemma: Force or Pacific Settlement*, published under the auspices of the Institute of Pacific Relations, Peking: [s. n.], 1931.

[4] Hsü, Shu-Hsi, Duncan, Robert, *The Manchurian Dilemma: Force or Pacific Settlement*, published under the auspices of the Institute of Pacific Relations, Peking: [s. n.], 1931, p.18.

时通过诉诸国联向日本施加舆论的压力。① 在国联外交陷入僵局之际，国民党当局也有相当一部分人主张以直接交涉打破僵局。② 可以说，《满洲问题的歧途——和平呢或武力改决呢》反映了当时部分知识分子对于中日交涉出路的理性思考。

除上述三篇正式提交给太平洋国际学会双年会的论文之外，在《满洲问题论文集》中还收录了徐淑希的《答复松冈先生》③。此文是前述第三届太平洋国际学会双年会上那场使徐淑希"一战成名"的论辩的记录。当时，刚卸任不久的满蒙铁路副总裁，号称"满蒙问题权威"的松冈洋右在圆桌会议上大肆宣传日本为满洲的发展付出了巨大的人力财力代价，强调满蒙是日本的生命线。对此，徐淑希"冷静地不失学者风度而又彻底地"做了反驳。④ 他以整个中国的经济发展、日本强迫中国接受"二十一条"及"西原借款"、强租旅大等事实为论据加以论证，揭露日本所谓"援助"实乃侵略之真相。徐淑希的发言当即得到了多数与会代表的认可。⑤ 会后，这个发言又重新整理成文，单独印行，并曾几次再版，充分体现了徐氏辩词对于认知东北问题的价值。

值得注意的是，上述几种著作与太平洋国际学会第三、第四届双年会的召开有密切联系。由于号称"远东巴尔干"的东北地区事端不断，东北问题成为太平洋国际学会第三、四届双年会上的重要议题之一。参与太平洋学会中国分会的各位学者更将东北问题作为会前准备工作的重头戏，这从他们向双年会提交的相关论文篇数可见一斑：在第三届双年会中国代表团提交的十四篇论文中，有五篇是关于东北问题的；在第四届双年会提交的十五篇文章中，则有六篇与东北形势有关。⑥

---

① 《顾维钧回忆录》第1分册，第398页。
② 张皓：《九一八事变期间中日关于直接交涉的外交斗争》，《北京师范大学学报》（社会科学版）2005年第4期。
③ Hsü, Shu-Hsi, *A Reply to Mr. Matsuoka*, Peiping: [s. n.], 1932.
④ 〔日〕松本重治：《上海时代》，曹振威、沈中琦等译，上海书店出版社，2005，第14页。
⑤ 参见张静《中国知识界与第三届太平洋国交讨论会》，《近代史研究》2004年第1期。
⑥ 第三届双年会上中国代表提交的关于东北问题的论文分别是：萧遽的《东三省之经济概况》，潘光旦的《中国在东省的移民》，徐淑希的《东省问题》，宁恩承的《辽宁的历史观》，王正黼的《东省之矿务》。第四届双年会上中国代表有关东北问题的论文则有：何廉的《东三省之内地移民研究》，陈翰笙的《到东北去的难民》，徐淑希的《东北问题》《关于东北问题的方方面面》《满洲问题的歧途——和平呢或武力改决呢》，以及侯树同的《东三省的日本钞票》。参见刘驭万编《最近太平洋问题》，中国太平洋国际学会，1932，第226~228页。

在这两届双年会上，太平洋国际学会日本分会（亦称日本太平洋问题调查会）的会员都极力为日本在东北实行的侵略政策辩解。该会与日本政府关系密切，在所谓"满洲问题"上与日本政府的意志几乎一致。因此，在京都和上海举行的这两届双年会上，中日双方与会代表都曾就东北问题发生激烈争论。在这两次会议上，作为专攻东北问题的专家，徐淑希都是中国代表团在该问题上的主要发言人。他凭借自己的研究成果援引公约，列举事实，有力地驳斥了日本人抛出的"开发满洲功劳说""日本在满特殊权益说""九一八属日军自卫说"，并澄清了"二十一条"的效力问题，指出日本在东北的活动并无条约根据。①

太平洋国际学会第四届双年会召开时正是九一八事变爆发后不久，担任会长的胡适在大会发言时曾以"一言兴邦，一言丧邦"之语激励与会代表认真探讨太平洋地区面临的各种问题。② 诚然，太平洋国际学会只是民间性质的国民外交机构，会议讨论的结果无法直接作用于国际事务中，更无法直接决定邦国之兴衰。但是，由于参加会议的代表大多为各国具有社会影响的学者、专家或前政府官员，因此大会在国际舆论中发挥的作用不容小视。从某种意义上说，太平洋国际学会为中国和日本提供的是一个面向国际公众的平台，使两国代表各自陈词，进而让各国代表自己作出是非曲直的判断。以徐淑希为首的中国代表凭借会前充分的准备、会上有力的辩驳，利用这一平台使更多的国际人士关注并了解东北问题的真相。第四届双年会也在一定程度上影响了国际社会对九一八事变的认识。例如，美国学会会员罗维尔就曾多次就东北问题进行演讲，谴责日本的侵略政策。③ 作为重要的东北问题专家，徐淑希出席此次会议之初便备受关注。④ 由是观之，徐淑希向太平洋国际学会提交的上述英文著述无异于中国在九一八事变这场国际官司中提交的一份"证词"。

---

① 有关太平洋国际学会第三届、第四届双年会上涉及东北问题的情况，以及徐淑希与日本代表的争辩过程，可参见张静《中国知识界与第三届太平洋国交讨论会》，《近代史研究》2004年第1期；王美平《太平洋国际学会与东北问题——中、日学会的交锋》，《近代史研究》2008年第2期。
② 刘驭万编《最近太平洋问题》，第4~5页。
③ 王美平：《太平洋国际学会与东北问题——中、日学会的交锋》，《近代史研究》2008年第2期。
④ "Manchuria Authority," *The China Press*, Oct. 21, 1931, p. 3.

三 徐氏东北问题研究著作的特点

徐淑希对于东北问题的学术研究使他在很多中日有争议的问题上，能够依据条约规定与事实作出非常详细而有力的回应，而不是虚妄空泛的说辞。同时，徐淑希长期关注东北外交问题，留心于日本推行其"满蒙政策"的舆论宣传，这也使他所发表的有关东北问题的论说往往有较强的针对性，能够准确地命中论敌的薄弱环节。这两个特点在《满洲问题论文集》收录的另外几种徐氏关于东北问题的英文著作中有所反映。这些著作有的是单独印行的英文小册子，也有九一八事变后发表于学术刊物上的英语文章。

对于中日交涉尤其是条约关系的熟稔，是徐淑希有关东北问题的英文著作体现的重要特征之一。中日两国的矛盾集中表现为双方在条约问题上的分歧。九一八事变后，日本更是口口声声地宣称其行动是为了维护条约赋予的权利不受到破坏。针对日本利用中日双方在条约问题上的争议大做文章的策略，中国方面必须作出有力回应，否则中国对日本侵略东北的指控就很难站住脚。徐淑希撰写的《辽事背景》①就是这样一部直面中日条约分歧的论著，该书亦收入《满洲问题论文集》中，最初是为东北外交研究会（the Northeastern Foreign Relations Commission）撰写的一本小册子。事实上，徐淑希在书中正是从中日之间的条约关系入手，缜密地梳理了中日之间合法的条约义务，进而揭露日本违背条约规定对东北实施经济侵略、军事渗透、政治干涉的诸多行为。

在中日条约问题上，最大的分歧当数 1915 年日本强迫袁世凯签订的"民四条约"。中国人民从未承认过这些脱胎于旨在灭亡中国的"二十一条"的条约与换文。1923 年 1 月 19 日，国会通过决议宣布民国 4 年中日所定条约及换文无效，北京政府外交部向日本提出废止这些条约的照会。日本政府不但不予理会，反而将战争的责任归结为中国没有履行"民四条约"。1931 年 10 月 26 日，日本政府向国联提出处理中日冲突的五点基本原则，其中有"承认既有条约，包括日本在满洲租借区域内的争议问题"一项，很明显此内容是将日本撤兵问题与日本在东北之条约权利挂钩。②

---

① Hsü, Shu-Hsi, *Background of the Manchurian Situation*, Peiping: [s. n.], 1932. 封面题名为《辽事背景》。
② 石源华：《中华民国外交史》，第 383 页。

在收入《满洲问题论文集》的《民四条约效力问题》一文中，徐淑希揭穿了日本的这一伎俩。该文最初发表于1932年4月号的《中国社会及政治学报》。徐淑希敏锐地指出，日本在五点基本原则中提出的所谓条约权利，实指1915年袁世凯政府在日本"二十一条"基础上签订的"民四条约"，而无论是北京政府还是南京政府都不承认这份条约。"尽管与其他几项要求一样，前述此项亦因与所涉事件本身无关而被理事会（指国联理事会——引者注）拒绝，但是鉴于此款提出了日本和中国之间的一个突出问题之事实，兹从学术角度对此问题作一讨论或将有所裨益。"① 在《民四条约效力问题》中，徐淑希先将"民四条约"各项条款译为英文列于文中，然后摘引各种有关中日"二十一条"交涉的外交文件②，证实袁世凯未经过国会之同意而签订"民四条约"的行为违背了《中华民国临时约法》。他依据《奥本海国际法》以及美国国际法权威海德的《国际法》指出，"此种由他缔结的条约违背了宪法的约束，并非真正的条约且不合于共和体制，因为他缔结这些条约时即已超出了其权力范围"，③ 进而认为"民四条约"是违宪条约（unconstitutional treaty），因而是没有效力的。

需要指出的是，在华盛顿会议上中国代表就"二十一条"提出交涉时，已将违反《中华民国临时约法》作为不承认"民四条约"的依据之一。当时国内有学者认为此说有可能不为国际承认，因为"中日缔约时《临时约法》已为袁世凯取消、正式国会亦被解散"。④ 这种担忧在华盛顿会议上的确被证实了。但是，徐淑希在文中提到袁世凯的行为不合于共和制，说明"民四条约"是袁氏非法复辟帝制的产物因而不具有合法效力。从一定程度上说，其论断更具有说服力。

随时关注并回应日本及西方在东北问题上的言论，是徐淑希有关东北问题的英文写作的另一个特点。《满洲问题论文集》中的《日本之权利与

---

① Hsü, Shu-Hsi, "The Treaties and Notes of 1915," *Essays on the Manchurian Problem*, p. 238.
② 包括1915年5月7日日本政府向袁世凯发出的通牒，美国政府5月13日向中日发出的内容相同的照会，袁世凯5月25日签订条约后随即发出的声明，北京政府向巴黎和会及华盛顿会议提交的废除"民四条约"的说帖，以及这两次会议上中方代表就此问题的发言陈词等。
③ Hsü, Shu-Hsi, "The Treaties and Notes of 1915," *Essays on the Manchurian Problem*, p. 252.
④ 参见李育民《中国废约史》，第358页。

地位》一文就反映了这一特点。这篇文章曾发表于1932年7月号的《中国社会及政治学报》上，它是对东北问题专家、美国人杨沃德（Carl Walter Young）[①] 所著《日本在满洲的权限与国际法律合法地位》（*Japan's Jurisdiction and International Legal Position in Manchuria*，三卷本[②]）一书的书评。对于中日两国争议最大的几个问题——日本对东北的政治干涉、旅大租期、日本在南满铁路沿线的势力渗透，杨沃德的著作都持同情日本诉求的态度。徐淑希在细致研读杨氏著作的基础上，依据中日间缔结的条约，一一反驳其在这些问题上所做的错误论断。

在日本干涉东北政治的问题上，杨沃德的观点在很大程度上受到日本所谓"民族生存权说"和"特殊权益说"的影响。他一面承认日本在满洲的特权并非国际法或中日间条约所赋予的，一面声称由于"日本占有与满洲毗邻的领土（指朝鲜——引者注），且没有哪个外来国家在满洲的既定所有权利益能与日本相比"，因而日本对于满洲的外交权利与义务是存在的。[③] 对此，徐淑希诘问道，如果一国在他国的权益不合于国际法和双边条约，这些权益又如何可能"存在"？在日本强租旅大的问题上，杨沃德倾向于认定"民四条约"中延长旅大租约的条款具有合法效力。他承认国际通行的"违反本国宪法之条约非有效之条约"原则，却同时辩称中国在条约订立时政局混乱，故而不适用于此项原则。徐淑希批评这种主张实际意味着"一个与其邻国相比治理不善的国家应该被剥夺法律的权益"，[④] 接着指出这种观念与日本侵占东北的逻辑如出一辙。对于日本扩大满铁"附属地"并不断扩充经济军事势力的行为，杨沃德亦持支持日本的态度。他举出光绪二十二年（1896）中俄签订的《中东铁路合同》第五款中

[①] 杨沃德，又译作杨华德。约翰·霍普金斯大学毕业，曾在东北进行多年的实地考察，著有多部东北问题专著。作为不多的几个了解东北问题的西方代表，杨沃德曾在第三届太平洋国际学会双年会上提交了两篇其东北研究的论文，分别是《中国移民与满洲的发展》（Chinese Colonization and the Development of Manchuria）和《满洲的国际关系》（International Relations of Manchuria）。1932年李顿调查团来华，他被聘为专门委员。

[②] 分别是：*Japan's Special Position in Manchuria*（《日本在满洲的特殊地位》）；*The International Legal Status of the Kwantung Leased Territory*（《关东租借地的国际法律地位》）；*Japanese Jurisdiction in the South Manchuria Railway Areas*（《日本在南满铁路地区的权限》）。

[③] Hsü, Shu-Hsi, "Japan's Rights and Position," *Essays on the Manchurian Problem*, p. 266.

[④] Hsü, Shu-Hsi, "Japan's Rights and Position," *Essays on the Manchurian Problem*, p. 282.

"凡该公司之地段一概不纳地税，由该公司一手经理"① 一语，结合李鸿章在甲午战后与俄国缔结密约的政治背景，故意将"经理"一词解释为包含征税、设置军警等权利的政治治理。② 徐淑希将该项合同的中英法三个版本进行逐句对比，指出"经理"一词在条约原文中根本不涉及政治权利，进而揭露了杨沃德对条约内容的有意曲解。

作为西方为数不多的东北问题专家，杨沃德对日本在东北的地位作出的判断很容易被西方公众采纳。徐淑希撰写书评逐一指出杨沃德言论的偏颇之处，对于维护中国利益无疑是具有积极意义的。

《评日人五十四案》③ 是另一本徐淑希关注国际上东北问题之舆论的产物。不同的是，徐淑希这次直接面对的是日本侵略者的反华舆论。柳条湖事件后，日本一面加速侵占辽宁、吉林，一面宣扬中日间"满蒙"问题的悬案积压三百余件。当时国内外舆论大多认为这种说法缺乏事实依据，有夸大矛盾之嫌。然而，不久后，日本方面抛出所谓《中国侵害日本满蒙权益之实例》（以下简称《实例》），列举出五十四项中日争端。《评日人五十四案》即是徐淑希对日方所举实例的逐一考察与驳斥。④ 该书是受东北外交研究会的委托而写，后亦作为附录收入《满洲问题论文集》。

在《评日人五十四案》中，徐淑希延续了运用大量条约文本作为驳论依据的做法。此外，他还从许多熟悉中日纠纷的人，甚至具体纠纷的当事人那里得到不少协助。这些人包括东北大学的教授及曾在东北的铁路或政府机关任职的官员。对东北外交问题的谙熟和诸多知情人提供的信息，使徐淑希得以对日本所列之五十四项争端作直接而具体的反驳。他或引述约章，或详述事件原委，辨明所谓《实例》实乃日本强加给中国的罪名。他指出，"只需加以调查便会发现，在大多数实例中日本对中国的指控连

---

① 王芸生编著《六十年来中国与日本》第3卷，三联书店，2005，第124页。按"日俄战后，俄将南满路移转让与日本，中日会议东三省事宜条约第二条，日本政府承允按照中俄两国所订借地及造路原约（即此合同）实力遵行"（王芸生编著《六十年来中国与日本》第3卷，第125页）。
② Hsü, Shu-Hsi, "Japan's Rights and Position," *Essays on the Manchurian Problem*, p. 291-293.
③ Hsü, Shu-Hsi, *Japan's Fifty-four Cases*, Peiping, [s. n.], 1932.
④ 徐淑希所依据的文本主要有两个：一为中文译本，刊载于1931年10月31日至11月2日的《北平晨报》；一为英文译本，载于1931年11月3日的《大美晚报》。徐氏称因中文译本最忠实于日文原本，而《大美晚报》的内容有所遗漏，故以《北平晨报》的中文译本为准。

成立都成问题，事实上它们只是成功地展现了在和平时期日本的侵略是如何进行的，并显示了作为个体的日本人是如何为其国土扩张做贡献的"。①

《北平晨报》刊载《实例》时，曾评论道："其中或事属微小，或无理取闹，或援据未曾承认之条约，课中国以责任，或引用已经失效之约章，加中国以压迫，诸如此类，殆占大半数以上。"② 可见，日本为开脱其侵略东北的责任，污蔑中国侵害其权益，早已被国人认定。然而，设若西方人看到日本开列之"中国罪状"，却不一定能够明白其中是非。《实例》将中日纠纷逐一列出，看似一目了然，这很容易给西方人留下日本对中国的指控"有据可循"的印象。因而，对于将中日争端诉诸国联的中国而言，针对《实例》逐条反驳，揭露日本开脱侵略罪责的嘴脸无疑是必要之举。

从上述英文著作中理性而严谨的论证来看，徐淑希在东北问题上的英文书写主要属于学术著作的范畴。邓肯博士在评价徐氏的《满洲问题论文集》一书时，十分认可《满洲问题论文集》的学术价值，指出"这个从中国学问的角度对满洲问题所做的考察，对于一个最为困难的课题，作出了十分令人满意的贡献"。③ 他充分肯定徐淑希在研究中大量使用一手资料的方法，认为这避免了许多西方政论家由于依赖二手材料而出现的问题。他将徐淑希称作"维护中国在东北合法地位的最有才干的发言人"。从徐淑希在两届太平洋国际学会双年会上的表现来看，邓肯的定位是不过分的。需要强调的是，尽管徐淑希的英文著作具有较强的学术性质，但其发挥的作用并不局限于学术圈。九一八事变后，徐淑希即成为顾维钧在东北问题上的顾问，而后者无疑是九一八事变对外交涉的重要人物。顾维钧在李顿调查团来华时曾组织国内专家撰写有关中日关系的说帖，可以推测，作为东北问题权威学者的徐淑希应当参与了此项工作。在这个意义上说，徐淑希的英文著作以其学术性代表了九一八事变后中国人英文书写的一种类型。这些著作既具有学术研究材料翔实、论证缜密的特点，又紧密地结合中日交涉的时事需要。也正因为如此，它们往往容易得到其他国家知识界的信任与认可，甚至能够成为中国政府对外交涉时借助的材料与证据。

---

① Hsü, Shu-Hsi, "Japan's Fifty-four Cases," *Essays on the Manchurian Problem*, p. 299.
② 《所谓侵害权益事实例》（一），《北平晨报》1931年10月31日，第3版。
③ Robert Duncan, "Introduction," *Essays on the Manchurian Problem*, p. xxi.

第三节　桂中枢《直言日本》：国内舆论界揭露日本侵华的英文名著

除了学术性较强的关于东北问题的英文专著外，九一八事变后舆论界亦出现了中国知识分子用英文政论的形式反抗日本侵略、宣泄民族情感的声音。他们运用新闻媒介等渠道面向西方国家人士及在华外国人，揭露日本侵略中国的真相，发表自己对日本在华扩张政策的看法。

桂中枢所作的《直言日本》即属此类，这本书收录了桂中枢在上海的《大美晚报》[①]"一个中国人的看法"（As A Chinese Sees It）的专栏中发表的英文文章，这些文章的时间范围从九一八事变爆发前夕到1932年9月国联调查团将调查报告提交国联大会讨论，前后一年有余，绝大多数文章都围绕着中日间的军事冲突与争端展开。曹云祥将它们整理并编辑成书，以上海国际问题研究会的名义出版。[②] 由于《直言日本》是由桂中枢在报纸上的专栏文章结集而成，故而书中文章大多是五六千字的时事评论，文章发表的时间间隔大约是三天，具有新闻时评所特有的时效性。

桂中枢（1895～1987），四川开县人，清华学校1919级毕业生，[③] 后在威斯康星大学取得硕士学位（亦有说法为学士），主攻新闻学。[④] 他英语功底深厚，曾担任英文《清华学报》（The Tsing Hua Journal）的学生编

[①] 《大美晚报》（Shanghai Evening Post and Mercury）是一家由美国人在上海创办的晚报，它由英文《大晚报》改组而成，是美国人在上海创办最早的晚报。1929年4月出版英文版，1933年1月又增中文版。《大美晚报》基本上反映了美国政府的立场，希望美国在华利益不受侵犯，因此对日本帝国主义不断升级的侵华政策，持反对态度。自九一八事变后，《大美晚报》揭露和谴责日本侵华阴谋的报道和材料也逐渐增多。［参见马光仁主编《上海新闻史（1850～1949）》（修订版），第791～794页。］

[②] 《国际问题研究会出版重要英文书》，《申报》1932年11月11日，第16版。

[③] 清华大学校史研究室编《清华大学史料选编》第4卷《解放战争时期的清华大学（1946～1948）》，清华大学出版社，1994，第640页。

[④] 桂中枢学习新闻学乃至后来创办《中国评论周报》，或许与他在五四运动中短暂的办报经历有关。五四运动爆发后，清华学生决定发行日报以利宣传，为此，桂中枢曾被推举为代表，与李干、萧公权等人赴天津法租界创办《民钟》日报，此报后在北京政府阻挠下停刊。尽管《民钟》的实际存在时间不到两个月，但是这段经历或许多少引起桂中枢"办报"的兴趣。参见萧公权《问学谏往录》，黄山书社，2008，第33～35页。

辑，当时同为编辑的还有刘大钧、叶企孙等人。① 桂中枢曾与张歆海、潘光旦等人在上海发起创办英文周刊《中国评论周报》(The China Critic)，这是一份面向海内外知识分子及外国人的英文刊物。② 该报创刊于1928年，太平洋战争爆发后曾一度停刊，1948年终刊，其编辑多兼作者身份，以清华毕业生和留美学生为主。《中国评论周报》的宗旨是协调"民族主义"与"世界主义"，致力于中国与世界之间的相互沟通与理解。③ 这份报纸当时与外国人创办的《密勒氏评论报》(The Weekly Review of the Far East)齐名，是民国时期由中国学者创办的具有国际影响力的政治经济评论权威刊物。该报创办之时正是中日关系恶化之际，因而对日外交问题成为该报的关注重点，表现出一定的民族主义倾向。④

除在《中国评论周报》任职之外，桂中枢还曾兼任《天下》杂志的政论编辑，据时人回忆，他的英文水平与另一位编辑温源宁并驾齐驱，后来他又曾出任当时在上海规模最大、级别最高的法律事务所"秉公法律事务所"的律师。⑤ 1936年还担任过英文《中国年鉴》的编辑主任，⑥ 全面抗战时期隐居上海，著有饱含民族情怀的《待旦楼诗词稿》，抗战胜利后出版，获得各界赞誉。此外，桂中枢晚年还曾编写《桂氏检捷字典》。可以说，九一八事变后，桂中枢在《大美晚报》上发表的政论文章数量之多、质量之高，与他既有丰富的办报实践又长期编撰政论文章的经历分不开。

一 揭批日本侵略中国东三省的诡辩

九一八事变之前，作为一位政论编辑，桂中枢就已觉察到东北局势的紧张气息。1931年6、7月间，日本在东北制造万宝山惨案，又大肆扩大中村事件，诬称中国方面侵害日韩侨民，蓄意制造事端，为出兵东三省寻

---

① 姚远、张莉、张凤莲、杜文涛：《清华学报英文版的传播与首创》，《清华大学学报》(哲学社会科学版) 2006年第3期。
② 吕文浩：《潘光旦图传》，湖北人民出版社，2006，第66页。
③ 参见邓丽兰《略论〈中国评论周报〉(The China Critic) 的文化价值取向——以胡适、赛珍珠、林语堂引发的中西文化论争为中心》，《福建论坛》(人文社会科学版) 2005年第1期，第43页。
④ 参见赵立彬《〈中国评论周报〉与面向海外的抗日舆论》，http://www.socmh.org.cn/Article/yanjiu/200811/317.shtml。
⑤ 周劭：《姚克和〈天下〉》，《读书》1993年第2期。
⑥ 中国蔡元培研究会编《蔡元培全集》第14卷《函电》，浙江教育出版社，1998，第170页。

找借口。桂中枢在1931年9月9日的《大美晚报》上发表了题为《日本是否打算与中国开战?》(Is Japan Thinking of War with China?)的文章,对甚嚣尘上的中村事件发表自己的看法。身为《中国评论周报》编辑的桂中枢向来留心中日关系问题,对日本政坛的情形也有一定的研究,他深知军人势力的消长直接关系到日本的对外政策,为了夺取大权他们甚至不惜策动对外战争。针对万宝山事件和中村事件,桂中枢认为,"在当前的事件中,日本针对中国进行宣传的唯一原因是满足军事集团寻找借口将中国推入战争的需要,他们企图进而稳固自己在帝国中的位置"。① 桂中枢的眼光无疑是敏锐的,早在九一八事变之前他便看到了日本军部制造舆论挑起战端的企图。

同时,他提出要了解当时东北境内日趋紧张的局势,就要注意分析四个方面的立场,即日本政府、反对党、日本舆论及在东北境内的日本人。这一认识构成了桂中枢分析理解日本对华政策的基础。从《直言日本》收录的文章中可以看出,桂中枢并没有将日本当局笼统地视为一个整体,在分析评论特定事件或问题时,他非常注意辨明事件背后的权力关系,同时对于左右日本方面新闻报道的各种因素也格外留心。

需要注意的是,桂中枢不但注意分析日本国内的政治形势与日本对华政策的直接关系,也非常关心国际形势的变化对中日关系的间接影响。九一八事变之前,他通过分析当时的国际局势,认为席卷欧美的经济危机对中国有非常不利的影响。9月14日,他在《日本能以武力实现其在中国的既定目标吗?》(Can Japan Accomplish Her Aim in China by Force?)一文中分析道:"从国际上看,日本在满洲的计划将遇到很小的阻力。英国正在经历金融动荡的阵痛,美国正忙于应付为数以百万计的失业人口提供度过今冬的衣食的问题。"② 此外,桂中枢指出,日本一直将苏联视为其在东北扩张势力的主要对手,随着苏联第一个五年计划的顺利实施,日本军人集团不断在国内渲染苏联威胁日本在东北利益的言论,这成为日本军人集团制造争端、出兵东北的重要借口。

---

① Kwei, Chung-Shu (桂中枢), Plain Speaking on Japan: A Collection of Articles on the Sino-Japanese Conflict, Shanghai, The Commercial Press Ltd., 1933, p. 1.
② Kwei, Chung-Shu, Plain Speaking on Japan: A Collection of Articles on the Sino-Japanese Conflict, p. 10.

(一) 驳日方"地方性事件"说、"开发有功"说、"维护条约权益"说等侵略借口

九一八事变爆发后第三天,《大美晚报》刊出了桂中枢的文章——《从国际形势看日本对满洲的占领》(The International Aspect of Japan's Occupation of Manchuria)。他在开篇即指出,日本迅速出兵占领东北的举动是其长久以来奉行的野心勃勃的大陆政策的直接后果。他还批评日本方面竭力声称将把此次事变的后续处理"地方化",无异于盗贼在将财物洗劫一空后宣称以后永不再犯一样虚伪可笑。① 9月25日桂中枢又发表了题为《日本、美国与国联》的文章,揭露日本所谓"出兵东北是在行使条约赋予的权利"的说辞的虚伪性,指出按照日本方面的逻辑,诉诸国联才是维护其条约权利的最好办法。"反过来说,如果日本对条约赋予的权利如此理直气壮,由国联派出一个公正的委员会进行调查,她又惧之有呢?"② 接着,对于日本绕开国联直接对东北出兵的行径,他又质问道:"既然中日都是旨在协助调解国际争端的国际联盟之成员国,向国联提交中日之间的问题不是再合适不过的吗?试问,如果日本从不打算遵循国联的和平精神,她又何必加入国联呢?"③

1931年10月,日本不顾国联先后通过的两个要求双方撤兵的决议,向黑龙江发起进攻,并在10月7日轰炸了东北边防军司令部和辽宁临时省政府所在地锦州,10月13日,在南京国民政府的要求之下,国联再次召开会议讨论满洲局势,在这次会议上日本驻国联代表芳泽祭出"日本开发东北有功"说,企图赢得与会代表的同情。这是独霸东北、推进大陆政策的日本侵略者的惯用说辞,桂中枢在其专栏中对这个荒谬的论点大加挞伐。他强调东北在近几十年中的发展是中国人辛勤劳动的成果,"如果没有移居关外的中国人,没有他们的劳动和开拓,满洲至今还是一片荒漠。

---

① Kwei, Chung-Shu, *Plain Speaking on Japan: A Collection of Articles on the Sino-Japanese Conflict*, pp. 14–15.
② Kwei, Chung-Shu, *Plain Speaking on Japan: A Collection of Articles on the Sino-Japanese Conflict*, p. 24.
③ Kwei, Chung-Shu, *Plain Speaking on Japan: A Collection of Articles on the Sino-Japanese Conflict*, p. 25.

无论日本人从这块土地上得到了什么,都是他们得益于中国人"。① 桂中枢不无讽刺地指出:"如果芳泽先生想要让世界相信,日本人为了满洲进行的两场战争目的是开发该地以使中国人受益,那么他显然低估了全世界的判断力。"② 从根本上说,现代国家的军事、外交决策目的都是最大限度地谋求本国利益,因此桂中枢的这句话无疑拆穿了日本的伪善面目。

1931年10月24日国联通过关于中日冲突的第三个决议案,此案的主要精神是"要求日本在11月16日国联再次开会之前将军队撤退至铁路区域以内,然后中日两国开始直接交涉两国之间悬案"。③ 然而,国联休会期间,日本再度无视国联要求撤兵的决议,继占领辽宁、吉林两省之后加紧进攻黑龙江的步伐。为了给其日益升级的侵略活动寻找借口,日本改变了以"地方性事件"形容九一八事变并以"保护日侨"作为出兵借口的惯用说辞,声称其对东北的占领是为了敦促中国政府遵守既有条约。桂中枢十分清楚日本抛出这套新说辞的目的,他批评日本认为中国没有遵守条约的指控是站不住脚的。他指出,中国并不畏惧由国联或海牙国际法庭组成的第三方对此进行调查,倒是日本学者却辩称日本政府避免由第三方裁决其是否违背条约的原因是基于对条约理解不同。桂中枢尖锐地指出:"日本人喜欢依据自身需要擅自曲解条约内容。一旦中国违背她的意愿,日本人就将之视为违反条约的表现。"④

(二) 驳日本"反日运动为政府主使"说

九一八事变后,中国民众的反日情绪高涨,全国性的抗日运动蓬勃兴起。仅仅事变后的半月内,南京、上海、北平等城市的工、农、商、学等组织纷纷联合起来组织抗日救国大会和反日示威游行,谴责国民政府的不抵抗政策,要求对日宣战,惩办失职失地的官员。全国各地的工商界相继提出对日经济绝交、抵制日货等主张,他们在贸易中拒绝与日商买办往来,拒收日本货币。"此举予经济危机中的日本以沉重打击,致使当年日

---

① Kwei, Chung-Shu, *Plain Speaking on Japan: A Collection of Articles on the Sino-Japanese Conflict*, p. 52.
② Kwei, Chung-Shu, *Plain Speaking on Japan: A Collection of Articles on the Sino-Japanese Conflict*, p. 53.
③ 石源华:《中华民国外交史》,第383页。
④ Kwei, Chung-Shu, *Plain Speaking on Japan: A Collection of Articles on the Sino-Japanese Conflict*, p. 89.

本对华输出减少了63.8%，日本在华商业地位由第一位下降至第五位。"①日本乘机以中国抵制日本的活动有违国际盟约为由向国联申诉。对此，桂中枢不无嘲讽地说："如果日本如此汲汲于中国对国联决议之遵循，何以他们的政府却拒绝了国联的调查呢？……既然日本人希望我们尊重国联之权威，何以陆军大臣又要威胁撤出国联呢？"②桂中枢严正地指出，全国范围内兴起的反日高潮是中国人民发自内心的爱国行为，日方愈是以武力相加，这种仇日情绪愈是强烈。他指出，"抵制运动是中国所有社会阶层的自发之举，假若日本人妄想迫使南京政府对其进行制止，未免对中国政府过于信任了"。③

桂中枢向国际社会声明中国抵制日货的运动是对日军侵略行为的自觉还击，固然是为了向世界宣示中国一致对外的民族精神，更重要的则是出于外交上的考虑。近代以来，由于国力不济，中国一直处于"弱国外交"的尴尬境地。回顾中国在历次国际争端中的失利，往往始自列强蓄意制造的小规模纠纷，而后列强采取强硬态度，发出最后通牒（ultimatum，时人所谓"哀的美敦书"），以武力相威胁，"小题大做"直至获取它们想要的利权。因而，中国政府在外交问题上向来十分谨慎，不敢轻易开衅于人。桂中枢的再三声明，想来正是因为担心日本借口中国政府主使抵制日货运动，一面向国联叫嚣中国违背公约，一面制造更大的事端，以达到其侵略目的。桂氏的担忧不无道理，翌年国联调查团的确将此问题作为一个考察点，这充分说明辨明抵制日货运动的性质一事非同小可。国联的调查报告书中对中国抵制日货的运动作出"九一八事件后，中国所用之抵货运动，应认为是一种报复行为"的结论。当时美国约翰·霍普金斯大学的政治学教授、国际问题专家韦罗贝指出，所谓报复行为"乃一国用以对付他国所采之强迫办法，以阻止他国在国际法上构成过失之行为或懈怠，或谋得因此所受损失之补偿，而并无交战的意思之存在"。④换句话说，"报复行为"是他国对己国采取违背国际法的行动在先，这实际上等于默许了中国

---

① 张宪文主编《中国抗日战争史（1931~1945）》，南京大学出版社，2001，第84页。
② Kwei, Chung-Shu, *Plain Speaking on Japan: A Collection of Articles on the Sino-Japanese Conflict*, p. 36.
③ Kwei, Chung-Shu, *Plain Speaking on Japan: A Collection of Articles on the Sino-Japanese Conflict*, p. 37.
④ 〔美〕韦罗贝：《中日纠纷与国联》，薛寿衡等译，商务印书馆，1937，第590页。

抵制日货运动的正当性，因而避免了日本为其军事侵略寻找借口。

1932年1月，日本占领东北之后，又在上海故技重施，利用日本浪人和军国主义分子挑起事端，随后日本海军陆战队对驻守在闸北的中国守军发起攻击，制造了一·二八事变。日本当时正着手建立伪满洲国，进攻上海之举无疑是为了转移国际社会的焦点，武力胁迫南京政府承认日军侵占东三省的既成事实，为扶植建立伪满洲国争取时间。事变发生后，为应付国联及国际舆论的谴责，日本再次抛出所谓"保护日侨"的借口。桂中枢为此在《大美晚报》上撰文逐一驳斥日本政府的言论，并且提醒国际社会注意日军对上海的进攻给外国在华侨民带来的安全威胁。"对于违反这座都会的国际中立原则之行为，日本负有重大责任。此举不但加剧了中国人民的反日情绪，也疏远了那些还对她保留最后那么一点儿同情的其他国家的人民。"①

1932年3月伪满洲国正式建立，日本将满蒙从中国分离出来的既定计划得以实现，此后穷兵黩武的军部势力在日本的活动更加猖獗。1932年5月15日，一伙海军军官和陆军士官学校的学员，勾结民间法西斯右翼团体"爱乡塾"在东京发动政变，在光天化日之下枪杀了首相犬养毅，是为"五·一五"事件。自此日本结束了政党政治，作为法西斯主义中心的日本军部掌握政权。②

在这样的背景下，一些政治态度较为平和，具有一定国际影响力的日本学者、政治家也沦为为日本军国主义政策摇旗呐喊的说客。日本学者新渡户稻造（Inazo Nitobe）③就是其中的代表。1932年8月，他在美国政治与社会学院的圆桌讨论中，在与会的各国学者面前公开批评威尔逊总统的外交主张，挑战国联盟约，并且故作沉痛地说："中国的排外教育（anti-foreign teachings）乃是试图将本国问题的责任转嫁到他国之上。"④ 桂中枢撰写文章《新渡户博士缘何说谎？》（Why Does Dr. Nitobe Lie?），强烈谴

---

① Kwei, Chung-Shu, *Plain Speaking on Japan: A Collection of Articles on the Sino-Japanese Conflict*, p. 133.
② 沈予：《日本大陆政策史（1868~1945）》，第427页。
③ 新渡户稻造，日本著名学者，国际政治活动家、农学家、教育家，曾留学美国、德国，并在京都帝国大学、东京帝国大学任教。曾担任国联事务局次长，1929~1933年负责太平洋国际学会日本学会的工作。著有反映日本民族精神的英文著作《武士道》，在国际社会产生了较大的影响。
④ "Lay Gains of Reds in China to Japan," *The New York Times*, August 10, 1932, p. 7.

责新渡户稻造的言论。在文中，他历数了新渡户稻造此前为日本军国主义操控建立伪满洲国及诋毁国际条约的种种言论，并且质疑何以美国政治与社会学院会容许他公开发言。桂中枢认为尽管他发言时所面对的具有丰富知识的学者能够判断出他的荒谬之处，但是当他的谬论见诸报章杂志，不明就里的普通民众则会信以为真，这才是他无耻地大放厥词的真正原因。桂中枢提醒读者不要被新渡户稻造的无耻狡辩蒙骗，犀利地指出："他是在利用自己的名誉，依靠人性中轻信大人物的弱点。为此他不惜沦为他的第一听众的笑柄。"①

二 对南京政府国联外交的关注与评论

九一八事变后，国民政府权衡利弊决定首先将此事件诉诸国际联盟，希望在国联的支持下以公理战胜强权。9月21日，中国驻国联代表施肇基受命将九一八事变诉诸国联，此后约一年半的时间里调解中日争端问题成为国联召开会议的重要议题。日本占领东北导致中国民众爱国情绪的高涨，全国上下对于事态的发展十分关注。南京政府启动国联外交后，国内知识界紧密关注国联方面传来的消息，当时《独立评论》《东方杂志》《大公报》等具有一定影响力的刊物都对国联方面关于东北问题的消息进行了即时报道，并有大量的评论文章刊出。② 作为一名报人，桂中枢亦密切关注着国联处理九一八事变的各项决议，从《直言日本》一书中可以看出，对于日方代表在国联会议上的言辞及国联相关决议的分析与评论，是桂中枢当时在《大美晚报》专栏撰写的文章中的一项主要内容。

从《直言日本》中可以看出，桂中枢对国联对东北问题的处理几乎是全程关注，并不时针对某些重要的提案和决议作出自己的分析评论。九一八事变爆发后不到1个月，国联在讨论事变解决问题时就有将东北交付国联托管的提议。桂中枢对此议不以为然，他根据自己对国际法的了解指出："托管区通常建立在战争中战败国家的领土之上。……如果南京政府屈从于托管政策，无异于在法理上和事实上承认战败。"此外，他认为"托管区的建立意味着日本将被免除侵略他国的指控，而日本的继续占领

---

① Kwei, Chung-Shu, *Plain Speaking on Japan: A Collection of Articles on the Sino-Japanese Conflict*, pp. 217–218.
② 郑大华、刘妍：《中国知识界对国联处理九一八事变的不同反应——以胡适、罗隆基和胡愈之为例的考察》，《抗日战争研究》2009年第1期。

则会让其带着背弃国际信义之名并成为中国后世子孙的敌人",[1] 因此，于情于理中国都不应该接受国联托管东北的提议。

（一）有所保留的观望态度

桂中枢敏感地意识到，尽管国联对九一八事变表现出较为关切的态度，但是将希望完全寄托在国联身上是不理智的。他认为，国联的作用就像一位在村民纠纷中主持公道的长者，如果纠纷的一方是泼皮无赖，这位长者也无可奈何。这种认识在当时并不孤立，九一八事变后国民政府虽然在第一时间将争端诉诸国联，但鉴于先前国民政府在处理"济南惨案"中的软弱表现，当时国民党高层人士对大国操纵国联、彼此勾结的实质已有一定的认识。[2] 在桂中枢看来，比起国际联盟对日本的声讨与谴责，英美大国在中日争端中所采取的立场更为重要。尽管9月22日国际联盟通过了要求日本从东北撤兵的决议，这点燃了国人对国联外交的一丝希望，但很快国联就满足于日本方面所谓日军已撤回南满铁路区域内的答复，既不对日本侵略东北的既成事实予以制裁，也不制定监督日军实际撤兵的具体计划，这实际上意味着中日争端并未根本得到解决。桂中枢认为，国联的这种不了了之的办法根源于美国政府对九一八事变的冷漠态度。他指出："必须承认，国联终究只是一个道德力量，而并非强力实现和平的组织。中国人对国际联盟不能带来国际正义不免失望，但无论这种失望有多大，也不及对美国不支持中国的立场的失望的一半。"[3] 考虑到当时美国正值总统大选前夕，桂中枢提醒正在忙于选战的美国官员们注意，作为《九国公约》和《凯洛格-白里安和平公约》（Kellogg-Briand Peace Pact）的发起国，美国有义务对日本违反条约精神的行为作出明确的表态。

可以说，在国民政府启动国联外交之初，鉴于国联理事会在几个月内数次开会讨论中日争端的解决办法，桂中枢对国联处理九一八事变还抱有一定的希望。但是，桂中枢根据自己多年来对国际事务的观察，也客观地认识到全然依赖国联的调解是不明智的：其一，作为国际组织，

---

[1] Kwei, Chung-Shu, *Plain Speaking on Japan: A Collection of Articles on the Sino-Japanese Conflict*, p. 56.
[2] 左世元、罗福惠：《九一八事变与国民政府的国联外交》，《南京社会科学》2008年第12期。
[3] Kwei, Chung-Shu, *Plain Speaking on Japan: A Collection of Articles on the Sino-Japanese Conflict*, p. 29.

国联只能依靠国际公理与道义敦促事变的解决，而无法采取武力强制措施；其二，国联是大国政治操纵的工具，其态度取决于英美等国的意志。桂中枢这种对国联外交有所保留的态度，在当时代表了国内一部分知识分子的意见。时任《益世报》主笔的罗隆基就认为，国联在性质上仅是调停机关，没有实际的制裁能力，因此主张国民政府将投诉国联作为一种外交策略。①

（二）失望与批评

由于南京政府的不抵抗政策引起各界民众和国民党反蒋派系的强烈抨击，12月15日蒋介石决定"下野"，28日孙科出任行政院长组建新政府，陈友仁取代顾维钧出任外交部部长。然而，孙科政府在对日外交上仍旧一筹莫展。1932年1月3日，日本关东军进占辽宁锦州，自此张学良领导的东北军几乎完全被逐出东三省，全国舆论纷纷抨击孙科政府软弱的外交政策，要求对日绝交、宣战。② 针对这种局面，1932年1月5日桂中枢在《大美晚报》发表文章《陈友仁对日军攻占锦州之态度》（Mr. Eugene Chen on Japan's Capture of Chinchow），一方面批判国联和欧美政府对日本公然违背国际条约的行径坐视不管，另一方面批评以"铁腕外交"著称的陈友仁在此事件上表现出的软弱态度。桂中枢不无沉痛地写道："我们长久沉浸在所谓中国是世界上最平和的国家的美丽童话中，而结果却是我们在国家危机中陷于孤立无助的境地。即使这样，我们仍然没有勇气承认这个屈辱的事实，还在用陈词滥调自我安慰，以为任何侵害我们主权的国家都会遭到世界的谴责。"他呼吁："除非整个中国在名义上和实质上团结一致，否则她的外交谈判将收效甚微。"③

不可否认，这段话反映了桂中枢对孙科政府外交政策的不满，如前所述，桂中枢对蒋介石政府基本持认可态度，而陈友仁不复收回汉口、九江租界时的强硬立场则不免让桂氏失望。但是桂中枢说出上面一番话应当不只是对国内政局发牢骚，更是面向西方对国际社会未对日本实施任何制裁

---

① 郑大华、刘妍：《中国知识界对国联处理九一八事变的不同反应——以胡适、罗隆基和胡愈之为例的考察》，《抗日战争研究》2009年第1期。
② 石源华：《中华民国外交史》，第379页。
③ Kwei, Chung-Shu, *Plain Speaking on Japan: A Collection of Articles on the Sino-Japanese Conflict*, p. 115.

的失望之情的宣泄。九一八事变后,中国上下认为日本出兵东北的行为违反了《九国公约》、国联盟约和《凯洛格－白里安和平公约》,因此对将争端交付国联解决寄予希望。然而,国联的讨论和决议并未能够成功阻止日军占领东北的进程,相反国联每有决议通过,日军却更是加快进攻的脚步,这充分表明了国联的软弱无力。从上面这段话中不难体会出,桂中枢提醒国人应当立即从一厢情愿的和平迷梦中醒过来,集中自己的力量应对国家危机,这无疑是看到国际公理与道义的堕落后发出的由衷之言。作为一位以冷静而理性的分析见长的政论家,桂中枢发此强烈议论,充分体现了他对民族危机的洞察与关切。同时,桂中枢要求中国人民团结一致捍卫国家的呼声也反映了东三省沦陷在中国人心中激起的民族主义情绪,从某种程度上说,这也是国际正义与公道不得伸张激起的反作用。

(三) 密切关注国联调查团

在《大美晚报》的专栏中,桂中枢对于国联调查团在上海和东北的考察过程也有较多的评论。1931年12月10日,国联理事会即通过派出中国东北实地调查团的决议,翌年1月21日国联调查团正式组成。① 调查团组成后并未立即赴中国实地考察,而是绕道先去会晤了英法美日等国政府要员,于3月14日到达上海,27日抵南京会见中国军政要人,4月21日才到达沈阳。桂中枢认为,日本方面一定会赶在调查团来华之前消除战争痕迹,调查团只有尽早到达战区做实际调查,才能看到日军侵略中国的真相。因此,他认为当时南京、上海等地大量举行欢迎国联调查团的活动十分不利于调查活动,评论道:"如果以目前所公布的欢迎活动判断,代表团完成此行之任务的时间将非常有限,即使有时间也没有充足的精力从事调查。"② 对于南京政府为配合调查团行动而专门组织委员会准备报告、说帖一事,桂氏不以为然,认为国联调查团的成员们"一次闸北和吴淞之行所揭

---

① 调查团成员包括:英国曾任印度代理总督的李顿伯爵,美国前任菲律宾总督麦考益中将,法国前任安南(越南)驻军总司令官克劳德中将等,中日两国分别派遣前外交部部长顾维钧、日本驻土耳其大使吉田为顾问,襄助调查团在中日两国的工作。调查团由李顿出任团长,又称李顿调查团。
② Kwei, Chung-Shu, *Plain Speaking on Japan: A Collection of Articles on the Sino-Japanese Conflict*, p. 177.

露的日军暴行远比十份报告多"。① 这里桂中枢的看法未免显得不够理性。国联调查团在调查过程中提出的诸多问题,涉及中外条约及国际法等诸多专业领域,非有专门而详尽的报告不足以令人信服。

李顿伯爵在大学生联合会上说道:"任何一个对他国怀有憎恨与敌意的国家,都不要指望国联会为他站出来,并为他们这种态度酿成的恶果收拾残局。"② 在桂中枢看来,此话尽管在理,但是作为调查团团长的李顿面对中国听众说出此话,便不能不让人疑心这句话的用意。他认为,如果这是对中华民族的抗日运动的指责的话,则是十分不公的,因为"抵制运动,绝不是出于'憎恨和恶意',而仅仅是日本入侵中国的后果"。接着,他又分析道:"也许李顿伯爵在他的讲话中所指的是中国所谓的反帝国主义运动。如果的确如此,他真是误会了。也许,这个国家的民族主义运动的确以'打倒帝国主义'这样的口号为标志,但是这并不意味着中国政府和人民真的对帝国主义的代理人采取了什么行动。关于享有绝对的国家主权与'憎恨和恶意'并不是一回事。"③ 任何一个国家或民族都不会眼睁睁地看着自己国土遭到侵吞,家园遭到践踏,然而中国人民对于日本侵略者的抗争却被说成是出于不理智的敌对情绪,这无疑是不能令国人接受的。可以说,桂中枢针对李顿讲话所做的回应是有理有力的,体现了中国知识分子在外患频生之际捍卫国家民族荣誉与利益的责任感。

三 驳斥中外报刊中颠倒是非的言说

除分析评论九一八事变的事态发展及国联处理中日矛盾的相关报道之外,桂中枢还针对中外报刊尤其是《大美晚报》上刊载的一些美化日军侵略事实、误解中日问题的言论撰写文章。

(一) 驳船津辰一郎

一方面,他有的放矢地对当时《大美晚报》上发表的为日军侵略张目

---

① Kwei, Chung-Shu, *Plain Speaking on Japan: A Collection of Articles on the Sino-Japanese Conflict*, p. 178.
② Kwei, Chung-Shu, *Plain Speaking on Japan: A Collection of Articles on the Sino-Japanese Conflict*, p. 179.
③ Kwei, Chung-Shu, *Plain Speaking on Japan: A Collection of Articles on the Sino-Japanese Conflict*, p. 181.

的言论进行批评与驳斥。例如，1931年10月12日，桂中枢发表了驳斥日本人船津辰一郎①先前在《大美晚报》上发表的言论的文章。长期在日本在华外交机构任职的船津辰一郎曾担任驻奉天总领事，九一八事变后他马上撰文为日本发动侵略的行为辩护。桂中枢专栏中表达了"一个中国人"对船津一文的不满，并一一对其观点进行驳斥。

首先，船津在文章中批评中国政府对反日运动镇压不力，又怀疑国民政府就是中国反日运动的背后主使。桂中枢首先指出这两个观点在逻辑上的矛盾之处，认为如果反日运动是由中国政府策动，那么政府就一定具备压制它们的能力。针对船津对中国政府制止反日运动不力的说法，桂中枢指出，"它（抵制运动——引者注）是（中国人——引者加）对日本在满洲的军事行动及其在中国境内其他地区陈兵之举的普遍激愤之情的自发流露"。即便是南京国民政府也无法镇压中国人民的爱国精神，因此，"制止抵制运动的能力并非在于南京方面，而是在于日本政府"。②

其次，船津指责中国"一贯采取抵制运动，而不是先尽力确定分歧是否可以通过正常订立的外交渠道解决"。九一八事变是日本置国际调停的可能于不顾出兵东北在先，因此桂氏反驳道："问题在于日本在向中国派出军队之前，有没有尽力确定分歧可否通过既定的正常外交渠道解决。"③ 他还列举了"济南惨案""柳条湖事件"，以及此前不久发生的关东军轰炸锦州的事件，揭露日军非但在中国政府已下令采取"不抵抗政策"、中国军队刀枪入库力避冲突的前提下故意寻衅滋事，制造战争口实，并且还无视外交调解争端的程序悍然对中国的平民百姓发起进攻的真实面目。这样一来，船津的观点无疑是倒打一耙的无耻狡辩。

最后，船津还抱怨"中国新闻界受到南京政府之鼓动而大肆渲染针对

---

① 船津辰一郎（Tatsuichiro Funasu，1873 – 1947），日本人，1895年至1896年是日本驻华使馆翻译生，先后在烟台、上海、牛庄、南京任职。1919年任日本驻天津总领事，并兼任朝鲜总督府事务官，1923年转奉天总领事。曾出席1925～1926年在北京召开的特别关税会议。1926年调任日本驻德国使馆参赞，不久即脱离外务省，转任在华日本纺织同业会总务理事，常驻上海。1926年至1929年任工部局董事会董事。1932～1934年，再度任工部局董事会董事，并从1933年开始任副总董。1940年任华中棉产改进会理事长。后为汪伪政府及上海特别市政府经济顾问，曾参与对蒋介石的劝降活动。

② Kwei, Chung-Shu, *Plain Speaking on Japan: A Collection of Articles on the Sino-Japanese Conflict*, p. 44.

③ Kwei, Chung-Shu, *Plain Speaking on Japan: A Collection of Articles on the Sino-Japanese Conflict*, p. 44.

日本的报道"。对于这一指责,桂中枢首先否认了中国新闻报道受到政府操控的说法,他以自己担任编辑的《中国评论周报》为例,指出该报在九一八事变两日后所刊发的专号与官方意志并无任何关系。桂中枢还反过来责问日本军界煽动反华舆论的行为,指出:"任何关注日本近事的人,都会明显地觉察到日本军部与新闻界的密切关系。《字林西报》近日对此亦有委婉之评论。船津先生只需略略检视该报即可了然。"①

在20世纪30年代的上海,《大美晚报》是一份在旅华西人中较有影响力的报纸,船津辰一郎选择在其上发表文章,显然是为了欺骗国际舆论,并为日本出兵东北的军事侵略行动辩护。桂中枢自然不能对此无动于衷,他很快就撰文针锋相对地一一回应船津辰一郎对中国的无端指责。尽管桂中枢和船津辰一郎都是民间人士,但二人在《大美晚报》上的往还文章无疑形成了一个中日双方舆论交锋的擂台。从这个意义上讲,桂中枢对船津辰一郎在《大美晚报》上发表的言论的回应,并非仅仅着眼于与船津本人辩驳,还是为了揭穿日本方面为掩饰其武装侵略中国领土而寻找借口、编造谎言的真实面目,以正中外读者之视听。

(二) 驳将东北变为国际托管区的观点

九一八事变后中日关系的急剧恶化使远东地区成为世界瞩目的焦点,许多热心国际政治的西方人也纷纷涉足这一领域,在报章杂志上发表自己的观点。然而,这些西方人对中日问题的来龙去脉知之甚少,因而经常得出错谬百出的结论。桂中枢在《大美晚报》的英国同人伍德海②将南满铁路与巴拿马运河相提并论即属此例。同时日本的政论家光勇星郎(Hoshio Mitsunaga)也有类似观点,并试图以此作为日本占领东北的借口。为了避免国际社会被此说误导,1931年11月10日桂氏专门撰写了题为《巴拿马运河与南满铁路》的文章,将巴拿马运河开通的历史与南

---

① Kwei, Chung-Shu, *Plain Speaking on Japan: A Collection of Articles on the Sino-Japanese Conflict*, p. 46.
② 伍德海(Henry George Wandesorbe Woodhead, 1883-1959),英国人。1902年来华,任上海《字林西报》记者。1912年任北京政府所办的《北京日报》总主笔。1913年任英文《京报》总主笔。1914年任天津英文《京津泰晤士报》总主笔。1930~1941年为《大美晚报》写文章,兼编《东方时务月报》(*Oriental Affairs*)。著有《中华民国真相》(*The Truth about the Chinese Republic*, 1925)、《西方对远东问题解释》(*Occidental Interpretations of the Far Eastern Problem*, 1926)等多部关于中国的英文著作。

满铁路修筑的历史进行对比,指出从俄国兴建南满铁路到转手日本,它始终都是帝国主义侵略中国的工具,"铁路是为了刺穿满洲腹地而修筑的,这样就便利了对这片广袤的中国领土的控制"。① 日本又在1915年胁迫袁世凯政府签订"民四条约",攫取了东北采矿权、土地租借权或所有权等多项利权。② 桂中枢指出巴拿马运河开通之后哥伦比亚并未将上述利权让与美国,运河并未成为侵犯别国主权的工具。由于巴拿马运河被定为国际托管区,日本人将南满铁路与巴拿马运河类比的做法无疑是为了淡化其侵略行为,桂中枢敏感地意识到这种说法对处理东北事态的潜在威胁,并很快以有理有据的分析澄清这种误解,足见其政论家的深远见地。

(三) 驳英国《观察家报》

尽管国际舆论在中日问题上对中国一般持同情或中立态度,但也有部分西方报章杂志站在亲日的立场上发表议论,这类舆论自然成为桂中枢在专栏中抨击的对象。英国《观察家报》(*The Observer*)自事变爆发以来即不顾事实真相摆出支持日本的姿态,桂中枢对该报的相关言论早已反感。1932年9月,《观察家报》又在国联调查团报告书即将出炉前,对所谓中国在满洲的"政治权利"问题妄加评论,认为"此项最为困难,盖因承认政治权利就意味着承认原告一方的政治实质"。"因此,聪明的外交务必致力于授日本以实、授中国以影(难道中国就只是一个庞大的政治影子?——桂中枢),然后召开一个有中、日及其他有利益牵涉之国家参加的会议进行协调。"③

桂中枢对这篇文章中所谓"授日本以实"与"授中国以影"的议论十分不满,斥之为无稽之谈。他质问道:"如果没有一个实体可依附,政治权利何以存在?如果中国只是个阴影,为什么《观察家报》还要承认这样的'政治权利'?为什么它还要建议召开一个有中国这个影子参加的会议呢?"桂中枢指出:"政治权利意味着承认政治实体,也许是对的,但是

---

① Kwei, Chung-Shu, *Plain Speaking on Japan: A Collection of Articles on the Sino-Japanese Conflict*, p. 77.

② 黄纪莲:《中日"二十一条"交涉史料全编(1915~1923)》,安徽大学出版社,2001,第671~674页。

③ "The World: Week by Week," *The Observer*, Sep. 11, 1932, p. 14.

更无可否认的是，政治实体才是政治阴影的先声。"① 从本质上讲，《观察家报》是在主张国联承认伪满洲国的地位，而桂中枢关于"政治实体"与"政治阴影"的言论无疑是对这种阴谋的有力驳斥。

伪满洲国成立后不到半年的时间里，东北境内便发生了多起威胁中外人士安全的事件。桂中枢不无嘲讽地指出，这些事件为日本人一手建立的所谓的"王道乐土"之"实质"提供了可悲的注解。桂中枢认为《观察家报》的所谓政治影响之说抹杀了中国保卫本国领土的正当性，他指出日本侵略中国领土是没有争议的事实，"为保卫上海作殊死抵抗的第十九路军不可能是来自虚无之影。他们真真切切地存在就像子弹之致命一样"。②

日本在因应国联调查团的问题上，采取拉拢英国的政策，积极鼓吹所谓"英日协调"，以期重拾两次结盟时期的默契。英国对自身利益的研判，也导致内阁远东委员会制定了所谓放弃东北以保上海的政策。在日本的多方运作下，英国在中国向国联提出的九一八事变与一·二八事变并案解决的问题上，满足了日本的要求，主导国联通过了两案分开解决的决议。③《观察家报》要求承认伪满洲国的言论一定程度上呼应了英国政府的这一倾向。桂中枢由此揭露标榜自由与和平的西方国家的伪善面目，强调道："相比之下，某些巨人一般的国家比起中国更像是一个阴影。作为国联盟约、凯洛格公约和《九国公约》的签署国，中国小心翼翼地遵守着她的誓约。她向国联保证遵守其决定，便在形式和实际上履行其承诺。比起某些大国夸夸其谈的梦呓，在她的誓约（word of honour）之中反倒有更多的实质性内容。"④

桂中枢的《直言日本》是国内知识分子在九一八事变后发表的较为重要的一本英文著作。尽管这本书是由桂氏发表于英文报纸《大美晚报》上的文章结集而成，而非成系统的专门论著，但是其中收录的是事变爆发一年之内陆续发表的文章，关注的问题几乎始终围绕中日争端的发展变化。

---

① Kwei, Chung-Shu, *Plain Speaking on Japan: A Collection of Articles on the Sino-Japanese Conflict*, p. 224.
② Kwei, Chung-Shu, *Plain Speaking on Japan: A Collection of Articles on the Sino-Japanese Conflict*, p. 225.
③ 李珊：《国联调查团来华期间调停中日冲突的尝试及其失败》，《抗日战争研究》2020年第4期。
④ Kwei, Chung-Shu, *Plain Speaking on Japan: A Collection of Articles on the Sino-Japanese Conflict*, p. 225.

同时，桂中枢本人是素来关心国际国内政治问题的政论编辑，而由其担任主编的《中国评论周报》本来就以对日外交问题作为主要关注点。从这个意义上说，桂中枢的《直言日本》代表了当时国内相当一部分关心中日问题的精英知识分子的观点，这或许也是西方媒介与大众更为关注的中国声音。因为，以桂中枢为代表的知识分子大多有留学欧美与西方社会直接接触的经历，同时语言优势也使他们能获取更多渠道的消息，这些促使他们对国际局势有更加切实的了解，并且能凭借自己的智识作出更加冷静与理性的判断。《大美晚报》的主编高尔德（Randall Gould）在《直言日本》一书的序言中表明，他十分认可桂中枢在这些文章中对中日问题的理性思考。他认为，比起那些伪爱国者的大肆鼓噪，对于国家危机的真诚与睿智的分析显得更为重要。高尔德赞赏地说道："对他的写作加以研读可知，他并非一个专门为中国说话的辩护士。他表达了一个逾越国别界线、替芸芸众生说话的文明人的观点。"① 这正是《大美晚报》重新编辑出版这些文章的原因所在。

需要指出的是，与当时知识分子在国内报章杂志上发表关于中日交涉问题看法的情形不同，桂中枢是在外商所办报纸上开设专栏，以英语撰写评论文章，前者的读者是广大国内民众，而后者则主要面向国内外的西方人。受众的不同，也直接导致这两种时评文章的侧重点不同：国内关于九一八事变的时评更偏重于对国民政府对九一八事变的处置办法及事态发展变化的分析与评价，而桂中枢在其专栏中更注重引导国际社会在中日争端问题上作出合乎事实且对中国有利的判断。

第四节　一场特殊的较量：孟治与河上清关于中日争端的论争

九一八事变后，不仅中国上下都感到民族危机迫在眼前，广大身居海外的中国知识分子也被这种强烈的民族危机感席卷。1932年，当时正在纽约担任华美协进社副社长（the assistant director）的孟治，发表了名为《中日冲突之中方说法》（简称《中方说法》）的著作，揭露日军出兵占领

---

① Randall Gould, "Preface," *Plain Speaking on Japan: A Collection of Articles on the Sino-Japanese Conflict.*

东北、进攻上海是公然破坏国际公约的侵略行径。该书由纽约的麦克米伦出版社（The Macmillan Company）出版。有意思的是，同年，该出版社还出版了一本由日本人河上清（Kiyoshi "Karl" Kawakami）撰写的《中日危机之日方说法》（*Japan Speaks on the Sino-Japanese Crisis*，简称《日方说法》）。从书名即可发现，这两部英文著作的关注对象是相同的，即当时的中日政治军事冲突，而二者所处立场却是截然相反的。九一八事变后，中日间矛盾不断升级，东北亚地区一下子成为国际舆论的关注重点。麦克米伦出版社在同一时间发行中日两国学者分别撰写的关于冲突问题的论著，无疑十分吸引眼球。这两本书的德文版亦于1933年在德国柏林出版，这在某种程度上反映了在当时东亚地区的紧张局势下中日问题的受关注程度。

一 获得各自国家政府的许可

值得注意的是，这两部分别出自中日民间人士的英文著作出版时都受到了两国官方的重视。二书分别由当时两国政府的重要人物作序——中国方面是时任驻美公使、驻国联代表团首席代表颜惠庆；日本方面则是1931年末上台的首相犬养毅。作为国民政府资历颇深的外交官，颜惠庆在序言中以特有的外交辞令表达了中国捍卫国家利益的坚定立场，他说道："我们很高兴看到现代日本令人瞩目的崛起及其出色的发展速度与繁荣程度。但是，当她全然不顾中国生死攸关的利益而盲目地追求自身利益时，当她无视中国的需要和期望而热衷于帝国主义征服时，中国必然要为自尊与自卫本能而战。"[1] 犬养毅则表示中国一再无视其前任内阁的宽容政策是中日关系恶化的根本原因，他在序言中向读者诉说冤屈："但是令人遗憾的事实是，当宽容政策招致的仅仅是中国对我们的轻视，并且不可避免地将我们拖入目前的可悲局面时，多年以来，我们为维持与中国的友好关系默默付出的努力几乎完全被世界忘记了，或者他们对此从不知晓，他们只听见满洲平原和黄浦江畔的枪声大作。"[2] 显然，不管表达方式有何不同，作为中日两国政府的上层人物，

---

[1] W. W. Yen, "Introduction," *China Speaks on the Conflict between China and Japan*, by Meng, Chih, New York: The Macmillan Company, 1932, p. vii.

[2] Tsuyoshi Inukai, "Introduction," *Japan Speaks on the Sino-Japanese Crisis*, New York: The Macmillan Company, 1932, p. viii.

颜惠庆与犬养毅必然代表着各自政府的意志,在中日矛盾的原因与责任的问题上各执一词。如果将这两本著作视为一个以"中日矛盾的爆发究竟责任在谁"为辩题的辩论赛的参赛方,那么这两个开篇序言便直截了当地亮明了论辩双方的立场,而孟治与河上清在正文中的各自阐述则是双方据理力争的较量过程。

值得注意的是,论辩双方的主辩手在年龄、阅历及身份背景上有着较大的差异。

孟治(1899~1990),出生于北京,祖籍山东邹县(今邹城),1916年毕业于南开中学,1919年毕业于清华学校,1927年从哥伦比亚大学毕业,获社会学博士学位。撰写《中日冲突之中方说法》一书时,孟治刚担任华美协进社的副社长不久,年龄30岁出头。河上清(1873~1949)早在1895年就成为日本《万朝报》的评论人,1900、1901年与片山潜、安部矶雄、幸德秋水等人共同创立社会主义协会及日本的第一个社会主义政党,还曾于1917年9月访问中华民国军政府,会见孙中山。他还在此前出版过多本有关日本内政外交的英文著作。应当说,在撰写《中日危机之日方说法》时,河上清已经是一个阅历丰富的记者与政客了。由此看来,论辩的双方一方是一名年轻的中国留美知识分子,一方是年近六旬、政治经验丰富的日本政论家。然而,从两书的内容看来,在论辩的力度与技巧上,河上清却未必比孟治老道。

二 两书的论辩内容

为了表明日本在东三省的合法地位,河上清声称日本曾在庚子之乱后积极奔走,避免中国遭到瓜分之祸。他还将1904年日俄争夺地盘的罪恶战争说成出于替中国保卫东北的目的,诡辩道:"不可避免的结论便是,保全中国完整的乃是日本所牺牲的自己的鲜血与财富(而不是'门户开放'的理论,更不是英、美等国向俄国发出的照会),作为外国援助,她尽己所能地维护中国的完整。"[1] 这种说法在主张推行"满蒙分离"政策的日本政客中并不少见。孟治指出,日本"保护"与"开发"东北的实质是军事、政治、经济侵略,南满铁路即是其重要工具,"没有比认为南

---

[1] Kawakami, K. K., *Japan Speaks on the Sino‐Japanese Crisis*, p. 10.

满铁道公司是一个单纯的商业机构更大错特错的想法了"。[①] 早在1909年底,日本与俄国抵制美国国务卿诺克斯提出的《满蒙铁路中立化方案》(通称"诺克斯"计划)[②]时,就已充分暴露了日本独霸东三省的野心。他还列出了日本对东北经济的控制是如何建立起来的时间表。

为了替日本的军事侵略辩护,河上清污蔑中国政府惯于煽动民众的仇外情绪以逃避条约义务,因而日本只好舍弃国际仲裁的办法而选择武力干涉来解决争端。20世纪二三十年代,随着国人民族主义意识的高涨,中国民众自发组织的反帝爱国运动一浪高过一浪,其根本原因在于中国维护国家主权、废除不平等条约的正当要求无法得到满足。但是客观上,大规模的排外运动常常成为西方列强指责中国缺乏强有力的中央政府的口实,以致为中国权益奔走数十年的外交家顾维钧也无奈地表示:"在中国,自五四以来,'人民外交'的口号已经成为非常时髦的口号,群众组织起来大游行或组成代表团时,对中国代表们施加压力,常常造成灾难性的后果。"[③] 因此,河上清以中国民众的反日情绪与运动作为攻击点,显然是知道这是最容易唤起西方共鸣与同情的问题。

西方对中国民众的反帝爱国运动一向存有忌惮与反感的双重心理,身居海外的孟治对这种成见自然十分清楚。他在书中对这种说法予以了有力的回击,指出中国的民众运动并非盲目排外运动,而是捍卫国家利益的正义运动,其本质是现代民族国家争取生存与发展的原动力——民族主义。他说道:

> 近年来,看似一成不变的中国正在改变,并且这种变化是迅速的,中国已经觉醒了。本能地,她首先考虑到自卫的问题。她发现了民族主义这一现代国家的秘密能量以及主权的现代定义。……尽管事实是时过境迁并且中国的愿望是合法的,列强尤其是日本仍然不愿废除那些不公平的条件,以便让中国享有解决自身问题的最充分条件。面对那些不平等、不公平的约章,中国人民再也无法忽略与沉默了。如果你愿意,尽管叫它排外主义吧;它其实只是反对外来的种种不

[①] Meng, Chih, *China Speaks on the Conflict between China and Japan*, p.20.
[②] 诺克斯计划是1909年塔夫脱就任美国总统后加紧推行"金元外交"的产物。其主要内容是:列强共同提供资金,由中国赎回东北境内所有铁路;由提供资金国共同经营管理各铁路等。该计划的实质是:在"国际共管"的名义下,打破日、俄两国对东三省铁路的垄断。
[③] 《顾维钧回忆录》第1分册,第379页。

公。这样说来,美国最先独立的十三个殖民地也是"排外的"。[1]

将民众的爱国反帝运动诬为愚昧落后的仇洋灭洋的变乱,乃是帝国主义国家压制弱小国家时惯用的说辞,孟治将民族主义与排外主义加以区分的说法,无疑有力地揭穿了这种伎俩之下的谎言,表明中国民众的民族主义运动是国家遭受侵略与不公对待时,捍卫国家主权的武器。

为了进一步说明日本军事行动的正当性,河上清更将中国诋为"逆时而动的国家"(an anachronistic nation)。他狂妄地声称,因为中国不是现代国家,国联、《凯洛格-白里安和平公约》、国际法庭所规定的现代国际关系准则无法约束中国,故而日本只好采取武力干涉的措施。他断言:"如果这样的决议(指国际义务及国际法庭裁定的决议——引者注)不为中国所喜,她便不会履行,就像她曾无数次通过直接的政府行为或间接由官方挑起的抵制运动和排外运动,违反诸多条约一样。"[2] 河上清的这种观点是与全面侵华战争爆发以前在日本知识界出现的"中国非国论"的思想一脉相承的。"中国非国论"是战前矢野仁一、内藤湖南、稻叶君山等颇有影响力的日本东洋史学者鼓吹的带有辱华性质的学说,他们要么宣扬"满洲、蒙古和西域不是中国的领土",要么鼓吹"中国政治无能论""中国顽迷愚昧论"。[3] 这些言论反映了甲午战争以后日本人中国观的根本转变,即由原先的畏惧感骤然变为蔑视感。在日本右翼势力的鼓动之下,它们不可避免地成为日本发动侵华战争的催化剂。

与河上清的看法针锋相对,孟治在书中指出与现代国际秩序相悖的国家是日本,它在外交事务上沿用19世纪的思维,这才是中日间矛盾丛生的渊薮。他从几个方面加以说明:其一,九一八事变后,日本在国联交涉中企图采取联合英法、抑制美国的策略,试图恢复20世纪末列强在中国寻求均势、瓜分势力范围的旧秩序;其二,日本辩称自己在1905年"拯救"了东三省,事实则是日本违背1912年在海牙举行的国际禁毒大会(the Hague International Opium Convention of 1912)的规定,在东北大量种植鸦

---

[1] Meng, Chih, *China Speaks on the Conflict between China and Japan*, p. 65.
[2] Kawakami, K. K., *Japan Speaks on the Sino-Japanese Crisis*, p. 140.
[3] 〔日〕李明:《日本知识人"中国论"的检证——以1920~1930年代日本知识人的中国非国论为中心》,中国社会科学院中日历史研究中心编《九一八事变与近代中日关系——九一八事变70周年国际学术讨论会论文集》,社会科学文献出版社,2004,第166~170页。

片；其三，尽管日本将其大陆政策粉饰为亚洲式的"门罗主义"，美国政治学者詹克斯（J. W. Jenks）教授早在1913年即致信《纽约时报》，指出日本所提倡的所谓亚洲式"门罗主义"实际目标是中国主权，是对中国的攻击。① 看到上述问题，孟治意味深长地慨叹道："日本从前只学到了中国文化与文明的外在形式，而没有采纳中国的宽容与爱好和平，近来模仿西方，她又未与西方一同进步，没有跳出19世纪沙文主义与帝国主义的观念与方法。"②

日本占领东北、攻击上海是无可辩驳的既成事实，无论河上清如何辩解，无外乎日本政府为掩盖其侵华罪行炮制的那套荒谬而空洞的说辞，因而他所做的卖力辩护常常显得幼稚可笑。例如，为了维护"民四条约"的效力，他坚称日本并未胁迫中国签订条约，日本向中国发出的最后通牒不能被视为条约无效的判断标准。他接着说道："如果有人拿枪指着中国代表团，以人身安全威逼他们签订条约，这又是另一回事。"③ 这种令人哭笑不得的狡辩无疑折射出河上清理屈词穷的窘状。相比之下，站在正义一面的孟治为中国所做的辩护则显得更有说服力。他在书中大量引用《纽约时报》、《纽约先驱论坛报》（The New York Herald Tribune）及《曼彻斯特卫报》等西方报刊的报道及评论，并摘引外国观察家在中日问题上撰写的论文或专著中的看法，以示其论说的客观公正。

三 第三方的评价：《纽约时报》书评

在一起国际争端发生当下，一家出版社同时出版矛盾双方国家的相关政论专著，让两个作者分别站在各自国家的立场上打擂台，这在世界出版史上恐怕也是不多见的。《纽约时报》的书评栏目曾刊出对《中方说法》与《日方说法》二书的一篇评论。美国著名记者、中国问题专家索克思（George Sokolsky, 1893 – 1963）④ 在书评中认为，孟治与河上清二人的著

---

① Meng, Chih, *China Speaks on the Conflict between China and Japan*, pp. 121 – 126. 詹克斯的这封信写于1915年12月9日，而并非1913年。参见 Jeremiah W. Jenks, "Lessons of the Outbreak at Shanghai," *The New York Times*, Dec. 10, 1915, p. 12。
② Meng, Chih, *China Speaks on the Conflict between China and Japan*, p. 132.
③ Kawakami, K. K., *Japan Speaks on the Sino – Japanese Crisis*, p. 47.
④ 索克思，美籍波兰犹太人，1917年哥伦比亚大学毕业，和胡适是同学。1918年由苏俄来华，任天津《华北明星报》（*The North – China Star*）副编辑，1921~1924年在上海商报印刷有限公司任职，后任美国报纸驻上海通讯员。1928年任《远东时报》（*Far Eastern Review*）副编辑，常为《字林西报》撰稿，著有《亚洲的火药桶》（*The Tinder Box of Asia*）等多部有关中国时政的著作。

作对于了解中日争端有重要的参考价值。理由有三：其一，二书都得到了官方的认可；其二，二人分别代表了中日两国中两股重要势力的观点——孟治代表带有强烈民族主义情感的中国学生，河上清则代表趋于开明立场的日本民族主义者；其三，二者又都十分熟悉东亚政治且不讳言自己为本国进行舆论宣传的职责。① 此外，索克思也注意到这两本书之间强烈的论辩色彩，他判断道："作者们都并未试图发展出一个系统性的论题：他们回答问题。他们沿着各自的路径回应由另一方作出的论断。"② 他甚至疑心孟治与河上清在写作时曾交换过各自的手稿。

鉴于《中方说法》与《日方说法》几乎在同一时间由同一家出版社出版，索克思的猜测并非没有道理。从图书行销的角度看，经手两书的编辑为了使这两本书的论述更加激烈、富有可读性，事先将一方的书稿交给另一方作者阅读并非不可能。不过，客观来说，孟治与河上清的著作之间吻合的关注点，也恰恰是长期以来缠绕中日矛盾的症结所在。九一八事变之后，为避免日军扩大侵略范围，南京国民政府在军事上采取不抵抗政策，政治上则迅速启动国联外交，寄望于借助国联仲裁解决中日纠纷。中国和日本驻国联代表在国联理事会和大会上围绕着日本在东北的地位、"民四条约"的合法性、两国民众之间的敌对情绪等问题多次展开激烈争论。这些问题自然也是孟治和河上清在各自的著作中极力阐明的问题。

尽管索克思肯定了这两本书对于了解中日矛盾的参考价值，对于孟治与河上清为各自国家所作辩护的可信度，他却采取"各打五十大板"的办法。他在书评篇首即表示，这两本书对远东问题的观点简直是截然相反的。他提醒读者，中国的局势并不像两书中描述的那么简单，若然，中国人和日本人就可以很容易地举行会面，解决他们的问题。他认为，"这种时候，一个政治局势会受到多重矛盾与各种变数左右，还有微妙的心理反应、突发因素和人类愚昧糊涂造成的实际后果，譬如过分简单化的解释及似是而非、事实证明毫无意义的解决方案"。③

---

① George Sokolsky, "Whether China or Japan, My Country, Right or Wrong," *The New York Times*, May 1, 1932, p. BR9.
② George Sokolsky, "Whether China or Japan, My Country, Right or Wrong," *The New York Times*, May 1, 1932, p. BR9.
③ George Sokolsky, "Whether China or Japan, My Country, Right or Wrong," *The New York Times*, May 1, 1932, p. BR9.

他首先批评孟治与河上清在书中一味指责对方国家的态度。他这样概括二人的主要观点："河上先生宣称日本之举是纯粹的自卫，同时他又贬低中国的名誉，使得他的对手孟先生在他的书中用了大部分的篇幅一面为其国家的好名声辩护，一面描述日本的罪恶。"[1] 他认为，这种相互污蔑、给对方抹黑的做法使读者无所适从，"读者总是被抛回到同一个问题上：中国人全是强盗吗？日本人全是夜贼吗？"[2] 这里，索克思倒是给论辩双方提出了一个难题，即面对置身事外的第三方，如何避免他们将己方对敌人罪行的控诉与揭露，简单地视为出于仇雠之间的互相报复的心理，进而作出混淆是非的判断。诚然，日军出兵东北并未直接损害到西方的利益，而向来标榜理性与公平的西方读者站在局外旁观的立场上作此怀疑似乎是合理的。

但是，索克思在这里似乎有意无意地回避日本侵占东北的基本事实。作为原告一方，孟治所做的只是将日本的罪行昭示于西方。对于眼看着在日军铁蹄之下祖国河山陷落、同胞受难的孟治来说，希望他不对日本怀有敌意显然是过于苛刻的要求。事实上，面对日本在国际上颠倒是非、推卸责任的谎言，孟治已尽力保持冷静客观的立场。他在自序中表示："希望不单是个人，即便是爱国者们都能放弃那种'无论是非对错，都坚决维护自己国家'的态度，专注于解决基本的问题。"[3] 正如前文所指出的，孟治在文中多次引用来自西方的事实陈述与观点，也正是基于这样的考量。值得一提的是，《中方说法》中还收入了多幅原载于欧美报章杂志上的反映中日冲突的漫画，这是河上清的书中所没有的内容。这些漫画内容生动、一针见血，以更为直观的形式使西方读者作出自己的判断。

此外，索克思还指出，孟治与河上清的辩护中都存在着曲解国际关系原则或条约宗旨的问题。他以"门户开放"原则为例，一方面批评河上清关于"美国仅是口头提出'门户开放'原则，并未真正贯彻"的看法是错误的；另一方面指出孟治将"门户开放"原则视为平等国际关系的楷模，甚至是国联盟约、《凯洛格－白里安和平公约》之滥觞的想法过于一

---

[1] George Sokolsky, "Whether China or Japan, My Country, Right or Wrong," *The New York Times*, May 1, 1932, p. BR9.
[2] George Sokolsky, "Whether China or Japan, My Country, Right or Wrong," *The New York Times*, May 1, 1932, p. BR9.
[3] Meng, Chih, *China Speaks on the Conflict between China and Japan*, p. xv.

厢情愿。他坦白地承认,"门户开放"原则的提出,纯粹是美国出于保护自身贸易利益的考虑,"1898年对中国的瓜分即将来临,而这将会使美国面临中国被垄断的市场"。①

孟治对"门户开放"原则的理解代表了当时部分国人的看法。他们认为1898年列强掀起瓜分狂潮之际美国政府提出"门户开放"原则,避免了中国的"瓜分之祸",因而在中外关系出现危机时总是希冀美国能及时站出来替中国说话。即便是在九一八事变后,这种期许也并不鲜见。应当说,这在某种程度上表明当时部分国人并未意识到国际政治以本国利益为唯一旨归的实质,对美国出面干涉仍抱有幻想。然而,从另一个角度看,孟治对"门户开放"原则作正面评价又不能不说是一种写作策略。显然,孟治撰写《中方说法》的动机不仅在于揭露日军侵略事实,更是希望借此唤起美国政府与民众支持中国、抵制日本。九一八事变后,日本实现了"满蒙分离政策",其独霸中国的大陆政策又向前推进了一大步。在这样的背景下,孟治面向西方重提"门户开放"原则,既揭露了日本违反国际准则的侵略行径,又提醒了列强注意日本践踏国际原则、实现其扩张目标的危险动向。与孟治对"门户开放"原则的态度相对,河上清公然在书中否定"门户开放"原则并指摘美英等国在华盛顿会议上对华态度过于软弱,将日本征服中国的野心暴露无遗。

索克思评判孟治与河上清的争论时看似不偏不倚,但事实上,在他的行文中仍然流露出某种偏向性。孟治在《中方说法》中以"民四条约"是中国在日本胁迫下签订的为理由质疑其合法性,并表示:"某些条约是不公平,是以武力施加于弱小国家的,而某些条约是自由平等的国家间自愿达成的。"② 索克思看到此处急忙表态,中国采取这种评判标准是危险的,因为如果中国可以按照自己的意志判定条约的合法性,那么日本也同样可以这样做。很明显,索克思不愿意承认"民四条约"是应当予以废除的不平等条约,其根本原因在于,这一问题同时牵涉到列强与中国订立的许多条约的合法性,而索克思不愿看到西方国家在华特权以同样的理由被剥夺。因此,从某种程度上说,索克思对《中方说法》和《日方说法》二书的评价并未脱离帝国主义者的立场。

---

① George Sokolsky, "Whether China or Japan, My Country, Right or Wrong," *The New York Times*, May 1, 1932, p. BR9.
② Meng, Chih, *China Speaks on the Conflict between China and Japan*, p. 121.

不得不承认，索克思在他的书评中似乎并未十分肯定孟治在《中方说法》中的论说，这在一定程度上也意味着这本著作可能无法轻松地将读者争取到中国一方。然而，这恰恰从一个侧面反映了孟治此书的重要性。试想，如果中国方面没有人站出来说明真相，一任日本编造谎言为其侵略行为辩护，将会给中国的国家利益带来多大的损失。恐怕到时连索克思这样不轻易采信于任何一方的态度，都尚属难得。这样看来，孟治的英文著作面向世界发出了中国的声音，在关乎国家领土主权的问题上立场鲜明地申述事实、辨明是非，对于避免国外舆论被日本的一面之词愚弄，仍然有积极的作用。

值得一提的是，孟治不仅通过撰写英文著作揭穿日本政客编造的谎言，还曾在正式的学术讨论会上与日本学者就东北问题激烈争辩。1931年8月19日，在美国马萨诸塞州威廉姆斯学院政治学研究所的一次会议上，中、日、朝学者在东北问题上爆发了激烈争论。会上日本学者赤木英道（Roy Hidemichi Akagi, 1892－1943）[1] 抛出"民族自决论"为日本占领东北、扶植伪政府的行为辩解，来自中国与朝鲜的学者纷纷反对这一说法，孟治宣称日本已经完全侵吞了满洲。《纽约时报》对此次辩论做过报道，记者在报道中描述道："年轻而衣着得体的华美协进社副社长孟治表示，对威廉姆斯镇而言，新建立的'满洲国'或许确实存在，但在生活在满洲的人民心目中它只不过是个'虚构的东西'，他发言时一直保持着笑容，但他的观点却笃定有力。"[2] 如果说，《中方说法》与《日方说法》反映的是中日两国在东北问题上的书面交锋，那么以上这则报道中反映的则是两国学者的口头对质。

这种两国民间人士之间在国家利益问题上截然两立、针锋相对的现象提醒我们：在中日关系恶化的背景下，英语国家往往成为中日两国争夺的舆论阵地。尽管这种对立是没有炮火硝烟的言辞交锋，但是其意义却不可

---

[1] 赤木英道，日裔美国学者，1918年毕业于加州大学伯克利分校，而后分别在芝加哥大学和哈佛大学获得硕士、博士学位。1940年1月他受聘为南满铁道株式会社驻美代表，著有《新英格兰殖民地的城镇业主》(*The Town Proprietors of the New England Colonies*, 1924)、《日本文明讲义》(*Japanese Civilization: A Syllabus*, 1927)、《日本的对外关系 (1542~1936)》(*Japan's Foreign Relations, 1542－1936*, 1937)、《美国与满洲的贸易前景》(*Future of American Trade with Manchukuo*, 1941) 等。

[2] Louis Stark, "Williams Speakers Split on Manchuria," *The New York Times*, Aug. 19, 1932, p. 36.

小视。随着世界各国在现代政治中的联结越来越紧密,社会舆论在政府间交往过程中扮演的角色也越来越重要,因而任何一个国家都不会轻易放弃舆论阵地。九一八事变后,以孟治为代表的海外华人,通过英文撰述等形式极力在国际上为祖国争取正义的支持,驳斥日本帝国主义散布的谎言,这是身居海外的知识分子民族主义自觉的体现。当中日关系的恶化日益成为国际社会关注的重要问题之时,代表中国利益的《中方说法》与同时期在英语世界出现的《日方说法》之间展开了无形较量,这无疑反映了中国人英文书写在维护民族利益中具有的特殊意义与作用。

第六章 争取西援

——七七事变后中国官方与民间的英文抗战宣传

卢沟桥事变后日本大举发动全面侵华战争，在空前严峻的民族危机之下，国共两党停止内战、结成抗日民族统一战线共赴国难，无数中华儿女为了保家卫国浴血奋战。八年全面抗战是中华民族整体自觉形成的关键时期，中华民族精神在追求独立与生存的艰辛过程中得以"涅槃"。在中国军民奋起反抗日本侵略者的历程中，国家安危与民族存亡系于每个民族成员的心中。全面抗战爆发后，许多中国人积极地运用英文写作进行抗日宣传，面向西方控诉日本帝国主义的野蛮侵略行径，大力争取西方国家的支持与援助，唤起全世界人民对中国人民奋勇抗战的同情。据笔者统计，1937年至1945年有关日本全面侵华战争的英文著作约有60余种，这个数字折射出国家存亡之际民族主义情绪的空前高涨。同时，从近代中国人英文书写的历史来看，七七事变后中国人的英文书写在总体趋向上出现了一个重要的转折，即写作目的由此前的驳斥西方舆论转变为争取西方支援。笼统地说，大力用英文宣传抗战的中国人与其言说对象——西方之间在此时已经成为盟友，而不再是以前的论敌关系。

第一节 为国民政府战时国际宣传服务的英文写作

一 国民政府的战时宣传制度

从1937年到1945年，中国人英文书写的一个显著特点是官方作为写作主体的凸显。为了最大限度地争取国际社会的支持和援助，战时的国民政府十分重视战时对外宣传工作的开展。全面侵华战争爆发以后，大多数西方人只知道中国发生了战事，而对于这场战争之起因、性质则一无所知，更少有人意识到地球另一端的战争与他们自身的利益有什么关联。因此，英文撰述无疑成为向西方社会揭露日本侵略行径、展现中国军民抗敌御侮精神、争取国际社会的同情与支持的必要途径。在战时的中国，国民政府较之民间团体与个人，在社会资源的整合、信息的搜集整理上无疑更具有优势。因此，可以说，官方的声音在全面抗战时期的大量出现是时势所趋的必然结果，也是国难面前近代中国民族主义面向外部世界的集中体现。

全面抗日战争时期，国民党政府负责对外宣传的主要机构国际宣传处曾出版许多有关抗战的英文宣传品。该处隶属国民党中央宣传部，由中央宣传部部长董显光负责，长期面向国内外的西方人士编辑发行《战时中国》(*China at War*)、《重庆新闻》(*Chungking Report*) 等英文刊物。① 此外，国际宣传处编纂了若干种对外宣传抗战的资料，并由该处设在海外的办事机构及各驻外使馆、领事馆发行。例如，国际宣传处曾逐年出版《战争爆发后四年之中国》(*China after Four Years of War*, 1941)②、《战争爆发后五年之中国》(*China after Five Years of War*, 1942)③，以及《中国手册1937~1943：抗战六年来中国重大发展之全面调查》(*China Handbook 1937 - 1943: A Comprehensive Survey of Major Developments in China in Six Years of War*, 1943)④等宣传材料。除此以外，国际宣传处的驻外办事处也独立编辑相关的宣传资料，如伦敦办事处曾发行过《中国之声：蒋委员长及夫人在1941年12月7日至1943年10月10日发表之讲话》⑤、《抗建七周》(*Into the Eighth Year: Messages and Articles Commemorating Seven Years of China's Continuous Resistance to Aggression*)⑥，后者由顾维钧作序。作为重庆国民政府战时国际宣传大本营，国际宣传处编辑出版的英文著作，内容涵盖国防建设、经

---

① 参见陈雁《抗日战争时期中国外交制度研究》，复旦大学出版社，2002，第270页。
② *China after Four Years of War*, prepared under the auspices of the China Information Committee, Chungking: The China Publishing Co., 1941.
③ Chinese Ministry of Information, *China after Five Years of War*, prepared under the auspices of the Ministry of Information of the Republic of China, New York: Chinese News Service, 1942. 笔者见到的类似著作还有《战争爆发后七年之中国》(*China after Seven Years of War*, Chunking, Ministry of Information, 1944)。
④ Chinese Ministry of Information, *China Handbook 1937 - 1943: A Comprehensive Survey of Major Developments in China in Six Years of War*, New York: The Macmillan Co., 1943. 1947年，国名党中央宣传部又在纽约同一家出版社出版了《中国手册1937~1945：抗战八年来中国之重大发展之全面考察》。
⑤ *The Voice of China: Speeches of Generalissimo and Madame Chiang Kai-Shek between December 7, 1941 to October 10, 1943*, London: Hutchinson & Co., Ltd., 1943, published on behalf of the London Office, Chinese Ministry of Information.
⑥ *Into the Eighth Year: Messages and Articles Commemorating Seven Years of China's Continuous Resistance to Aggression*, prepared by the London Office of the Chinese Ministry of Information, 1944. 译名系依据该书封面所题《抗建七周》，1945。感谢王毅博士惠示此书。

济建设、战时管制、教育及社会发展等方方面面。从全面地向西方公众介绍中国的角度看来，它们无疑代表着中国最权威的声音，因而这些作品向世界传达的中华民族的顽强抗战精神也是具有相当的影响力的。

此外，国民政府派驻各国及国联等机构的外交官员以及其他奉派出国的人员，也编撰出版过若干有关日本侵华事实的英文著作。事实上，抗战期间各个驻外机构自然成为国际宣传的重要力量，当时许多驻外大使、公使都以编纂印行英文宣传品、发表演讲等形式，向外国公众宣传中国抗战。① 例如，全面抗战时期担任驻荷兰公使的金问泗撰写的一本英文小册子《在过去六年中日本不断侵略中国之下远东危机的恶化》（*Development of the Crisis in the Far East in the Last Six Years Brought about by Continuous Japanese Aggressions against China*，1937）②，及杨光泩③与顾维钧编辑的《1937年中日冲突与国联：演讲、档案及新闻评论》（1937）④ 就属于这类情况。全面抗战期间任中英庚款购料委员会委员兼总干事的王景春在伦敦出版了《日本的大陆冒险》（*Japan's Continental Adventure*，1941），该书由九一八事变后他在英美报纸上发表的十八篇关于中日关系的文章集合而成。⑤

此外，全面抗日战争期间，国民政府除部署相关部门出版英文宣传品外，还有意识地组织在欧美世界有一定影响力的海外人士进行舆论宣传。全面抗战爆发后不久，驻美大使王正廷着意借助舆论宣传加强中美关系。1937年11月25日，他向行政院院长孔祥熙报告："已与著名宣传家订立合同，根据兄意进行宣传。"⑥ 全面抗战时期，这种以非官方形式进行的

---

① 参见陈雁《抗日战争时期中国外交制度研究》，第277~282页。
② King, Wunsz（金问泗）, *Development of the Crisis in the Far East in the Last Six Years Brought about by Continuous Japanese Aggressions against China*, Brussels, The Press Bureau of the Chinese Delegation, 1937.
③ 杨光泩，毕业于北京清华学校，后赴美留学，获普林斯顿大学哲学博士学位。曾任华盛顿会议中国代表团秘书，驻伦敦总领事等职，1938年受命任驻菲律宾总领事，1942年日军占领马尼拉后，因坚决不与日本当局合作而惨遭杀害。
④ Young, Clarence Kuangson（杨光泩）, Koo, V. K. Wellington, eds., *The Sino - Japanese Conflict and the League of Nations*, 1937: Speeches, Documents, Press Comments, Geneva: Press Bureau of the Chinese Delegation, 1937.
⑤ Wang, Ching - Ch'un, *Japan's Continental Adventures*, London: G. Allen & Unwin, 1941. 1937年诺贝尔和平奖得主、国际联盟的创始人之一、英国前首相罗伯特·塞西尔（E. A. Robert Cecil）为此书作序。
⑥《孔祥熙电蒋中正》（1937年11月25日），台北，"国史馆"藏"蒋中正总统文物"，对美关系（一），典藏号：002 - 090103 - 00003 - 150。

舆论宣传,往往成为国民政府官方外交活动的辅助。1942年10月,美国罗斯福总统特使、共和党领袖威尔基(Wendell L. Willkie)访华回国后,引发美国民众支持中国抗战的舆论回响。但是,这种情形引起民主党人和持孤立主义主张的政客的不满。有人在《纽约时报》上发表文章称:"美国是因不愿背弃中国而被迫作战,假如当时不顾中国或可期得普遍之和平。"驻美大使魏道明将此事报告给重庆国民政府,并称"此种论调纯为妥协分子之心理,为现时所最厌闻者,已与林语堂君商托为文驳斥,赛珍珠已作一文,其他东方权威作家将续予斥责"。[①]

二 国家立场上的控诉:徐淑希记录日本侵华罪行的英文著作

全面抗战时期,在国民政府策询机构任职的专家学者撰写的英文著作,也构成了官方对西方世界发声的一种重要形式。这些英文著作以国际法、国际关系为依据,揭露日本侵华战争的实质及其对世界局势的影响,宣传中国的抗战对世界和平作出的贡献。上文提到的徐淑希在全面抗战爆发以后撰写、编辑的一系列有关日军侵华战争的著作就是其中的代表。随着中日战事的日益加剧,专研国际法和中外关系又对东三省问题有过专门研究的徐淑希,逐渐由一名学者变成一位外交领域的专任官员,1942年他出任国民政府外交部亚西司司长。[②] 这些著作都由名为"Council of International Affairs"的机构(疑为国民政府战时外交专门委员会[③])赞助,并且都编入名为"政治经济研究"(Political and Economical Studies)的丛书中。这一系列著作涵盖从华北事变到1941年战争

[①] 《魏道明电蒋中正》(1942年11月4日),台北,"国史馆"藏"蒋中正总统文物",对美关系(一),典藏号:002-090103-00002-052。

[②] 曾被徐淑希引荐入燕京大学的萧公权在自传中提及,"中日战起,他(徐淑希——引者注)放弃教学生活,服务于外交界,历任驻外使节,把他的专门学识贡献给政府"。参见萧公权《问学谏往录》,第93页。在民族大敌当前、国家正值用人之际,从学者到政府官员的身份转变,在当时较为常见。

[③] 外交专门委员会原本隶属国民党中央政治委员会,属于中政会下的九个专门委员会之一,其主要任务是对中政会交付的重大外交事项进行研究与审查,为中政会提供策询。1937年11月后国防最高会议取代中央政治委员会的职权,外交专门委员会亦改由前者辖属,后转由国防最高委员会辖管。尽管外交专门委员会主席一职战时先后由担任外交部部长的王宠惠、郭泰祺担任,但实际上该机构"对外不行文",几无决策权。1941年之后,外交专门委员会对于外交议案的审查权亦近乎丧失,故该会主要专注于外交问题之研究。参见陈雁《抗日战争时期中国外交制度研究》,第39、40、52~56页。

进入僵持阶段的诸多内容,每种著作在时间上间隔较短。为了更好地把握全面抗战时期由官方用于对外宣传的中英文著作的主要特点,笔者试图以表6-1简要对徐淑希在全面抗战时期所编撰的英文著作作简要说明。

由表6-1不难看出,徐淑希撰写与编辑这些英文著作的目的主要集中在两个方面:一是记述中国军民在全面抗日战争中付出的惨烈代价,控诉日军发动全面侵华战争对中国犯下的罪行,争取国际社会在道义上的支持与物质上的援助;二是揭露野心急剧膨胀的日本在全面侵华战争中对英法美等国利益的挑衅与威胁,呼吁采取绥靖和孤立主义政策的英美对日本的扩张政策采取积极措施。作为从事国民政府外交工作的人员,徐淑希试图在这些著作中向西方读者传递的信息是十分明确的,加上这些著作的出版时机与战争进程的高度一致性,应当说上述著作在国民政府的战时宣传工作中具有较强的代表性。

此外,出版上述徐氏有关抗战的一系列著作的乃是上海的别发印书馆。这家俗称"别发洋行"的外资出版社创办之宗旨在于"面向欧美推出有关中国的外文书籍",以"增进中国文化之流入欧美各地"。与当时同样出版大量外文书籍的商务印书馆相比,别发洋行出版的有关中国的书籍以外国作者著作居多,读者也以在华外国人为主,而且其在国外设有多个分支机构,发行渠道也比其他出版机构要广得多。[①] 由此可以想见,这套以中日战争为主要内容的"政治经济研究"丛书由别发洋行出版,应当有外交专门委员会利用其广泛发行渠道以加强国际宣传效果的考虑在内。

值得注意的是,虽然徐淑希编纂这些著作的初衷是向英语世界揭露日本侵略者对中国所犯下的罪行,争取西方社会对中国抗战的支持,事实上它们还发挥了另一种功能。1942年1月13日,欧洲被德国占领的九个国家在英国召开会议,发表《惩治德国暴行宣言》,宣称将在战后对纳粹法西斯的暴行进行惩处。时任中国驻荷兰公使的金问泗(时驻在伦敦)出席会议并提出"应以同一原则惩治日军暴行",获得欧洲国家赞成。会后,国防最高委员会饬令外交部欧洲司搜集敌人暴行材料,并送亚东司进行整理,由此开始了中国搜集调查日军罪行证据的工作。徐淑希编纂的《南京安全区档案》《广州廿日记》等著作便被外交部作为记录暴行的书籍搜集

---

① 孙轶旻:《别发印书馆与近代中西文化交流》,《学术月刊》2008年第7期。

表 6-1 1937 年之后徐淑希出版的英文著作

序号	英文书名	中译书名	出版时间	主要内容概略
No. 1	The North China Problem	《华北问题》	1937 年 5 月	该书围绕着九一八事变后华北的局势揭露了日本侵略势力不断渗透的事实，以反中日的外交谈判和西方国家的态度，并表达国共合作局面已经形成，中国将奋起抗击侵略的决心
No. 2	How the Far Eastern War Was Begun?	《谁生厉阶？》	1938 年 3 月	这本书旨在说明"日本侵华战争是如何开始的"，徐淑希着重关涉战争的相关条约内容，揭露日本在华北和上海利用条约制造各种借口、挑起事端、蓄意发动侵华战争的用意
No. 3	The War Conduct of the Japanese	《日人战争行为论要》	1938 年 4 月	该书承前书进一步揭露日军在战争中的罪行，书中用大量事实揭露日军在战争中的种种倒行逆施，指出日本侵略的对象不仅是中国，更是对人类文明的公然挑战
No. 4	Japan and Shanghai	《日人与上海》	1938 年 12 月	全书分为三部分，分别关于淞沪会战前的上海及日本在沪的势力，日军在战时及占领上海后对中国人采取的行动、上海孤岛时期日本对租界内外国利益的挑衅与安全威胁
No. 5	Three Weeks of Canton Bombing	《广州廿日记》	1938 年 10 月	该书控诉了日军对广州发动的多次空袭及其严重后果，考察了国际舆论对日军行径的反应及日本方面的诡辩，并援据国际公约指出日本战争行为的非法性
No. 6	A Digest of Japanese War Conduct	《日人战争行为集要》	1939 年 1 月	此书是徐淑希根据国内外广播报章中有关中国内地各个沦陷城市的报道编纂而成，一一揭露了日本在沦陷区滥杀无辜、奸淫掳掠、实施奴化统治等行径，向国际社会控诉日本对中国人民犯下的罪恶

续表

序号	英文书名	中译书名	出版时间	主要内容概略
No. 7	Documents of the Nanking Safety Zone	《南京安全区档案》	1939年5月	此书由徐淑希根据南京大屠杀期间成立国际安全区的西方人士的日记及他们向日本当局发出抗议的通信等档案编纂而成,旨在保存重要历史资料,同时记录具有公共精神的西方友好人士的高尚事迹
No. 10-13	Japan and the Third Powers, 4 vols.	《日人与第三国》(四卷)	1941年	该书的主要内容是日军全面侵华战争期间日本对外国在华机构、外国侨民所采取的行动。全书分为四卷,按照时间顺序,通过记述日本在战争中侵犯"第三国"利益的诸多事件,说明日本在对待英美等国在华势力的问题上是如何由起初的有所忌惮、不时挑衅直至最后公开挑战的。该书还相应地记录了英法美等国在相关问题上的态度及对日本方面作出的回应
No. 14	An Introduction to Sino-Foreign Relationships	《中外关系概略》	1941年	1940年前后,徐淑希受到英国大学中国委员会的资助赴英讲学,后因其他工作安排未能成行。该书便是徐淑希为此次讲学准备的讲义,分为三章,分别是"中国的实体"、"条约体制"、"日本问题",它们亦是徐淑希设计的三次讲座的主题。
No. 15	A New Digest of Japanese War Conduct	《日人战争行为类纂续编》	1941年	徐淑希从《字林西报》《密勒氏评论报》等报章上摘录的有关日本的侵略行径以及日本人贩卖毒品戕害中国人民的报道,亦有来自私人的信件和文稿。与前述《日人战争行为集要》主要按照类别地域进行分类整理不同,是书是按照战争罪行的不同类别进行归类,更为全面地反映了日本人侵略中国的事实与罪证

续表

序号	英文书名	中译书名	出版时间	主要内容概略
No. 16	*Whither Japan*, 2 vols.	《日人往哪里去》（二卷）	1941年	这本书是对日本全面侵华战争爆发以来的进程记录，书中在引述和分析战时相关的重要条约、官方声明的同时，也记述了日本在中国战场之外的太平洋地区的军事扩张。作者试图通过这些文作揭露日本是如何越来越偏离正常外交关系轨道，一意孤行地走上殖民主义道路的

注：①表格中的序号是指该书在"政治经济研究"丛书中的次第，按出版的先后顺序排列。此信息大都见于各书的封面，如 "No. 1, Political and Economic Studies" 的字样。

②表格中使用的中译书名，除第十五种外，均系沿用见于各书封面的名称。

③为难确地把握上列著作的出版时间，除个别著作暂时无法确认外，笔者尽量列出各书的序言中徐淑希署名的具体月份。

④这套丛书中的第 8 册、第 9 册是两本由外国人撰写的著作，分别是 John Ahlers 的《日本终止中国的"门户开放"政策》(*Japan Closing the "Open Door" in China*) 与 Hubert Freyn 的《战时中国的教育》(*Chinese Education in the War*)，二者亦由 "Council of International Affairs" 赞助，于1940年由上海别发洋行出版。

起来。① 《南京安全区档案》则成为远东国际法庭审判时的证词之一。②

第二节 从争取西援到谋求平等：全面抗战时期宋美龄的英文写作

抗日战争全面爆发后，国民政府为争取西方国家在道义上的支持与物质上的援助，在国际宣传上做了大量工作。在此期间，作为战时最高领袖的夫人，宋美龄不仅是蒋介石在外交事务上的翻译、助手与参谋，还通过撰写英文著述、发表演说等形式直接向国际社会揭露日本的侵略行径，宣扬中国军民顽强御侮的民族精神，呼吁西方公众支持中国抗日。有关宋美龄在全面抗战时期所做的外交努力，国内外学术界已有诸多成果问世，但对其英文撰述的研究似乎仍有深入与细化的空间。③ 作为国民政府半官方的发言人，宋美龄的战时英文书写无疑与国民政府的外交政策息息相关。随着世界反法西斯战争的展开以及中国战场重要性的显现，其英文写作的侧重点也由争取西方同情与援助，转向鼓舞盟国战斗士气，谋求中国的平等独立地位。

一 全面抗战期间宋美龄英文撰述概述

宋美龄11岁赴美国留学，先就读于皮德蒙特学校、卫斯里安学院（Wesleyan College，又译作"卫斯理学院"），后入美国著名的女子大学韦尔斯利学院（Wellesley College），直至1917年学成回国，她的少女时期几乎都在美国度过。这段经历不但使她具备了娴熟的英语表达能力，更使她的生活

---

① 参见刘萍《国民政府之日军罪证调查问题再考察》，《东岳论丛》2015年第12期。
② 程兆奇：《日本现存南京大屠杀史料概论》，《社会科学》2006年第9期。
③ 学术界对宋美龄在全面抗战期间的外交活动及其对中美关系的贡献已有不少研究，焦点主要集中在1942年11月到1943年6月宋美龄出访北美。论者普遍认为宋美龄的这次非正式访问在客观上促进了美国民众对中国人民奋勇抗击日本侵略的了解与同情，一定程度上也缓和了蒋介石与罗斯福政府在对华军事援助和收复缅甸等问题上的矛盾，同时为争取战后中国在国际社会的发言权铺设了道路。其中较有代表性的有：朱坤泉《1942～1943年宋美龄访美与抗战后期的中美关系》，《抗日战争研究》1996年第3期；梁怡《1942～1943年宋美龄访美述论》，《历史档案》2000年第2期；陈雁《抗日战争时期中国外交制度研究》；石之瑜《蒋夫人与美国媒体的中国印象——一九四二年十一月二十八日的转变》，秦孝仪主编《蒋夫人宋美龄女士与近代中国学术讨论集》，2003，第244～261页。此外，作为近代中国历史上的一位传奇女性，有关宋美龄的人物传记数量可观，其中对宋美龄在全面抗战期间在国际舞台上的作为亦多有叙述，此处不再一一举出。

方式和思维方式都较为西化。此外,她优雅的形象,以及虔诚的基督徒身份,亦为她赢得西方公众的好感奠定了基础。

全面抗战期间,宋美龄利用各种可能的机会向西方宣传中国抗战。大体上,宋美龄的战时外交活动主要有两种形式:一是面对面地接触西方政要及公众人物,双向直接沟通;二是通过广播、书信、演讲等方式传播信息,使更广泛的民众了解中国抗战。① 这些由宋美龄的演讲、文章及通信集结而成的英文著作,亦是全面抗战时期宋美龄进行战时国际宣传的重要载体。在此过程中,英语是其主要的交流媒介。因此,要全面地了解宋美龄在这一时期的活动,离不开对这些英文著作的分析与解读。

宋美龄在全面抗战期间出版的英文著作,主要有以下几种:《战时消息及其他问题选编》(*War Messages and Other Selections*, 1938)②、《这就是我们的中国》(*This is Our China*, 1940)③、《和平与战争中的中国》(*China in Peace and War*, 1940)④、《我将再起》(*China Shall Rise Again*, 1941)⑤,以及《中国妇女:联合国家成立一年中的演说与著述》(*We Chinese Women: Speeches and Writings during the First United Nations Year*, 1943)⑥。在这些著作中,除《战时消息及其他问题选编》是由国民党中央下属的国际宣传处出版的之外,其余四种著作都是由纽约或伦敦的出版社在英美出版,一定程度上保证了向外宣传渠道的畅通。另一方面,由国外的出版社编辑出版中国国民政府主席夫人的英文作品,也反映出西方社会对中国抗战的关注程度。尤其是太平洋战争爆发以后,因为面对着共同的敌人——日本,美国民众对来自太平洋彼岸的中国的消息更为留心。

---

① 阳雨、张小舟:《宋美龄的外交生涯》,团结出版社,2007,第3页。
② Soong, Mayling, *War Messages and Other Selections*, Hankow: China Information Committee, 1938.
③ Chiang, Mayling Soong, *This is Our China*, New York and London: Haper & Brothers, 1940.
④ Chiang, Mayling Soong, *China in Peace and War*, London: Hurst and Blackett, 1940.
⑤ Chiang, Mayling Soong, *China Shall Rise Again*, New York and London: Haper, 1941. 这本书中还包括有关中国在全面抗战中取得进步的十个官方声明。
⑥ Chiang, Mayling Soong, *We Chinese Women: Speeches and Writings during the First United Nations Year*, February 12, 1942 - November 16, 1942, New York: John Day, 1943. 除以上几种著作外,宋美龄还曾在美国出版过《苏小妹》(*Little Sister Su*, 1942) 和《蝴蝶梦》(1943) 等文学作品 (参见张瑾《陪都岁月:重庆时期的宋美龄研究》,东方出版社,2018,第296页)。其中,《苏小妹》一文曾刊载在《亚洲杂志》(*Asia Magazine*) 上,《大陆报》转载了该文,并介绍称宋美龄不时向该杂志投稿 (Soong Mayling, "Little Sister Su: A Chinese Folk Tale," *The China Press*, Sep. 7, 1935, p. 12)。

这些英文著作中主要收录了全面抗战时期宋美龄在不同场合发表的英文演说、讲话，以及她专门为国外报章杂志撰写的文章。由于出现的场合不同，宋美龄在撰写这些文章时都有特定的语境和写作对象，而这也构成了这一时期宋美龄的英文写作针对性较强的特点。值得注意的是，除这些在公开场合发表的讲话或文章，中国抗战的形势发展和国民政府的战时政策也是宋美龄私人通信中的主要话题。尤其是全面抗战爆发之初，为了在最短的时间内争取到国际社会的同情与支持，宋美龄给相识的国际友人写了许多信件。从《战时消息及其他问题选编》收录的宋氏私人通信中可以粗略统计得出，宋美龄在1937年11月至1938年6月给美国、加拿大、澳大利亚、新西兰、英国、德国等国的国际友人发出的英文信件有23封之多。在这些信件中，宋美龄不厌其烦地向友人介绍中日战争全面爆发的原委，揭露日本灭亡中国的野心，阐发中国人民抵抗侵略的决心与行动，她还请求国际友人们凭借自己的社会影响力帮助宣传中国抗战，以便使更多的人能站到中国的一边支持抗战。

二 谴责西方列强的对日姑息政策

卢沟桥事变爆发后，日本发起全面侵华战争，尽管自身在华商贸利益亦受到战争的危害，但英美等国仍对日本在中国的侵略行径采取姑息态度，致使中国一度陷于孤立少援的境地。为了引起西方大国的重视，国民政府国际宣传处在1938年出版了《战时消息及其他问题选编》一书，书中收集了全面抗战爆发后一年左右的时间里宋美龄发表的英文演讲、文章及与国际友人的英文通信，此外还包括一些她在全面抗战前撰写的英语文章。应当说，这本书是全面抗战爆发以后国民政府第一次组织正式出版宋美龄的英语言论。

七七事变后不久，宋美龄即通过广播讲话的形式将日军全面侵华一事诉诸国际社会。1937年9月12日，宋美龄应美国朋友的请求发表了一个面向全美的广播讲话。宋美龄揭露日本的侵略行径实质是单方面撕毁国际和约、践踏国际公法。她指出，第一次世界大战以后，为了解决中日争端，防止日本武力侵略中国，列强订立了《九国公约》；为了避免弱小民族的利益受到大国意志的侵害，西方列强牵头成立了国际联盟；之后各国又签订了《凯洛格-白里安和平公约》，反对用战争手段解决国际问题。然而，实际上，九一八事变以后日本对中国的蚕食鲸吞不但早已违背了

《九国公约》，对中国不宣而战还违背了国联精神。对于这些违背国际公约的行为，西方国家却始终放任不管，导致日本在西方国家的纵容下更加肆无忌惮，最终发动全面侵华战争，乃至置公义于不顾而公然屠杀平民。"1931年，日本占领东三省时，他们放任这种行径。接着1932年在上海，当日军轰炸闸北的熟睡的人们时，他们又容忍了这种行为，而现在他们则默许日本人在中国大规模地再次故技重演。"① 如此一来，她首先明确了中国在这场战争中所处的正义立场，并呼吁西方各国依据条约规定对日本的战争行为采取必要措施。她强调"毕竟，尊重我国的领土和治权的完整是得到各国严肃地一致认可的"。②

第一次世界大战结束以后，随着凡尔赛－华盛顿体系的确立以及国联的成立，中国有意识地将中外争端诉诸国际公约和国际组织，希望获得公正的裁决。九一八事变后，中国向国联申诉日本非法占领东三省的事实，却未能获得满意的结果。中日战争全面爆发后，英美等国的政府非但不旗帜鲜明地谴责日本的侵略行为，还照旧与日本进行战争物资的贸易，这实际上助长了日本的气焰。这种情形难免使中国人对国联感到失望，对西方社会所标榜的民主公平产生怀疑。

1938年5月14日，宋美龄在写给一位身在美国的中国友人的信中，谈到了这个问题。她指出："令人不安的是，尽管我们像以往那样被（列强——引者加）抛弃了，这些本应保持中立的民主国家却似乎很乐于听取日本的要求，还表现出异乎寻常的关注。日本带着一种被伤害的忧愁故作无辜地哭求列强能帮助她一起摧毁我们，就好像日本才是那个被侵略、被战火摧残的国家，她的人民丧生于中国侵略者的枪口之下。"③ 她不无担忧地指出，有的人以此作为怀疑中国实行民主政治的理由，认为正是西方式的民主给了日本"戮我人民、淫我妇女、毁我家园"的可能，而这种想法可能影响中国走向民主的进程。显然，宋美龄是在以一种委婉的方式批判西方列强在日本侵华问题上的暧昧态度，拷问西方人他们引以为豪的民主政治的真实性。

宋美龄的这番话无疑是对西方国家的有力谴责。当这封信以《中国的现在、过去与将来》（China's Present, Past and Future）为题同时发表在多

---

① Soong, Mayling, *War Messages and Other Selections*, p. 4.
② Soong, Mayling, *War Messages and Other Selections*, p. 19.
③ Soong, Mayling, *War Messages and Other Selections*, pp. 45 – 46.

家美国报刊上时，舆论回响强烈。时任国民政府驻美大使的王正廷在电报中称，美国各大报纸都纷纷对这篇文章予以好评。它们指出，"这篇关于民主的文章是迄今为止美国读者看到的最掷地有声、最有说服力的请求"，并对这篇文章中体现的辩论才能大加赞赏，认为堪称经典。这些报纸甚至评论说："它不仅是出色的报刊文章，更是一封国书。"[①] 在这篇文章中，宋美龄并没有花很多篇幅讲述战争给中国带来的不幸，而是以"民主"作为关键词，阐述了中国自1927年北伐胜利以后在政治上取得的进步，分析了中国在战争结束后对内对外的可能走向。在行文中，她一方面表明中国实施民主政治的决心与努力并不会因为日军侵华战争的全面爆发而中辍，另一方面又指出西方国家对日本的绥靖政策是与民主原则相违背的，这让向来以民主制度为傲的美国人没有回击的余地。

她还提醒美国人注意，日军侵华不仅给中国人民带来了灾难，也同样会给外国人带来巨大的损失。她说："无论结果如何，日本人已经开始彻底地摧毁所有中国的东西，而美国人数年来苦心经营的宗教和文化事业也将会受到野蛮的袭击。"[②]

宋美龄不遗余力地展现中国民主政治的发展，无疑是基于对西方人心理的了解所采取的一种写作策略。在美国生活多年的经验告诉她，民主是西方社会广泛认同的核心价值，在民众心目中有相当的分量。要获得西方公众的同情，单纯地控诉日军的侵略罪行是不够的，更重要的是向西方证明中国与它们的同质性，即中国亦是一个民主国家。这样既能拉近西方公众与中国的距离，又能刺激一向以民主作为标尺的西方列强，使它们不得不正视日本侵华问题。

1940年哈珀兄弟出版社（Harper & Brothers Co.）分别在纽约和伦敦出版了宋美龄的著作《这就是我们的中国》。这本书中收录的篇目来源较为多样，既有全面抗战前后宋美龄在国内外用英语发表的文章及演说，还有她以国民革命军遗族学校[③]主席校董的身份给孩子们所写的英文信件。该书仍以宣传中国的抗战为主旨，宋美龄在书中一面大力宣扬中国人民团

---

① Soong, Mayling, "Foreword," *War Messages and Other Selections*, p. iv.
② Soong, Mayling, *War Messages and Other Selections*, p. 5.
③ 国民革命军遗族学校，由蒋介石在北伐战争胜利后倡议建立，该校以教养扫除军阀、为国牺牲的阵亡军士遗族为宗旨，1929年正式开学。1932年1月，国民党中央党部执行委员会推举宋美龄为主席校董。

结一致全面抗战的坚定决心,一面渲染北伐后中国在民主政治方面取得的进步,竭力阐明中国的政治进程正在向西方民主靠拢,以此争取西方国家对中国的同情与支持。

面对英美列强对日本侵华罪行不闻不问的态度,宋美龄还用犀利的语言拷问这样做是否合乎西方文明的精神。《这就是我们的中国》中收录的宋美龄写于1937年的一篇文章——《条约已死?》(Are Treaties Dead?)即属此例。她在该文中指出,日本大举侵略中国是违背国际和约的行为,而西方国家的姑息态度亦与现代国际条约关系的建立初衷背道而驰,他们的沉默就等于默认了条约体系的崩溃以及残酷的杀戮平民的行为在20世纪的重演。她质问道:"请告诉我,面对着如此的屠杀,如此的践踏他人家园、破坏他人事业的行径,西方国家的无动于衷是不是象征着文明的胜利?这是标榜着人文主义、骑士精神及基督教信仰的文明的胜利?所有国家都好似被日本麻痹了,对此袖手旁观、不置一词,这难道是世界一流国家的壮举,还是基督教导引的国际道义行将崩溃的先声,抑或是为西方所谓的道德优越感敲响的丧钟?"① 宋美龄敏锐地指出,一向标榜公平、正义和基督救世精神的西方文明却对日本发动的惨无人道的战争行为不闻不问,她也提醒西方人对日本侵华行径的漠视态度是对日本军国主义力量的纵容,最终西方也有可能自食其果。

在谴责西方列强之外,宋美龄也向读者宣告,中国人民将团结一致抵御侵略。她坚定地表示,即便中国得不到西方世界的支持与声援,中国人民仍然要为保卫国家和捍卫民族利益而抗战到底。她略带讽刺意味地说:"倘若整个西方世界都对此无动于衷,并且将原有的条约弃之不顾,我们这些在懦夫的污名下辛辛苦苦的中国人反倒会全力以赴。我们会尽全力而战,直至最终赢得胜利或者我们被彻底打败,即便我们这片历史悠久的沃土被鲜血染红,被战火烧尽,万劫不复也在所不惜。"② 她对中国人民抵御日本侵略者深具信心,并且认为抗日战争将是对中国民族精神的洗礼,经历这次考验后中国人将改变原来怠惰的精神。宋美龄认为,在深重的民族危机面前,中国社会的各个阶层、各个民族都会团结在抗击侵略者的目标之下,在这场艰苦的战争中将锤炼出更有凝聚力的新的民族精神。"在

---

① Chiang, Mayling Soong, *This is Our China*, New York and London: Harper & Brothers, [c1940], p. 218.

② Chiang, Mayling Soong, *This is Our China*, pp. 218-219.

我们这个正在遭受劫难的国家,上至官员下至百姓都被召唤到一起,不得不上升到更高层次的信念、爱国主义、无私精神、勇气、毅力与慷慨,全国一心地团结在一个目标之下:经历艰苦磨难和惨痛的损失,我们将会以全新的民族屹立起来。"[1]

三 宣扬中国的抗战民族精神以鼓舞盟国士气

太平洋战争爆发后,美、英、中、苏及其他遭受军国主义冲击的国家结成反法西斯同盟,中国在抵御日本侵略、牵制敌人力量方面的战略地位日益凸显。1942年1月,美、英、苏、中等二十六国签署《联合国家宣言》时,中国成为领衔签署该文件的四个大国之一。尽管中国已成为反法西斯联盟中的重要成员,但是英、美等国主要顾及自己的眼前利益,在整体的战略部署上偏向欧洲战场,针对中国战事展开的军事合作和物资援助仍然较为有限。面对这种状况,宋美龄在这一时期的英文撰述的重点从争取西方国家的同情与援助,转移到宣传中国在世界反法西斯战争中不可取代的作用。她不但在英文写作中努力向世界介绍中国取得的发展与进步,更反复强调在英、美等国投入战争之前,中国已经孤军奋战长达五年之久,并以中国人民在抵御强敌入侵中所表现出的顽强民族精神鼓舞盟国的士气。

1943年,纽约的庄台公司[2]出版了宋美龄的《中国妇女:联合国家成立一年中的演说与著述》。该书收集了宋美龄在《联合国家宣言》签署后一年中在国内外各种场合所做的讲话或发表的文章,具体时间从1942年2月12日至1942年11月16日。

1942年11月26日至1943年6月27日,宋美龄受罗斯福总统及于此前访华的总统特使、共和党领袖温德尔·威尔基之邀,出访北美。抗日战争全面爆发初期,宋美龄在巡视前线战况的路途中,遇到日军的炮火袭击,她所乘坐的汽车因避袭而翻进路边的深沟,致使她肋骨、脊背等多处受伤。加之她长年受到荨麻疹的困扰,身体状况不佳。[3] 另外,1940年日军对重庆发

---

[1] Chiang, Mayling Soong, *This is Our China*, pp. 257 – 258.
[2] 庄台公司(The John Day Company)由理查德·沃什(Richard Walsh)在1926年创建,主要出版小说和有关时事的书籍或小册子。理查德·沃什后来成为美国著名作家赛珍珠的第二任丈夫,在赛珍珠的介绍之下,庄台公司曾重版过林语堂的成名作《吾国吾民》,并出版了他的小说《京华烟云》。
[3] 阳雨、张小舟:《宋美龄的外交生涯》,第38、40页。

动持续数月的无差别轰炸,酷暑与连续的轰炸,加上三年多来的战时工作使得宋美龄身体每况愈下。① 1942 年 10 月 29 日,宋美龄更是"体弱神衰",蒋介石在日记中写道:"其胃事恐有癌,其可虑也,夜仍不能安眠。"30 日晚,蒋介石决定送宋美龄赴美诊治。②

宋美龄受邀访美,访问白宫是题中应有之义。赴美前夕,蒋介石曾与宋美龄就与罗斯福总统谈话的要点进行斟酌,拟订十项要点。③ 在此后的访美过程中,蒋介石亦通过电报形式就宋美龄对美宣传要点进行提示,④ 宋美龄实质上充当了重庆国民政府的外交特使。宋美龄一面在各种官方或民间演说和集会中大力宣传中国军民英勇无畏地抗击日本侵略的事迹,一面协助时任国民政府驻美大使的长兄宋子文进行外交斡旋。宋美龄的这次非正式访问,不仅在美国社会中掀起了一阵"宋美龄旋风",还对罗斯福政府的对华政策产生了一定影响,为缓和中美英同盟关系中矛盾丛生的状况起到了积极的作用。

《中国妇女》一书的出版与宋美龄 1942 年 11 月到 1943 年 6 月对美国的非正式访问有关。庄台公司希望通过这本书预先使美国读者对这位中国战时最高领袖的夫人有所了解,该书前言中写道:"通过阅读此书,我们可以了解蒋夫人一刻也未忘记中国妇女们在战争时期的种种责任,而她自己更是以身作则。并且,借用另一位联合国家的领袖的话,现在来阅读这本书,则是为见识这位'唯一一位个人魅力远超其声望的国际名人'做准备。"⑤ 由此可见,《中国妇女》这本小册子的出版或许有为宋美龄的在美宣传活动造势的意味。

书中收录了一篇 1942 年 4 月 19 日美国《纽约时报》登载的由宋美龄撰写的文章。该文以《东方的第一夫人面向西方的讲话》(First Lady of the East Speaks to the West)⑥ 为题,述说了日军全面侵华以来中华儿女在

---

① 张瑾:《陪都岁月:重庆时期的宋美龄研究》,第 335 页。
② 《蒋介石日记(手稿本)》,(1942 年 10 月 29 日、30 日),美国斯坦福大学胡佛研究所档案馆藏。
③ 《蒋介石日记(手稿本)》,(1942 年 11 月 17 日)。
④ 例如,1943 年 2 月 12 日,在宋美龄在美国国会发表演说之前,蒋介石对其演说要点有所提示,认为"其大事应引导美民注重太平洋政治与经济",13 日又"连发四电"。《蒋介石日记(手稿本)》(1943 年 2 月 12、13 日)。
⑤ Chiang, Mayling Soong, "Foreword," *We Chinese Women: Speeches and Writings during the First United Nations Year*.
⑥ 该文后以《如是我观——西洋人对中国的观念是否如此》为题,发表于 1942 年 4 月 24 日的《大公报》(重庆)。

孤立少援的情况下顽强抵抗的艰苦情形，希望以中国不屈不挠的精神激励反法西斯同盟的西方盟友们。宋美龄认为，自从清末中国的国门被打开以来，东方与西方之间的关系变化大致分为三个阶段：第一阶段，西方使用武力对待中国。中国在西方人的枪口之下一再地蒙受耻辱，西方人则贪婪地将手伸向中国的资源。尽管许多西方人尊重中国的文化，但他们似乎天生无法对中国平等视之。第二阶段始于1937年日本全面入侵中国，这场撼天动地的战争让西方人认识到在他们的思维中无法想象到的中国。然而，尽管西方的商贸利益受到了日军侵华的损害，西方人对中国的同情仍然十分有限，这种置身事外的关注就像是在观众席观看一场橄榄球赛一样。第三阶段，当西方国家也切身地感受到日本的摧毁性威力之后，他们才完全明白中国这场史诗般战斗的意义。[1] 她接着指出，当西方国家也不得不面对日本的疯狂进攻之后，他们才能认识到中国奋勇抗击日军侵略的可贵精神。"习惯于从物质装备的角度理解战争，他们在一开始便不了解我们的武器是中华民族的精神遗产。"[2]

宋美龄强调中国的抗日将士们顽强抵抗的精神应当成为西方反法西斯盟友的榜样，她说道："西方一直将中国人视为一个偏重艺术与哲学的民族，而无法像斯巴达人那样在战争中牺牲自己。我们已经向自己和世界证明，这种评价是错误的，因为今日中国的字典里没有'屈服'这个字眼。"[3] 她认为，中国人民以无畏与不屈的精神在很大程度上抵御住了日本的侵略，证明日本并不是它所宣扬的"不可战胜的"，而这种信念无疑能极大地激发盟军对于赢得战争的信心。

宋美龄还特别注意动员妇女参加反对法西斯侵略的战斗，并用中国妇女顽强抗战的精神鼓励盟国的妇女。1942年2月12日，宋美龄在新德里举行的印度全国妇女大会（the All-India Women's Conference）上发表讲话，特别赞扬中国妇女在抗战中所表现出的高尚品质，宣传了中国妇女顽强抗敌的民族主义精神。她说道："在过去的四年半的时间里，中国人生

---

[1] Chiang, Mayling Soong, *We Chinese Women: Speeches and Writings during the First United Nations Year*, pp. 21–24.

[2] Chiang, Mayling Soong, *We Chinese Women: Speeches and Writings during the First United Nations Year*, p. 23.

[3] Chiang, Mayling Soong, *We Chinese Women: Speeches and Writings during the First United Nations Year*, pp. 24–25.

活的方方面面都被这个国家最大限度地调动了起来；而在那些应对危机的高尚的人中就有妇女的身影。"①

值得注意的是，宋美龄亦在其英文著述中，直言不讳地向西方人士表明，国民政府十分注重以民族主义来动员人民抗战，而蒋介石和她所倡导的新生活运动正是着眼于锻造国人的民族精神。早在1938年，她在一封写给母校韦尔斯利学院校友的公开信中就说道："总司令早已意识到这样一个事实，如果人们不理解民族主义的真正意义，即便是一支训练有素的军队作为一个实体，也是无法发挥其效用的。这就是为什么，在准备自卫的阶段，我们花了很多的精力将人民从昏聩、木讷的状态中唤醒，由于满洲人的统治、压迫和忽视，他们在这种状态中随波逐流了好几个世纪。我们一直努力向我们的指挥员灌输领袖意识，即对于人民的责任义务，另一方面，我们也在激励人民意识到他们作为这个国家的公民的责任。"② 作为当时中国事实上最高领导人的妻子，宋美龄在其著作中以官方的姿态标举民族主义，无异于一种国家意志的张扬，而这也是近代中国民族主义在抗日战争的历史实态中的一种体现。

宋美龄大力宣扬中国人在抗战中表现出的民族精神无疑是颇有意味的。在此前近百年的历史上，中国在与西方列强的数次交锋中屡遭败绩，国家主权沦丧，民族尊严无存。然而，在第二次世界大战中，中国在亚洲战场牵制了日军的主要力量，为英、法、美等国集中力量应付欧洲和北非战场创造了条件。宋美龄在其英文著述中将中国顽强不屈的民族精神树立为反法西斯同盟的榜样，不仅在于宣传中国在反法西斯战争中的贡献，应当还蕴含着以此提升中华民族在世界范围内的地位的愿望。

四 提出废除不平等条约和战争善后问题的中国诉求

全面抗战后期，尽管中国成为世界反法西斯同盟中的重要力量，但中国的政治地位并未因为战略地位的上升而得到美英等大国的完全承认：一方面，美英等盟国给予中国的援助十分有限，并且常常由于各种原因而无法兑现；另一方面，蒋介石作为中国战区的统帅却不能派代表参加盟军的联合参谋长会议和军火分配委员会。这些问题令重庆国民政府大为不满。

---

① Chiang, Mayling Soong, *We Chinese Women: Speeches and Writings during the First United Nations Year*, pp. 1 – 2.

② Chiang, Mayling Soong, *This is Our China*, p. 247.

究其原因，很大程度上在于，盟国处理与中国的外交关系时或多或少地仍然延续着殖民主义时代的模式。太平洋战争的爆发加快了废除不平等条约的进程，从法律上讲，旧有的不平等条约已经无法匹配中国作为英美对日作战的主要盟友的地位。① 从战争的实际需要上讲，日本在发动太平洋战争后一面以东亚民族的"解放者"自居，一面鼓吹废除欧美等国在东方的殖民统治的特权，汪伪政府也乘机向日本提出收回上海租界管辖权的要求。在这样的情况下，英美等国在华的特权与盟国之间的合作关系与不平等条约体系之间的矛盾就越来越明显，因此美国不得不将正式废除与中国缔结的不平等条约问题提上议事日程。② 为了重启被九一八事变打断的修约外交，也为了改变中国在盟友面前"低人一等"的局面，重庆国民政府在此事上亦决定采取主动。在这样的背景下，要求英美等国废除清末以来签订的一系列不平等条约，归还中国丧失的各项权利，成为全面抗战后期宋美龄英文写作中出现的一项新议题。

1942年4月到6月，宋美龄接连在美国发表了三篇关于废除不平等条约、调整战后国际关系格局的文章。1942年4月19日，她在《纽约时报》发表的《东方的第一夫人面向西方的讲话》的文章，谴责了列强通过不平等条约获得的各项特权，呼吁有关国家尽早予以废除。这篇文章激起了美国舆论的较大反响，许多报刊纷纷发表文章，要求美国政府立即放弃在华领事裁判权，不少人为此致函美国政府的有关部门，一时间在美国形成了一股同情中国的舆论潮流。③ 5月，美国著名杂志《大西洋月刊》（*The Atlantic Monthly*）④ 又刊登了宋美龄的一篇名为《新兴的中国》（China Emergent）的文章，进一步表明中国废除领事裁判权的决心，以及中国对战后政治秩序的构想。同年6月13日，宋美龄的母校韦尔斯利学院决定授予她荣誉法学博士学位，在该校的第六十四届毕业典礼上，身在重庆的宋美龄通过广播向母校和全体美国人民发表了答谢词。除宣传中国人民的抗战精神外，这篇致辞主要表达的意思仍是对战后中国在国际上获取平等地位的希望。

---

① 张海鹏主编《中国近代通史》第9卷，第510~511页。
② 陶文钊：《中美关系史》上卷，上海人民出版社，2004，第223~224页。
③ 张海鹏主编《中国近代通史》第9卷，第512页。
④ 《大西洋月刊》是至今在美国仍十分有影响力的主流杂志，由斯托夫人（Harriet Beecher Stowe）、爱默生（Ralph Waldo Emerson）和朗费罗（Henry Wadsworth Longfellow）等享有盛名的美国文学家创办，关注美国的外交、政治、经济及文学等领域的动态，首刊于1857年，现名为 *The Atlantic*。

宋美龄在《新兴的中国》中指出，尽管战争仍在进行，但思考战后国际关系等问题是很有必要的。"在房子着火而火苗尚未被扑灭的当下便为改进房子的建筑结构做打算，看上去似乎有些不合理。但是同盟国意识到，战争结束自然会带来一系列新的问题，而解决这些问题与赢得战争一样，需要许多的考量、付出及理念的实际运用。"① 这篇文章向美国公众说明了中国政府在内政外交方面的基本原则，表明中国废除不平等条约、结束英美等国对华的剥削与压制的要求。宋美龄直截了当地表明："我们已经选择好了今后要走的路。我们坚决不能再容忍对中国的剥削。……美国和英国已显示出对他们所犯过错的自觉，已主动提出废除不平等的治外法权，这项制度否定了中国与其他国家享有平等地位的固有权利。"②

在《新兴的中国》一文中，宋美龄还详细申述了国民政府在战后外交和内政方面的基本立场："作为一个国家，我们断然不能容忍任何外国的剥削，我们也同样不容许社会中的任何一部分人或是国家本身对另一部分人的剥削。对财富的占有并不意味着富人有权欺压那些比他们不幸的人。"③ 宋美龄在文章中阐述了孙中山的"三民主义"思想，并对"民族""民主""民生"一一作了解说，表明中国在战争结束后仍然要以"三民主义"作为政治纲领。她特别解释道："民族主义是指各个民族和种族之间地位平等，并且互敬互爱、和睦共处。"④ 宋美龄在此处对"三民主义"的重申，主要目的是塑造中国是一个实行民主政治的国家形象。因为她深知，英美等国向来以民主、自由作为评判国家文明程度的标尺，如果不改变中国在西方人心目中封建专制国家的印象，也许连西方人基本的出于道义上的同情与支持都无法得到，更不用说促使他们放弃自己的在华特权从而使中国回复到正常的统治秩序中去。

当然，这篇文章的主要目的不仅在于呼吁英美取消在华领事裁判权，还带有明显的维护蒋介石中国战区最高总司令地位的意图。宋美龄

---

① Chiang, Mayling Soong, *We Chinese Women: Speeches and Writings during the First United Nations Year*, p. 28.
② Chiang, Mayling Soong, *We Chinese Women: Speeches and Writings during the First United Nations Year*, p. 28.
③ Chiang, Mayling Soong, *We Chinese Women: Speeches and Writings during the First United Nations Year*, pp. 28-29.
④ Chiang, Mayling Soong, *We Chinese Women: Speeches and Writings during the First United Nations Year*, p. 30.

在这篇文章中强调，中国有中国的国情，中国封建思想文化中已经蕴含了民主主义的传统，在日军侵华之前国民政府已开始施行训政，为实现真正的民主奠定了基石。宋美龄认为，"我们各自国家的民主体制不需要互相盲目照搬。当然，他们应当遵循基本的原则，但是每个民主制都应该有适合其自身特殊需要的秩序。……它（民主体制）是必须符合中国的需要且与我们现在的环境相融合的，而它也势必会是最适合我们过去的传统的"。① 从这句话中，不难看出，重庆国民政府不希望英美过多地插手中国内部的事务。值得注意的是，这时宋美龄并不像全面抗战初期在舆论宣传中努力使中国向西方的民主制度靠拢，而是强调中国需要依据自己的情况实行民主。这在一定程度上反映出蒋介石在战后实行独裁统治的野心。

在题为《致我的母校，致美国》（To My Alma Mater, to America）的答谢词中，宋美龄明白地提出，在战争善后的问题上，付出巨大代价的中国应当享有充分的发言权。"可以肯定的是，在中国为大家共同的志业作出牺牲后，信奉公平正义的人们一定会坚持让她在胜利后重塑世界体系的和平会议上发出有力的声音。"她希望，"在这个新的世界里，我们必须切实地卫护兄弟国家并一致行动。那些强国要帮助弱国，不是像过去那样高人一等地提供庇护，而是像令人信任的兄长那样，引导弱小的国家，直至它们可以自立"。除了国家间的平等，宋美龄还向美国公众呼吁在战后实现种族上的平等。她说道："我们以肤色或眼睛的形状来决定一个人的地位或国籍的时代已经过去了。我们必须创造一个能够适应所有民族需要和要求的国际社会，而不是为了将一国纳入既有秩序而切割其领土、削除其自由。"② 她坚定地向听众说道："剥削、帝国主义，以及其他所有世界大战前的落伍事物都必须被消灭殆尽！"③ 从这些言论中不难看出，宋美龄对于战后国际秩序的调整抱有相当大的信心。

重庆国民政府在1942年9月下旬决定正式向英美提出废约问题。而

---

① Chiang, Mayling Soong, *We Chinese Women: Speeches and Writings during the First United Nations Year*, pp. 33 – 34.
② Chiang, Mayling Soong, *We Chinese Women: Speeches and Writings during the First United Nations Year*, p. 42.
③ Chiang, Mayling Soong, *We Chinese Women: Speeches and Writings during the First United Nations Year*, p. 43.

中途岛海战之后，太平洋战场的局势发生逆转。为了争取中国方面在战争中最大限度的支持与配合，美英两国决定采取平行行动，分别与中国政府谈判废约，并在10月10日双十节之际发表了正式声明。① 应当说，宋美龄在这年4月至6月面向西方发表的英语文章及演讲，为国民政府实施废约举措作了国际舆论的铺垫。

七七事变后中日矛盾成为中国社会的主要矛盾，战胜日本侵略者成为整个中华民族的首要目标和最高利益。全面抗战时期，宋美龄面向西方所撰写的英文著述也始终围绕着这个时代主题，甚至可以说宋美龄的战时英文书写是宣扬中国抗敌御侮的民族主义精神的重要载体。正如上文所分析的，随着抗战形势的变化与发展，宋美龄的英文撰述也有不同的侧重点。全面抗战爆发之初，英美等国并未按照此前签订的国际公约，对日本的野蛮侵略行径采取行动，致使中国抗战陷于孤军奋战的局面。因而，宋美龄在全面抗战初期的英文著作中着重塑造致力于发展民主政治的战前中国形象，试图由此获取西方公众的同情与支持。反法西斯同盟建立后，中国作为亚洲战场上反法西斯的中坚力量与英美苏等国协同作战，国际地位也有所改善。面对英法等国在战争初期的大规模溃败，宋美龄在其著作中大力宣扬中国军民顽强抗战的事迹，强调精神与士气是赢得战争的关键因素，以此来鼓舞盟军的战斗信心。随着战争形势的发展以及中国在反法西斯同盟中重要作用的凸显，宋美龄又着眼于提升中国在战后国际关系中的地位，面向西方撰写文章、发表演讲，谴责列强在华享有的特权，呼吁盟国废除不平等条约并在战争结束后给予中国平等待遇。

从宋美龄与其美国友人的通信中可以判断，宋美龄在战时发表的文章大体上都是她亲自撰写的。② 作为战时中国实际上的最高领袖夫人，宋美龄发表的英语著述连同她在全面抗战时期所进行的一系列外交活动，都是影响中国国际形象的重要因素，甚至连同她本人也成为西方视野中关于中国的一个"符号"。值得注意的是，与其他全面抗战时期国民党官方出版的英文宣传书籍不同，宋美龄面向西方公众的英文撰述活动具有更强的针对性，其宣扬的主旨往往是国民政府高层外交决策的直接产物，而前者着

---

① 王建朗：《中国废除不平等条约的历程》，第312~314页。
② 张瑾：《陪都岁月：重庆时期的宋美龄研究》，第295页。

重于向西方读者揭露日军的侵略事实，以唤起国际社会的同情。因此，宋美龄的英文撰述活动不仅有利于战时中国国际形象的塑造，还从外交实践上对中国加强与盟国的沟通与交往起到了积极作用。

第三节 中国知识分子在海外宣传抗战的英文写作

在英语世界众多反映中国抵抗日本侵略的著作中，也有很大一部分是身居海外的华人发出的声音。当自己的民族遭受侵略与打击时，置身域外的同胞往往比身处民族危机的旋涡中心的人，更容易体会到民族兴亡与民族成员个体之间休戚与共的关系，也更能够感知到民族认同感的强化。全面抗战期间，正是这种强烈的民族自觉意识促使许多海外华人回到祖国投入抗击侵略者的战斗和大后方的建设中。与此同时，也有许多身处海外的华人将自己的民族情感形诸文字，在大洋彼岸为解救民族的生存危机而大力宣传抗战，争取外援。

一 海外华人团体与留学生的抗日宣传

全面抗战爆发后不久，在美国颇有影响的华人团体中华公所（Chinese Consolidated Benevolent Association）就编辑出版了介绍战争情况的小册子，以争取公众的同情与支持，向社会各界募捐支援抗战。例如，旧金山的中华公所就曾出版过《日人在中国：权威声明及世界看法论集》（1937）[1]，罗得岛的中华公所也刊印了名为《中日不宣而战》（1938）[2] 的小册子。战争期间，留美学人林俨圣[3]也曾在纽约出版过几本有关抗战的小册子：

---

[1] Kwong, K. Victor ed., *Japan in China: A Symposium of Authoritative Statements and World Opinion*, San Francisco: Chinese Consolidated Benevolent Association, 1937.
[2] Chinese Consolidated Benevolent Association, *The Sino-Japanese Undeclared War*, Providence, R. I.: the Association, 1938.
[3] 林俨圣，早年毕业于福建协和大学，后公费赴美留学，获博士学位，1944年曾作为中国派出官员参与筹组联合国，他还著有英文著作《人与思想：中国政治思想史别裁》（*Men and Ideas: An Informal History of Chinese Political Thought*），1942年由庄台公司出版。1938年8月，林俨圣还作为中国留美留欧学生代表之一，参加世界青年大会，在这次大会上中国代表们报告了中国青年运动状况和全面抗战以来中国青年所做的救国工作，取得了极好的宣传效果。参见王奇生《留学与救国——抗战时期海外学人群像》，广西师范大学出版社，1995，第216页。1944年，林俨圣作为中国代表团秘书处的成员，参与了敦巴顿橡树园会议，见证了联合国的筹设过程。《国际和平机构会议中国代表团》，美国哥伦比亚大学藏，顾维钧档案，档案号：Koo/0070/005/0006。

《美国舆论对中日冲突的看法》(American Press Opinion on the Sino-Japanese Conflict, 1937)、《国际法与不宣之战》(International Law and the Undeclared War, 1937)以及《有关远东局势的事实与数据》(Facts and Figures concerning the Far Eastern Situation, 1940)。其中,前两种是由纽约的中国文化协会出版,而后一种则由纽约的华美协进社出版。

此外,全面抗战期间身在美国的中国留学生利用一切机会进行抗战宣传,并且编辑出版了大量文字宣传品。例如,华盛顿中国学生会编辑出版了英文《抗战周刊》,纽约中国学生会创办英文月刊《远东杂志》,宣传中国抗战,呼吁美国人民支援中国,谴责美国政府向日本出售物资的行为。[①] 除此以外,在抗战国际宣传中,上述这类由海外华人和留学生制作的宣传手册、传单十分常见。尽管它们没有长篇大论,编纂者也不是国际知名人士,但这些短小精悍的小册子所能覆盖的受众范围往往更大,在街头讲演及募集善款等活动中也更能达到实际的效果。在这个意义上说,大量此类宣传品的编辑出版无疑折射了在国难面前中华民族的集体力量与智慧。

二 民族的重生:林语堂全面抗战时期的英文书写

全面抗战时期,活跃于海外的中国文化界人物的英文撰述,也代表了中华民族在海外发出的最强音。在这段时间内,欧美世界中最有影响力的中国文人当数林语堂。自从1936年赴美以后,林语堂的名字就时常见诸报端,他常常就中日战争形势及西方国家的远东政策发表自己的看法。全面抗日战争期间,林语堂改变了先前对国民党政权的批判态度,积极响应重庆国民政府的召唤,两度回到处于战火之中的中国考察。对于希望了解战时中国状况的西方舆论界而言,"擅长向外国人讲中国文化"的林语堂俨然成了美国媒体中中国问题的非官方代言人。这一点从全面抗战期间《纽约时报》刊载的林语堂介绍战争情况的文章以及有关林氏本人的新闻报道中可见一斑,甚至,《纽约时报》还饶有兴致地介绍了林语堂的女儿们撰写的《重庆的黎明》(Dawn over Chungking)[②]。这本书以孩子的眼光记述了1940年林氏一家回到战时的故国后的见闻,赞美了中国人民在战

---

① 王奇生:《留学与救国——抗战时期海外学人群像》,第216~217页。
② Lin, Adet, Anor and Meimei, *Dawn over Chungking*, New York: John Day, 1941.

争中的乐观与勇气。① 也正是由于亲眼看到中国人在抗击日寇侵略中表现出可歌可泣的民族精神，林语堂撰写出了如《京华烟云》等一系列反映中华儿女抗战精神的文学作品。

早在1935年，《吾国吾民》(My Country and My People)在美国一炮打响后，国内就有人将书名译作"卖Country卖People"，意思是"卖国卖民"，接着又有人在还未看到此书的中译本时就据此指责林语堂有出卖民族利益之嫌。② 这无疑是偏狭的爱国主义者对林语堂的一种误读。因为，在《吾国吾民》自序中，他就已表明自己并不为中国感到惭愧，"我可以坦诚相见，因为我与这些爱国者不同，我并不为我的国家感到惭愧。我可以把她的麻烦都公之于世，因为我没有失去希望。中国比她那些小小的爱国者要伟大得多，所以不需要他们来涂脂抹粉"。③ 林语堂指出，他客观地书写中国人的国民性，既不是为了迎合中国盲目的爱国主义者，也不是要讨好那些对中国包藏祸心的西方人，其目的在于增进西方对中国人的全面了解。在1935年版《吾国吾民》中，林语堂批判了国人的奴性、老滑和保守等缺点，并将中国人的特性归纳为"老成温厚"，认为这些品质不适应以进步与征服为目标的现代社会。④ 由此可见，当时林语堂对中国的国民性带有较强的理性批判色彩，中国如何适应现代文明是他写作此书时最关心的问题。

林语堂对于民族弱点的关注与批判态度在全面抗日战争期间发生了变化。1939年《吾国吾民》再版之际，中国已处于水深火热的日本全面侵华战争之中，林语堂专门为该书增加了一章题为"中日战争之我见"的新内容。他在新版的序言中写道："本书始成于1934年，那时中国正处在最为黑暗的年代，面临外族入侵，却看不到坚强有力的领导。自那时起，中华民族的精神经历了一次转变，由绝望变成希望，变为团结，变为国民的自信心，正如在英勇的抗战中所见到的那样。"⑤ 此语既是对1935年版《吾国吾民》所遭到的"卖国卖民"批评的回应，又折射出抗战中林语堂对中华民族精神的重新诠释。

---

① Katherine Woods, "The Lin Children in China," *The New York Times*, May 9, 1941, p. BR22.
② 施建伟：《林语堂在大陆》，北京十月文艺出版社，1991，第361页。
③ 林语堂：《中国人》，郝志东、沈益洪译，学林出版社，2007，"自序"（1935年版）。
④ 王兆胜：《林语堂与中国文化》，社会科学文献出版社，2007，第6页。
⑤ 林语堂：《中国人》，"自序"（1939年版）。

在"中日战争之我见"一章中，第一节内容即是"一个民族的诞生"，他强调，中华民族将在全力以赴地抵御日本帝国主义侵略的过程中，完成成为现代民族的转型，中国必将取得最后的胜利。他写道："40年来，一个民族正在形成，它最终从一个文明中脱胎出来，故而此处'民族'一词带有凄婉的意味。中国过去是一种文明，不仅仅是一个民族。从'民族'这个词语最严格的意义上来说，只有中国才可以称作一个民族，一个受过单一文化熏陶的同族人的政治集团，他们具有共同的语言、共同的历史、共同的历史文学和某些共同的道德标准上的准则。"① 在他看来，在现代强权政治的背景下，"一个民族生存的权利是用枪炮的口径和轰炸机的速度来衡量的"。这促使再生为现代民族的中国不得不武装自己，在世界大家庭中"一手拿着叉子，一手紧握匕首"。② 换句话说，中国再生为现代民族的历程是遭遇外敌入侵、国际不公待遇之后的被动结果。林语堂指出，日本自九一八事变以后对中国东北的蚕食鲸吞，更是激起全民族的抗战士气和决心。他以胡适从"和平主义"者到"抵抗主义"者的转变以及第二次国共合作为例，向西方宣告："日本的武装侵略使得中国成为一个完整的国家，使中国团结得像一个现代化国家应该团结的那样众志成城。在现代历史上，中国第一次团结一致地行动起来，像一个现代民族那样同仇敌忾，奋起抵抗。于是，在这种血与火的洗礼中，一个现代中国诞生了。"③

林语堂认为，中华民族的再生、中国的复兴是适应现代化趋势的过程。尽管林语堂批判现代国际社会"弱肉强食"的生存法则，但坚信中国要保全自己就必须实现现代化。在他看来，现代世界是一个文化的统一体，也是经济的统一体。在这样的背景下，中国的现代化就预示着民众的幸福，现代化既是在与西方的接触中势在必行的过程，也是民众对于民族和国家的期许。"中国今天的抵抗力量就是建立在这种新民族主义的基础之上，由人民的现代化所导致的。何以历史不会重演，中国不会被征服，反会同化其征服者，其原因不仅在于日本不是那些属于其他世纪的满族和蒙古族，而且在于中国已不复为一个古老的，一盘散沙似的古老民族那样容易地为满族和蒙古民族所征服。目前的抗日基础不是中国政府，也不是

---

① 林语堂：《中国人》，第261页。
② 林语堂：《中国人》，第262页。
③ 林语堂：《中国人》，第263页。

中国军队，而是中国人民。"①

　　林语堂特别阐释了他所说的新民族主义的内涵。他指出，与传统的爱国意识相似，这种民族主义的部分动力也是人所共有的保卫自己家园免受外族侵略的古老的种族本能，这种本能对中国这样一个具有悠久的历史和强烈的民族自尊心的国家来说更为强烈。不过，这种爱国意识是中国传统天下观的产物。"爱国主义之于孤立主义的古代中国而言，是件奇怪的东西。中国是一个王国、一种文明，一个自成一体的世界。热爱中国就像是'热爱文明'，'热爱世界'，或者说热爱当代美国人心目中所谓的这个称作地球的行星。"② 林语堂强调，新民族主义的语境是现代国际竞争与冲突，其内涵与新结构是全体中国人民的力量。显然，林语堂在此标举的新民族主义是现代民族国家中的民族认同感，他所强调的全体中国人民团结抗战的民族主义是建立在"主权在民"的基本认识上的。换句话说，林语堂所标举的主要是近代民族主义中的政治民族主义。不过，他同时指出："我们愿意保护自己的旧文化，而我们的旧文化却不能保护我们。只有现代化才能救中国。"③

　　值得注意的是，林语堂还表明，自己对中国的民族性格和民族遗产十分有自信，相信它不会遗失。"一个民族的遗产，并非博物馆内收藏着的碎片。中国的历史已经表明中国文化具有旺盛的不寻常的生命力，任凭各个不同时代政治上的冲击，它都没有失去其自身的连续性。"④ 如前所述，中国文化的生命力是中国人的英文撰述中经常提到的问题。然而，相较林语堂在1935年版《吾国吾民》中对中国文化惰性的批判，林语堂在全面抗战期间的这番言论显得更加自信而斗志昂扬。不难体会到，这种乐观自信的态度不仅能起到鼓舞中国军民士气的作用，对外亦能得到国际友人的赞赏与尊重。

　　可以说，《吾国吾民》1935年版和1939年版在序言和具体内容上的变化，体现了林语堂由毫不留情面地批判中国现实到饱含感情地讴歌中国抗战的转变。初看之下，这种转变似乎过于突兀。然而，联系当时大半个中国被日寇占领的危险局面，林语堂态度的转变又是一个具有良知与爱国

---

① 林语堂：《中国人》，第266页。
② 林语堂：《中国人》，第268页。
③ 林语堂：《中国人》，第266页。
④ 林语堂：《中国人》，第268页。

情怀的中国人的自然反应。

比起基于时事的论说文章,小说这样的文学形式自然更具有感染力,也更能体现中华民族在抗日战争中的顽强的民族精神。在这方面,林语堂的小说《京华烟云》《风声鹤唳》无疑是其中的代表,作为以抗战为背景的中国小说,它们曾多次登上《纽约时报》的畅销书榜。在《京华烟云》开篇,林语堂就写道:"谨以这部写于1938年8月至1939年8月的著作,献给为我们的子孙之自由而牺牲的中国军人。"[1] 林语堂希望将《京华烟云》中虚构的家国兴衰、人物命运,作为西方人全面了解中国社会文化的窗口。尽管认识到中国现代化的必要,但林语堂仍然坚信中华民族的文化是中国取得抗战胜利的精神动力,这也是他在抗战时期所创作的英文小说要向西方世界传达的核心思想。在《京华烟云》中,林语堂以道学思想笼络全书,除去其自身哲学思想的偏好外,更是希望借庄周的生死循环之道揭示中华民族的生生不息,鼓舞中华儿女的斗争士气。《京华烟云》问世后,中文全译本未及出版,短时间内却有三本日文译本同时出现。[2] 这种局面的出现,也从一个侧面反映了这部小说在宣传中国抗战精神上的力度与分量。

20世纪上半叶,谈起中国,西方人最为突出的印象恐怕要数战乱与饥荒,而这些并不足以使他们对这个远隔重洋的国度施与同情和救助。要在西方世界为中国说话使西方愿意扶助中国,首先需要使西方对中国有更加深入的了解,拉近中国与世界的距离,消除东西方之间在地缘与文化上的隔膜。因此,在二战期间许多活跃于海外的中国文学家编纂的英文著作中,与官方高举抗击侵略的民族主义大旗的情形略有不同,中国作家们似乎更侧重于向西方展示中国的社会文化。在这一点上,林语堂如是,蒙古族作家萧乾亦是如此。萧乾曾在二战期间担任《大公报》驻伦敦的战地记者,在英国的七年间,他编撰出版了若干种有关中国文学的英文作品。其中包括《苦难时代的蚀刻》(*Etching of a Tormented Age*,1942)、《中国而非华夏》

---

[1] Lin, Yutang, *Moment in Peking: A Novel of Contemporary Chinese Life*, special authorized edition, Shanghai: Kelly & Walsh Ltd., 1939. 这段献词的中文译文为"全书写罢泪涔涔,献予歼倭抗日人。不是英雄流热血,神州谁是自由民"。译文系参考林语堂《京华烟云》,张振玉译,陕西师范大学出版社,2003。

[2] 施建伟:《林语堂在海外》,百花文艺出版社,1992,第55页。

(*China but Not Cathay*,1944)①、《龙须与蓝图》(*The Dragon Beards versus Blueprints*,1944)、《千弦琴》(*A Harp with a Thousand Strings*,1944)、《吐丝者》(*Spinner of Silk*,1944)等著作。②

正当中国军民反抗日本侵略之际,西方人中间流行着这样一种观点,即将中国视为一个古老的文明单元,"'中国'将会生存下去,而它的政府则不能"。他们认为,正如中国历史上若干次遭遇外敌入侵的历史一样,所谓"契丹"(Cathay)③ 的中国在外敌入侵之下仍然能够继续存在。这种冷眼旁观的看法自然不利于中国争取西方国家的同情与支持。林语堂在抗战时期所进行的大量英语撰述,便是在努力地告诉西方公众:中国人具有强大的民族主义精神,并正在凭借着这种精神抵御日本的侵略。④

萧乾在英国所编纂的大量关于中国文学的书籍,也抱有相似的目的。已故的康奈尔大学教授马丁·贝尔纳(Martin Bernal,1937－2013),在他那本曾引起欧美学界广泛争论的著作《黑色雅典娜:古典文明的亚非之根》(*Black Athena：The Afroasiatic Roots of Classical Civilization*)的第一卷推出中文版时,曾在中译本序言中回忆,他7岁时,当时正在伦敦"东方和非洲研究学校"担任讲师的萧乾曾将《中国而非华夏》一书赠予他,并向他陈述该书的主题,"即中国不是神秘的东方天堂,而是一个真实的地方,中华民族当时饱受日本侵略、政治腐败和自然灾害的苦难,但中国人民的力量终将使它胜利"。这件事成为他与中国结缘的开始。⑤ 林语堂和萧乾都试图向世界呈现一个活生生的中国,一个进步中的现代国家,而不是一个停留于书本和传说中的遥远的异域文明。他们深知,要在西方世

---

① 本书中提到的萧乾所编写的 *China but Not Cathay* 一书,采用曾与萧乾来往较多的李辉所著《萧乾传》(江苏文艺出版社,1993)中的附录二"萧乾著译书目"的译法,翻译为《中国而非华夏》。
② 萧乾著,文洁若编选《萧乾英文作品选》,北京语言文化大学出版社,2001,"序"。
③ "契丹"(Cathay)一词,是公元12世纪以后,域外对中国的称谓。在伊斯兰文献、欧洲人的著述中,往往称中国为 Khita、Khata、Kathay、Khitan、Catai、Chata,等等。俄语中现在还称中国为 Китай,学界一般认为这些词都是"契丹"的转音。这一称谓与契丹族建立的两个政权——契丹和哈喇契丹,即辽与西辽有关,随着历史的发展逐渐由专指国号、地域与人群的称呼,演变为中国的统称(参见胡阿祥《吾国与吾名:中国历代国号与古今名称研究》,江苏人民出版社,2018,第485～492页)。
④ 参见钱锁桥《林语堂传:中国文化重生之道》,第221页、第234～240页。
⑤ 参见〔美〕马丁·贝尔纳《黑色雅典娜:古典文明的亚非之根》第1卷《构造古希腊(1785～1985)》,郝田虎、程英译,吉林出版集团有限责任公司,2011,"中译本序"。

界为祖国说话,以唤起公众对中国的同情和支援,首先需要使西方对中国有更加深入具体的了解,拉近中国与世界的距离,消除东西方之间在地缘和文化上的隔膜。

更为重要的是,他们希望通过揭示中国文化中那些与其他文明相通的价值,唤起人类共同的情感体验,以此呼吁世界对中国正在遭受的厄运的关注。尽管这些著作以文学作品为主,但是在战火连绵的时代背景下,这些文学作品承载的内涵无疑是超出文学范畴的。它们不仅将有关中国的更多元的信息传递给西方读者,也体现了中国人关于中国文化之于世界文明的价值的思索。这种取向,一方面暗合全面抗战时期国内知识界向中华民族传统文化的复归,另一方面也在客观上回应了中国加入世界反法西斯联盟后英美等国家了解东方盟友的愿望。从某种程度上说,在这些英语文学作品中,民族主义是以内化为某种情感与思想底蕴的形式出现的,这无疑是近代中国民族主义的一种更为曲折幽微的表现形态。

结　语

近代中国，在西力东渐的大势之下，亦经历了西学东渐和西语东渐的过程。从上述对于近代中国人英文著述的梳理和考察中，我们不难看出，随着新知识的输入和英语的习得程度不断加深，中国人自觉主动地运用英语，参酌西方人的思维模式和著述形式，面向西方进行写作，借以澄清歧见、传扬文化、诉说意志。并且，从这些英文著作所获得的关注和反响来看，应当说，中国人的英文著述是近代中国与外部世界进行沟通与对话的一种直接而有效的渠道。近代中国人用英文进行写作这一现象本身也构成了近代中国思想文化的一个重要却几被忽略的面相。行文至此，笔者尝试从以下几个方面，概括近代中国人英文著述的意义与历史价值。

一　西方了解中国的全景式窗口

在异质文化的交流中，共同的语言文字是一个不可或缺的媒介，而运用这个语言文字写就的著作则是两种文化交流与接触的重要平台。大体上讲，这就意味着文化交流的双方之中的一方必须掌握对方的语言，两种文化之间才具备顺畅交流的可能性。不过，要使用一门外语写作一篇好的文章，除了要突破词句的障碍外，还需要克服母语文化里惯有的思维模式和表达方式，这并不是一个轻而易举的过程。这一点，有过外语学习经历的人应该都有所体会。从上文的研究可以得知，从19世纪60年代至1945年，近代中国人为了实现与西方的交流与对话，撰写了大量英文著作。从研究者的角度来说，近代中国人英文写作的数量之多、内容之丰富多少有些出乎笔者的意料。并且，许多英文撰述者的英文表达之流畅与优雅也令人印象深刻，细读他们的作品，不仅能感觉到他们的遣词造句精当准确，还能从他们频繁使用的英语国家的习惯表达中窥见他们对于西方文化的熟悉程度。中国人英文撰述的表达水平起点不低，撰写长篇论文痛批西方汉学家的辜鸿铭的西文造诣不需多言，在《我在中国的童年故事》中留美幼童出身的李恩富的英文也非常地道。西方读者往往也对这些作者的写作水平表示赞赏，例如《大美晚报》的高尔德就曾评价桂中枢道："他的思想尖锐而深刻，既务实又充满理想；他有着扎实的知识背景和取之不尽的灵感；他写的英文很出色，充满简洁而辛辣的语句。"[①] 可以说，近代中国的英文撰述者们是能够胜任文化传播使者这个角色的。

近代中国人英文著述涵盖的内容十分广泛。从19世纪60年代到1945年的80余年中，随着中国越来越深地卷入到世界文明的潮流中，近代中国人的英文著述对中国的呈现也越来越全面而多元。笼统地说，近代中国人的英文著述囊括了中国社会、历史、政治、经济、外交、文化、艺术等各个方面。这不但表明近代国人向西方介绍中国的热情与兴趣，也折射出英文撰述者知识背景与职业身份的多样性。从戊戌维新到抗日战争，在近代中国历史上的重大事件和重大问题上，中国人都曾经通过英文著述向外发出过自己的声音。

近代中国人的英文著述亦为西方学术界认知和研究中国提供了重要的学术与思想资源。正如熊月之所注意到的，回溯柯文提出的"中国中心论"思维模式的渊源，在魏斐德、周锡瑞、裴宜理等学者践行之前，在美国从事教育与研究的华裔学者何炳棣、萧公权等即已作出贡献，乃至可以追溯到民国时期太平洋国际学会中陈衡哲、王毓铨、陈翰笙等学者，自觉从中国内部视角或以中国的社会实情为基点研究中国历史。[②] 从外在形式来讲，这些学者多半是通过英文著作的形式走上国际学术舞台，使自己的研究受到域外学者的关注。事实上，这种学术影响力的发生，并不只限于代际学术传承，翻阅同时代英美学者的著作便会发现，中国学者所撰写的英文著作早已成为他们参考与借鉴的思想资源。例如，兰宁（George Lanning）、库寿龄（Samuel Couling）撰写的第一部有关上海租界史的英文专著《上海史》（*The History of Shanghai*）中便引用了顾维钧和刁敏谦的著作。作者在公共租界和法租界的性质界定问题上，便采纳了刁敏谦从国际法角度对供外国人通商和居住的区域的分类。[③] 又如，广为后世研究者引用的韦

---

① Randall Gould, "Preface," *Plain Speaking on Japan: A Collection of Articles on the Sino-Japanese Conflict*, 1933.
② 熊月之：《研究模式移用与学术自我主张》，《近代史研究》2016年第5期。
③ G. Lanning, S. Couling, *The History of Shanghai*, Vol.1, Shanghai: Kelly&Walsh Ltd., 1921, pp. 457–458.

罗贝的著作《中日纠纷与国联》在"参考书之介绍"一节则指出："满洲及上海所发生事件之经过,依中国之观点作公文上之完全研究,而至1933年之末为止者,则有李炳瑞所著《二年来中日不宣告之战争》(*Two Years of the Japan – China Undeclared War*) 一书（1933年版）。"① 类似的例子还有很多。可以说，许多近代中国学者撰写的英文著作已经被西方的中国研究者注意并吸收，并且成为有关中国的知识谱系中的一部分。从这个意义上说，整理和研究近代中国人的英文著述，对于准确地把握中西之间的知识互动，厘清近代中国知识体系的发展脉络，或将有所助益。

二 现代民族国家的对外表达及其言说者

近代中国人的英文著述是面向西方的书写，因而他们撰写著作时必须要考虑西方人所关注的中国问题是什么，或者说他们的著作需要对西方人的中国认知作哪些回应。从某种程度上讲，我们可以从某一时期中国人的英文写作所聚焦的主要内容，来判断这一时期西方关注中国的焦点所在。

清末民初以来，西方观察与审视中国的目光是不断变化的。对于最早接触中国的西方人而言，出现在他们面前的是一个完全陌生的国度，在前现代传教士、冒险家、商人笔下，中国是充满神秘、奇异色彩的东方古国。19世纪中后期，随着西方政治经济强势地侵入中国，西方人与中国人的接触日渐增多，这时西方对中国的兴趣点也随之转移到中国人身上。19世纪末20世纪初，来华传教士、外交官撰写了不少以中国人社会生活与性格特点为主要内容的英文著作，这些著作主要来自他们对中国风土人情的直观感受，明恩溥的《中国人的气质》（1890）、何天爵的《真正的中国佬》（1895）即是其中的代表。同时，中国内部的政治变局也吸引了西方人的注意，他们开始好奇中国不同的政治力量博弈的内幕，并且意识到中国的政治变化与中国内部各种政治派别的升沉密切相关。辛亥革命推翻封建帝制以后，中国的政治走向成了西方关心的问题。北洋政府时期中西势力缠结更加紧密，在军阀各自为政、内战不断的局面下，列强又将视线转向各个军阀，热衷分析不同政治派别的立场与倾向。两次世界大战之间，欧美人士一改对西方文明的绝对自信，一些哲人思想家开始像他们17

---

① 〔美〕韦罗贝：《中日纠纷与国联》，薛寿衡等译，商务印书馆，1937，第4页。此处所译李氏所著之书名与本书中的译法略有差异。

世纪倡导启蒙运动的先辈一样,重新将东方文明作为西方文明的参照系。从本质上讲,海通以来欧美等国的观察家、外交官员及来华传教士对于中国的关注点,通常是与其切身利益息息相关的内容。

纵观近代中国历史的基本面貌,不难发现,19世纪60年代中国人的英文书写出现以后的一段时间内,带有自传性质的英文书写较为多见,李恩富、容闳即属此类。这些著作除记述他们跨越东西文化的个人经历外,也不可避免地涉及他们在中国生活的点滴。与传教士对中国社会生活的描摹有所不同,李恩富对中国社会风俗与日常生活的描述显得平实与亲切得多。作为较早迈出国门的中国人,他们所传递的信息无疑是对西方人笔下野蛮、愚昧的"中国佬"形象的有力冲击。戊戌、庚子前后,对于中国内政外交的论述成为中国人英文书写的突出重点。辜鸿铭、林文庆的著作可视为代表,两书都为中国的排外情绪辩护,分别从文化与政治的角度有力地回应了西方的"黄祸论"。同时,两书的内涵又各有特色:辜氏《尊王篇》站在维护清廷统治的立场上批评西方列强的殖民主义政策,而林氏《中国内部之危机》则从中国内部保守与进步的政治力量之间的矛盾中寻找义和团运动兴起的原因。

北洋政府时期,随着国家主权观念的确立,中国的英文撰述者更加注重向西方展示中国的觉醒,并在此基础上要求列强给予平等待遇。表现之一是曾在英美等国学习政治学的新式知识分子撰写著作介绍中国的民主政治。他们在著作中介绍西方国家的宪政经验,探索中国建立共和制度的路径,又通过这些著作向西方表明中国具备实现民主政治的可能。二是知识界大力向西方介绍五四新文化运动,他们强调这场运动是中国人思想层面的一次彻底变革,并将它称为"中国的文艺复兴"。三是中外关系问题在这一时期中国人的英文写作中占有较大比重。这些著作对不平等条约体系做了细致而深入的研究,其落脚点在于废除不平等条约、收回中国丧失的利权。

南京国民政府成立至全面抗战爆发前,中国人英文书写最为显著的特点是介绍中国文化的著作大量出现,这反映了国人对民族文化的自信有所增加。以陈衡哲主编的《中国文化论集》为代表,撰写这些著作的知识分子试图纠正西方对中国的一大偏见,即中国是一个停滞、衰老的国家。他们在著作中介绍中国历史的嬗变,尤其强调中国文化从不拒斥外来文化,说明中国并未像其他古国那样消亡的重要原因就是善于吸收外来文化因子。20世纪三四十年代，中国与欧美学术文化界的交流空前繁荣，胡适、张彭春等文化人物都曾在欧美知名大学中讲学，从东西文化的差异性与互补性角度宣传中国文化的价值。除了通过讲学、写作等形式介绍中国文化外，集政客、学者身份于一身的江亢虎还试图将中国文化纳入现代学科体系之中，其英文著作中反映出的在欧美建立中国学系的设想与实践颇有特点。

晚清以来，西化先于中国而又野心勃勃的日本一直是中国的肘腋之患。如郭廷以先生所言："甲午战前，（日本——引者注）尚系伺隙而动，乘危侵凌，甲午战后，狰狞面目已露，民初以来，变本加厉，投降前的十五年，则等于疯狂。"[①] 九一八事变爆发后，英语世界中出现了大量有关中日关系的著作，它们主要出自中国知识分子的笔下。其中既有考察中日冲突由来的专门著述，也有针锋相对地回应日本人对九一八事变的辩护的作品。可以说，九一八事变以后，中国人的英文著述对于中日关系的关注程度不亚于中文出版物，其中折射出英文撰述者深刻的民族危机意识。七七事变后，全面抗战更成为中国人英文撰述中最为普遍的主题。全面抗战时期，无论是各种官方的英文宣传著述，还是文化界、海外华人进行的相关书写，中华民族的抗战精神都是其中标举的主旨。一方面，团结、坚韧的民族精神无疑是最能唤起世界各国人民同情的感性力量；另一方面，作为抗击日本法西斯的主要战场，中国军民浴血奋战的精神对于反法西斯盟国而言也是一种鼓舞。

由上可知，近代中国人英文书写中对中国的呈现，大致经过了一个由表及里、由浅入深的过程。中国人的英文著述从最初对中国日常生活的介绍，到为中国的政治利益辩护，争取外交上的平等，再到向西方传播中国文化，阐扬中国文化的普遍价值，直至全面抗日战争中向英美盟国宣传中国人民顽强不屈的民族精神。这种渐进式的过程，既是由近代中国越来越深地卷入现代世界体系的趋势决定的，也是与中国推翻封建皇权逐步形成现代民族国家的历程相适应的。纵观从晚清到第二次世界大战结束中国人英文著述的发展脉络，从为国家形象进行辩护与正名，到为国家权益与生存反复申说与呼号，凝结了中国作为一个现代民族国家试图向外界表达的意志。

回顾中国近现代的历史演进轨迹，可以说，几乎在每一次民族危难之

[①] 郭廷以：《近代中国的变局》，台北：联经出版事业公司，1987，第186页。

际，都有中国人撰写英文著述向外发声。不管他们身处何处，也不管他们的身份、地位，为了祖国摆脱列强的奴役，为了中华民族的振兴，他们用英文书写的方式，向世人介绍中华文明，向世界大声疾呼、呐喊，伸张中国的诉求，让世界了解中国的主张，争取民族之权益。这些能用英文写作的作者，与传统出身的知识分子最不一样的地方，便是他们在技能上习得英语，在思想上受到西方文化的熏染。

鸦片战争以来，条约口岸的部分士人在与西人的交往中习得英文，并对中西两国的接触与碰撞有着切身的体会，开始尝试用英文写作回应西方。而后，生长于英国殖民统治之下的海外侨生，不但熟练掌握英文，还在海外获得文凭。他们有感于祖国任人宰割、同胞遭受误解与歧视的境遇，有意识地执笔作书，进行英文撰述。随着中外交往日益加深，能熟练以英语作文的中国人越来越多。这些中国知识分子，或者从事涉外工作，或者留过洋，或者自小在国外长大，经历各殊，但是对于西方的了解较前人更加全面、深刻，他们所撰写的英文著作内容更加丰富、系统。应当说，从19世纪70年代自称"一个中国人"的读者投书，到20世纪二三十年代留学海外的知识分子撰写的深具学理的英文著作，这些呈现出了近代中国对西方文化由被动接受到主动对话的一个侧面。

此外，通过对近代中国人英文撰述活动的梳理，不难发现，外交官群体是近代中国人中撰作、出版英文专著的主要群体。究其原因，一方面是外交是相当专业的领域，从事外交者不仅需要熟练掌握外语，还需要具有一定的国际法、国际关系的知识。民国时期，从事外交者多是留学欧美获得博士、硕士学位的新式知识分子，如本书第三章中所展现的那样，他们探讨中外关系、国际问题的学位论文为其日后出版的专著奠定了基础。另一方面，近代中国与列强的冲突和争端不断，也在客观上要求相关领域的知识分子对这些问题作出解释，为中国的立场作出辩解，维护中国的利益。这些撰述活动又往往使得他们受到政府的关注，例如徐淑希、刘师舜在进入外交领域之前，已经出版过水准颇高的关于东北问题和不平等条约问题的学术专著，得到学术界的认可。这些英文著作也在一定程度上反映出民国时期外交官的专业素养。傅秉常曾谈道，自晚清至国民政府时期，"外交部始终维持相当水准，周旋折冲于国际坫坛，未必较人稍逊"，而由于外交部水准颇高，时人"咸以能入外交部为荣，甚至降身担任较低职位亦所甘愿"。① 他还胪列前文述及的戴恩赛、夏晋麟等人，说明他们均自英美著名大学毕业，专攻外交，而入外交部后仅任职科员。检视近代中国人英文著述中大量关于中外关系的著作，亦使人对傅秉常的这一认识有更加深切的感受。

三 近代中国人英文书写的民族主义内涵及特点

要认识近代中国人英文书写的历史价值，不能仅仅局限于中西文化交流的视野，必须将它放回近代中国特殊的历史文化环境中加以考察。具体而言，近代中国人的英文书写是以近代中国民族主义的兴起为背景的。近代中国以西方列强的强势入侵为起点，在资本主义经济、政治势力的压迫与束缚之下，中国沦为半殖民地半封建社会。埃里克·霍布斯鲍姆（Eric Hobsbawm）指出，反帝国主义运动与民族主义运动之间的纠葛关联难以理清，但是"致使民族主义走向政治化的关键，在于自视为或被人视为同一族人的男男女女，已经深信：他们眼前的情况之所以这么令人不满，主要就是因为他们受到不平等待遇，而对他们施与不平等待遇者，正是外族或非我族的统治阶级"。②

近代中国的民族主义思想萌芽于清末，勃兴于五四，高涨于抗日战争时期，与近代中国建构现代民族国家的历程相伴生。如果作一简单的区分，那么近代中国的民族主义属于公民民族主义，而不是族裔民族主义，对此学术界已从不同的维度进行过论述。在现代民族国家的框架内，国家的合法性来自人民主权，"通过成为'民族'中的成员，个人才被赋予了公民的权利和义务。只有成为'民族'中的成员才能成为公民，并得到只有民族国家才能赋予的公民权这种现代性所带来的种种实惠"。③ 从政治架构来看，晚清至民国时期，政治精英以宪法或宪法性文件进行国家建构，建立具有充分合法性的民族国家，以当时世界范围内普遍实践的公民民族主义形塑国家认同，从而以"求同"的努力化解"求异"的隐忧，

---

① 《傅秉常先生访问纪录》，台北，中研院近代史研究所，1993，第100页。
② 〔英〕埃里克·霍布斯鲍姆：《民族与民族主义》，李金梅译，上海人民出版社，2006，第106页。
③ 〔英〕安东尼·史密斯：《全球化时代的民族与民族主义》，龚维斌、良警宇译，中央编译出版社，2002，第115页。

建立一个同质性的民族国家。① 从考察"nation"一词在现代语境下的意涵及中国知识精英对其的接纳与使用,到剖析"中华民族"这一符号及涵泳于其中的国家认同理念,基于思想文化史的研究表明,20世纪前半期现代中华民族观念所指向的,既有建立在现代国家架构之上的国家政治认同,还有进一步谋求基于社会文化层面一体化的大民族共同体的历史文化认同。②

只有充分理解近代以来中国人构建现代民族国家的取向与意图,才能准确把握近代中国民族主义思想的内涵。可以说,贯穿近代中国百余年历史的核心议题,就是中国人民在民族主义思想的鼓舞之下寻求国家独立、民族平等的历程。在很大程度上,近代中国人英文书写始终呼应着民族主义这一近代中国历史的重要主题。虽然他们并不总是在著作中鲜明地表现出摆脱列强的政治经济束缚的诉求,但是维护民族尊严、争取民族平等待遇几乎是所有英文撰述者的心声。究其原因,还是在于中国的英文撰述者的民族认同感。也许并不是每一个英文撰述者都会自称民族主义者,但是不可否认的是,他们都认同自己是中华民族的成员,而当他们面对西方时,这种身份属性无疑会更加凸显。

近代中国的民族主义具有双重的历史使命——对内唤起民众、振奋民族精神、加强民族凝聚力,在国家政治生活中充当社会动员的重要力量;对外反抗帝国主义压迫与剥削、伸张国权、维护国家与民族的利益,在现代民族国家的大家庭中争取一席之地。近代中国人的英文书写的主要对象正是对中国实施压迫与剥削的西方,这就决定了作者在写作时不得不直面中国与西方的关系,因而这些著述往往蕴含着深厚的民族情感,同时国内民族主义运动的高涨又鼓舞着作者将中华民族的全新面貌昭示于西方。此外,作为新文化运动的特征之一,西方文艺复兴和启蒙运动中所标举的世界主义传播到中国,并与中国传统思想文化中的"天下"观念、"大同"思想相互激荡,使得五四新文化运动一代的知识分子的思想底色中,往往存在着世界主义与民族主义的张力。③ 在这些思想因子的共同作用下,近

---

① 张春海:《晚清至民国时期以宪法建构民族国家的考察》,《复旦学报》(社会科学版) 2020 年第 3 期。
② 黄兴涛:《重塑中华:近代中国"中华民族"观念研究》,北京师范大学出版社,2017,第 371~376 页。
③ 高力克:《五四的思想世界》(增订本),东方出版社,2019,第 172~176 页。

代中国的民族主义又呈现出某种包容性，促使中国的知识精英以自洽的逻辑、主动的姿态参与到中西文明对话与互鉴的议题中来。

作为近代中国民族主义的一种表达方式，近代中国人英文书写对我们了解近代中国民族主义的特点与内涵不无帮助。

其一，近代中国人英文著述对于中国历史文化的介绍与传播，集中体现了中国近代民族主义重塑民族文化的重要主题。与许多后发型现代化国家一样，近代中国的民族主义所肩负的基本使命，是重建民族国家共同体。有学者著文指出其中的复杂性："这个民族国家共同体究竟是一个政治共同体，还是历史文化共同体？公民们对之认同的基础是什么？是政治法律制度，抑或公共的政治文化，还是历史传统遗留下来的文化、语言或道德宗教？"[①] 我认为，在近代中国历史的视野中认识这个问题，要从两个方向区别来看：就中国内部来说，政治共同体的重建无疑是关键的，这是由中国半封建半殖民地的社会性质决定的；就中国与外部世界的联结而言，建立历史文化共同体也是不容忽视的，这既关乎具备悠久历史文明的中国在世界各个民族、各种文化中寻求自身位置，又与大批海外华人的民族认同感密切相关。可以说，从中国近代民族主义面向外部世界的维度看，近代中国人英文书写承担了重新整理、塑造中华民族文化，重建历史文化共同体的任务。

纵观近代中国人英文写作，用二分法将西方文明与东方文明分别界定为物质文明与精神文明的做法，颇为常见。在某种程度上说，这既是中国的英文撰述者的认知模式，也是在以西方话语为指导的现代文明世界中安置中国文化的一种策略。从辜鸿铭到江亢虎，中国的英文撰述者对于中国古代文明"重精神轻物质"特性的强调，既是文化民族主义思想的一种表征，也是他们认同中国独特的历史文化形态的客观反映。此外，陈衡哲等学者在《中国文化论集》中着力将中国的文化元素纳入西方知识谱系中的努力，则充分反映了现代中国的知识分子在世界文明的范畴中重构中国文明的意图。大体上说，在面向西方的近代中国人英文书写领域，民族主义思想主要表现为对中国历史文化共同体的推介与定位。

值得注意的是，在向西方介绍中国文化时，国人往往带有某种回护本国文化的心理，刻意放大中国传统文化的优点，回避缺点。这就是周质平

---

① 高瑞泉主编《中国近代社会思潮》，上海人民出版社，2007，第315页。

所说的胡适在英文著作中谈到中国时多多少少带有的隐恶扬善的心理。胡适在英文著作中强调，中国固有的文化中隐含着近代科学与民主的精神，并且中国也并未停滞不前。① 此类观点在近代中国人的英文著述中并不少见。严鹤龄在《中国宪政发展》里将儒家经典比附为西方国家的宪法即是其中一例，又比如汤良礼在《反叛的中国》里描绘以道德义务作为准则的"安宁的中国"。这种现象的出现，除了民族自尊心的作用外，想必也是出于使西方更加认可中国文化的考虑。

其二，由于近代中国人英文书写的对象是西方，其历史内涵鲜明地体现了中国近代民族主义反抗强权、抵御外侮的重要特点。在近代东西方政治权利格局之下，撰写英语著作的中国人大部分时间都在扮演申辩者的角色。他们在著作中向西方强权发起挑战，为中国辩诬，要求废除不平等条约。随着民族主义思想的兴起，中国人越来越注重用英语表达自己的意愿与主张，特别是在某些特定的历史事件上，英文书写甚至成为官方外交的辅助手段。例如，日本提出"二十一条"的无理要求时，海外留学生对其中内幕的率先披露，引起了英美列强的重视；华盛顿会议上中国代表团准备的梳理山东问题和"二十一条"来龙去脉的英文著作，则为山东问题的最终解决增加了砝码。九一八事变以后中国人就中日冲突撰写的大量英文著作，更是淋漓尽致地表达了近代中国民族主义"反抗"的内涵。不同的是，这一时期英文撰述者们反抗的矛头，已经从以往包括日本在内的西方国家集中指向了日本侵略者。从九一八事变到抗日战争的胜利，国民政府官方宣传机构、知识界与文化界人士、广大海外华人以政论、战争纪实、小说、散文等各种形式，不遗余力地向西方宣传中国抗击日本侵略者的事迹，争取国际社会的物质与精神支持。这个现象本身就是近代中国民族主义反抗侵略、抵御外侮的重要表现。

其三，近代中国人英文书写体裁不同、内涵各异的特点，也集中体现了近代民族主义思想的复杂性。正如黄兴涛指出，"民族主义不仅是一种普遍存在的情感取向，一种思想原则并表现为多姿多彩的观念形态，还往往作为一面政治大旗被弱小民族和国家公然揭橥，不断挥舞，成为一种合法而强势的意识形态。与此同时，它还通常直接构成和导致所在民族与国家现实的政治、经济、文化运动和社会实践。因此，作为历史现象的民族

---

① 周质平：《胡适与中国现代思潮》，第277页。

主义无疑是复合型的、多层次的、立体的和动态的"。① 如前所述，近代中国民族主义的一个重要维度，就是对外的抗敌御侮，捍卫国家和民族的利益。中国人用英文进行书写时直接面对的正是以强权侵略中国的西方，因而这些著述中所蕴含的民族主义，无论是理性的思想也好，还是炙热的情感也罢，都或多或少地体现了中国人的民族主义情感与诉求。在类型众多的近代中国人英文著译中，民族主义的彰显形式也是复杂而多样的：它可能是内蕴于林语堂《京华烟云》中的深沉的家国情感，也可能是邵蒂棠《中国问题一瞥》中对要求取消治外法权的反复申说，抑或体现在若干英文著作对于儒家学说的译介上。应当说，这些面向西方的书写都是近代中国人抒发民族主义情感、表达民族主义诉求的重要渠道。当然，除受到著作本身内容的限定外，中国人英文著作中民族主义思想的表达，也在客观上受到写作策略的影响。在一些涉及中外双方利益得失的问题上，理性冷静地摆出事实与证据，往往比带有强烈的民族主义情绪的大声疾呼更有实效。中国知识分子在太平洋国际学会上就租界、治外法权、中日关系等问题的发言能够得到与会代表的同情与关注，很大程度上便是得益于他们对上述问题的严谨认真的研究。

黄宗智曾经提出，近代以降的中国社会呈现出双重文化性（Biculturality）和双重语言性（Bilinguality）的特性。所谓"双重文化性"，是指某个个体同时置身并参与到两种不同的文化之中，而双重语言性则是指某个人同时使用两种语言。双重语言性是双重文化性的实用而具体的表征。黄宗智认为，"双重文化性"与"双重语言性"是理解现代西方和非西方世界文化接触的一种路径。② 东西方文化的相遇，并不意味着东方/西方、传统/现代、征服/反抗、中国化/西方化便是非此即彼的二元对立。如若重新审视历史，我们会发现在中国作为现代民族国家的形塑过程中，诸多蕴含着双重文化性的潜在因素发挥着重要作用。

由是观之，近代中国人的英文著述展现出近代中国民族主义更为丰富的面相。作为中国与外部世界沟通的桥梁，中国人的英文著述传递出中国

---

① 黄兴涛：《情感、思想与运动：近代中国民族主义研究》，《广东社会科学》2009年第3期，第79~80页。

② Philip C. C. Huang, "Biculturality in Modern China and in Chinese Studies," *Modern China*, Vol. 26, No. 1, Jan., 2000.

对外交往的意愿，同时也承载着对外维护现代民族国家主权和利益的重要功能。另外，知识分子通过英文著述的方式阐释中国的固有文化与学问，除向外宣传中国文化的动机之外，又何尝没有试图将中国本土文化纳入人类文明与知识体系的意识？近代中国的历史，是中国走向世界、融入世界，并在世界中谋求自身独立平等地位的历史，而近代中国人的英文著述体现了国人在这一过程中的自觉与自省。这些著作以一种独特的方式体现了近代中国的民族主义精神。它们不仅使西方更直观、更真切地了解了中国，更向世界传达了中华民族维护国家独立、民族尊严的意志与决心，声援了国内的民族主义运动。这些英文撰述者在坚持为祖国利益发声的立场的基础上，有策略、有针对性地为中国利益辩护，其内容与方法对于当今中国的对外宣传与国际形象的构建，亦不乏镜鉴价值。

参考文献

一 原始文献

(一) 著作

Bau, Mingchien Joshua (鲍明钤), *Modern Democracy in China*, Shanghai: Commercial Press, 1923.

Bau, Mingchien Joshua, *The Foreign Relations of China: A History and a Survey*, New York, Chicago: Fleming H, Revell, 1922.

Bau, Mingchien Joshua, *Relinqushement of Extraterritoriality in China*, Kyoto, 1929.

Chang, P'eng-Ch'un (张彭春), *China at the Crossroads*, with a foreword by Professor Eileen Power, London, Evans Brothers, 1936.

Chiang, Yee (蒋彝), *Chin-Pao and the Giant Pandas*, London: Country Life, 1939.

Chiang, Yee, *The Chinese Eye: An Introduction of Chinese Painting*, London: Methuen & Co. Ltd., 1936 (second edition).

China To-day through Chinese Eyes, the first series, by Dr. T. T. Lew (刘廷芳), Prof. Hu Shih (胡适), Prof. Y. T. Tsu (朱友渔), Dr. Cheng Ching Yi (诚静怡), London: Student Christian Movement, 1922.

China To-day through Chinese Eyes, the second series, by T. C. Chao (赵紫宸), P. C. Hsu (徐宝谦), T. Z. Koo (顾子仁), T. T. Lew (刘廷芳), M. T. Tchou (朱懋澄), F. C. M. Wei (韦卓民), D. Z. T. Yui (余日章), London: Student Christian Movement, 1926.

Hsia, Chin-Lin (夏晋麟), *The Status of Shanghai: A Historical Review of the International Settlement*, (Under the auspices of the China Council of the Institute of Pacific Relations) Shanghai: Kelly and Walsh, 1929.

Hsia, Chin‑Lin, *Studies in Chinese Diplomatic History*, Shanghai: Commercial Press, 1926.

Hsiao, ch'ien (萧乾), ed., *A Harp with a Thousand Strings* (a Chinese anthology in six parts), London, The Pilot Press, 1944.

Hsiao, ch'ien, ed., *Etching of a Tormented Age: A Glimpse of Contemporary Chinese Literature*, London: G. Allen and Unwin, 1942, 德文版, 1947。

Hsiao, ch'ien, *China but Not Cathay*, London: Pilot Press, 1942.

Hsü, Shu‑Hsi (徐淑希), *Background of the Manchurian Situation*, Peiping: [s. n.], 1932.

Hsü, Shu‑Hsi, *China and Her Political Entity: A Study of China's Foreign Relations with Reference to Korea, Manchuria and Mongolia*, New York, London: Oxford University Press, 1926.

Hsü, Shu‑Hsi, *Essays on the Manchurian Problem*, Shanghai: China Council, Institute of Pacific Relations, 1932.

Hsü, Shu‑Hsi, *Questions Relating to Manchuria*, prepared for the fourth general session of the Institute of Pacific Relations to be held at Hangchow, October 21 to Novembers 3, 1931, Shanghai: [s. n.], 1931.

Hsü, Shu‑Hsi, Robert Duncan, *The Manchurian Dilemma Force or Pacific Settlement*, published under the auspices of the Institute of Pacific Relations, Peking: [s. n.], 1931.

Hsü, Shu‑Hsi, *The Manchurian Question*, published under the auspices of the China Council of the Institute of Pacific Relations, rev. ed., 1st ed., 1929, Peiping: [s. n.], 1931.

Hsü, Shu‑Hsi, *A Reply to Mr. Matsuoka*, 3rd ed., 1st ed. in 1930, Peiping: [s. n.], 1932.

Hu, Shih (胡适), *China's Own Critics: A Selection of Essays*, with Commentaries by Wang Ching‑wei (汪精卫), Peiping, China United Press, 1933.

Kawakami, K. K., *Japan Speaks on the Sino‑Japanese Crisis*, New York: The Macmillan Company, 1932.

Kiang, Kanghu (江亢虎), *On Chinese Studies*, Shanghai: Commercial Press, 1934.

Kwei, Chung‑Shu（桂中枢）, *Plain Speaking on Japan: A Collection of Articles on the Sino‑Japanese Conflict*, Shanghai, Commercial Press, 1933.

Lee, Edward Bing‑Shuey（李炳瑞）, *China in 1930*, Peiping: Leader Press, 1930.

Lee, Shao‑Ch'ang（李绍昌）, *China: Ancient and Modern*, Honolulu, Hawaii: 1937, Rev. ed. 1940.

Li Chi（李济）, *Manchuria in History: A Summary*, Peiping: Peiping Union Bookstore, 1932.

Lin, Adet, Anor and Meimei（林如斯、林太乙、林相如）, *Dawn over Chungking*, New York: John Day, 1941.

Lin, Yu‑T'ang, *Letters of a Chinese Amazon and War‑time Essays*, Shanghai: Commercial Press, 1934.

Lin, Yu‑T'ang（林语堂）, *My Country and My People*, New York: Reynal and Hitchcock, 1935.

Li Ung Bing（李文彬）, *Outlines of Chinese History*, edited by Joseph Whiteside, Shanghai: Commercial Press, 1914.

Lo, Ren Yen（罗运炎）, *China's Revolution from the Inside*, New York, Cincinnati〔etc.〕: Abingdon Press, 1930.

Meng, Chih（孟治）, *Chinese American Understanding: A Sixty‑year Search*, New York: China Institute in America, 1981.

Meng, Chih, *China Speaks on the Conflict between China and Japan*, New York: The Macmillan Company, 1932.

Park, No‑Yong（鲍纳荣）, *An Oriental View of American Civilization*, Boston and New York: Hale, Cushman and Flint, 1934.

Park, No Yong, *Making a New China*, with an introduction by Honorable Shipstead, Boston: Stratford Co., 1929.

T'ang Leang‑Li（汤良礼）, *The Foundations of Modern China*, London: N. Douglas, 1928.

T'ang Leang‑Li, *The Inner History of the Chinese Revolution*, London: G. Routledge, 1930.

T'ang Leang‑Li, ed., *China Facts and Fancies*, Shanghai: China United Press, 1936.

T'ang Liang‑Li, *China in Revolt: How a Civilization Became a Nation*, foreword by Dr. Tsai Yuan‑pei（蔡元培）, preface by the Hon. Bertrand Russell, London: N. Douglas, 1927.

Tseng, You‑Hao（曾友豪）, *Modern Chinese Legal and Political Philosophy*, Shanghai, Commercial Press, 1930.

Tseng, You‑Hao, *The Termination of Unequal Treaties in International Law: Studies in Comparative Jurisprudence and Conventional Law of Nations*, Shanghai, Commercial Press, 1931.

Tyau, Min‑ch'ien Tuk Zung（刁敏谦）, *China Awakened*, New York: Macmillan, 1922.

Tyau, Min‑ch'ien Tuk Zung, *China's New Constitution and International Problems*, Shanghai: Commercial Press, Limited, 1918.

Tyau, Min‑ch'ien Tuk Zung, *China's Diplomatic Relations: A Survey*, (Preliminary paper prepared for the fifth biennial conference of the Institute of Pacific Relations to be held at Banff, Canada, August 14‑28, 1933) Shanghai: China Institute of Pacific Relations, 1933.

Wang, Ching‑Ch'un（王景春）, *Extraterritoriality in China: A Monograph*, New York: China Institute of America, 1931.

Wang, Tsi Chang（王苴章）, *The Youth Movement in China*, New York: New Republic, 1927.

Wen Ching (Lim Boon Keng)（林文庆）, *The Chinese Crisis from Within*, London: G. Richards, 1901.

Witter Bynner（陶友白）, Kiang, Kanghu, trans., *The Jade Mountain: A Chinese Anthology Being Three Hundred Poems of the T'ang Dynasty 618‑906*（江亢虎自题,《群玉山头：唐诗三百首英译本》）, New York: Alfred A. Knopf, 1931。

Wu, Chao‑Chu（伍朝枢）, *The Nationalist Program for China*, New Haven: Yale University Press, London: Oxford University Press, 1929.

Wu, Kuo‑Cheng（吴国桢）, *Ancient Chinese Political Theories*, Shanghai: Commercial Press, 1928.

Yan Phou Lee（李恩富）, *When I Was a Boy in China*, Boston: D. Lothrop Company, 1887.

Yen, Hawking Lugine（严鹤龄）, *A Survey of Constitutional Development of China*, New York: Columbia University, Longman, Green & Co., 1911.

Zau, Fi-Daung (F. D. Z., 即邵苢棠), *Glimpses into the Problems of China*, a Series of letters by a Chinese contributor to the foreign press of Shanghai by F. D. Z., Shanghai: Kelly and Walsh, 1930.

（二）报刊

American Journal of Sociology（《美国社会学杂志》）.

Annals of the American Academy of Political and Social Science（《美国政治与社会科学院院刊》）.

Harvard Law Review（《哈佛法律评论》）.

Journal of the Royal Institute of International Affairs（《皇家国际问题研究所杂志》）.

The American Historical Review（《美国历史评论》）.

The Century Magazine（《世纪杂志》）.

The China Press（《大陆报》）.

The Chinese Recorder and Missionary Journal（《教务杂志》）.

The Manchester Guardian（《曼彻斯特卫报》）.

The New York Times（《纽约时报》）.

The North-China Daily News（《字林西报》）.

The North-China Herald（《北华捷报》）.

The Shanghai Times（《上海泰晤士报》）.

The Singapore Free Press and Merchantile Advertiser (*Weekly*)（《新加坡自由西报》）.

The Times（《泰晤士报》）.

二 中文参考文献

（一）著作

〔英〕埃里克·霍布斯鲍姆：《民族与民族主义》，李金梅译，上海人民出版社，2006。

〔美〕艾恺：《最后一个儒家：梁漱溟与现代中国的困境》，郑大华等译，湖南人民出版社，1988。

〔英〕安东尼·史密斯：《全球化时代的民族与民族主义》，龚维斌、良警宇译，中央编译出版社，2002。

《鲍明钤文集》，鲍丽玲、毛树章译，中国法制出版社，2011。

鲍明钤：《中国民治论》，周馥昌译，商务印书馆，1927。

蔡德金、王升编著《汪精卫生平纪事》，中国文史出版社，1993。

陈丰盛：《诗化人生：刘廷芳博士生平逸事》，中国基督教三自爱国运动委员会、中国基督教协会，2013。

陈衡哲主编《中国文化论集》，王宪明、高继美译，福建教育出版社，2009。

陈焕章：《孔门理财学》，韩华译，商务印书馆，2017。

陈君静：《大洋彼岸的回声：美国中国史研究历史考察》，中国社会科学出版社，2003。

陈明章：《国立南开大学》，南京出版社，1981。

陈雁：《抗日战争时期中国外交制度研究》，复旦大学出版社，2002。

程道德等编《中华民国外交史资料选编（1919~1931）》，北京大学出版社，1985。

单正平：《晚清民族主义与文学转型》，人民出版社，2006。

刁敏谦：《中国国际条约义务论》，商务印书馆，1927。

丁贤俊、喻作凤：《伍廷芳评传》，人民出版社，2005。

方汉奇：《中国近代报刊史》（上），山西人民出版社，1981。

〔澳〕费约翰：《唤醒中国：国民革命中的政治、文化与阶级》，李恭忠、李里峰等译，三联书店，2004。

冯自由：《革命逸史》，商务印书馆，1939。

傅斯年：《东北史纲》，上海古籍出版社，2012。

高力克：《五四的思想世界》（增订本），东方出版社，2019。

高瑞泉主编《中国近代社会思潮》，上海人民出版社，2007。

〔美〕高彦颐：《闺塾师：明末清初江南的才女文化》，李志生译，江苏人民出版社，2004

戈公振：《中国报学史》，中国传媒大学出版社，2016。

辜鸿铭：《中国人的精神》，黄兴涛、宋小庆译，海南人民出版社，2007。

关捷主编《日本与中国近代历史事件》，社会科学文献出版社，2006。

郭廷以编著《中华民国史事日志》第1册，台北：中研院近代史研究所，1979。

郭廷以:《近代中国的变局》，台北：联经出版事业公司，1987。

郭卫东主编《近代外国在华文化机构综录》，上海人民出版社，1993。

郭绪印主编《国民党派系斗争史》，上海人民出版社，1992。

〔美〕何天爵:《真正的中国佬》，鞠方安译，中华书局，2006。

〔英〕何伟亚:《英国的课业：19世纪中国的帝国主义教程》，刘天路、邓红风译，社会科学文献出版社，2007。

侯中军:《中国外交与第一次世界大战》，社会科学文献出版社，2017。

胡适著，欧阳哲生、刘红中编《中国的文艺复兴》，外语教学与研究出版社，2000。

胡适著，周质平编《胡适英文文存》，外语教学与研究出版社，2012。

黄纪莲:《中日"二十一条"交涉史料全编（1915～1923）》，安徽大学出版社，2001。

黄小用:《曾纪泽的外交活动与思想研究》，湖南大学出版社，2013。

黄兴涛:《文化怪杰辜鸿铭》，中华书局，1995。

黄兴涛主编《中国文化通史·民国卷》，中共中央党校出版社，2000。

黄兴涛:《重塑中华：近代中国"中华民族"观念研究》，北京师范大学出版社，2017。

江亢虎:《回向东方——江亢虎博士和运文选》，民意社，1941。

江亢虎:《江亢虎博士演讲录》，南方大学出版部，1923。

金光耀、王建朗主编《北洋时期的中国外交》，复旦大学出版社，2006。

蒯世勋编著《上海公共租界史稿》，上海人民出版社，1980。

李恩涵:《近代中国外交史事新研》，台湾商务印书馆股份有限公司，2004。

李恩涵:《外交家曾纪泽（1839～1890）》，东方出版社，2014。

李恩涵:《曾纪泽的外交》，台北：中研院近代史研究所，1982。

李剑农:《中国近百年政治史（1840～1926）》，复旦大学出版社，2002。

李育民:《中国废约史》，中华书局，2005。

李元瑾:《林文庆的思想：中西文化的汇流与矛盾》，新加坡亚洲研究会，1991。

〔美〕利尔·莱博维茨、马修·米勒:《幸运儿》，李志毓译，商务印书馆，2013。

廖建裕：《爪哇土生华人政治（1917~1943）》，李学民、陈巽华译，中国友谊出版公司，1986。

林语堂：《中国人》，郝志东、沈益洪译，学林出版社，2007。

刘驭万编《最近太平洋问题》，中国太平洋国际学会，1932。

吕文浩：《潘光旦图传》，湖北人民出版社，2006。

罗志田：《激变时代的文化与政治》，北京大学出版社，2006。

罗志田：《裂变中的传承：20世纪前期的中国文化与学术》，中华书局，2009。

罗志田：《乱世潜流：民族主义与民国政治》，上海古籍出版社，2001。

《马光仁文集》，上海社会科学院出版社，2013。

马光仁主编《上海新闻史》（修订版），复旦大学出版社，2014。

〔美〕马士：《中华帝国对外关系史》，张汇文等译，上海书店出版社，2000。

马学新、曹均伟、席翔德主编《近代中国实业巨子》，上海社会科学院出版社，1995。

马振犊：《国民党特务活动史》，九州出版社，2008。

牛道生主编《英语与世界》，中国社会科学出版社，2008。

彭明辉：《晚清的经世史学》，台北：麦田出版城邦文化发行，2002。

钱钢、胡劲草：《留美幼童：中国最早的官派留学生》，文化出版社，2004。

钱锁桥：《林语堂传：中国文化重生之道》，广西师范大学出版社，2019。

容闳：《西学东渐记》，徐凤石、恽铁樵译，湖南人民出版社，1981。

桑兵：《庚子勤王与晚清政局》，北京大学出版社，2004。

沈予：《日本大陆政策史（1868~1945）》，社会科学文献出版社，2005。

施建伟：《林语堂在大陆》，北京十月文艺出版社，1991。

施建伟：《林语堂在海外》，百花文艺出版社，1992。

石源华：《中华民国外交史》，上海人民出版社，1994。

〔日〕松本重治：《上海时代》，董振威、沈中琦等译，上海书店出版社，2005。

孙宏云：《中国现代政治学的展开：清华政治学系的早期发展（1926～1937）》，三联书店，2005。

孙平华：《张彭春：世界人权体系的重要设计师》，社会科学文献出版社，2017。

孙晓楼、赵颐年编著《领事裁判权问题》，商务印书馆，1936。

陶文钊：《中美关系史》上卷，上海人民出版社，2004。

天津市历史博物馆辑《秘笈录存》，中国社会科学出版社，1984。

汪佩伟：《江亢虎研究》，武汉出版社，1998。

王尔敏：《中国近代思想史论》，社会科学文献出版社，2003。

王汎森：《中国近代思想与学术的系谱》（增订版），上海三联书店，2018，

王国平：《东吴大学简史》，苏州大学出版社，2009。

王家范：《史家与史学》，广西师范大学出版社，2007。

王建朗：《中国废除不平等条约的历程》，江西人民出版社，2000。

王敏：《上海报人社会生活（1872～1949）》，上海辞书出版社，2008。

王奇生：《留学与救国——抗战时期海外学人群像》，广西师范大学出版社，1995。

王树槐：《外人与戊戌变法》，台湾商务印书馆，1965。

王文彬编著《中国现代报史资料汇辑》，重庆出版社，1996。

王芸生编著《六十年来中国与日本》，三联书店，2005。

王兆胜：《林语堂与中国文化》，社会科学文献出版社，2007，

〔美〕韦罗贝：《中日纠纷与国联》，薛寿衡等译，商务印书馆，1937。

吴小龙：《少年中国学会研究》，上海三联书店，2006。

席云舒：《胡适考论》，商务印书馆，2021。

熊月之：《西学东渐与晚清社会》，上海人民出版社，1994。

熊月之、周武主编《圣约翰大学校史》，上海人民出版社，2007。

熊月之主编《上海名人名事名物大观》，上海人民出版社，2005。

徐国琦：《中国人与美国人：一部共有的历史》，尤卫群译，四川人民出版社，2019。

徐祥民等：《中国宪政史》，青岛海洋大学出版社，2002。

徐迅：《民族主义》，中国社会科学出版社，1998。

〔美〕徐中约：《中国进入国际大家庭：1858～1880年间的外交》，屈

文生译,商务印书馆,2018。

薛毅:《国民政府资源委员会研究》,社会科学文献出版社,2005。

严春宝:《一生真伪有谁知:大学校长林文庆》,福建教育出版社,2004。

〔澳〕颜清湟:《东南亚华人之研究》,香港社会科学出版社有限公司,2008。

〔澳〕颜清湟:《星、马华人与辛亥革命》,李恩涵译,台北:联经出版事业公司,1982。

阳雨、张小舟:《宋美龄的外交生涯》,团结出版社,2007。

俞旦初:《爱国主义与中国近代史学》,中国社会科学出版社,1996。

元青等:《留学生与中国文化的海外传播——以20世纪上半期为中心的考察》,南开大学出版社,2014。

元青等:《民国时期留美生的中国问题研究——以留美生博士论文为中心的考察》,南开大学出版社,2017。

曾玲:《越洋再建家园——新加坡华人社会文化研究》,江西高校出版社,2003。

湛晓白:《时间的社会文化史——近代中国时间制度与观念变迁研究》,社会科学文献出版社,2013。

〔英〕詹宁斯、瓦茨修订《奥本海国际法》第1卷第2分册,王铁崖等译,中国大百科全书出版社,1998。

张海鹏主编《中国近代通史》第7卷,江苏人民出版社,2006。

张海鹏主编《中国近代通史》第9卷,江苏人民出版社,2006。

张建智:《张静江传》,湖北人民出版社,2004。

张敬录:《苦恼的国联——九一八事变李顿调查团来华始末》,江西人民出版社,2005。

张岂之主编《中国近代史学学术史》,中国社会科学出版社,1996。

张玮瑛等编《燕京大学史稿(1919~1952)》,人民中国出版社,2003。

张西平编《欧美汉学研究的历史与现状》,大象出版社,2006。

张宪文等:《中华民国史》,南京大学出版社,2006。

张宪文主编《中国抗日战争史(1931~1945)》,南京大学出版社,2001。

张宪文主编《中华民国史纲》,河南人民出版社,1985。

张志勇:《赫德与晚清外交》,中华书局,2021。

赵晓阳：《基督教青年会在中国：本土和现代的探索》，社会科学文献出版社，2008。

〔日〕中島裁之『東文學社紀要』東文學社、1907。

周斌：《舆论、运动与外交——20世纪20年代民间外交研究》，学苑出版社，2010。

〔美〕周策纵：《五四运动史》，陈永明等译，岳麓书社，1999。

周质平：《胡适与中国现代思潮》，南京大学出版社，2002。

邹振环：《疏通知译史——中国近代的翻译出版》，上海人民出版社，2012。

（二）论文

别琳：《临城劫车案引发的中外交涉》，《四川师范大学学报》（社会科学版）2005年第7期。

陈英程、曾建雄：《从独立报人到外交家——旅美华侨伍盘照成功办报实践及"侨民外交"活动评述》，《新闻与传播研究》2014年第2期。

程兆奇：《日本现存南京大屠杀史料概论》，《社会科学》2006年第9期。

〔美〕崔颂人：《美国汉语教学的先驱——戈鲲化》，《世界汉语教学》1994年第3期。

邓丽兰：《略论〈中国评论周报〉（The China Critic）的文化价值取向——以胡适、赛珍珠、林语堂引发的中西文化论争为中心》，《福建论坛》（人文社会科学版）2005年第1期。

方庆秋：《江亢虎的"两新主义"与中国社会党的浮沉》，《民国档案》1989年第4期。

冯悦：《近代京津地区英文报的舆论与外交论析》，《北京航空航天大学学报》（社会科学版）2010年第5期。

冯悦：《近代京津地区英文报的政治色彩之分析》，方晓红主编《新闻春秋》第12辑。

葛桂录：《"黄祸"恐惧与萨克斯·罗默笔下的傅满楚形象》，《贵州师范大学学报》（社会科学版）2005年第4期。

顾钧：《赛珍珠创作中的美国因素》，《镇江师专学报》（社会科学版）2001年第4期。

郭英剑《中国二十世纪三、四十年代的赛珍珠研究》,《外国文学研究》1999年第2期。

黄兴涛:《近代中西文化交流史上不应被遗忘的人物——陈季同其人其书》,《中国文化研究》2000年夏之卷。

黄兴涛:《情感、思想与运动:近代中国民族主义研究》,《广东社会科学》2009年第3期。

黄兴涛:《〈咦咕唎国译语〉的编撰与"西洋馆"问题》,《江海学刊》2010年第1期。

贾熟村:《冯焌光和江南制造局》,《学术研究》2000年第8期。

焦少玲:《论总理衙门产生的必然性与合理性》,《清史研究》1992年第4期。

李帆:《求真与致用的两全和两难——以顾颉刚、傅斯年等民国史家的选择为例》,《近代史研究》2018年第3期。

李贵生:《论胡适中国文艺复兴论述的来源及其作用》,《汉学研究》第31卷第1期,2013。

〔日〕李明:《日本知识人"中国论"的检证——以1920~1930年代日本知识人的中国非国论为中心》,中国社会科学院中日历史研究中心编《九一八事变与近代中日关系——九一八事变70周年国际学术讨论会论文集》,社会科学文献出版社,2004。

李孝迁:《"结构种魂":曾鲲化〈中国历史〉研究》,《近代史研究》2020年第4期。

李志毓:《汪精卫的性格与政治命运》,《历史研究》2011年第1期。

李志毓:《汪精卫视野中的国民党——〈汪精卫"自传"草稿〉解读》,《史林》2017年第6期。

梁怡:《1942~1943年宋美龄访美述论》,《历史档案》2000年第2期。

林志坚:《陶友白与江亢虎的合作及〈群玉山头〉的译刊》,《青海师范大学学报》(哲学社会科学版)2015年第5期。

刘萍:《国民政府之日军罪证调查问题再考察》,《东岳论丛》2015年第12期。

罗福惠:《辜鸿铭对"黄祸"论的回应》,《史学月刊》2005年第4期。

马长林、周利敏：《吴淞铁路的拆除及其影响》，《档案与史学》2002年第3期。

麦林华主编《上海监狱志》，上海社会科学院出版社，2003。

毛维准：《民国时期的国际关系研究》，《国际政治科学》2011年第2期。

欧阳军喜、李明：《1930年代中国知识分子对中国文化的认知与想象——以陈衡哲主编的〈中国文化论集〉为例》，《东南大学学报》（哲学社会科学版）2005年第6期。

欧阳军喜：《中国太平洋国际学会简史》，《太平洋学报》2010年第8期。

欧阳跃峰：《李鸿章幕府的形成及其主要特色》，《安徽史学》2011年第5期。

欧阳哲生：《中国的文艺复兴——胡适以中国文化为题材的英文作品解析》，《近代史研究》2009年第4期。

钱元强：《留美与近代中国政治学》，俞可平主编《北大政治学评论》第5辑，商务印书馆，2019。

邱志红：《洋泾浜英语小述》，《清史研究》2005年第5期。

任剑涛：《催熟民族国家：两次世界大战与中国的国家建构》，《四川大学学报》（哲学社会科学版）2020年第6期。

任剑涛：《民族国家时代的帝国依赖》，《中国法律评论》2019年第4期。

〔日〕石川祯浩：《晚清"睡狮"形象探源》，《中山大学学报》（社会科学版）2009年第5期。

宋雪：《瑞士学者王克私与"中国的文艺复兴"》，《现代中文学刊》2021年第5期。

孙轶旻：《别发印书馆与近代中西文化交流》，《学术月刊》2008年第7期。

唐启华：《论"情势变迁原则"在中国外交史的运用》，《社会科学研究》2011年第3期。

汪朝光：《临城劫车案及其外交交涉》，《南京大学学报》（哲学·人文·社会科学版）2005年第1期。

汪佩伟、李炤曾：《江亢虎与孙中山关系评议》，《华中理工大学学报》(社会科学版) 1998年第2期。

王栋:《面向东西:从四个有重大影响的人物看二十世纪上半叶中美关系史》,张俊义、陈红民主编《近代中外关系史研究》第9辑,社会科学文献出版社,2019。

王敏:《中英关系变动背景下"费唐报告"的出笼及搁浅》,《历史研究》2012年第6期。

王美平:《太平洋国际学会与东北问题——中、日学会的交锋》,《近代史研究》2008年第2期。

王鑫、秦立凯、王志:《近二十年来中山舰事件研究综述》,《党史文苑》(下半月刊) 2010年第8期。

卫琛、伍雪骏、刘通:《百年炮火中的未竟之学——对民国时期国际关系研究与教学的回溯》,《世界经济与政治》2011年第11期。

吴其玉:《徐淑希先生和燕大政治学系》,《燕大文史资料》第5辑,北京大学出版社,1991。

吴义雄:《"广州英语"与19世纪中叶以前的中西交往》,《近代史研究》2001年第3期。

吴义雄:《时势、史观与西人对早期中国近代史的论述》,《近代史研究》2019年第6期。

席云舒:《胡适"中国的文艺复兴"论著考》上、中、下篇,《社会科学论坛》2015年第7、8、9期。

夏红卫:《文化交流逆差下的跨文化传播典范——中国执教美国第一人戈鲲化的传播学解读》,《北京大学学报》(哲学社会科学版) 2004年第1期。

夏家善:《中国最早的英文剧作家》,《复印报刊资料(戏剧研究)》1985年第2期。

杨启光:《1945年以后印尼华人的华人观初探》,《华人华侨历史研究》1992年第2期。

杨天宏:《北洋外交与"治外法权"的撤废——基于法权会议所作的历史考察》,《近代史研究》2005年第3期。

杨天石:《"中山舰事件"之谜》,《历史研究》1988年第2期。

姚远、张莉、张凤莲、杜文涛:《清华学报英文版的传播与首创》,《清华大学学报》(哲学社会科学版) 2006年第3期。

叶秀敏:《为中国辩护:〈中国评论周报〉初期对废除治外法权的关

注》,《中山大学研究生学刊》2005年第2期。

易舟舟:《若为信念故,一切皆可抛——留美幼童李恩富及其新闻名作〈中国人必须留下〉初探》,《国际新闻界》2005年第1期。

翟亚柳编译《1931年帮助周恩来上海脱险的外国友人》,《百年潮》2010年第9期。

张皓:《九一八事变期间中日关于直接交涉的外交斗争》,《北京师范大学学报》(社会科学版)2005年第4期。

张宏生:《戈鲲化:传薪西洋第一人》,《传统文化与现代化》1998年第6期。

张静:《国民外交与学术研究:中国太平洋国际学会的基本活动及其工作重心的转移(1925~1933)》,《社会科学研究》2006年第4期。

张静:《中国知识界与第三届太平洋国交讨论会》,《近代史研究》2004年第1期。

张美平:《傅兰雅入职江南制造局翻译馆的动因分析》,《中国科技翻译》2017年第4期。

赵晓耕:《试析治外法权与领事裁判权》,《郑州大学学报》(哲学社会科学版)2005年第5期。

郑大华、刘妍:《中国知识界对国联处理九一八事变的不同反应——以胡适、罗隆基和胡愈之为例的考察》,《抗日战争研究》2009年第1期。

周海乐:《江亢虎和中国社会党》,《江西社会科学》1989年第1期。

周劭:《姚克和〈天下〉》,《读书》1993年第2期。

朱坤泉:《1942~1943年宋美龄访美与抗战后期的中美关系》,《抗日战争研究》1996年第3期。

朱英:《晚清收回利权运动新论》,《史学集刊》2013年第3期。

邹进文:《近代中国经济学的发展——来自留学生博士论文的考察》,《中国社会科学》2010年第5期。

左世元、罗福惠:《九一八事变与国民政府的国联外交》,《南京社会科学》2008年第12期。

(三) 传记、日记、回忆录

〔美〕鲍威尔:《我在中国二十五年——〈密勒氏评论报〉主编鲍威尔回忆录》,邢建榕等译,上海书店出版社,2010。

曹伯言整理《胡适日记全编》，安徽教育出版社，2001。

陈方正编辑校订《陈克文日记（1937～1952）》，社会科学文献出版社，2014。

董桥：《旧时月色》，江苏文艺出版社，2003。

顾维钧：《顾维钧回忆录》，中国社会科学院近代史研究所译，中华书局，2013。

蒋介石日记（手稿本），美国斯坦福大学胡佛研究所档案馆藏。

刘国铭主编《中国国民党百年人物全书》，团结出版社，1995。

刘志惠整理《曾纪泽日记》，中华书局，2013。

李绍昌：《半生杂忆》，沈云龙主编《近代中国史料丛刊续编》第68辑，台湾：文海出版社，1979。

《钱昌照回忆录》，中国文史出版社，1998。

饶戈平主编《山高水长：王铁崖先生纪念文集》，北京大学出版社，2004。

邵镜人：《同光风云录》，沈云龙主编《近代中国史料丛刊续辑》第95辑，文海出版社，1983。

萧公权：《问学谏往录》，黄山书社，2008。

杨保筠主编《华侨华人百科全书·人物卷》，中国华侨出版社，2001。

〔英〕庄士敦：《紫禁城的黄昏》，芳生译，台海出版社，2020。

（四）文集、资料汇编

丁贤俊、喻作凤编《伍廷芳集》，中华书局，1993。

《辜鸿铭文集》，黄兴涛等译，海南出版社，1996。

《解放前上海新药业职工运动史料（1938～1949）》，上海市医药管理局、上海市总工会工运史研究组出版，1993。

吕浦、张振鹍等编译《"黄祸论"历史资料选辑》，中国社会科学出版社，1979。

清华大学校史研究室编《清华大学史料选编》第4卷《解放战争时期的清华大学（1946～1948）》，清华大学出版社，1994。

王文彬编著《中国现代报史资料汇辑》，重庆出版社，1996。

萧乾著，文洁若编选《萧乾英文作品选》，北京语言文化大学出版社，2001。

曾琦著，沈云龙辑《曾慕韩（琦）先生遗著》，沈云龙主编《近代中国史料丛刊》，台北：文海出版社，1971。

章太炎：《哀清史》附《中国通史略例》，《訄书》重订本，《章太炎全集》，上海人民出版社，1984。

（五）工具书

刘国铭主编《中华民国国民政府军政职官人物志》，春秋出版社，1989。

石源华主编《中华民国外交史辞典》，上海古籍出版社，1996。

徐友春主编《民国人物大辞典》，河北人民出版社，1991。

杨保筠主编《华侨华人百科全书·人物卷》，中国华侨出版社，2001。

中国社会科学院近代史研究所翻译室编《近代来华外国人名辞典》，中国社会科学出版社，1981。

（六）档案

美国哥伦比亚大学手稿与珍本图书馆藏，顾维钧档案。

台北，"国史馆"藏"蒋中正总统文物"。

三 英文参考文献

（一）著作

Alexis Krausse, *China in Decay: The Story of a Disappearing Empire*, 3rd Edition, London: George and Bell & Sons, 1900.

Arthur H. Smith, *China in Convulsion*, New York: Chicago, [etc.]: Fleming H. Revell Company, 1901.

Bill Ashcroft, Gareth Griffiths and Helen Tiffin, eds., *The Empire Writes Back: Theory and Practice in Post-colonial Literatures*, New York: Routledge, 1989.

Demertrius C. Boulger, *The Life of Sir Halliday Macartney K. C. M. G.*, London: John Lane the Bodley Head, 1908.

Harley Farnsworth MacNair, *China's International Relations and Other Essays*, Shanghai: Commericial Press, 1926.

Kenneth S. Latourette, ed., *Progress of Chinese Studies in the United States of America*, Washington: published by the Committee on the Promotion of Chinese

Studies of the American Council of Learned Societies, Bulletin No. 1, 1931.

Philip A. Kuhn, *Chinese among Others: Emigration in Modern Times*, Lanham, Maryland: Rowman & Littlefield Publishers, 2008.

Rodney Gilbert, *The Unequal Treaties: China and the Foreigner*, London: John Murray, 1929.

Rodney Gilbert, *What's Wrong with China*, London: J. Murray, 1926.

Wang Ling-chi, Wang Gungwu, eds., *The Chinese Diaspora: Selected Essays*, 2 volumes, Singapore: Times Academic Press, 1998.

Weili Ye, *Seeking Modernity in China's Name: Chinese Students in the United States, 1900-1927*, Stanford: Stanford University Press, 2001.

Xiao-huang Yin, *Chinese American Literature since the 1850s*, Urbana and Chicago: University of Illinois Press, 2000.

（二）论文

Daniel McMahon, "China in European Dress: The Qing Legation, Halliday Macartney, and Representation of China in the British Press, 1877-1896,"《辅仁历史学报》（台湾）第 31 期,（2013 年 9 月）。

Dong Wang, "The Discourse of Unequal Treaties in Modern China," *Pacific Affairs*, Vol. 76, No. 3, 2003 Fall.

Kenneth Scott Latourette, "Chinese Historical Studies during the Past Seven Years," *The American Historical Review*, Vol. 26, No. 4, Jul., 1921.

Philip C. C. Huang, "Biculturality in Modern China and in Chinese Studies," *Modern China*, Vol. 26, No. 1, Jan., 2000.

W. W. Willoughby, "Book Review," *Harvard Law Review*, Vol. 33, No. 2, Dec., 1919.

（三）工具书

"A Library of One Hundred Books on China," in *China: Ancient and Modern*, written by Li, Shao-Ch'ang（李绍昌）, University of Hawaii, Occasional Papers, No. 33, 1937.

"Bibliography," *China: Whence and Whither?* An outline of a high school unit of study, by Chang, P'eng-Ch'un（张彭春）, Honolulu, Hawaii: Institute of Pacific Relations, 1934.

"Bibliography," in *The Foundations of Modern China*, by T'ang Leang – Li (汤良礼), London: Noel Douglas, 1928.

Henri Cordier, *Bibliotheca Sinica: Dictionnaire Bibliographique des Ouvrages Relatifs à l'Empire Chinois*, Paris: E. Guilmoto, 1904 – 1922, 6 v.

Theses and Dissertations by Chinese Students in America, New York: China Institute in America, [c1927].

Yuan, Tongli (袁同礼) comp., *A Guide to Doctoral Dissertation by Chinese Students in America*, 1905 – 1960, Washington: Sino – American Cultural Society, 1961.

Yuan, Tongli comp., *China in Western Literature: A Continuation of Cordier's Bibliotheca Sinica*, New Haven: Yale University, 1958.

附录　近代中国人英文著述提要
（以民族主义主题为中心）

1. Bau, Mingchien Joshua（鲍明钤）, *The Foreign Relations of China: A History and a Survey*（《中国的对外关系：一段历史和一项研究》）, New York, Chicago: Fleming H. Revell Company, 1922.

内容概述：该书是由作者的博士学位论文出版，对中国对外关系进行学术研究，作者希望由此总结出适合中国的外交政策。为此，作者还对近代中国的对外关系作了历史的考察，并在研究中有意识地做到客观公正。在笔者所见的第二版中，作者根据华盛顿会议的有关决议，对原书的内容作了修改和增补。全书共分为六大部分，分别是中国外交史概略、列强对中国的政策、日本对华政策、中国主权的丧失、大战后出现的新问题以及为中国拟定的外交政策。

2. Bau, Mingchien Joshua, *The Open Door Doctrine: In Relation to China*（《门户开放与中国》）, New York: The Macmillan Company, 1923.

内容概述：该书是对美国门户开放政策的专门考察，它涉及门户开放政策的起源、历史、意义及其实际的实施，此外书后还附录了关于门户开放政策的重要档案。作者在序言中认为门户开放政策已成为当时美国针对亚洲事务的主导原则，但对于该政策的详细的研究尚未出现。值得注意的是，帮助这本书出版的是美国的一家文化团体，这与鲍明钤在书中对"门户开放"政策所持的基本肯定态度不无关联。

3. Bau, Mingchien Joshua, *Modern Democracy in China*（《中国民治主义》）, Shanghai: The Commercial Press, 1924.

内容概述：该书是一本探索近代中国民主政治道路的专著，作者的写作目的是研究当时中国所面临的政治和立宪问题，并据此草拟了一份中华民国的永久宪法。作者认为，尽管中国已摆脱帝制向新兴的民主制国家迈进，但由于军阀统治和外国势力的影响，中国要实施民主政治仍然困难重重。该书分为两大部分，第一部分是回顾现代中国历史与政治的变迁，试图更好地理解当时中国的现实问题；第二部分则着重探讨宪政政府的具体体制和原则。该书收录了一些近代中国宪政史上重要的资料。鲍明钤曾以此书为讲义在北京法政大学授课，听课学生据此译录《中国民治论》，是为该书中译本。

4. Bau, Mingchien Joshua, *China and World Peace*: *Studies in Chinese International Relations* (《中国与世界和平：中国国际关系研究》), New York, Chicago: Fleming H. Revell Company, 1928.

内容概述：该书是作者根据1927年在夏威夷召开的第二届太平洋学会会议准备的材料写成的。这本书回顾了华盛顿会议以来中国的外交政策，并分析了在此期间所发生的重要外交事件，同时为中国对外政策的调整指出可能的路径。该书共分为八章，分别是不平等条约、中国的民族主义、引发国内不满的导火索、英国新的对华政策、关税自主及其实施、治外法权及其废除、租借地及租界及其回归中国、中国条约关系的调整。值得注意的是鲍明钤对中国民族主义与中国人排外行动的分析，他还介绍了中国民族主义形成的背景。鲍明钤试图通过这些介绍与论述，使西方国家意识到民族主义将会成为左右中外关系的一个重要因素。同时，鲍明钤在书中再次对中外关系中的几个核心问题——关税、治外法权、租借地和租界等作了细致的说明。

5. Bau, Mingchien Joshua, *The Status of Aliens in China* (《在华外侨之地位》), 收录于 *Data Papers Prepared by China Council for the Fourth Biennial Conference of The Institute of Pacific Relations*, *1931* (《太平洋国际学会第四届双年会中国分会筹备文集》), published by China Institute of Pacific Relations, Shanghai, China Institute of Pacific Relations, 1931. 太平洋国际学会中国分会亦将此书编译为中文出版，书名为《在华外侨之地位》。

内容概述：这是一本作者为出席1931年在杭州举行的第四届太平洋学会双年会准备的发言稿，焦点集中在废除治外法权的问题上。在这本小册子中，作者论述了不平等条约体系下外国人在中国享有的权利，并指出这种状况是不符合国际惯例的。南京国民政府成立后，中国在撤废不平等条约、抑制外国人在华特权等方面做了很多努力。鲍明钤就在这本小册子中介绍了这个问题,并介绍了在废除治外法权后,外国公民在中国应遵循的法律和享有的权利。

6. Bau, Mingchien Joshua, *Foreign Navigation in Chinese Waters*(《外人在华沿岸及内河航行权》),收录于 *Data Papers Prepared by China Council for the Fourth Biennial Conference of The Institute of Pacific Relations, 1931*, published by China Institute of Pacific Relations, Shanghai, China Institute of Pacific Relations, 1931. 太平洋国际学会中国分会亦将此书编译为中文出版。

内容概述:这是作者为出席1931年在杭州举行的第四届太平洋学会双年会准备的另一个发言稿,焦点集中在废除外国在中国沿海及内河的航行权的问题上。在这本小册子中作者呼吁各国将在中国水域的航行权还给中国,以收回国家主权。作者在书中首先回顾了中国沿海及内河航运权的丧失过程,概述了当时中国水域中外国航运业的大体状况,申述了中国收回航运权的理由,最后作者还论述了中国为收回航运权所制订的具体计划及策略和采取的步骤。在这本书中,涉及许多中国就航运权问题与外国磋商或达成共识的史实及资料。

7. Chang, Ch'i-Yun(张其昀), *The Natural Resources of China*(《中国的自然资源》), New York: Sino-International Economic Research Center, 1945.

内容概述:该书是由中国国际经济研究中心出版的一本介绍中国自然资源的小册子,该中心成立于1944年,其主旨与振兴战后中国经济有关。从结语可以看出,这本书在向西方介绍中国的自然资源状况的基础上,希望能够更多地吸引国外的资金和技术到中国,以期振兴战后中国的经济。

8. Chang, Hsin-hai(张歆海), *The Intellectual Situation in Modern China*(《现代中国的智识状况》), address given at the Warsaw Society of Science and Letters, 1936.

内容概述:这本小册子是南京国民政府驻波兰大使张歆海的一次公开演讲,其主要内容是近代中国文化的变迁与中国与欧洲文化的关系。张歆海在其中分析认为,中国之所以没有像西方那样产生现代自然科学,是因为中欧思维传统的差异,中国的思维更强调物质的人的生命与道德,而不似欧洲人从认知、了解事物中得到直接的乐趣。张歆海还向听众介绍了中国在接受和引进西方现代科学方面的迅速变化和巨大成就,强调在这个过程中中国并没有完全丢弃自己的特征与优势。他最后提出,西方文化过分强调竞争而缺乏平和与和谐,认为这是中国文化所固有的特质,希望欧洲在这一方面学习东方,达到文化的联合(unity)。值得注意的是,这是一次政府外交官的演讲,而其对象又是在欧洲境内相对弱小的民族。此外,作者同样谈到了一战后在德国亲历的中国文化热,但认为以老子的无为哲学为主要内容的这次热潮,由于不能代表中国文明积极而有活力的一面,所以短暂热潮之后的平息也是必然的。

9. Chang, P'eng – Ch'un（张彭春）, *China at the Crossroads*: *The Chinese Situation in Perspective*（《十字路口的中国:中国现状透视》）, with a foreword by Professor Eileen Power, London: Evans Brothers Ltd., 1936.

内容概述:这本书是张彭春在英国做学术交流时出版的介绍中国基本情况的著作。作者在前言中认为,尽管中国的时事在新闻媒体中广受关注,但外界对于中国的了解还是有很多误区。例如,认为"旧中国是一成不变的""中国数千年来都处于自我封闭的状态"等,作者希望以此书纠正这些看法。书中回顾了19世纪以前中国文明在欧洲的物质与精神领域的影响,并介绍了古代中国在政治和文化等方面的卓越贡献,说明中国并不是一个"古老"的国家。第二部分分析了中国的现实状况与未来发展,分析了西方工业压力这种外部压力促使中国发生的转变,以及中国要完成转型所面临的复杂国际关系,也根据中国文化在近年来得到世界肯定的趋向展望了中国的发展前景。也许是考虑到读者以西方人为主,作者在书中对西方国家对中国的侵略与压迫并未充分强调,这也是近代中国人英文写作的一个重要特点与策略。

10. Chen, Gideon（陈其田）, *Lin Tse – Hsü*: *Pioneer Promoter of the Adoption of Western Means of Maritime Defense in China*（《林则徐:推动中国海防西化的先驱者》）, Peiping: Department of Economics, Yenching University, 1934.

内容概述:该书是作者陈其田关于晚清推动中国近代工业技术革新的重要政治人物的系列著作中的第一部,即对推动中国采用现代西方海防手段的先锋林则徐的研究。一般而言,林则徐并不被归入清末改革家的行列里，作者认为这种认识是不正确的。作者此书的目的就是通过求诸各种散落的中外资料，包括官方档案、通信、传记及其他当时的文字材料，探究林则徐等对西方机器文明的态度及他们因而采取的应对策略。该书分为三个部分，分别是林则徐自己之努力、林的同道的实验和清廷及地方的态度。通过对史料的爬梳，作者认为事实上在鸦片战争以后清廷就开始注意并重视西方机器文明的优越性，并且在广东清廷与林则徐及其继任者已试图引进西方海防技术。

11. Cheng Lin，trans.（郑麐译），*The Art of War：Military Manual*（《孙子兵法》英译），Shanghai：The World Book Company，1946. 郑麐在书前序言中对《孙子兵法》作了介绍。

内容概述：该书是《孙子兵法》的英译。从此书的出版信息看，这是编译者郑麐所翻译的一系列中国文化典籍之一，作者在此书封底写道："群经及先秦诸子为中国思想文化之根源，兹据最精佳之校本，并利用最新之研究结果，分别全译或选译，并附精校之中文白文集讨论作者年代、本书真伪及其流传始末之长序，可暂作定本之用。"

12. Chiang，Mayling Soong（宋美龄），*War Messages and Other Selection*（《战时消息及其他问题选编》），Hankow：China Information Committee，1938.

内容概述：此书是全面抗战爆发以后第一次结集出版宋美龄有关抗战问题的英语文章，由国民政府中央宣传部下属的国际宣传处在汉口出版。据前言，出版这本书的目的是记录与反映宋美龄在抗战中所作出的贡献——不仅亲赴前线看望抗日将士、鼓舞士气，还以英语作为武器积极投身抗战宣传。这本书主要分为两大部分：（1）战时消息；（2）战前的写作。第一部分几乎收录了全面抗战爆发后宋美龄的各种英语演说、文章、新闻采访及英文通信。在第一部分的写作中，揭露日本人侵略中国的事实，呼吁英美等国依照国际条约制裁日本，张扬中国人民坚定抗日的意志与努力是主要内容。第二部分主要是宋美龄对从北伐胜利到全面抗战爆发前的大约十年时间中中国的发展与进步的记述，此外也包括宋美龄抚恤革命遗孤及其宗教信仰等内容。第一部分有一篇名为《中国的现在、过去与将来》的长文，申述了全面抗战后中国在内政外交上秉持的态度，曾在美国的多家报纸上发表，并引起了强烈的舆论回响。

13. Chiang, Mayling Soong, *We Chinese Women*: *Speeches and Writings during the First United Nations Year* （February 12, 1942 – November 16, 1942），（《中国妇女：联合国家成立一年中的演说与著述》），New York：John Day Company, 1943. 该书还有另一个版本，系重庆国民政府中央宣传部的驻美机构中国新闻社（Chinese News Service）于 1943 年出版。

内容概述：该书是全面抗战期间宋美龄发表的演讲及文章的又一次结集出版，主要时间集中在 1942 年，即太平洋战争爆发后英、美、苏、中等国结成联合国家一同反抗轴心国的第一年。这本小册子包括宋美龄面向英美印等国发表的演讲及电文，也包括她在美国知名杂志《纽约时报》和《大西洋月刊》上发表的文章，此外还包括她在国内的各种场合发表的演说。宋美龄在这些文章中大力宣传中国人民的精神力量在对抗法西斯侵略中的重要作用。笔者认为，在与英美等国结为盟国后，中国对外宣传的重点似乎也由争取支援与支持，转为宣扬中国军民的抗战精神，以此鼓舞盟国的参战士气，密切世界反法西斯同盟的关系。

14. Chiang, Mayling Soong (Madame Chiang Kai – shek), *This is Our China* （《这就是我们的中国》），New York and London：Harper & Brothers, [c1940].

内容概述：该书第一部分主要是关于在全面抗日战争中争取西方各国同情与支援的文章，第二部分则主要讲北伐以来中国的进步，第三、四部分主要介绍宋美龄在南京为革命捐躯者的子女创办的学校，第五部分是新生活运动和信仰问题，第六部分是宋美龄讲给革命遗族学校学生的有关北宋才女苏小妹的故事，第七部分"战时中国"有两个主题：一是向欧美等国争取国际支援，二是向世界人民展示全体中国人在国民政府的领导下顽强抗日的行动。"民族主义"作为最有力的动员工具，也是宋美龄在这些文章中不断提及的，她向西方读者说明国民政府试图通过各种运动来调动全民抗战的积极性。

15. Chiang Yee（蒋彝）， *The Chinese Eye*：*An Interpretation of Chinese Painting* （《中国绘画》，熊式一作序），London：Methuen & Co. Ltd., 1936.

内容概述：此书是第一本由中国人撰写的介绍中国绘画艺术的英文著作。蒋彝在书中介绍了中国绘画艺术的发展脉络、绘画与哲学和文学之间的关系、绘画的基本理论等内容。蒋彝特别强调，要理解中国画和西洋画的不同，单从审美层面研究是不够的，还必须要从中西文化的不同取向出发才能领略中国绘画艺术的真谛。他从中国文化的角度介绍中国画的风格并分析其特点，论述深入浅出。正如熊式一序中所言，在此前有关中国美术的书籍都是由西方批评家写作的，这正是蒋彝此书的一个重要价值所在。从文化内部解读和发现中国画的价值，无疑是当时西方美学界少有的。

16. Chiang Yee, *The Silent Traveller in London*（《伦敦画记》），London：Country Life Ltd.，1938.

内容概述：本书主要是作者在伦敦生活五年的一些见闻与心情，另有作者亲自绘画的伦敦的风景人物等。

17. Chiang Yee, *A Chinese Childhood*（《儿时琐忆》），London：Methuen & Co. Ltd.，1946.

内容概述：此书是著名的华裔作家、画家蒋彝所撰写的追忆自己童年往事的英文著作。书中回忆了蒋彝五岁到十五岁的生活经历，记述了作者儿时的趣事、节日的习俗，以及作者以一个儿童的眼光对周围人情世故的观察等。蒋彝在序言中说道，尽管中国正在发生着剧变，但是中国人的生活本质上还是与从前一样。书中有关中国风物的插画使对中国了解不多的外国人有直观的印象，如"佛僧"和"道士"，以及挂画轴、卖瓜的等。在结语中，作者将叙述从对过去的回忆拉回到现实中，讲述了自己家族的各个成员在抗日战争中遭逢的不幸，通过今昔对比，揭示了日军的侵略暴行，抒发了作者对于家国命运的关心。

18. China, Hsüan Ch'uan Pu, ed.（国民党中央宣传部编），*China after Five Years of War*（《战争爆发后五周年之中国》），prepared under the auspices of the Ministry of Information of the Republic of China, New York：Chinese News Agency, 1942.

内容概述：这本书是在全面抗日战争进入第五个年头时，重庆国民政府宣传部编辑的一本对外宣传材料。这是重庆国民政府逐年向友好国家发行的有关战时中国状况的年度报告，第一本这样的抗战周年纪念册是《开战三年后的中国》（*China after Three Years of War*）。此书分为教育、军事、经济建设、战时管制、教育与社会等五个部分，涵盖战时中国各方面的状况，介绍了国民政府在抗击日本侵略方面所做的努力、发挥的领导作用，展示了中国军民为了国家独立和人民自由团结一致、英勇无畏、顽强地对抗日本侵略者的可贵精神，表达了中国取得最终胜利的坚定决心。

19. Chow, S. R.（周鲠生）， *Winning the Peace in the Pacific：A Chinese View of Far Eastern Postwar Plans and Requirements for a Stable Security System in the Pacific Area*（《赢得太平洋地区的和平：中国对战后远东规划及稳定安全诉求的看法》，胡适作序），New York：The Macmillan Company，1944（Published in cooperation with the International Secretariat Institute of Pacific Relations）.

内容概述：这本书是周鲠生对如何处理战后的太平洋地区的局势，保证地区安全进行研究的成果。自1939年10月至这本书完成，周鲠生一直在做关于战后国际关系问题的专门研究。这本书中主要涉及战后对日本的处置、重塑战后中国与别国关系、太平洋地区的民族与国家问题、在亚洲建立一个地区性组织、中国在新的世界秩序中的作用等方面。正如胡适在该书序言中所说，这本书的出版改变了当时盟国对战后问题的讨论主要由英美等西方大国主导的局面，向世界表明中国也在为战争结束后的后续问题做着思考与准备。因此，可以说，这本书是全面抗战时期中国人的英文著述中一部有特殊历史意义的著作，反映了中国知识分子对战后国际关系的思考，为了防止战后中国的权益再次受到大国损害，主动地事先向盟国表明立场。这本书涉及了几个关键的问题：中国要求战后日本归还所占领土、废除不平等条约、改善中国人在海外的待遇等。这些问题无疑都是与中华民族的利益息息相关的。同时，最后一部分是对中国在战后的国际局势中所扮演的角色的分析，为提升战后中国的国际地位做了重要的舆论准备。

20. Chu, Chao-hsin（朱兆莘）， *Revision of Unequal Treaties：China Appeals to the League of Nations*，official text of the speeches and Press Comments Thereon，此书的中文名为《中华民国14年国际联盟第六届大会修改不平等条约提案演词剪报汇刊》，compiled and published by the Permanent Office of the Chinese Delegation to the League of Nations，London，1926。

内容概述：1925年9月11日国际联盟在瑞士日内瓦召开第六届代表大会的第六次会议上，中国政府全权代表朱兆莘发表讲话，呼吁欧美各国（尤其是一战的战胜国）根据国际联盟盟约第19条的内容与精神，修改此前与中国签订的不平等条约，指出这不仅是对中国在国际社会平等地位的承认，也将有利于巩固国联的地位及增进世界和平。这本书包含朱兆莘大会演讲的英法文文本、国联对此问题的决议，以及当时英法德美等国对此的新闻报道。书后还有对此提案及其在国联大会上的收效的中文说明。朱兆莘在演讲中表明，中国政府要求与列强修订不平等条约，乃是中国人民的正当要求，而不是像外界所说受排外情绪所驱使，更不是为外界所诬的那样年轻的中国开始走向极端。由此可见，在北伐胜利之前中国就存在着要求恢复国家主权的官方声音。从书中所录相关新闻报道可以得知，朱兆莘的这次发言在国联大会上得到了与会代表的注意与同情，各国对此事的报道也较为客观公正。国联第六届代表大会最终通过了支持中国"修约"的提案。

21. F. D. Z.（邵苇棠），*Glimpses into the Problems of China*（《中国问题一瞥》），a series of letters by a Chinese contributor to the foreign press of Shanghai, Shanghai: Kelly and Walsh, Limited., 1930.

内容概述：此书是邵苇棠向《字林西报》投去的"读者来信"，由39封信件汇编而成，时间从1924年10月到1929年底。邵苇棠毕业于圣约翰大学，供职于上海的一家民族资本企业。这些信件被编辑为中外关系及在华基督教两个部分，涉及的内容主要集中在中国人与列强的敌对心理、外人在华特权、不平等条约、基督教在华传播等几个问题上。他的观点具有较强的民族主义色彩，在取消不平等条约、废除治外法权的问题上态度坚决，同时对于以英国为代表的帝国主义国家的对华政策也有较多批判。

22. Hsia, Ching-Lin（夏晋麟），*Studies in Chinese Diplomatic History*（《中国外交史研究》），Shanghai, Commercial Press, 1926.

内容概述：此书是夏晋麟1922年在英国爱丁堡大学获得哲学博士学位时提交的学位论文，但1926年出版时又做了修改与加工。该书主要研究中外不平等条约的条文规定及其实质内容。全书分为九章，分别是："领事裁判权"、"专管租界与公共租界"、"租借地及势力范围的历史介绍"、"租借地"、"势力范围"、"门户开放、领土完整与政治统一"、"外国军警"、"外人所设邮局及电报电话设施"及"关税自主"。

23. Hsia, Chin‑Lin, *The Status of Shanghai：A Historical Review of the International Settlement*, Shanghai：Kelly and Walsh, 1929. 此书有中文译本《上海租界问题》。

内容概述：此书是夏晋麟应太平洋国际学会中国分会的邀请撰写的有关上海租界问题的著作，曾在1929年10月在日本京都举行的太平洋国际学会双年会上引起关注。此书标题下附署"中西合作之下其未来发展与可能"，全书着眼于上海租界矛盾的解决。全书共有九章，分别是"外人租界之起源与早年土地章程""发匪之乱与近年土地章程""土地章程之讨论""一八六四至一九一一年的公共租界会审公廨""会审公廨及临时法院""临时法院之将来""推广租界及界外道路""治理租界与工部局""公共租界之将来与华人"。书后附录中收录了涉及上海的条约，会审公廨、临时法院的相关规定，以及时人关于解决上海公共租界问题的建议等。

24. Hsiao ch'ien, ed.（萧乾编）， *A Harp with a Thousand Strings（A Chinese Anthology in Six Parts）*（《千弦琴》），London：Plot Press Ltd., 1944.

内容概述：该书是一本关于中国文明的文集，其中兼有西方人和中国人的作品。全书共分为六个部分，分别是：（1）英国人想象中的中国（英国文学中的中国）；（2）六年来的欧洲旅行者（游记选录）；（3）画像与自画像（传记与自传选摘）；（4）文化的负债永远都是相互的（东方和西方）；（5）小中见大（精粹介绍）；（6）民众的角落（民间传说）。此外还包括中国音乐和歌曲选辑及中国文化表。该书包含了西方文化史上的中国形象，又展示了中国人眼中真正的中国，且涵盖很多对中国当时状况的介绍。虽然涉及面较广，主题也较为分散，但仍可作为研究的参考。

25. Hsü, Shu‑Hsi（徐淑希）， *China and Her Political Entity：A Study of China's Foreign Relations with Reference to Korea, Manchuria and Mongolia*（《中国及其政治实体：一项有关朝鲜、满洲和蒙古的中外关系研究》），New York, London [etc.]：Oxford University Press, 1926.

内容概述：这本书是专门研究在朝鲜、中国东北及蒙古等问题上中国与美日俄等国的关系的专著，其中的部分内容是徐淑希在1925年提交给哥伦比亚大学政治学院的博士学位论文。在这本专著中，徐淑希运用了大量的条约文本、外交文书、中外报刊、史籍典制、方志资料、个人通信与传记等材料,先叙述中国自古以来与东北亚周边地区的关系演变,然后梳理了自清代中期至辛亥革命围绕东北、朝鲜、蒙古等地区中国与俄国、日本的矛盾与争端,分析了不同历史时期俄国与日本在不同地区的利益与政策。这本著作的一个重要特点是徐淑希引证了大量的史料,对历史上中国对蒙古、东北的治理及中国与朝鲜、日本、琉球等的关系作了翔实的说明。此外,作者还特别注意美国在俄日对东北的争夺中扮演的角色。他在全书开篇即强调美国在义和团运动之后提出的"保全中国的领土和主权"的原则,着重辨析从日俄战争到华盛顿会议前后美国在日本在华势力的问题上对此原则的偏离,并提出如果不对日本在中国东北的势力进行遏制,中国的国家安全则难以确保。作者在该书最后就日后俄国与日本对中国构成的安全威胁作出预测,反映出作者在中外关系方面的眼光具有前瞻性。

26. Hsü, Shu-Hsi, *The Manchurian Question*(《东省问题》),published under the auspices of China Council of the Institute of Pacific Relations, Peking:[s. n.]1929. Rev. ed., Peking:[s. n.],1931.

内容概述:这是徐淑希受太平洋国际学会的资助所做的关于东北问题的研究。全书分为七个部分,分别是东北问题的由来、中国解决问题的尝试、中国的努力失败、日本进一步入侵、日本的行动被阻止、俄国的影响减弱及中日之争的重启。作者回顾了自甲午中日战争以来东北问题的产生及演变过程,分析其间俄国和日本因素的影响,记述了从清廷到安福系、奉系军阀在维护东北主权的问题上采取的策略与行动。作者试图在书中向太平洋国际学会双年会的与会代表申明东北自古以来就是中国的领土,揭露日本在东北的侵略行径。

27. Hsü, Shu-Hsi, *Questions Relating to Manchuria*(《关于东北问题的方方面面》),收录于 *Data Papers on Manchuria Prepared by China Council for the Fourth Biennial Conference of The Institute of Pacific Relations*, 1931, Shanghai:[s. n.],1931。

内容概述:这本书是徐淑希为太平洋国际学会第四届双年会准备的材料,收录于中国分会为该次会议专门编辑的有关东北问题的资料集里。这本小册子围绕当时中日在满洲问题上的几个争议焦点,表明中国政府和人民的立场。这几个问题大致可以概括为:旅顺港和大连湾问题、南满铁路问题、中国内陆的日本人及日本的政治活动等。徐淑希在阐述这些问题时，以相关的国际条约为依据，揭露日本违背条约的行径。

28. Hsü, Shu‐Hsi, Robert Moore Duncan, *The Manchurian Dilemma: Force or Pacific Settlement* (《满洲问题的歧途——和平呢还是武力改决呢》), Shanghai: China Council, Institute of Pacific Relations, 1931.

内容概述：这本书是徐淑希为太平洋国际学会第四届双年会准备的发言稿。在这本书中，徐淑希和邓肯试图从国际法法理的角度探讨解决东北问题的途径。通过分析国联盟约、凡尔赛和约及其他国际法准则，徐淑希和邓肯认为，在现今国际条约限制武力解决争端的前提下，国联在解决东北问题上发挥的作用将是十分有限的，可能的结果是东北问题被搁置下来，而此结果很有可能导致中日矛盾进一步加剧。因此，二人主张以双边和谈来打破僵局。

29. Hsü, Shu‐Hsi, *Essays on the Manchurian Problem* (《满洲问题论文集》), Shanghai: China Council, Institute of Pacific Relations, 1932.

内容概述：这本书是九一八事变之后由太平洋国际学会中国分会编辑出版的徐淑希东北问题研究的论文集，该书主要分为三个部分，分别是满洲问题、九一八事变之前、九一八事变之后及附录《评日人五十四案》。这本书中收录了若干徐淑希此前单独出版的有关东北问题的小册子。

30. Hsü, Shu‐Hsi, ed., *A Digest of Japanese War Conduct* (《日人战争行为集要》), Shanghai: Kelly & Walsh, 1939.

内容概述：此书是由徐淑希编纂的日本在全面侵华战争中的无耻行径的辑录，这本书中有作者从国内外报章杂志的报道、新闻稿、广播稿中搜集的有关日本针对中国平民的奴化统治、杀戮等资料。书中将这些行径归纳为八个方面，分别是屠杀难民、杀戮战俘、洗劫城镇、奸淫掳掠、奴化统治、毒害人民、疯狂空袭、袭击渔船和商船等，并引用不同城市或地区的相关报道一一揭露这些暴行。对照前一本书《日人与第三国》，不难发现，在这两本书中，徐淑希面向国际社会与舆论，分别揭露了日本对在华外国人士与中国平民的战争行径。

31. Hsü, Shu – Hsi, *An Introduction to Sino – Foreign Relations* (《中外关系述略》), prepared under the auspices of the Council of International Affairs, Chungking Number 14, Political and Economic Studies, Shanghai, Hong Kong, Singapore: Kelly & Walsh, Limited, 1941.

内容概述：这本书原本是徐淑希为由中英庚款委员会组织的赴英讲学活动准备的讲义，后由于二战在欧洲爆发不克成行，故将此书单独出版，同时载于1940~1941年的中国年鉴上。由于这本书是为授课设计，因此结构较为简单，线索亦较为清晰，但该书的内容仍是较为充实的。该书分为三章，第一章主要是对近代以前中国与周边地区关系的介绍，徐淑希在其中特别对西方人不将新疆、西藏、东北等地区视为中国领土的观点作了纠正，阐述了自古以来中国的疆域演变，介绍了中国在历史上与周边国家的宗藩关系。第二章的主要内容是中外条约体系的建立，其中回顾鸦片战争以来中国与列强签订的条约，总结了列强通过这些条约攫取的利权。为了更好地说明不平等条约给中国社会带来的影响，表现中国改变现状的努力，徐淑希详细地分析了上海的租界扩张历程及上海加强市政管理，以限制外国在上海势力的努力。第三章也是该书中最为重要的一章，其内容是揭露日本自甲午战争到七七事变对中国抱有的企图和野心以及所采取的行动及其根源。这本书写作于日本全面侵华战争爆发以后，日本问题无疑是最受外界关注的问题，徐淑希在本书中对日本问题的处理无疑是具有良苦用心的。

32. Hsü, Shu – Hsi, *Japan and the Third Powers* (《日人与第三国》), Shanghai: Kelly & Walsh Ltd., 1941.

内容概述：这本书是作者对日本的战争行径的记录，主要涉及日本发起全面侵华战争以来对"第三国"即英法美等国采取的行动，以及英美法等国对其行为的回应。结合当时中国需要获得盟国的支持并协调作战的背景，可以想见，the Council of International Affairs（疑为"外交专门委员会"）支持该著作出版的意图，在于揭露日本对西方各国在华利益的侵犯，激起西方列强对日本侵略者的反感与愤怒，进而使他们支持中国的抗战。

33. Hsü, Shu – Hsi, *Whither Japan* (《日本人往哪里去》), Shanghai: Kelly & Walsh, 1941.

内容概述：这本书是日本全面侵华战争爆发以来一些重要文件档案的摘要，在引述和分析这些重要条约、声明的同时，作者也记述了全面抗日战争的进程。作者试图通过这些文件,揭露日本是如何越来越偏离正常的国际关系交往的轨道的。

34. Hu Shih（胡适）, Lin Yutang（林语堂）, *China's Own Critics*: *A Selection of Essays by Hu Shih and Lin Yu-tang*（《中国评论家:胡适林语堂时文选编》）, Peiping: China United Press, 1933.

内容概述:这本书是由编者汤良礼从胡适和林语堂发表的一些文章中选辑而成的。汤氏在"编者序言"中说明,尽管南京中央政府和其受西化教育的宣传员沉浸在一种自我欣赏、自命不凡的情绪中,但在此时听听胡适、林语堂的清醒而诚恳的针砭时弊的言论是有必要的。其中胡适的文章由中文原文译出,林语堂的文章则直接由英文原文辑录而成,与本书较为相关的是林语堂的部分。林语堂在其中一些文章中对中国人的性格特征和精神气质作了分析,譬如缺乏生气、无所事事、得过且过、自嘲式的黑色幽默等。在另一篇文章中林氏还指出中国政治缺乏的是韩非子的法家精神。此外,林氏还对取消治外法权的问题发表了议论,在一篇题为《一封给美国朋友的公开信》的文章中,他试图向外国人说明废除治外法权的必要性,在之后的《什么是面子》中林氏也提到,如果在国际交往中可以放弃象征外国威望的面子,国家间的友好和合作就能够实现。

35. Kiang, Kanghu（江亢虎）, *On Chinese Studies*（《中国学术研究》）, Shanghai: The Commercial Press, 1934；同年亦由康涅狄格州的亥伯龙出版社（Hyperition Pr. Inc.）出版，1977年该出版社重印了此书。

内容概述:该书版权页所注的中文书名为《中国学术研究》。这本书实际上是一本论文集,其中收录了江氏自1913年至1934年在海外发表的诸多文章及讲演稿,其中绝大多数的内容是关涉中国文化的,也有小部分文章从文化交往的角度谈论了中国与其他国家间的关系。其中,收录了几篇江亢虎在加拿大建立并推广中国学系的文章,可以说麦吉尔大学的中国学系的建立是江亢虎在美国宣传中国文化的延伸与发展。此外,这本书还收录了两篇江亢虎站在中国知识分子的立场上对美国小说家赛珍珠的批评,以及江亢虎在威廉姆斯学院政治学研究所的圆桌会议上发表的有关中国时局的文章,分别是《中国对民主与工业化的反映》和《中国民族主义的出现》,后者写于上海保卫战之后,表现了作者明显的民族主义情绪。江亢虎对民族主义在中国的兴起的态度是较为中立的,他认为中国的民族主义是外国入侵的产物,并且由于日军的入侵,中国的民族主义正在急剧高涨。江亢虎意识到民族主义的兴起将会取代中国传统的政治和经济架构,对此江亢虎不免惋惜,但也认识到这是中国必须经历的转型。他认为,人类最终的发展不应该是强化国家和民族的界限,所以他期望民族主义带来的是建设而不是破坏。

36. Kiang, Kanghu, *Chinese Civilization*：*An Introduction to Sinology*, 封面题中文名《中国文化叙论》(英文讲义), Shanghai：Chung Hua Book Co., Ltd., 1935。

内容概述：该书是江亢虎 1913~1920 年在美国加州大学伯克利分校开设中国文化讲座课的讲义。全书分为四大部分,每部分有 15~16 章,分别是中国的历史与地理、政治与社会、宗教与哲学、文学与艺术,从内容上来说几乎涵盖了文明的各个范畴,时间跨度上则上起先秦时代下至清末民国。从全书的谋篇布局上不难看出,江亢虎在设计这个"中国文化"课程时当是颇费了一番心思的,他希望能以较为精简的篇幅使西方听众领略中华文明的全貌。此外,他还特别在每个部分的最后一章中列举与该部分内容有关的重要中国典籍,以方便有志于钻研中国学问的人进一步查阅。以这样的形式向西方人介绍中国文化,本身就是出自对于本民族文化的自豪与自信。在该书的第三部分"作为现代西方文明补救的中国哲学"中,江亢虎对西方强调武力征服与扩张的狭隘民族主义作了批评。

37. K'ung, T. P.（龚德柏）, *The Tragic Death of Chang Tso–lin*：*A Documentary Survey of a Prelude to the Japanese Invasion of Manchuria*（《张作霖之惨死：日本侵略东北序幕的档案研究》）, Peiping：[s. n.], 1932。

内容概述：这是一本有关皇姑屯事件的小册子。作者龚德柏试图利用有关皇姑屯事件的文件、新闻报道,对张作霖之死及其与东北政局的关系作一个详细的分析。他认为,皇姑屯事件乃是日本对东三省发动侵略战争的序曲。龚氏对田中内阁的对华政策作了交代,接着根据路透社的调查报告分析了皇姑屯事件中日本所扮演的角色的可疑之处,又以日本国会及新闻媒体对皇姑屯事件的反应论证日本当局在皇姑屯事件中具有不可推卸的责任。作者认为,皇姑屯事件可以说是日本在东三省问题上的转折点,在田中奏折曝光以前,尚无能将日本与事件主谋联系在一起的直接证据。

龚德柏的这本小册子，运用事件发生后的现场调查资料及日本国会对内阁的质询、日本新闻界在报道此事上的审查制度等证据，分析揭露了日本在皇姑屯事件中的阴谋，说明他对国家安全、民族利益有着高度的自觉意识。该书用英文写成表达了作者让国际社会明了事件真相的用意，又间接地反映了作者的民族主义立场。此外，田中奏折公之于众后，中国国内舆论与国际舆论对日本侵华计划的声讨，也是作者撰写这本书的重要背景之一。

38. Kwei, Chungshu（桂中枢）, *Plain Speaking on Japan: A Collection of Articles on the Sino – Japanese Conflict* (《直言日本：中日冲突论集》), originally published in the "Shanghai Evening Post and Mercury" under the Column "As a Chinese Sees It", Shanghai: The Commercial Press, 1933.

内容概述：这本书收录了桂中枢在上海的《大美晚报》上发表的英文文章。封底广告中文译名为《英文最近中日问题一册》。文章是桂中枢在该报的"一个中国人的看法"（As a Chinese sees It）专栏发表的文章，主要内容是针对中日间的政治矛盾与军事冲突发表的看法。这些英语文章发表于九一八事变、一·二八事变之后，向国内外的西方人表明了中国人对日本侵华政策的态度。桂中枢所代表的并非官方的观点，而是关注时局的中国知识分子的声音。

39. Lee, Edward Bing – Shuey（李炳瑞）, *China in 1930* (《1930年的中国》), Peiping: Leader Press, 1930.

内容概述：这是李炳瑞编辑的1930年中国的大事记，主要是围绕当年中华民国政治军事领域中发生的事件所做的梳理。

40. Lee, Edward Bing – Shuey, ed., *One Year of the Japan – China Undeclared War and the Attitude of the Powers* (《日本对中国不宣而战一周年及列强态度》), Shanghai: The Mercury Press, 1933.

内容概述：该书是从历史视角对日本出兵占领东三省一年以来的事态发展进程所做的回顾与分析。该书作者李炳瑞是20世纪30年代北京为数不多的英文报纸《北平导报》的主编，据其在自序中所言，因工作需要他一向留意日本方面的消息，日本在东北不宣而战后不久，他就决定写作此书，试图提供大量事实、文件档案等一手材料以便使读者得出对"谁是侵略者"的公正判断。值得注意的是，为这本书作序的是孙科、胡汉民、罗文干、顾维钧等民国政坛要人或外交长官，他们十分推崇这本书，认为该书是对日本方面制造舆论否认其侵略行径的有力回击，不仅具有对于各国外交决策的时政参考价值，还具有丰富的史料价值。与其他相似主题的著作不同的是，这本书并没有用很大的篇幅论争东北是中国领土这一问题，而是力求梳理记述九一八事变以来日本进一步采取的军事行动，中国方面向国联申诉的努力及结果，以及美英俄等国的反应。在该书中，李炳瑞对九一八事变发生的背景及事件发展过程作了详细回顾，还记述了日本继而进攻天津、上海及其周边以及热河等地区的军事行动，并介绍了日本对占领地区的政治与舆论控制。此外，他还说明了中国方面在事件发生后立即诉诸国联，以及日本公然置国联决议于不顾，继续其侵略行径的事实，并且结合日本占领东三省之前其国内的政治矛盾及军事部署分析了日本的战争预谋。他还结合东北亚及太平洋地区的安全形势分析了英美俄等国在东北问题上的利益牵涉及其态度。尽管作者在该书中力图以事实作为论据，并未作出太多的议论与感情抒发，但可以从作者对"抵抗与不抵抗政策"及国联调查团决议等问题的论述中体会到，作者主张中国政府不要单纯寄希望于国际社会，而要对日本采取武装反抗。

41. Lee, Edward Bing‐Shuey, *Modern Canton*（《新广州市》），Shanghai：The Mercury Press, 1936.

内容概述：这是介绍20世纪初广州现代化城市建设的一本书，该书共有18章，涵盖广州市今昔对比以及广州的交通状况、城市规划、电灯照明、供水、电话通信、火警、社会福利等现代都市生活的方方面面。作者在序言中强调，广州近20年来的现代化建设成就代表了中国的进步与发展，据此驳斥外国人认为中国只有在异国的政治统治之下才能发展成为现代化国家的观点。

42. Lee, Shao‐chang, ed.（李绍昌编写），*China：Ancient and Modern*（《中国：古代与现代》），Honolulu：University of Hawaii Bulletin, Volume 16, Number 7, 1937, Rev. ed., 1940.

内容概述：这本小册子是李绍昌为其之前制作的《中国文化演进表》（初版于1926年）作的补充，该书主要是对中国历史的线索的梳理，时间上起三皇五帝，下至中华民国，并对中华民国以来中国社会的各项进步有所叙述和评论。该书后有一个附录——题为"有关中国的一百本书"（A Library of One Hundred Books on China），其中开列的英文书目有相当一部分为中国人所著。

43. Lee, Yan Phou（李恩富），*When I Was a Boy in China*（《我在中国的童年故事》），Boston: D. Lothrop Company, 1887.

内容概述：留美幼童李恩富的《我在中国的童年故事》是目前所知华裔作者在美国公开出版的第一本书。此书是李恩富的个人自传，全书分为十二章：在前九章中，李恩富主要通过回顾自己童年的生活，介绍中国社会的风俗和文化；后三章李恩富主要讲述了自己是如何从家乡到上海留美预备学堂学习的过程，以及为留美所做的准备及初到美国时的感触。李恩富在书中用生动、活泼的笔调向西方展示了中国人家庭生活的实态，并以孩子的眼光介绍了许多有趣的中国事物。同时，他也注意在书中为裹脚等被西方人鄙夷的习俗作解释，澄清有关中国溺婴的传闻。这些内容反映了李恩富通过自己的英文著作改善西方对中国的印象、沟通中西文化的自觉。除这本传记外，李恩富还在美国的报章杂志上发表文章，反对美国的排华法案。

44. Lei, K. N., ed.（雷国能辑录），*Information and Opinion concerning the Japanese Invasion of Manchuria and Shanghai from Sources Other than Chinese*（《日本入侵满洲及上海之消息与主张：来自中国人以外的渠道》），Shanghai: The Shanghai Bar Association, 1932.

内容概述：九一八事变和一·二八事变后，日本在远东采取的军事行动在世界范围内引起了广泛的注意，这本书就收集了这些事件爆发后国内英文报章杂志的相关报道与评论。在该书开篇"致读者的一封信"中，雷国能认为，该书旨在为那些希望了解远东局势真相的读者提供公正而可靠的消息与看法，而该书中引用的正是来自在华欧美人士的文章。为了避免造成中国人完全站在自己立场上发表意见的局面，雷国能致力于收录由其他国家的人所撰写的报道与评论，其中还包括日本人。他言明，这样做的目的是使读者能形成自己的判断。

45. Liao, W. K., trans., (廖文奎译), *The Complete Works of Han Fei Tzǔ*: *A Classic of Chinese Legalism* (《韩非子》), London: Arthur Probsthain, 1939.

内容概述：此书是第一本《韩非子》的西文翻译作品。译者廖文奎在序言中说明，这个翻译所依据的是晚清以来韩非子的相关研究成果。译者在序言中并没有特别说明翻译此书的时代背景和动机，但可以看出译者翻译此书时的学术素养和严谨态度。

46. Lim Boon Keng（林文庆），pseud. Wen Ching, *The Chinese Crisis from Within* (《中国内部之危机》), London: G. Richards, 1901.

内容概述：该书是由林文庆发表于《新加坡自由西报》上的一系列文章结集而成。该书主要分为三个部分：第一部分"中国的改良运动"，介绍维新派的思想及戊戌变法的过程，为维新派遭到镇压鸣不平；第二部分"太后、她的顾问、走狗和受害者"，揭示戊戌政变后清廷内部的权力关系的变动，分析义和团运动的爆发与清廷枢机后党势力上升之间的关联；第三部分，"欧洲与中国面对面：一个华人的时局观"，主要分析了鸦片战争以来的中外关系，申诉列强在华攫取利权、传播宗教对中国官民利益的破坏，提出"白祸论"以反驳义和团之后西方所谓"黄祸"的说法。该书的附录则是对清廷迫于外部压力而新设之外交机构——总理衙门及其中若干官员的介绍。

47. Lin, Adet, Anor and Meimei（林如斯、林太乙、林相如），*Dawn Over Chungking* (《重庆的黎明》), New York: Da Capo Press, 1975.（A Da Capo Press Reprint Series: China in the 20th Century）Originally published by the John Day Company, 1941.

内容概述：该书作者是林语堂的三个女儿，写作的背景是林语堂一家在1941年左右从美国前往重庆大后方生活，该书以孩童的视角记述了战乱中的经历，以及中国人民在抗战中的乐观精神。

48. Lin, Yu-Tang, *Letters of a Chinese Amazon and War-Time Essays* (《一位中国女勇士的书信与战时文选》), Shanghai: The Commercial Press, 1930.

内容概述：该书是林语堂1927年8月发表在《民众论坛》上的英语

文章的集合，1930年由商务印书馆以《英文林语堂时事述译汇编》之名出版。当时林语堂正在武汉国民政府外交部，这也是他一生中唯一一次正式在政府中任事。这本书的第一部分是林语堂英译的国民革命军中的女兵谢冰莹的战地通信与日记，在当时引起了一定的反响。此外还包括林语堂对国民革命军北伐进程的叙述与赞颂，另有对西方人对中国自以为是的曲解的批评以及对《字林西报》关于武汉形势的错误报道的指责，此外还有林语堂在北伐胜利后对国内政局的看法等政论若干。书中对那些长年只混迹于租界却对中国问题妄加论断的西方人的批评较有代表性。

49. Li Ung Bing（李文彬撰），*Outlines of Chinese History*（《英文中国历史》），Shanghai：Commercial Press，1914；Taipei：Ch'eng – Wen Pub. Co.，1967.

内容概述：此书是福建人李文彬为给中国人授课撰写的教科书，应当是最早的一部由中国人用英文撰写的中国通史。该书介绍了中国从三皇五帝到辛亥革命的历史，其中还有多幅不同历史时期的中国地图及其他有关历史人物、建筑、器物等的插图，书后附有词汇索引。全书分为古代历史、中古历史和近代历史三大部分，共六十四章，其中古代历史从远古追溯至东周，中古历史则从秦朝建立到南宋偏安，近代历史由蒙古勃兴述至清朝覆亡。李文彬将近代历史划分为两段，前半段从蒙古勃兴至明朝灭亡，后半段则是整个清代历史，也是全书中所占比重最大的部分。有清一代的历史又分为发展时代（the Era of Development）、盛世时代（the Era of Greatness）和衰败时代（the Era of Decline）三个阶段。作为一部通史，这本书篇章划分明晰，叙述各有详略，对每个小问题皆用小标题加以概括。从这本书的体例和实际内容来看，具有较为鲜明的新史学特征。

50. Meng，Chih（孟治），*China Speaks on the Conflict between China and Japan*（《中日冲突之中方说法》），with an introduction by His Excellency W. W. Yen（颜惠庆），chief delegate of China to the League of Nations，minister of China to the United States of America，New York：The Macmillan Company，1932. 该书有德文版。

内容概述：这本书是由时任纽约华美协进社副社长的孟治撰写的关于九一八事变后中日矛盾的英语专著。这本书大致成书于1932年3月，是笔者目前见到的一部较早由中国人面向西方公众撰写的介绍九一八事变经过及东北局势的英文著作。孟治写作这本书的主要意图是驳斥日本在国际上大肆宣扬其出兵东北的正当性的言论,值得注意的是,在这本书出版前后日人河上清也出版过名为 *Japan Speaks on the Sino-Japanese Crisis*(《中日危机之日方说法》)的著作。该书主要分为三个部分,第一部分"矛盾",介绍了东北地区的历史与地理概况,回顾了日俄势力向该地区的渗透过程,揭露了日俄战争后日本攫取东北地区的经济与政治特权的经过;针对日本人声称中国方面违背"民四条约"而引发中日矛盾的说法,质疑了日本提出的"二十一条"的合法性,分析了九一八事变之前中日双方在东北的矛盾焦点。第二部分"危机",则记述九一八事变爆发的前因后果,以及日本不顾国联多次发出令其撤兵的要求而进攻上海的行径。在这一部分中,孟治向读者戳穿了日本所谓"满洲国"是自治政府的谎言,揭露了日本对国联决议阳奉阴违不断在东北扩充兵力、疯狂入侵中国的战争实质。第三部分"重要性",考察了日本占领东北后对该地区实施殖民统治的既成事实,深入地阐述了日本所秉承的与时代潮流不相符合的19世纪的外交思维,并从日本国内军部与自由派之间的矛盾入手分析了日本侵占东北的深层原因,对比了中日两国之间在文化内涵上尚文与尚武的差别,分析了美国针对中日关系所作出的外交政策的调整,阐释了中日危机与世界和平之间的密切关系。在这一部分中,作者还重点驳斥了日本在"东北问题"的舆论宣传上惯用的说辞,揭露日本侵略别国领土的实质。这本书值得注意的特点是:作者十分注重援引西方人关于东北问题的论著,以及事变爆发后西方报章杂志对事件本身及此后东北局势的报道与评述,这种借助第三方的言论来驳斥论敌的办法无疑更加有理有力。此外书中还收录了很多有关日本对中国采取的军事侵略、经济垄断政策的讽刺漫画,也是出自美国的报章杂志。

51. Park,No-Yong(鲍讷荣),*An Oriental View of American Civilization*(《东方眼光下的美国文明》),Boston & New York:Hale, Cushman & Flint Publishers,1934.

内容概述:作者鲍讷荣出生于朝鲜,早年随家人从朝鲜逃难至中国,故而以中国人自居。该书是作者从旁观者的角度对美国文明发表的见解。作者看到美国虽然在过去的两百多年中迅速地发展成一个世界大国,但其文明本身还是存在某些弊端。因而，他希望从一个东方人的角度提供某些建议。同时，作者也注意到处于新旧交替中的中国在方方面面都受到西方文明的影响，但其中难免有吸收西方糟粕的现象，作者希望能写出一本对中美两国都有价值的书。作者在全书开篇即申明，自己是以儒家中庸的原则来评判美国文化的。在评价美国人的优点和缺点时，作者像当时大多数的评论者一样，批评美国拜金主义的弊端，同时作者也赞赏美国人进步乐观、勤劳、有组织性等特点。该书作者在美国留学生活多年，对美国妇女、家庭、教育、政治等都有自己的见解。

52. Park, No–Yong, *The White Man's Peace: An Oriental View of Our Attempts at Making World Peace* (《白人的和平：缔造和平的东方视角》), foreword by Arthur N. Holcombe, Professor of Government, Harvard University, Boston: Meador Publishing Company, 1948.

内容概述：这本书是鲍讷荣对二战之后西方大国与亚洲地区的和平问题的分析。鲍氏在哈佛大学取得博士学位，之后主要从事国际关系方面的教学与研究工作。该书的主要观点是强调西方尤其是美国在维护亚洲地区和平问题上的重要作用。二战后人们普遍认为，谋求世界和平的关键在于推翻帝国主义与殖民主义，恢复亚洲殖民地和半殖民地的国家主权，鲍氏的主张与此不同。鲍讷荣认为战争的关键原因是国家间的无政府混乱状态，因此仅仅破坏与消除东西方之间尚武的国家与机构是不够的，唯一有效的解决之道是建立一个国家间的世界组织（即联合国）。鲍氏还从白人对原始社会、文明国家及亚洲的和平所采取的措施、缔结的和约等方面，分析了西方在维持亚洲稳定局势上的重要作用。从鲍氏的论述中可以看出，他不承认亚洲各个民族与国家的意志与利益，而偏重于强调美苏两国在亚洲的对峙势力及美国的利益。可以说，作者基本上是站在美国的立场上看问题。该书最后在谈到美国应该改变其种族歧视政策时，提到了一个中国教授的遭遇，一定程度上反映了20世纪中叶美国社会的排华状况。

53. R. Y. Lo（罗运炎），*China's Revolution from the Inside*（《自内而起的中国革命》），New York: The Abingdon Press, 1930.

内容概述：此书从中国人的角度阐述了中国自清末至国民革命时期所经历的变革与革命。罗运炎在前言中表明，这本著作的目的是描述中国社会生活的种种趋势与潜流，进而揭示中国正面临着新的历史时期。他还表示，希望通过这本书使读者对中国问题有更好的了解，并以更具同情心的眼光去看待中国。全书正文部分共有十二章，除第一章"鸟瞰革命"外，其余从不同侧面介绍了民国建立后中国政治、社会、文化层面发生的深刻变化，分别是新文化运动、五四学生运动、非宗教运动、扫盲运动、民族主义运动（共两章）、工人运动、农民运动、妇女运动和基督教运动。罗运炎从中国人的立场出发，在介绍与翻译上述各种运动或思潮中中国人的主张与论述的基础上，分析这些运动兴起的原因、主旨、取得的成就以及存在的问题与挑战。

54. T'ang Leang–Li（汤良礼），*China in Revolt：How a Civilization Became a Nation*（《反叛的中国：从文明到国家的历程》），London：Noel Douglas，1927.

内容概述：汤良礼在序言中言明撰写此书的目的，是向西方世界展示中国知识界对西方列强侵略、压迫中国的行径所持的反对态度，并表明一个全新的中国摆脱列强控制、谋求独立自主的愿望与决心。同时，汤良礼试图通过对中国古老文明的介绍消除西方读者的文化偏见。该书包含"安宁的中国""枷锁中的中国""反叛的中国""作为国家的中国""作为强国的中国"等五大部分，叙述了中国这个古老文明如何在与西方的接触中和强权的压迫下觉醒，进而成为一个民族国家的历程。书中记述了许多清末民初的中外纠纷，表达了中国摆脱西方束缚的迫切愿望，其中蕴含着作者强烈的民族情感。为此书作序的分别是蔡元培和英国哲学家罗素，二人都强调汤良礼用英文向西方介绍中国的重要价值。

55. T'ang Leang–Li，*The Foundations of Modern China*（《现代中国之基础》），London：Noel Douglas，1928.

内容概述：该书分为四个部分，分别是"天朝"、"新中国"、"西方的态度"和"结语"。与当时大多数中国人的英语写作类似，这本书也致力于向西方揭示中国从帝制到共和的历程，因此这本书的第一部分着重介绍了古代中国的历史与政治。第二部分则讲述鸦片战争以后中国经历的巨变及近代中国的革命历程，对孙中山的思想有较为详细的介绍，同时对国民党内部的分歧也有较多的叙述。第三部分则是对西方列强对华政策的介绍和批判。结语部分是对中国经济、政治、社会现状及问题的介绍，作者在其中对新兴中国的进步与发展抱有积极的期望。书后的书目中收录了许多关于中国的西文著作，汤良礼还对其中部分的书籍作了简要的概述。

56. T'ang Leang – Li, *The Inner History of the Chinese Revolution* (《中国革命史内幕》), London, G. Routeledge, 1930.

内容概述：本书旨在记述清末以来中国政治革命的历史脉络，尤其是国民革命兴起的过程。全书分为十五章，主要包括：明清之际的政治思想与中国民族主义革命的历史传统、孙中山及革命党人的早期活动、西方因素与革命的经济基础、革命观念的传播、同盟会的建立、推翻清朝的斗争、民国的建立、袁世凯叛变革命、北洋军阀的统治与南方军政府的建立、国民党改组、广东的平定与巩固、北伐革命、宁汉分立，最后一章以"新旧中国的冲突"为题介绍南京国民政府成立后的政治局面及新军阀混战，分析国民党各个派系、中共及共产国际之间的微妙关系。汤良礼是国民党中央执行委员会驻欧通讯主任，又曾任国民党要人的英文秘书，因此对国民党历史较为熟悉。他长期追随汪精卫，因此书中对汪本人及国民党左派多有维护，并在对中山舰事件的记述中直接指出孙中山逝世后西山会议派离间汪精卫与蒋介石的阴谋。此书内容较为充实，对于研究国民革命前后的国民党内部权力结构及国民革命中国共两党及共产国际之间的关系，当有一定的史料参考价值。

57. T'ang Leang – Li, *Wang Ching – Wei : A Political Biography* (《汪精卫政治传记》), Peiping: China United Press, 1931.

内容概述：该书是有关汪精卫的传记，汤良礼在该书的序言中声称这是第一本有关中国革命的领袖人物之一——汪精卫的详细传记。这本书从汪精卫的青年时代叙述至1931年，可以说全书既是对汪精卫政治生涯的记载，也反映了从晚清到国民革命时期整个中国政治的变迁历程。作者特别指出，这本书包含许多尚未见于中文著作中的历史资料，对民国政治史研究应有一定价值。

58. T'ang Leang – Li, ed., *China Facts and Fancies* (《中国的事实与假象》), Shanghai: China Unite Press, 1936.

内容概述：该书是一本由汤良礼编辑的有关中国时事新闻的文章合集，无法确定其中文章的作者姓名、身份和国籍。据推测，这些文章应当主要摘自各大报纸杂志,其中很多是针对某一个具体的新闻事件所作的议论。

59. Sun Fo（孙科）, *China Looks Forward*（《中国的期望》,林语堂作序）, New York: The John Day Company, 1944.

内容概述:这本书主要收录了孙科自1939年冬到1942年秋在各个场合发表的演讲,另有《中国向着民主进发》和《编写中国的宪法》两篇是孙科专门为该书而作。其时,孙科刚刚完成第二次使苏任务归国,他的演讲内容涉及三民主义的释义及宣传、中国的民主政治、全面抗日战争时期的政治经济建设及战后国家的重建等。在第一部分"争取自由和平等"(To Freedom and Equality)中,孙科将苏联的国策与三民主义作了比较分析,其中有较多对民族主义政策的阐释。在孙科看来中苏的革命都需要解决境内有多个民族的问题,但是中国自古以来即有较强的凝聚力,中国人的精神特质具有很强的包容力。

60. T. C. Chao（赵紫宸）, P. C. Hsu（徐宝谦）, T. Z. Koo（顾子仁）, T. T. Lew（刘廷芳）, M. T. Tchou（朱懋澄）, Y. C. M. Wei（韦卓民）, D. Z. T. Yui（余日章）, *China To-day through Chinese Eyes*（《中国人眼中之今日中国》）, the second series, London: Student Christian Movement, 1926.

内容概述:此书是20世纪20年代信仰基督教的知识分子撰写的关于当时中国现状的论文集,是面向西方读者所写,目的是促进中国与世界其他国家人民的友谊,同时也是希望能够借此书驳斥报章杂志上关于中国的很多错误的观点。本书的一个主要内容即是向西方世界介绍中国的新文化运动,在本书的第一、三、五章中,徐宝谦、刘廷芳等人详细地阐述了新文化运动的内容、特点与历史意义。其中值得注意的一点是,作者都将民族主义思潮的兴起视为新文化运动的一个重要内容。

61. The Citizens' League, *Syllabus on Extraterritoriality in China*（《中国治外法权课程大纲》）, published under the auspices of The Committee on The Abolition of Extraterritoriality in China, 1929.

内容概述:这本书是由 The Citizens' League 编纂的一本有关中国的治外法权问题的手册,主旨是揭示中国治外法权的突出特点,阐释中国迫切要求废除治外法权的原因。该书从学理上考察了治外法权问题在世界范围内的形成、实行及终止等，以期为中国最终废除治外法权提供参考、寻求出路。同时，为了驳斥西方列强以中国的法律体系不健全作为拒绝放弃治外法权的借口，该书专门介绍了清末以来的法律改革和日益健全的法律体系。尤为重要的是，这本书中还一一列举和分析了治外法权在中国施行过程中的诸多问题。在该书的最后一部分，编者总结了中国政府为废除治外法权在巴黎和会、华盛顿会议等场合所做的努力，介绍了德俄等国放弃治外法权的过程，并摘录了南京国民政府成立后就此问题与欧美各国交涉的相关文书。这本书说明治外法权的存废问题是当时中国官方和民众十分关心的问题，对于这一问题的探讨与研究也在一定程度上说明中国维护民族尊严、国家主权的意识的强化。

62. Tong, Hollington K. （董显光）, *Facts about the Chinese Eastern Railway Situation（with Documents）*（《东路中俄决裂之真相》），published under the auspices of the Committee for Public Enlightenment of the North‐Eastern Provinces, ［1929］.

内容概述：该书是1929年中东路事件爆发后，由中国人撰写的对此事件原因、经过的揭露及对事件结果的分析判断。该书由抗战时期担任国民党宣传部部长的董显光撰写，他与东北军总司令张学良有较深的交情。该书另有中文本，题为《东路中俄决裂之真相》，同年在上海出版。董显光在这本书中揭露，苏联方面并未履行1924年的中苏协定所规定的有关中东铁路的条款，在人员构成、效益分配等问题上，中方都遭到苏联方面的压制。董显光澄清了有关中国方面组织白俄武装力量反抗苏联侵扰中苏边境的问题，说明了中国方面有足够能力独立管理好中东路，并阐明了东北方面对中东路争端解决的要求与设想。大体而言，这本书是为使世界各国了解中东路事件的来龙去脉所作，是对苏联就此事件在国际舆论中的宣传战术的回击（详见第十章），可以说这本书是解决中东路事件的一个舆论武器。

63. Tseng, Yu‐hao （曾友豪）, *The Termination of Unequal Treaties in International Law: Studies in Comparative Jurisprudence and Conventional Law of Nations*（《国际法中治外法权之废除：各国法理和习惯法的比较研究》），Shanghai: The Commercial Press, Ltd., 1933.

内容概述：这是一本从国际法和比较法的角度研究终止不平等条约问题的学术著作。与同一时期其他一些要求列强取消不平等条约的著作不同的是，曾友豪在这本书中把不平等条约看作一个普遍存在于国际法中的问题，运用了很多法理学和比较法学的研究，探讨不平等条约的性质和废除不平等条约的途径和方法等问题。全书分为八章，第一章是对投降条约和不平等条约的性质的分析，第二章是对依据国际法中"情势变迁原则"更改不平等条约的探索，第三章至第五章分别介绍了土耳其、日本和泰国废除不平等条约的历史，第六章到第八章专门针对中国的不平等条约及其废除等问题作了探讨。可以说，这是从法学角度对废除中外不平等条约问题所做的一个精详的考察。

64. T. T. Lew（刘廷芳），Hu Shih（胡适），Y. Y. Tsu（朱友渔），Cheng Ching Yi（诚静怡），*China To–day through Chinese Eyes*（《中国人眼中之今日中国》），the first series，London：Student Christian Movement，1922。

内容概述：该书是在1922年世界基督教学生同盟第十一届大会在北京清华大学召开前，中国基督教学生运动为向与会代表介绍中国的新思潮（New Tide of Thought）而编撰的著作。撰写该书文章的是当时中国知识界的领袖人物。该书除前言和作者简介外，包括七篇文章，分别是《今日中国》《中国的文艺复兴》《文学革命在中国》《儒家神学观》《目前中国佛教的趋势》《中国人与西方基督教国家交往中形成的基督教的印象》《中国教会》。这些文章中既有从展示中国新风貌的角度对新文化运动的详细介绍，也有从传教目的出发对中国人的思想信仰状况所做的探究，还有着眼于基督教本土化改革而对中国教会状况的总结与反思。

65. Tyau，Min–ch'ien T. Z.（刁敏谦），*The Legal Obligations Arising out of Treaty Relations between China and Other States*，Shanghai：Commercial Press，Limited，1917。该书有中文版本《中国国际条约义务论》（商务印书馆，1919，1927年再版）。

内容概述：这本书是作者刁敏谦1916年在伦敦大学获得法学博士学位时通过答辩的博士论文。该书是对清末以来中国与西方各国缔结的条约及其相应的法律责任的研究。作为一本学术专著，该书并没有简单地以时间先后作为叙述的主线，而是在"导论"中介绍了主旨并对中国的条约关系作了历史回顾，接下来分为三个部分：第一部分是政治性质之条约，包括交际权、代表权、领事裁判权、租界及租借地等；第二部分是经济性质之条约，包括贸易及居住权、税率同等权、沿海及内河航行权、内地旅行贸易权、建筑铁路及采矿权等；第三部分是普通性质之条约，包括信教自由、互惠权和最惠国待遇等。作者除了对相关条约一一解释之外，也对条约双方的争议与矛盾作了说明与讨论。在结语部分，习敏谦论证认为现存的中外条约必须作出修订与调整，并指出解决这一问题中外双方应遵循的国际准则，敦促西方国家给予中国主权国家的平等待遇。这本书出版于1917年，在研究近代中外关系史，尤其是研究中外不平等条约体系的领域中，应该算是较早的一部著作。

66. Tyau, Min–ch'ien Tuk Zung, *China's New Constitution and International Problems*（《中国新宪法及国际问题》），Shanghai：Commercial Press，Limited，1918，1920年再版。

内容概述：此书是笔者所见较早地研究中华民国永久宪法问题的英文著作，也是较早地考虑欧战后中国修约问题的英文著作。第一部分是"中国的新宪法"：首先，回顾了中国宪政发展的历程，介绍了中国传统中孕育的民主政治因子；其次，阐释宪法中所涉及的各项要素，例如公民的权利，国会、总统、立法机构的权利，以及省级政府的权限等；最后，则是对1917年旧国会恢复后起草的《中华民国宪法草案》（即《天坛宪草》）的评价。习敏谦十分注重介绍美国、法国、巴西等国的相关制度，在评价《天坛宪草》时又比较了其与加拿大宪法的异同。第二部分则是"欧战以来及今后中国和列强的外交关系"，梳理了中国参与协约国、向德国宣战的经过，并分析了附带的条约问题。第三部分是"治外法权问题"。第四部分则是"中国与和会：修改条约问题"。除了对民国宪法问题的研究之外，欧战后的中外关系是习氏此书的另一大关注点。

67. Tyau, Min–ch'ien Tuk Zung, ed., *China in 1918*：*Being Special Anniversary Supplement of The Peking Leader*（《1918年的中国：〈北京导报〉周年特刊》），second edition, Shanghai：Commercial Press，(February 12th)，1919.

内容概述：此书为习敏谦担任主编的《北京导报》在1919年发行的南北统一纪念日特刊，其中包括许多当时在中国政治、经济、文化等领域知名的中外人士所撰写的文章。"编者前言"讲到，这本书的宗旨不仅是对中国在过去的1918年的回顾与总结，更努力描绘中华民国现状及中国与世界的关系。该特刊主要包括1918年的中国、教育问题、政工商问题、中国与世界、中国新女性、音乐喜剧与慈善等几个部分，撰稿者中有胡适、蒋梦麟、余日章等新式知识分子，也有金韵梅、康爱德等中国最早的一批留洋女性，还有供职于北洋政府的外国顾问。

68. Tyau, Min–ch'ien T. Z., *China Awakened*（《被唤醒的中国》），New York：Macmillan Company，1922，封面有徐世昌题词"日新竑议"。

内容概述：这部著作是刁敏谦撰写的关于中国现代国家意识觉醒的英文著作。此书的出版得到大总统徐世昌的支持，该书封面有其题词"日新竑议"，扉页则有其照片。前任驻华公使朱尔典与美国驻华公使柯兰分别为该书作序，二人对刁氏用英文宣传中国的做法颇为赞赏。刁氏认为中国在巴黎和会上拒绝在和约上签字标志着中国的觉醒，这一举动使他们认识到中国人维护中国尊严的坚定立场。刁氏在书中试图向西方读者解释"中国觉醒"的过程。他分别阐述了清末以来教育、思想、社会、交通、工业、法律、外交观念等各个方面发生的变化，并记述了中国加入欧战及战后参加和会的过程。刁氏呼吁各国公正地对待中国，作为国际联盟中国代表团的顾问，他尤其强调国联应当帮助中国获得列强的公正对待。书后附录包括日本"二十一条"及"民四条约"、中国在巴黎和会上有关山东问题及修约问题的说帖以及中外关系大事年表。

69. Tyau, Min–ch'ien T. Z., *London through Chinese Eyes, or My Seven and a Half Years in London*（《留英管窥记》），London：The Swarthmore Press Limited，1920.

内容概述：此书是作者刁敏谦对七年半的留学英国的生活的回忆，其中几乎没有涉及英国政治、经济等重大的问题，而主要是记录作者在伦敦学习与生活的点滴往事，以及作者对英国社会文化、风土人情的切身体验。当时的英国大使在为该书所作的序言中，从留英学生的卓越成就谈到中国人对英语的学习在19世纪末20世纪初的变化，反映了中国近代社会的变迁。

附录　近代中国人英文著述提要（以民族主义主题为中心）　371

70. Tyau, Min－ch'ien T. Z., ed., *Two Years of Nationalist China*（《中国国民党两年之新政》），Shanghai：Kelly & Walsh, 1930.

内容概述：此书由刁敏谦编纂，主旨是宣传南京国民政府成立以来在国家建设、内政外交方面所取得的成绩。刁敏谦时任南京国民政府外交部情报与宣传司司长，因此这本书应当视为南京国民政府对外的宣传材料，此书介绍了南京国民政府成立两年来在政治、经济、外交、法制、学术等各个方面采取的措施，同时也对许多相关机关和单位的职能与建制等作了说明。

71. Tyau, Min－ch'ien T. Z., *China's Diplomatic Relations* 1931－1932：*A Survey*（《中国外交关系研究（1931～1932）》），Shanghai：China Institute of Pacific Relations, 1933。

内容概述：这本小册子是作者为1933年在加拿大召开的太平洋国际学会第五届双年会准备的与会材料。刁敏谦在该书中回顾总结了1931年至1932年中外关系的发展变化。他在该书开篇将此间中外关系交往形势归纳为喜忧参半，即一方面中国与他国的友好关系进一步加深，另一方面中日矛盾与领土争端愈演愈烈。就中外友好关系而言，主要是指中国与波兰互惠互利条约的签订，荷兰免除庚子条约赔款，与国联加强合作，中美仲裁条约的签订等，刁敏谦在书中都一一作了说明。就中日矛盾而言，刁敏谦主要介绍了九一八事变后中国方面上诉国联及国联方面的斡旋过程。

72. Wang, Tsi Chang（王芑章），*The Youth Movement in China*, New York：New Republic, Inc. 1927.

内容概述：这本书是由王芑章1925年在芝加哥大学取得博士学位的学位论文而来。作者在序言中写道，写作此书的目的是为现代中国青年"作传"，并认为这段历史也是年轻的中国的历史。此书第一章"青年的反抗"主要介绍了五四运动并分析了其学生运动的性质。第二章"德国的青年运动"是对中德两国青年运动所作的比较。第三、四章是对第一个留美学生容闳及其发起的留美学生运动的介绍，同时也涉及清末留日学生的情况。第五章"青年运动的到来"及第六章"运动的摇篮：北京大学"是对五四运动的兴起及其背后的文化因素的进一步介绍。第七、八章"文艺复兴"分别介绍了胡适文学改良主张及陈独秀进一步提出的"文学革命"口号，以及在这些思潮影响下白话文在文学作品中与报章杂志上的广泛使用。第九、十章围绕青年运动的两个主要矛头——军阀统治与基督教运动，介绍了学生运动在社会政治领域的表现。第十一章及第十二章结论"青年运动的十年"则是对自新青年创刊到1927年青年运动历史作用的总结。作者认为中国的青年运动为外界了解中国人民提供了新的视角，它向世界展示新的中国的领袖们不是政客与军阀，而是单纯而具有批判意识的青年。

73. Witter Bynner, Kiang, Kang‒hu, trans.（陶友白、江亢虎译），*The Jade Mountain：A Chinese Anthology Being Three Hundred Poems of the T'ang Dynasty 618‒906*（江亢虎自题，《群玉山头：唐诗三百首英译本》），New York：Alfred A. Knopf, 1931, published October, 1929; Third Printing January 1930; Fourth Printing March 1931.

内容概述：这本书是《唐诗三百首》的英译，是由美国诗人陶友白与江亢虎合作翻译的。据各种信息来看，江亢虎在该书中不仅提供了《唐诗三百首》的文本，还有与陶友白讨论的翻译过程中的各种具体问题。在正式译文前，陶友白撰写的序言向西方读者介绍了中国诗歌的特色与价值，他在其中分析了中国诗歌与西方人一般了解的希腊和希伯来人的诗歌的不同之处，肯定了中国诗歌中反映的中国人孩童般淳朴而贴近自然的心智。江亢虎的前言则是对中国古诗的介绍，其中着重说明了中国古代诗歌的发展历程及中国诗歌对格律等形式的要求。

74. Wood, Ge‒Zay（何杰才），*The Twenty‒one Demands：Japan versus China*（《二十一条：日本 VS 中国》），New York, etc.：Fleming H. Revell, 1921.

内容概述：该书是对日本对华"二十一条"的详细解说。作者何杰才是华盛顿会议中国代表团的成员之一，在该书的前言中，作者说明该书主旨在于回答华盛顿会议上一个反复被提出的问题——"二十一条"是什么？这本书的主要内容是关于"二十一条"各项条款的说明，其中何杰才不仅结合中国的实际情况分析各项条款背后日本在中国攫取政治与经济利益的企图，还特别指出这些条款与外国在华利益之间的利害关系。针对西方各国对"二十一条"的真相缺乏了解的情况，作者揭露了日本方面为避免别国干预千方百计遮盖"二十一条"的行径。作者对日本提出"二十一条"的背景、目的及实质作了充分的分析，揭露"二十一条"背后隐藏的是日本趁欧洲列强忙于欧战之际旨在将中国变成"朝鲜第二"的险恶意图。在此基础上，作者表达了欧战后中国向国际社会申诉从法律角度重新审定"二十一条"的合法性的意愿。作者尖锐地指出，日本加入协约国参加欧战的真实意图，并不完全是为了摧毁德意志的帝国主义，更多的是着眼于巩固与加强本国在东亚的势力。

75. Wood, Ge－Zay, *The Shantung Question*：*A Study in Diplomacy and World Politics*（《山东问题：一项外交与世界政治的研究》），New York, Chicago, etc.：Fleming H. Revell Company, 1922.

内容概述：该书出版于1922年，华盛顿会议召开之后，主要内容是一战后巴黎和会上凸显的山东问题的产生与发展过程，及其在华盛顿会议上的解决。作者此前曾出版过有关"二十一条"及中美与英日同盟的关系的著作，并且曾是华盛顿会议宣传组（the Press Department）的成员。这本书中的许多内容就曾用于华盛顿会议。作者在这本书中详细地介绍了山东问题的来龙去脉，从德国强占胶州湾到巴黎和会后日本势力在山东全省的渗透。作者对山东问题如何在欧战中形成作了详细的介绍与分析，尤其是日本在中国参战问题上的阻挠，以及日本与协约国就中国参战问题达成"密约"直接导致山东问题的酿成。作者围绕着山东问题，引用报刊、外交文件等各种材料，揭露了英美日等国家在山东问题上扮演的角色，质疑了主要协约国违背道义与国际法则，出卖中国利益的行为，分析了华盛顿会议对山东问题的解决及其遗留的复杂问题。值得注意的是，何杰才并没有对山东问题引发的五四运动作阐述与评价，这或许是出于在西方读者面前淡化较为敏感的民族主义问题的考虑。

76. Wu, Chao－Chu（伍朝枢），*The Nationalist Program for China*（《中国国民党之政纲》），New Haven：Yale University Press, 1929.

内容概述：这本书主要由伍朝枢1928年8月在威廉姆斯学院的政治学研究所发表的两次演讲及两次大会发言组成。尽管这些文章不是专为出版而作，但鉴于当时美国人对中国表现出相当的兴趣而国民党的纲领与目标并不为世界所知，伍朝枢仍希望这本书的发表能促进外国读者更好地了解中华民国。伍朝枢在这本书的前半部分围绕着三民主义介绍了国民党的执政纲领，先后对"民权""民生""民族"三项原则的内涵及国民党为实践这些原则采取的措施进行了阐述。其中特别值得注意的是，伍朝枢对

"民族主义"原则的详细阐释,说明它与沙文主义、军国主义等具有强烈排他性的民族主义思想截然不同,其内涵是争取国家主权和民族独立。他强调这是中华民国处理国际关系的基本依据,而国民政府实践"民族主义"的首要目标就是废除不平等条约。他颇有说服力地向听众(读者)介绍了中国要求废除不平等条约的原因。由于伍朝枢当时是以南京国民政府外交部部长的身份进行演讲,可以说他的讲话为当时中国官方所讲的民族主义提供了注脚。该书的后半部分则是伍朝枢在该次大会上针对东北问题发表的看法以及他对出席会议的日本代表、日本驻纽约总领事斋藤博(Hiroshi Saito)的回应,亦代表着官方民族主义的声音。

77. Wu, Kuo-cheng（吴国桢）, *Ancient Chinese Political Theories*（《中国古代之政治思想》）, Shanghai: The Commercial Press, Ltd., 1928.

内容概述：此书是作者吴国桢1926年在普林斯顿大学取得博士学位时的博士论文,主要内容是对先秦时期诸子百家的政治思想的介绍。作者通过对经典的解读,分析阐释先秦如儒法道墨等各家的思想。

78. Yen, Hawking Lugine（严鹤龄）, *A Survey of Constitutional Development of China*（《中国宪政发展研究》）, New York: Columbia University, Longman, Green & Co., 1911.

内容概述：此书是严鹤龄在哥伦比亚大学政治学系完成的博士学位论文,主要分为五个章节：第一章"政治哲学"阐释道家、儒家、墨家的学说,第二章"封建主义(公元前2205～前221年)"主要介绍先秦宗法制度及政府构成,第三章"公法"则主要是对《春秋》中体现的孔子政治思想的剖析,第四章"中央集权、民众反应与专制主义(前221年以降)"介绍了秦始皇统治下中央集权制度的形成以及后世专制制度的巩固,第五章"成文宪法运动(1905～1910)"则是对清末立宪运动的历史成因与过程的论析。

79. Zen, Sophia H. Chen, ed.（陈衡哲主编）, *Symposium on Chinese Culture*（《中国文化论集》）, Shanghai: China Institute of Pacific Relations, 1931.

内容概述：1929年在京都举行的太平洋国际学会双年会上,学者们发现缺乏研究中国文化的资料,故而有编撰一本概述中国文化状况的英文著作的动议。这就是该书编撰的缘起。该书的主要目的即是为系统科学地研究中国文化提供相关的资料与参考。该书的内容包括宗教、文学、绘画、书法、社会变化等中国文化的方方面面。为该书撰文的作者都是当时中国学术界的知名学者，他们试图通过这些文章向世界展示中国文化的现状，与此同时，他们也适时地交代相关的历史背景，以说明晚清以降中国文化与社会所经历的变化，揭示西方冲击对中国文化的影响。

后　记

　　曾经想象过很多次，在电脑上打出"后记"二字的情景。可是，真到了动笔的一刻，却少了些预想中的轻松，多了一些莫名的复杂情绪。一是忐忑，不知道这本书面世后会面临怎样的评价；二是不舍，好像一个与自己相伴许久的老友将要离我远去。

　　与"近代华人的英文书写与民族主义"这个题目结缘，有些年头了。记得那还是2006年硕士一年级时，导师黄兴涛教授在他开设的"中国近现代思想文化史"专题研讨课的课堂上，提到庚子时期新加坡华人林文庆曾经撰写英文著作为中国辩护，并且鼓励在座的同学可以就这个问题进行一番研究。我听了后觉得很有意思，便有意识地搜集了一些关于林文庆的资料。一周后，我拿着整理好的林文庆生平和著述目录去找黄老师，问他能不能以林文庆的英文著述作为硕士学位论文的题目。可是，黄老师却说这个题目太小了，建议我对近代中国人的英文书写这个问题做一个整体性的研究。

　　这不是一个有许多现成的研究可以参考的论题，黄老师嘱咐先从一些基本的工具书入手，整理出一个近代中国人英文著译的书目。于是，2006年的暑假，我大部分时间都是在国家图书馆度过的。我将袁同礼先生编的《西文汉学书目》从头至尾翻了一遍，从中逐一检出由中国人撰写的英文著作。在这个过程中，我惊讶于从清末到民国时期竟然有如此多的中国人用英语写下如此多的著作，而他们中许多人的名字都是我未曾听闻的。我开始好奇这些陌生的名字背后的故事以及这些著作想要传递的信息。9月开学后，我向黄老师汇报了初步搜集的资料，他鼓励我如果对这个问题感兴趣，不如申请硕博连读，直接把它作为博士阶段的研究课题。于是，原本聚焦于一个人物及其著述完成一篇硕士学位论文的"小算盘"，变成了一个博士学位论文研究计划。之后，随着研究的逐步展开，我越来越感受到"近代华人的英文书写与民族主义"这个题目的巨大吸引力，也越发感谢黄老师帮我选定了这样一个题目，并且这种感念延续至今。

黄老师早在许多年前便开始关注近代中国人的英文书写问题，他不断地以提问的方式提示我各种线索，比如曾经被民国政府视为"洪水猛兽"的江亢虎在北美讲学的情况，又比如在广为人知的国会演说之外，英文流利的宋美龄还写过什么英文著作，而寻求这些问题的答案也就成了博士学位论文的研究过程。最为重要的是，近代中国人的英文书写只能算作研究对象，要完成博士学位论文的写作，还需要更明晰的问题意识。黄老师提示我将近代华人英文书写与民族主义的关系作为论文的主线，只有这样才能将数量繁多、内容各异的著述联系到一起，形成论文的筋骨，把握近代中国人英文书写现象的整体状况与历史意义。为了更好地呈现近代中国人英文书写的面貌，黄老师叮嘱我给每一种读过的著作或译作作一个简单的提要，这项工作的成果便是本书的附录部分。

黄老师的史料积累广博深厚，思想敏锐而深刻。每当我在研究中遇到问题，总是能在黄老师那里得到解答。博士毕业之后，黄老师时常督促我好好修改博士学位论文，争取早日出版，而我却因为怠惰而拖延至今。这些年来，每当遇到与我的论文相关的材料，或是想到我论文中遗漏的问题，黄老师都会打电话提醒我。从博士学位论文的撰写到修改成书，黄老师在这个过程中倾注了许多心血，也一定对它寄予了很大的期望。在感激老师的教诲之恩的同时，我也深感惭愧，老师提到的许多希望我在研究中关注的问题，我还没能作出很好的回答，有的甚至没能在书中提及。

我还要感谢已故的栾景河研究员。如果没有他，恐怕我就无缘来到中国社会科学院近代史研究所工作，也就无法在一种相对安稳纯粹的状态下将博士学位论文修改成书。博士毕业前夕，四处求职的我某天突然想到，自己在博士学位论文的写作过程中参考了不少近代中外关系史领域的著作，查一查作者的名字，许多作者都来自中国社会科学院近代史研究所中外关系史研究室，为什么不试试那里有没有机会呢？于是我冒冒失失地给时任研究室主任的栾老师发去了自荐信，没想到很快便收到了栾老师的回信，他欢迎我给近代史研究所投递简历，并将中外关系史研究室作为求职的具体意向。通过竞争激烈的笔试和面试，我终于如愿地进入近代史研究所工作。来所以后，栾老师对我的生活和工作都非常关心。他虽然看上去是个粗犷的东北汉子，实则心思非常细腻。初出茅庐的我工作上有不少疏失，栾老师从来不会在众人面前批评我，而是找机会私下指出我的不足。

然而，没有想到的是，2014年春节栾老师突然因病辞世。这个变故来得实在太突然了，就在春节放假前，他还和大家商量年后研究室的工作安排。斯人已逝，音容犹在。这些年来，我一直记得他生前也总是提醒我尽快完成博士学位论文的修改，早日出版专著。现在，栾老师已经离开八年之久，我才迟迟将书稿改成，实在愧对他对我的期望。

学术研究并非易事，研究者常常陷入自我怀疑与迷茫之中，这时师友的一句鼓励或几个建议往往能让人走出困境，重获信心。一路走来，我有幸得到许多老师的指点与鼓励。2008年，在夏明方老师的介绍下，我到美国明尼苏达大学历史系交流一年。在这一年中，得到历史系艾仁民（Christopher M. Isett）教授和汪利平教授在生活上的照顾和学业上的提点。艾仁民教授从自己的经验出发，对我博士学位论文的章节安排给了非常中肯的建议。汪老师则根据我的论文题目推荐我阅读相关理论书籍，还专门抽时间和我一起讨论研究计划。博士学位论文答辩时，栾景河研究员、李长莉研究员、李帆教授、郭双林教授和马克锋教授担任答辩委员，他们从不同角度给论文的修改提出了许多宝贵建议，也令我获益匪浅。

近代史研究所是一个学术积淀深厚、具有独特学术品格的地方。对于一个处于学术研究起步阶段的年轻人而言，能在这里工作和学习，实在是一件幸福而奢侈的事情。但凡研究中遇到难题，几乎都可以在所里找到对相关领域素有研究的师友请教，而他们一定会倾囊相授。所内图书、档案收藏宏富，查阅资料方便快捷。入职中外关系史研究室对我而言是一个挑战，因为它意味着我需要从以往思想文化史的训练转向中外关系史的研究，我要特别感谢我所供职的中外关系史研究室的前辈、老师，他们给予我足够的耐心和悉心的指导。记得入所后我便加入国家社科基金重大项目"中华民国外交史"的课题组，课题组首席专家王建朗研究员抽时间带我到图书馆推荐参考书。当我因为自己迟迟未能实现研究的转向而感到焦虑的时候，研究室主任张俊义研究员鼓励我把自己的研究和中外关系史结合起来，他的一席话令当时的我深受鼓舞。研究中，我遇到困难时经常求助于侯中军研究员，他总是慷慨解答，或指出需要再加斟酌的结论，或提示被忽略的重要材料，使我受益良多。在合作完成集体课题时，张丽研究员为了让我能有更多的时间完成书稿修改，自己承担了大部分的工作。对于这些帮助与扶持，我都铭记在心。

这本书的完成还要归功于我的家人。我的父母亲不但在生活上给予我无微不至的照顾，还非常鼓励我做一个有主见的人。从小到大，无论我做什么决定，他们都无条件地支持我。今年已是我的父母从云南到北京生活的第十个年头。十年间，他们放弃了彩云之南安逸闲适的退休生活，蜗居北京，照料家务，照顾外孙女，替我分忧。这本小书是我送给他们的一份礼物，尽管在他们对我的付出与为我做出的牺牲面前，它渺小得不值一提。另外，也要感谢"队友"和女儿对我的支持与理解。一到节假日常常出现的一个场景是，父女俩出门玩耍，而我枯坐电脑前。五岁时，女儿用稚嫩的声音对我说："罚你写一百篇论文。"这大概就是她对我职业的最初认知吧。不知一百篇论文何时能写完，女儿却已经在不知不觉间长大了，希望我今后能有更多的时间陪伴她。

感谢责任编辑赵怀英老师和文稿编辑汝硕硕老师，她们也为这本书付出了不少心血。在书稿的校对阶段，我仍然对篇章结构和文字有不少改动，感谢她们对我的包容和谅解。

看着电脑里改订的书稿，很多记忆不断闪现。从着手搜集资料到最终成稿，十余年的时间仿佛只是倏忽一瞬。回味起来，此间虽有摸索的艰难，更多的还是发现的快乐。不得不说，这个多年来萦绕于心的题目，让我对自己的人生有一份笃定和方向感。希望我能够带着这份对探究与追问的执着，一步一个脚印地走下去。

2022 年 4 月 15 日于北京

图书在版编目（CIP）数据

面向西方的书写：近代中国人的英文著述与民族主义 / 李珊著 . -- 北京：社会科学文献出版社，2022.5（2023.5 重印）
国家社科基金后期资助项目
ISBN 978 - 7 - 5228 - 0149 - 0

Ⅰ.①面… Ⅱ.①李… Ⅲ.①中国历史 - 近代史 - 研究 Ⅳ.①K250.7

中国版本图书馆 CIP 数据核字（2022）第 087494 号

·国家社科基金后期资助项目·
面向西方的书写：近代中国人的英文著述与民族主义

著　　者 / 李　珊

出 版 人 / 王利民
责任编辑 / 赵怀英
文稿编辑 / 汝硕硕
责任印制 / 王京美

出　　版 / 社会科学文献出版社·联合出版中心（010）59367151
　　　　　 地址：北京市北三环中路甲 29 号院华龙大厦　邮编：100029
　　　　　 网址：www.ssap.com.cn
发　　行 / 社会科学文献出版社（010）59367028
印　　装 / 北京虎彩文化传播有限公司

规　　格 / 开　本：787mm × 1092mm　1/16
　　　　　 印　张：24.75　字　数：418 千字
版　　次 / 2022 年 5 月第 1 版　2023 年 5 月第 2 次印刷
书　　号 / ISBN 978 - 7 - 5228 - 0149 - 0
定　　价 / 128.00 元

读者服务电话：4008918866

▲ 版权所有 翻印必究